国家出版基金项目
NATIONAL PUBLICATION FOUNDATION

石鸥 主编 吴驰 编著

百年中国
教科书图文史
1840—1949

外语

SPM 南方传媒
全国优秀出版社
全国百佳图书出版单位
广东教育出版社
·广州·

图书在版编目（CIP）数据

百年中国教科书图文史：1840—1949. 外语 / 石鸥主编；吴驰编著. -- 广州：广东教育出版社，2024.10. -- ISBN 978-7-5548-6441-8

Ⅰ. G423.3-092

中国国家版本馆CIP数据核字第2024MU2702号

百年中国教科书图文史　1840—1949　外语

BAINIAN ZHONGGUO JIAOKESHU TUWENSHI　1840—1949　WAIYU

出　版　人：朱文清

丛书策划：李朝明　卞晓琰

项目负责人：林检妹　黄　倩

责任编辑：黄子桐　张梓曜

责任校对：朱　琳

责任技编：杨启承

装帧设计：邓君豪

出版发行：广东教育出版社

　　　　　（广州市环市东路472号12—15楼　邮政编码：510075）

销售热线：020-87615809

网　　址：http://www.gjs.cn

邮　　箱：gjs-quality@nfcb.com.cn

发　　行：广东新华发行集团股份有限公司

印　　刷：广州市岭美文化科技有限公司

　　　　　（广州市荔湾区花地大道南海南工商贸易区A幢）

规　　格：889 mm×1194 mm　1/16

印　　张：27.5

字　　数：555千

版　　次：2024年10月第1版

　　　　　2024年10月第1次印刷

定　　价：248.00元

如发现因印装质量问题影响阅读，请与本社联系调换（电话：020-87613102）

导　论

小课本，大启蒙，大学问，大政治。

需要构建中国特色的课本的学问——教科书学。

教科书学只能建立在多领域、多维度研究成果基础上，尤其是建立在教科书文本丰富、教科书发展史得到基本梳理、教科书理论研究成果突出、教科书使用研究取得明显进展等基础上。

很显然，教科书发展史的研究是重要维度。教科书发展史就是教师教什么、学生学什么的历史，就是教育教学内容的历史，就是一代又一代的先辈对后辈的期望的历史。这种历史的研究，要依赖过往人们的教育活动所保留下来的实物或遗存来进行。本套教科书图文史就是注重遗存的教科书实物的体现——聚焦于1840—1949年我国教科书文本实物。

——

19世纪中叶以来，中华大地风起云涌，巨大裂变在社会的各个领域发生。1862年京师同文馆的成立与大量洋务学堂的创办，标志着我国古代教育的开始退出和新式教育逐渐兴起。新式教育能否成功，很大程度上取决于能否提供适应时代的新式教科书。一代开眼看世界的知识分子行动起来，新式教科书如雨后春笋般涌现，新知识、新思想、新观念如开闸之水，轰然涌入古老的中国。中国传统的知识系统为西方以近代学科为分类标准构建起来的新知识系统所冲击，中华民族壮丽的启蒙大幕徐徐拉开，中国近现代教科书事业也走上了一条可圈可点之路。

教科书是时代的镜子。1840—1949年中国近现代教科书发展历程，折射出中国艰难曲折的变革之路、复兴之路。教科书的发展史，就是中华文明的进步史，是中国社会的变迁史，是中华民族的心灵史。

（一）西学教科书的引进时期

大约处于19世纪中至19世纪末这一时期。科举时代，没有近代意义的新式教育和新式学堂，只有启蒙教育和科举预备教育，学生初学"三百千千"，进而学"四书五经"，我们称之为"教材"，但不是现代意义上的教科书。现代意义的教科书是从19世纪后期开始，伴随着新式学堂而逐渐发展起来的。当时大量西学教科书被教会学校和洋务学堂引进，拉开了中国现代教科书发展的帷幕。这一过程表现出如下基本特征：

第一，现代教科书处于萌芽阶段。作为教科书，这些西式教材的基本要素不全，没有分年级编写，基本上还没有使用"教科书"一词，多用"读本""须知""入门""课本"等来命名。不仅"教科书"文本还未出现，即便现代意义的"科学"也没有找到恰当的名称，所以当时出现了不少类似于"格致""格物""火学""汽学""名学""计学"等教材。这些教材整体上处于前教科书阶段，或现代意义的教科书的萌芽阶段。

第二，教科书多从西学编译而来，且多出现在科学技术领域。这些西式教材主题多为洋务运动中最急迫需要的知识类型，如工兵、制造、天文、算学等，同时也适应了当时洋务学堂的教学需要。教材的编译和出版多与教会的印刷机构以及洋务运动的教育与出版机构相关，如墨海书馆、美华书局、京师同文馆、江南制造局翻译馆等。西式教材的编译者主要由中国学者和欧美传教士共同组成。

第三，教科书与一般科技类西学书籍没有明显界限，广泛流布于社会和学堂。19世纪中晚期的中国，从国外译介的西学著作和教材几乎是相同的，没有本质区别。它们既是开明知识分子了解西学的门径，也被充作教会学校和早期新式学堂的教学用书，甚至中国一些地方的书院也多以它们为教材。

（二）自编教科书的兴起与蓬勃发展时期

这一阶段起始于19世纪末南洋公学自编教科书，止于清朝终结。这是教科书的引进与自编自创结合、引进逐渐为自编自创所取代的阶段，是教科书涉及学科基本齐全的阶段，也是教科书要素日益完整的阶段。这一时期产生的教科书，我们一般称为"新式教科书"，以区别于前一阶段的以翻译为主的"西式"或"西学"教科书。有学者认为，"西学"与"新学"二词意义相仿，但新学在1894年后方见盛行。西学更重在引进之学[1]，新学则已经有国人自动、主动建设，用本国语言消化的味道了[2]。这很能够说明近代西式和新式教科书的微妙区别。这一时期的标志性事件是我国第一个近代学制的颁布，延续1300多年的科举制度的废除，以及第一套现代意义的教科书产生。这一时期教科书发展的主要特征是：

第一，学堂自编教科书不断涌现。伴随着科举制的取消，新式学堂迅猛出现，对新式教科书的需求激增，以南洋公学、上海澄衷蒙学堂、无锡三等公学堂等为代表的学堂自主编写的教科书影响大、使用范围广，逐渐打破了编译的西学教科书垄断的格局。

第二，我国最早的现代意义的教科书产生。适应1904年《奏定学堂章程》的正式实施，中国第

[1] 王尔敏. 中国近代思想史论[M]. 北京：社会科学文献出版社，2003：18.
[2] 孙青. 晚清之"两政"东渐及本土回应[M]. 上海：上海书店出版社，2009：12.

一套现代意义的教科书——《最新教科书》（商务印书馆1904年版）出版发行，紧接着由清学部编撰的第一套国定本教科书也开始陆续出版发行。这些教科书首先是以"教科书"命名，其次要素基本齐全，分册、分年级、分学科编写，有配套教授书发行，已经是很完整的现代意义的教科书了。[1]

第三，教科书编写主体发生变化。这一阶段的教科书作者大多是中国学人，以留日学生群体为主，部分教科书原型也来自日本教科书。以商务印书馆和文明书局等为代表的中国本土民间书坊开始加入教科书编写与出版队伍。

（三）教科书的兴盛与规范化时期

时间大致定位在中华民国成立到壬戌学制颁布及其相应的教科书编写出版使用[2]。中华民国的建立，把教科书推向了重要的发展阶段。清末到民国早期，各种思潮纷至沓来，形成了中国历史上教科书受各种新思潮、新主义影响，发展最开放、最活跃的时期之一。新教育思潮下多样化的教科书不断涌现，为民国共和思想的传播和民国教育的发展作出了重要贡献。这一阶段的主要特点有：

第一，清末旧教科书全部退出，民国新政体要求下的新教科书迅速登场。为适应1922年新学制需要，成套而完整的教科书逐渐实现对学校教学的全覆盖，零散的、单本单科的、小型出版机构的教科书逐渐被挤出学校、挤出市场，新教科书编写与出版机构以商务印书馆、中华书局以及后起的世界书局为突出代表。

第二，教科书编写主体再次发生变化。1922年新学制的出台，以适应该学制的教科书的编写出版，把留欧美学生推上了教育的前台。留欧美学生逐渐取代留日学生成为教科书的主要编撰队伍，大批崭露头角的学者参与到教科书的编写中。

第三，以白话文编写的教科书逐渐取代文言文教科书，横排教科书逐渐取代竖排教科书，教科书外在形式基本定型。从表面来看，白话文只是一种语言形式，它与教育内容的新旧无必然的关系。但白话文具有平民性和大众性，对国民文化的普及，对塑造国民全新的世界观、价值观都意义重大，可以说，白话文是传播新文化、新思想的有效载体。民初白话文的使用，使得现代教科书以摧枯拉朽之势普及。同理，没有海量的教科书，任胡适等知识分子如何呼号呐喊，白话文的普及都可能非常缓慢。

（四）多种政治制度并存下的教科书发展时期

这一阶段大致从1927年开始，一直持续到1949年。前期是教科书稳定、制度化并略显沉闷时期；中后期是教科书全面服务抗战、服务尖锐的阶级对抗的时期，是一个统整和分化并行的时期。

---

[1] 在我们看来，现代意义的教科书要符合如下基本条件：分册、分开级编写，按学科编写，有配套的教授书或教授法。
[2] 因为根据新学制编写的教科书全面投入使用总会滞后于新学制实施几年，所以此阶段约到1927年前后。

抗日战争的爆发致使中国政治格局发生新的变化，由土地革命战争时期中国共产党领导的革命根据地和国民党统治区域，到解放战争时期逐渐分割成解放区、国统区、沦陷区的不同政治气候，形成了不同政治语境下的教科书新格局。

第一，国民党的党化教育、三民主义教育在教科书中强势出现。国统区教科书的编写与出版逐渐往国定本集中，教科书逐渐进入相对平稳甚至沉闷的发展时期，日益规范化、标准化，但也少了开放的生气，少了创新的锐气，教科书发展的兴盛时期结束了。

第二，中国共产党领导的抗日根据地及解放区的教科书呈现出服务抗战、服务党的宣传的鲜明特征。它们为共产党的事业发展和壮大作出了重要贡献，为新中国教科书建设铺垫了基石。

第三，抗战时期，沦陷区教科书的奴化教育色彩浓厚，尤以伪满洲国的教科书为甚。

总体而言，抗战期间的地缘政治导致教科书分化发展，教科书的社会动员与政治宣传功能发挥到极致。

二

尼采说过：重要的不是怀念过去，而是认识到它潜在的力量。而要认识教科书的潜在力量，恰恰又需要认清楚教科书的过去或过去的教科书。这是我们编撰这套教科书图文史的初衷之一。

首先，早期教科书对于我国现代科学具有重要的启迪、导引甚至定型价值。著名学者托马斯·库恩（Thomas kuhn）认为"任何一门科学中第一个范式兴起的附带现象，就是对于教科书的依赖"[1]。中国一些学科的早期发展与定型，几乎都离不开早期教科书。比如，有研究认为张相文《初等地理教科书》和《中等本国地理教科书》的出版，标志着中国民族的新地理学的产生[2][3]。台湾学者王汎森认为，在近代中国建立新知的过程中，新教科书的编撰具有关键的作用，很多学科的第一代或前几代教科书，定义了我们后来对许多事物的看法，史学就是其中的一个[4]。傅斯年在20世纪30年代写了《闲谈历史教科书》一文，称编历史教科书"大体上等于修史"，可见其对教科书的"充分看重"[5]。

其次，早期教科书是传播新思想、新伦理的最适切的工具，是新教育得以成功的最重要的保障。在漫长的传统教育里，"三百千千""四书五经"等都是不可撼动的经典教材，但是当新学校创办、新课程实施以后，这种不分科、不分年级，不顾教与学，只重灌输的旧教材日益暴露出它的不适应性。旧教材是可以"修之于己"，但不易"传之于人"的文本。旧学堂先生大多是凭经验和

[1] 托马斯·库恩. 科学革命的结构[M]. 金吾伦, 胡新和, 译. 北京: 北京大学出版社, 2003: 85.

[2] 杨吾扬. 地理学思想史纲要[M]. 开封: 河南大学地理系, 1984: 98.

[3] 林崇德, 姜璐, 王德胜. 中国成人教育百科全书: 地理·环境[M]. 海南: 南海出版公司, 1994: 192.

[4] 王汎森. 执拗的低音: 一些历史思考方式的反思[M]. 北京: 生活·读书·新知三联书店, 2014: 33.

[5] 傅斯年. 傅斯年集[M]. 广州: 花城出版社, 2010: 401.

理解来教的，学童大多是凭禀赋和努力来学的，大多的结局是"人人能读经而能经学者无几，人人能识字而能小学者无几，人人能作文而能词章学者无几"[1]。所以，在西学知识大量涌入中国、新式教科书逐渐进入新学堂的时代，理论上旧教材就已经失去了作为新学堂教材继续存在的基础。尤其是废科举、兴学堂之际，旧教材被取代已经是大势所趋。传统旧教材不敌按照现代教育学理论构建的、关注教也关注学的新教科书。当时的士人事实上已经意识到旧教材与新教科书之间的巨大差距，甚至认为，即便教旧内容，也应该用新形式。许之衡1905年就指出，经学乃孔子之教科书，今人能够完全理解者极少，这因为旧教材与今天的新教科书不同，"使易以今日教科书之体例，则六经可读，而国学永不废"[2]。这实际上等于已经承认旧教材不如新教科书效果好。张之洞更是明确表示，中学之"存"不能不靠西学之"讲"。[3]可见，现代意义的教科书闪亮登场完全是时代所需，是应运而生，而且一出现，就以摧枯拉朽之势取代了旧教材，新式教科书地位得以确立。到《最新教科书》出现时，教材的性质发生了巨大的变化，在文本意义上真正实现了教与学的统一，以"教科书"命名的现代新式教科书全面登场，完成了由纯粹的教本、读本向教学结合文本的转型。

再次，早期教科书为我国的现代化进程培养与输送了大批新式人才。到第二次鸦片战争之后，洋务派及当时的先进知识分子基本上已经认识到中国落后于西方，主要是人才的培养落后，是科学技术落后。因此，中国要改变落后挨打的局面，就必须发展新式教育，大力培养人才。而新式教育的成功，依赖于新式教科书。19世纪末20世纪初，中国历史的进程到了一个极具转折意义的时刻，新式学堂如雨后春笋般涌现，一批最不能遗忘的教科书诞生了，演绎了一幕思想大启蒙、科学大传播的历史教育剧，它们为启民智、新民德，培养大批现代社会的呐喊者和建设者，作出了重要的知识贡献和人才储备。

章开沅先生曾经为戊戌变法的失败找原因："百日维新是幸逢其时而不得其人。"[4]这是非常有道理的。不过，戊戌变法的失败也许还与新教育即开而未开，新教科书即出而未出，即将找到但还没有大规模实践传播改革思想的媒介或工具有关。在这一意义上，确实是"不得其人"。即便在士大夫精英中，有新思想、新知识者也寥寥无几，更不要说普通民众了。这个时候，任变法者颁布的维新诏令雪花般飞舞，也只能看作主观愿望，一厢情愿。社会还没有准备好，心态、舆论、思想、观念都还没有准备好迎接这场变法。所以，不管是谁，都无法完成这场不能完成的变法，它失败得如此迅速也就在情理之中了。谭嗣同曾经自责性急而导致事情不成。其实，性急也就意味着时候还不到，之所以时候不到，是因为新思想之星火还未成燎原之势，人才还没有储备到基本够用。

几年后情况变了。维新变法以后十余年，几乎是新思想、新观念如火如荼的燎原时期，其中新教育、新式教科书教材起了重要作用，它把新思想、新观念传播到千家万户，由此推动了近代中国

[1] 罗志田. 裂变中的传承：20世纪前期的中国文化与学术[M]. 北京：中华书局，2003：143.
[2] 许之衡. 读国粹学报感言[J]. 国粹学报，1905（6）：4.
[3] 罗志田. 裂变中的传承：20世纪前期的中国文化与学术[M]. 北京：中华书局，2003：143.
[4] 章开沅. 改革也需要策略[J]. 开放时代，1998（3）：12-13.

启蒙高潮的形成。严格地说，辛亥革命的成功一定程度上与当时的变革舆论的传播和革命思想的宣传有密切关系。当时初步的民主自由的思想、宪政共和的观念随着海量新式教科书铺天盖地而来。以《最新教科书》为例，1904年一经出版便势不可挡，在那毫无现代化营销渠道的时候，"未及数月，行销10余万册"[1]。1907年有传教士惊叹，商务印书馆"所编印的优良教科书，散布全国"[2]。民智为之而开，民德为之而新，武昌的枪炮声尚未完全平息，许多地方已经插上了革命的旗帜。读书声辅佐枪炮声，革命的成功乃成必然。没有教科书的普及，就不会有民众思想与观点的前期储备，就不会有辛亥革命的一呼百应。某种意义上，教科书的出现比康有为等人深邃的著作，对普通民众的影响更大。

最后，早期教科书是中国课程与教学论的重要研究领域，它对今天的教科书建设仍具有难得的参考价值。早期教科书的内容结构与形式呈现，选文的经典性与时代性、稳定性与变迁性，作业设计与活动安排等，都是今天课程教学论需要研究的，都是教科书编写值得参考的。课程教学历史不是一个个文本，可离了文本，历史难以企及。今天看来，几乎教科书的所有要素、结构与类型，都发生并完成在19世纪后期至20世纪20年代，以后只是在这些基础上的漫长提质过程。我们完全可以从今天的教科书中看到百年前教科书的样子。遗憾的是，总体上我们对这一时期的教科书研究还不够，这是一个学术开拓空间非常广阔的研究领域。教科书是一个跨学科、综合性的资料库和研究域，种类繁多的教科书，对政治、经济、文化、教育有全方位的反映和描述，是研究该时期社会思潮、观念认识、语言形态、乡风民俗、价值观、人生观等领域的鲜活而宝贵的历史材料。大部分学科可以从中获取本学科需要的早期研究史料及发展素材。这是一个没有断裂的、连续的而又变化的学科发展史的活资料库。难怪不同学科的科学史专家对现代科学引入、发展与定型的研究几乎都要盯着早期教科书。[3]

三

几乎没有教科书可以溢出教科书史的范畴，也几乎没有一个教科书文本能够挣脱教科书史的发展谱系而天然地、孤立地获得价值。教科书一定是继承的，也是创新的；一定是独立的文本，也是系列文本。站在教科书的历史延长线上，摆在我们面前可资借鉴的精神遗产既广阔又复杂。系统梳

---

[1] 王建军. 中国近代教科书发展研究[M]. 广州：广东教育出版社，1996：111.

[2] 林治平. 近代中国与基督教论文集[C]. 台北：宇宙光出版社，1981：219.

[3] 比如郭双林著《西潮激荡下的晚清地理学》（北京大学出版社2000年版）、邹振环《晚清西方地理学在中国：以1815至1911年西方地理学译著的传播与影响为中心》（上海古籍出版社2000年版）、杨丽娟《地质学在中国的传播与发展：以地质学教科书为中心（1853—1937）》（浙江古籍出版社2022年版）、张仲民等《近代中国的知识生产与文化政治：以教科书为中心》（复旦大学出版社2014年版）等，甚至本杰明·艾尔曼《中国近代科学的文化史》（上海古籍出版社2009年版）等，都把早期教科书与早期科学的发展紧密关联起来。

理其实很难，厘清它们的背景与意义更难。本套书涉及的教科书覆盖1840—1949年晚清民国中小学主要学科。而在清中晚期，学堂课程并未定型，很多学科边界也不明晰，教科书本身也未定型，诸如格致教科书、博物教科书、蒙学课本、蒙学读本等均属于这种情况，均有综合类教材的色彩。一些教科书按今天的课程命名不好归类，一些教科书更是随着课程的选取而昙花一现，这都给我们今天的梳理带来了困难。所以，有些早期教科书也许出现在不同分卷上，比如格致教科书，有可能出现在物理卷，也可能出现在化学卷、生物卷。同理，也有些早期教科书因为分类不明晰，所以各卷都可能忽视、遗漏了它。也有些教科书实在不好命名，比如早期的修身、后来的公民一段时期也出现过"党义""三民主义"等等，都和今日之课程名称不能完全对应。

教科书发展史的梳理需要依赖过去师生用过的文本，这是历史上的课堂教学活动仅存下来的几种遗存之一。本套书的一个特点就是看重教科书实物，这遵循了我们的研究原则：不见课本不动笔，不见课本慎动笔。我们很难想象离开教科书实物的教科书脉络的梳理。无文本，不研究，慎研究。就好像中国的小说史、诗歌史、电影史研究，甚至任何文本研究，离开文本，一切都是浮云。特别是教科书，它和其他任何文本不一样，因为其他文本都有独一无二的名称，独一无二的作家，一提起某某人的某某书，大家就有明确的指向性，绝不会混淆犯晕，研究者和读者可以在同一文本上展开对话。比如曹雪芹的《红楼梦》，茅盾的《子夜》。唯有教科书是名称高度雷同的文本，我们说"历史"，说"数学"，几十年上百年一直这么说，成百上千的、完全不一样的文本都是这个名称，因此让研究者和读者很难迅速在同一文本上展开对话的命名，如果不展示文本的实物图像，很容易让人云里雾里一时半会进不了主题。如何让读者明白我们是在讨论这本《历史》，而不是那本《历史》？

由此，本套书特别关注图文结合，简称"图文史"。适时展示教科书实物照片，让读者能够比较清晰地知道我们在讨论哪一种教科书。而且，以图证史、以图佐文也是我们的重要追求（沿袭了《新中国中小学教科书图文史》的风格）。南宋史学家郑樵曾在《通志·图谱略》中谈到图文结合的价值是"左图右史""索象于图，索理于书"。足见图像对学理呈现的重要性。确实，有时图像比文字包含更多的东西。英国著名史学家彼得·伯克（Peter Burke）在《作为证据的图像：十七世纪欧洲》（*Images as Evidence in Seventeenth-Century Europe*）一文中提出，图像是相当重要的历史证据，要把图像视为"遗迹"或"记录"，纳入史料范围来处理。他著有《图像证史》（北京大学出版社2008年版）一书，专门研究怎么让图像说话。在他看来，现在的学界已经出现了一个"图像学转向"（Pictorial Turn）。

本套书以时间为经，以学科为纬，以文领图，以图辅文，由语文（国语、语文）、数学（含珠算）、外语（英语、日语、法语）、科学、物理（含格致等）、化学、生物、德育（修身、公民、政治）、历史、地理（含地文学、地质学等）、音乐、体育、美术共13册组成。这套书与《新中国中小学教科书图文史》（广东教育出版社2015年版）衔接贯通，比较系统地呈现出一个多世纪以来中国近现代中小学教科书的发展历史，也算了却我们一个心愿。

这套书的编写非常艰难。一是作者的组织不易。从事教育史、学科史研究的学者相对较多，即便是学科课程史也有不少研究者，但长期研究教材史（像内蒙古师范大学的代钦教授之于数学教材史、上海师范大学的胡知凡教授之于美术教材史）的学者还是相当少的，长期研究教材史而又有暇能够参与本套书编写的人更少，能够集中一段精力主动参与本项目的研究者更是少之又少。二是虽然我们最后组织了一个小集体，但这些作者多是高校的忙人，有的还是大学的校级领导，尽管他们已经尽力了，但让他们完全静下心来如期而高质量地完成任务还是很难。三是项目进行期间遭遇三年新冠疫情，而要较好地完成这套书，需要翻阅大量教科书文本实物，疫情使得我们几乎没有办法走进首都师范大学教科书博物馆，更不要说将书中文本与实物一一对应，而有些文本的照片及其清晰度又几乎是必不可少的。这一切因素都直接影响了本套书的进展，也影响了书中一些照片的品质，加之受限于作者和主编的水平导致各卷质量多少有些不均衡，难免遗憾。还有方方面面不必一一言说的困难。说实在的，我这个主编有时候很有挫败感，也很难受。不仅我难受，有些作者也被我逼得很难受，逼得他们害怕收到我的微信，逼得他们害怕回复我的要求。对不起这些作者！感谢之余，希望得到他们的谅解。

主编难，作者难，责任编辑也很难。

难为广东教育出版社的卞晓琰、林检妹、黄倩及其团队成员了。他们要面对作者，面对主编，面对多级领导，面对一而再再而三进行的审读与检查，面对有时候模糊不清的照片和让人提不起神的文字。他们要一一解决，一一突破。他们做到了，只是多耗了一杯又一杯的猫屎咖啡，多熬了一个又一个的漫漫长夜。面对他们的执着与认真，我们还能松懈、还敢松懈吗？我们的水平不易提高，态度还是可以端正的。感谢他们！

感谢广东教育出版社社领导多年来的支持与看重。曾经有学界朋友对我说：你们的成果要是在北京的国家级出版社出版就好了！我笑笑。我以前说过：我看重认真做我们的书的人和出版社。今天我还是这么说，我依然把郑重对待一个学者的学术成果作为选择出版社最重要的标准，这就是我们选择广东教育出版社的原因。感谢他们！感谢广东教育出版社几任社领导及其具体操持者对我们作品的看重！

感谢时任教育部教材局局长、现在是我的同事的田慧生教授长期对我们的关心！感谢首都师范大学孟繁华教授对我们研究成果的支持！感谢首都师范大学教育学部、教育学院及首都师范大学教科书博物馆提供的各种帮助与便利！感谢我的同事和我们可爱的博士、硕士团队！感谢给我们直接、间接引用了其研究成果或给我们以启发的所有专家学者！感谢在心，感激在心，感恩在心。

2024年7月20日于北京学堂书斋

（石鸥，首都师范大学教育学部教授、博士生导师）

目　录

1912

1927

第五章

近代其他外语教科书的回顾

附录　研究对象表

后　记

第一章

近代英语教科书的滥觞（1840—1901）

1901

概述

从1840年第一次鸦片战争爆发至19世纪末，西方传教士从零星到大批陆续进入中国。为了扩大基督教在中国的影响力，传教士们在中国创办了大量的教会学校。早期的英语教科书基本上都是来自西方的原版教材或是由英美国家的传教士所编写的读本。第一个来中国传教的基督教传教士是英国的罗伯特·马礼逊（Robert Morrison，1782—1834）。[1]马礼逊于1818年在马来西亚马六甲创办了一所英华书院（Anglo-Chinese College），以宣传基督教而学习英文和中文为办学目的。英华书院使用的教材大都是原版的英文教材，如：《圣经旧约》和《圣经新约》以及其他有关基督教方面的书籍、默里（Lindley Murray）的《简要英语语法》（*Abridgment of English Grammar*）、马礼逊的《中英语法》、乔伊斯（Jeremiah Joyce）的《科学对话集》（*Scientific Dialogues*）和《中英习惯用语》等。[2]19世纪60年代后期，随着英语课程逐步在教会学校普及，英语教科书的重要性就愈发突出，如伦敦会传教士麦嘉湖（Rev. John Macgowan，1835—1922）编写的《英话正音》（*Vocabulary of the English Language*）（1862年）和《英字源流》（1863年）、德国礼贤会传教士罗存德（Wilhelm Lobscheid，1822—1893）编写的《英话文法小引》（1864年）等。

第二次鸦片战争之后，清政府饱受内忧外患之苦，学习西方列强以期"救国图存"的思想开始得到国内有识之士的认同。以奕䜣、李鸿章、曾国藩等为首的"洋务派"已深切地感到，这是"三千余年一大变局也"。为挽救摇摇欲坠的封建统治王朝，他们提出要"借法自强"，主张造炮船、开矿源、建铁路、兴学校，以抗衡西方列强的入侵。[3]而学习西方先进技术，首先必须解决语言差异导致的交流与沟通困难。官办同文馆的成立便是清政府培养外语人才的一次尝试。洋务运动时期，清廷所办的外国语学堂有7所，这些外国语学堂使用的英语课本大多为原版英文教材，以及少量的自编教材。

除了教会学校和官办外语学堂的正规外语教育之外，为了商贸往来，同时也是为了在短时间内达到最好的交流与沟通效果，部分通商口岸的民众开始使用"洋泾浜英语"（Yang King Pang English）会话读本，其主要特点是采用方言给英语词汇和句子注音。其中具有代表性的教材，是1860年宁波商人冯泽夫联合其他5位宁波籍人士张宝楚、冯对山、尹紫芳、郑久也和姜敦五共同出资出版的《英话注解》一书，该书将一些常用的英文单词、词组、句子，用宁波话进行注解。从严格意义上说，这些用于商贸的会话读本不能视为英语教科书。

清末一些有识之士已经觉察到自编英语教科书的重要性，并付诸行动。该时期国人自编的英语

---

[1] 李良佑，张日昇，刘犁. 中国英语教学史[M]. 上海：上海外语教育出版社，1988：1.

[2] 丁伟. 伦敦会新教传教士与马六甲英华书院的英语教学[J]. 广西社会科学，2004（2）：192.

[3] 李良佑，张日昇，刘犁. 中国英语教学史[M]. 上海：上海外语教育出版社，1988：12.

教科书不得不提《华英初阶》与《华英进阶》等系列教科书。1897年，商务印书馆在上海成立后，便着手编译各种教材。从1898年开始，商务印书馆编译出版了《华英初阶》与《华英进阶》等系列教科书。其中《华英初阶》初版于1898年，是商务印书馆出版的第一本英语教科书，也是商务印书馆自编出版的第一本书。[1]

总的说来，从1840年至19世纪末的这段时间里，英语教科书从无到有，逐渐发展，呈现出以下一些特点：

第一，该时期的英语教科书强调西方文化的传播。教科书作为一种特殊的文本，除了传播知识之外，还承载着对文化的记录功能。而英语教科书不仅仅是一种语言文本，同时还承载着传承世界各民族文化的功能。以"华英"系列为例，《华英初阶》的原版原为英国人为其殖民地小学生编写的英语教科书。商务印书馆编译时，保留了宣扬宗教信念的特色，保留了摘自《圣经》的文章，并且于每册书后都附有主祷文、饭前祷文、饭后祷文等内容。[2]

第二，英语教科书中的内容凸显教诲性。教科书的教诲性，指的是教科书的思想政治教育。清末英语教科书中的很多内容选材充满教育意义，如倡导文明生活方式、培养道德品质修养、传播科学文化知识等。

第三，英语教科书体现外语教学潮流。此时期的英语教科书编写紧跟国外英语教学发展的步伐，能够体现国外英语教学思想发展的脉络。清末的英语教科书受语法翻译法的影响非常之大，该时期的教科书在编排上倾向于中英文互译对照的形式，以演绎式的语法内容作为经络贯穿全书，强调优先学习字母和单词，同时使用大量的书面练习来加强学生对所学知识的理解，并且过于重视学生的阅读和写作能力，忽视其听说技能的培养。

第四，运用新式教科书的编排体例。如，突出对于西式书写习惯和标点符号的介绍。英语与中文属于不同语种，其识文断字的方式也与传统中文的阅读习惯有较大差异，而国外所编的英语教科书往往采用西式的书写习惯和标点符号。再如，中英对照编排方式的采用。清末英语教科书的编排体例上的一次创新是使用中英对照、逐字对译的方式。通过完全的中英对照，有利于外国教师了解中文表达习惯，方便其进行英语教学，符合当时的国情。

[1] 石玉. 我国自编英语教科书之开端：《华英初阶》与《华英进阶》[J]. 湖南师范大学教育科学学报，2008，7（3）：35.
[2] 石玉. 我国自编英语教科书之开端：《华英初阶》与《华英进阶》[J]. 湖南师范大学教育科学学报，2008，7（3）：36.

第一节
英语教科书的引进

一、教会学校的英语教科书

早在明朝时期，当16世纪初欧亚航线开辟之后，就不断有传教士随欧洲殖民主义者船队来到中国活动。当时传教士来华活动主要是为了传教，附带介绍西方文明和西学。他们怀揣着"中华归主"的梦想，力图通过一系列的传教布道活动使中国彻底基督化，因此自然而然地受到本土儒教和道教的排斥。作为当时中西方文化交流的渠道之一，传教士们的活动并没有受到明朝统治阶级的重视，虽然统治者对其所介绍的异域文化和西式物品略感好奇，但是对其传教本身却始终保持疑忌和警惕。在遇到中国传统文化的强大阻力后，传教士们意识到欲改变中国人的思想，应先从教育着手。

在迷蒙中，传教士们观察得知教育在中国人心目中的重要地位，并试图以教育活动为途径介入中国人的文化生活，从而进一步改造中国文化，创建易于传播基督教的社会环境。于是，传教士们以西方教育体系为参照，开始大力发展新式教育，培养新式人才。[1]

正是在积极开展各项教育活动中，传教士开始了中国最早的英语教育实践。早在第一次鸦片战争爆发前的几十年里，在中国的少数几个沿海城市就已有英语教学了。这些英语教学多由英、美两国的基督教传教士零星地进行，范围很窄，规模很小，并未形成一种正规的、系统的教育。[2]第一个来中国传教的基督教传教士是英国的罗伯特·马礼逊。[3]

马礼逊第一个踏上中华大地，成为（基督教）新教在中国传教的开山鼻祖。随后，欧美传教士接踵而来。裨治文（Elijah Coleman Bridgman，1801—1861）和雅裨理（David Abeel）则是首批来华的美国公理会传教士。由于当时清政府实施禁教政策，到1840年，来华传教士的整体数量并不多，创办的"教会学校"不仅总量极为有限，而且呈现出规模小、分散化的特点。[4]

马礼逊于1818年在马六甲设立了一所英华书院，该校以宣传基督教而学习英文和中文为目的。

[1] 张丽君.晚清新教传教士英语教育的历史考察：以教会学校为视场[D].武汉：华中师范大学，2016：1.
[2] 冯增俊.当代中小学外语课程发展[M].广州：广东高等教育出版社，2005：135.
[3] 李良佑，张日昇，刘犁.中国英语教学史[M].上海：上海外语教育出版社，1988：1.
[4] 张丽君.晚清新教传教士英语教育的历史考察：以教会学校为视场[D].武汉：华中师范大学，2016：13.

1834年，马礼逊去世，当时在广州、香港的一批英、美传教士于1835年发起成立了马礼逊教育会（Morrison Education Society），同时筹办马礼逊纪念学校（Morrison Memorial School）。[1]

"马礼逊教育会"……在发起"通报"中写道："本教育会的宗旨将是在中国开办和资助学校，在这些学校里除教授中国少年读中文外，还要教授他们读写英文，并通过这个媒介，把西方世界的各种知识送到他们手里。这些学校要读《圣经》和有关基督教的书籍。"[2]

马礼逊教育会对这所学校（马礼逊纪念学校）的教师及教材均有明确规定：

第一项　学校课本，乃以读本、作文、数学、地理及其他科学教导学生，并以英语、华语讲授，以收效果。[3]

伦敦会传教士采用近代西方通行的教学方法按学生水平进行高低分班，采取分级教学的形式，通常把学生分为高级班（一班）、二班、三班、初级班（四班），同等水平的学生在人数较多的情况下又分为若干小班；采取中英双语教育模式。他们为学生开设相对完整的英语课程：英语、语法、写作、会话（口语）、翻译等。[4]

1835年，英华书院的学生发展到70人，分初级和高级两班。初级班开设中文、英语、数学、英文写作、英译中、地理和英文语法等课程；高级班的课程为：每天进行中文到英文以及英文到中文的双语互译，并用英文写作校长布置的题目。英华书院在教学上采用近代西方通行的教学方法，按学生水平高低分班、分级教学，并根据具体情况，因材施教，反对死记硬背，注重启发式教学。[5]

学生使用的教材大都是原版的英文教材，如：《圣经旧约》和《圣经新约》以及其他有关基督教方面的书籍、默里的《简要英语语法》、马礼逊的《中英语法》、乔伊斯的《科学对话集》和《中英习惯用语》等。[6]

马礼逊早在1823年就出版了一部专为中国人而著的英语语法著作——《英国文语凡例传》，也叫《英吉利文话之凡例》。该书现藏于大英图书馆。全书共97页，……整合为四大部分：字头论（拼字法），字从来论（词源法），字成句论（句法学），字音韵论（音韵学）。

字头论：即英语的26个字母和常用的标点符号。

字从来论：这部分是关于英语的9种词性的知识简介，即今天我们所说的冠词、名词、代词、动词、小品词、副词、连词、介词和感叹词。

《英国文语凡例传》是第一部中英文对照的英语语法书。[7]

[1] 李良佑，张日昇，刘犁. 中国英语教学史[M]. 上海：上海外语教育出版社，1988：3.
[2] 顾长声. 传教士与近代中国[M]. 上海：上海人民出版社，1981：40.
[3] 李良佑，张日昇，刘犁. 中国英语教学史[M]. 上海：上海外语教育出版社，1988：4.
[4] 丁伟. 伦敦会新教传教士与马六甲英华书院的英语教学[J]. 广西社会科学，2004（2）：192.
[5] 顾卫星. 晚清英语教学研究[M]. 苏州：苏州大学出版社，2004：8.
[6] 丁伟. 伦敦会新教传教士与马六甲英华书院的英语教学[J]. 广西社会科学，2004（2）：192.
[7] 孙广平. 晚清英语教科书发展考述[D]. 杭州：浙江大学，2013：48-50.

英华书院第二班学生的英语教学中曾记载当时使用英语教科书的情况：

从1824年2月起，……第二班的学生已经学习了马礼逊的《中英语法》、一本关于中文和英文习惯用语的薄书的大部分、几本中文基督教小册子、米怜（William Milne）的《灵魂篇》第一卷的大部分和一些他们本国的著作。他们还用中文评论米怜编的《问答手册》，并且在英语学习上取得了进步。他们中的一些人能写一手不错的英文。[1]

由此我们看到，早期的英语教科书基本上都是来自西方的原版教材或是由英美国家的传教士所编写的读本。其中较有名的有英国的罗伯聃（Robert Thom，1807—1846，又译作罗卜丹），他于1843年编写了《汉英词汇》（*Chinese and English Vocabulary*），1846年又编写了《汉英会话》（*The Chinese Speaker*）。美国裨治文等人于1847年开始从事《圣经》的翻译工作。英国麦都思（Walter Henry Medhurst，1796—1857）于1847—1848年编写了《英汉字典》和《汉英字典》。1852年，英国的约翰·施敦力（J. Stronoch，1810—1888，又译作斯特罗纳奇）等人发表了《旧约》的中文译本。1858年，英国的霍布森（John Hobson）编写了《英汉医学词汇》。这些书籍是早期编著、出版的第一批汉英读物。[2]

早期教会学校所采用的英语教科书多与基督教有关，如《圣经旧约》和《圣经新约》等，也有传教士自己国家的教科书，如默里的《简要英语语法》、乔伊斯的《科学对话集》等。还有少部分为传教士自行编辑的教科书。马礼逊1823年出版了一部专为中国人学习英语而著的英语语法著作《英国文语凡例传》（*A Grammar of the English Language for the Use of the Anglo-Chinese College*），从其英文名可以得知这本书是为英华书院的学生编写的，这也可算是中国第一本英语教科书。1822年，马礼逊又编纂了共六卷的《华英字典》（*A Dictionary of the Chinese Language*）。1843年，麦都思（Walter Henry Medhurst）编纂的两卷本《华英语汇》（*Chinese and English Dictionary*）出版。这些早期的字典基本都为汉英对照，中文词汇种类丰富，涵盖政治、文化、风俗等方面，且标注相应的英文解释，对于传教士熟悉了解中国文化颇有助益，中国学生也可将其作为英语工具书使用。[3]

19世纪60年代后期，随着英语课程逐步在教会学校普及，英语教科书的重要性就愈发突出。如：1863年，伦敦会传教士麦嘉湖编写的《英字源流》（*Spelling Book of the English Language*）出版，该书用汉字介绍了用字母组成音节和用音节组成单词的方法，这也是迎合当时中国人初学英语的方法，喜用汉字标注英文读音方便记忆。[4]

《英字源流》的作者是麦嘉湖牧师，伦敦传道会任命的赴华传教士，于1860年3月23日偕同夫人到达上海，于1863年夏迁往厦门。《英字源流》共60页，于1863年在上海出版。这是一本为想学习

[1] 丁伟. 伦敦会新教传教士与马六甲英华书院的英语教学[J]. 广西社会科学，2004（2）：192.

[2] 李良佑，张日昇，刘犁. 中国英语教学史[M]. 上海：上海外语教育出版社，1988：10.

[3] 张丽君. 晚清新教传教士英语教育的历史考察：以教会学校为视场[D]. 武汉：华中师范大学，2016：29.

[4] 张丽君. 晚清新教传教士英语教育的历史考察：以教会学校为视场[D]. 武汉：华中师范大学，2016：29-30.

英语的华人所著的基础知识指南。书中用汉字详细描述将字母连成音节再组成词的方法。作品中有两篇序言，一篇介绍，读者注释和目录。[1]

此外，麦嘉湖还编辑了另一本教科书《英话正音》，书中每个词都先给出中文，再给出对应的英文，最后用汉字标注英文读音。

《英话正音》，分两册，共125页，上海，1862年版。书中每一条词语先给出汉语，再给出英语，然后是汉字的发音。第1册根据通常汉语分类共分为28个章节；第2册根据词组长度编排。书中有三篇前言，随后是为学生准备的注释，一篇目录和四份英文字母表。[2]该书出版后，教会曾在报纸媒体上对其进行适当宣扬以扩大其影响，如上海首家中文报纸《上海新报》于1862年11月，在其第111号头版上，刊有这部书的广告，内容如下："《新刻英话正音》出售，大英麦先生翻译，语音句读，斟酌尽善……"[3]

1864年，德国礼贤会传教士罗存德编写了一本英语语法书《英话文法小引》（*Chinese-English Grammar*），该书同马礼逊的《英国文语凡例传》最大不同，在于前者是用粤语写成的为粤人学习语法而作，而后者则是用官话写成，不带区域特色。他还编纂过一部英汉字典：《英华辞典》（*Anglo-Chinese Dictionary; with Punti and Mandarin Pronunciation*），里面的英语注音亦为官话发音。[4]

19世纪70年代后期，英文教科书编辑数量偏少，且缺乏流通性，因此，1877年上海召开的在华新教传教士第一届大会（The First General Conference of the Protestant Missionaries in China）上，经过讨论，成立"学校教科书委员会"（School and Textbook Series Committee，又名"益智书会"）。[5]该书会所出的教科书门类繁多，有算学类、科学类、历史类等。

经过教科书委员会的多次商讨，决定在中国编辑两套可供学校使用的教科书，一套供初等学校使用，另一套供高等学校使用。大会结束后，益智书会随即开展工作。至1890年，据傅兰雅报告的历年的出版成就，可知截至1890年，益智书会共出版书籍52种，71册，出版图表40幅。另外，益智书会还审定了适宜用作学校教科书的书籍48种，150册。益智书会所出书目分为算学类（1种，1册）；科学类（21种，22册）；历史类（4种，15册）；地理类（5种，5册）；道学类（12种，16册）；读本类（3种，3册）；其他类（6种，9册）。其中与英语教科书有关的只有"读本类"的书，是由Miss Lillie Happer编写的*First Reader*，*Second Reader*，以及由Dr. Happer编写的*Third Reader*。在当时英语之风盛行的上海，1882年成立的著名教会学校中西书院所采用的英文教科书除了引进原版教材外，还有部分自编教材。《华英通用要语》为中西书院除三等班外其他所有班级的通用教材。[6]

[1] 伟烈亚力.基督教新教传教士在华名录[M].天津：天津人民出版社，2013：313-314.
[2] 伟烈亚力.基督教新教传教士在华名录[M].天津：天津人民出版社，2013：313.
[3] 第111号头版广告.上海新报[N].1862-11-25.
[4] 张丽君.晚清新教传教士英语教育的历史考察：以教会学校为视场[D].武汉：华中师范大学，2016：28-29.
[5] 胡国祥.近代传教士出版研究[M].武汉：华中师范大学出版社，2013：101.
[6] 张丽君.晚清新教传教士英语教育的历史考察：以教会学校为视场[D].武汉：华中师范大学，2016：30.

二、官办学堂的英语教育

第二次鸦片战争之后，清政府饱受内忧外患之苦，除了对外的割地赔款，国内太平天国等农民革命运动不断高涨，使清朝统治集团感到岌岌可危。此时，清政府内部也发生了变化。一部分以洋务派为首的相对开明的统治阶级人士，如奕䜣、李鸿章、曾国藩等已经意识到了这种威胁的严重性。为挽救摇摇欲坠的封建统治王朝，他们主张"师夷长技以制夷"，学习西方先进技术，造炮船、开矿源、兴学校等，以抗衡西方列强的入侵。而学习西方先进技术，首先必须解决不同语言的差异导致的交流与沟通的困难。因此，培养掌握外语的翻译人才显得尤为重要。

清政府决心兴办官办外语学堂的另一个重要原因是为西方列强所迫。如1858年中英《天津条约》续约中所规定的3条：（1）嗣后英国文书俱用英字书写；（2）暂时仍以汉文配送，仅在三年之内，可以附有汉文配送；[1]（3）自今以后，遇有文词辩论之处，总以英文作为正义。[2]此次订约汉英文字详细校对无讹，亦照此例。[3]

第二次鸦片战争之后，西方列强纷纷在北京派驻使节，清政府为方便与其打交道，便于1861年成立了"总理各国事务衙门"（简称"总理衙门"），专门负责办理外交事务。但是朝廷官员都不懂得外国语言文字，在外交时往往有诸多不便。清朝恭亲王奕䜣认为"查外国交涉事件，必先识去性情；今语言不通，文字难辨，一切隔膜，安望其能妥协"[4]。"则必通其志，达其欲，周知其虚实情伪，而后能收称物平施之效。"（冯桂芬《校邠庐抗议》卷下《上海设立同文馆议》）[5]当时清政府与外国交涉不得不依靠通事。通事不外乎两种：一为无业商贾，一为英法两国传教士所设义学的学生。而这些人"声色货利之外，不知其外（他）；惟借洋人势力，狐假虎威，欺压平民，蔑视官长，以求其所欲"。（冯桂芬《校邠庐抗议》卷下《上海设立同文馆议》）[6]清政府官员认为外交事务依靠这些人将会"遂致彼己之不知，真伪之莫辨，宜与宜拒讫不得其要领，其关系非浅鲜也"。（冯桂芬《校邠庐抗议》卷下《上海设立同文馆议》）[7]由此可知，不断增加的外交事务迫使清政府开办专门以培养外语人才为目的的学校，培养自己的译员来解决其遇到的困难。

洋务运动时期，清廷所办的外国语学堂有7所，分别是：京师同文馆、上海同文馆（原名上海外国语言文字学馆）、广州同文馆、新疆俄文馆、台湾西学馆、珲春俄文书院（亦称"珲春翻译俄

[1] 舒新城. 中国近代教育史资料（上）[M]. 北京：人民教育出版社，1961：122.

[2] 邹振环. 晚清同文馆外语教学与外语教科书的编纂[J]. 学术研究，2004（12）：115.

[3] 朱有瓛. 中国近代学制史料：第3辑[M]. 上海：华东师范大学出版社，1990：159.

[4] 舒新城. 中国近代教育史资料（上）[M]. 北京：人民教育出版社，1961：121.

[5] 高时良. 中国近代教育史资料汇编·洋务运动时期教育[M]. 上海：上海教育出版社，1992：7.

[6] 高时良. 中国近代教育史资料汇编·洋务运动时期教育[M]. 上海：上海教育出版社，1992：7.

[7] 高时良. 中国近代教育史资料汇编·洋务运动时期教育[M]. 上海：上海教育出版社，1992：8.

文书院"）、湖北自强学堂（1902年改名为方言学堂，是武汉大学的前身）。在这些外国语学堂之中，成立时间最早，对后世影响最大的莫过于1862年成立的京师同文馆。

清同治元年（1862），恭亲王奕䜣等奏请在北京设立同文馆。同文馆之名始见于《宋史》，原是招待藩属国家贡使的处所。清政府将京师同文馆学习外国语言文字的学校定名为同文馆，不无惟我天朝独尊之意。京师同文馆是中国近代第一所官办的洋务学堂，附属于总理各国事务衙门。[1]

1862年6月，京师同文馆英文馆开学，招收学生10名。随着同文馆的不断发展，其规模也随之扩大。1876年，京师同文馆"由洋文而及诸学共须八年"[2]。

京师同文馆八年课程表

由洋文而及诸学共须八年。馆中肄习洋文四种，即英、法、俄、德四国文字也。其习英文者，能藉之以及诸课，而始终无阻；其余三国文字虽熟习之，间须藉汉文以及算格诸学。

首年：认字写字。浅解辞句。讲解浅书。

二年：讲解浅书。练习文法。翻译条文。

三年：讲各国地图。读各国史略。翻译选编。

四年：数理启蒙。代数学。翻译公文。

五年：讲求格物。几何原本。平三角。弧三角。练习译书。

六年：讲求机器。微分积分。航海测算。练习译书。

七年：讲求化学。天文测算。万国公法。练习译书。

八年：天文测算。地理金石。富国策。练习译书。[3]

这份八年课程表除了第一至第三年的语言课程外，还包括其他学科内容。但是我们从前三年英语语言课程学习安排中，不难发现当时的学生以学习英语词、句和语法为主，以中英互译为主要练习方式，强调语言的阅读与写作技能。我们甚至可以从同文馆设置的考试内容之中一斑窥豹："初次考试，将各国配送洋字照会令其译成汉文；复试将各国条约摘出一段，令其翻译成洋文。"[4]

凡文字，先考其母以别异同（英文字母二十有六……）。次审其音，以分轻清重浊之殊（以唇舌牙齿喉腭定其音）。次审其比合为体以成文（凡洋文皆合字母以成字，有主音，有辅音，合以成文……）。次审其兼通互贯，以识其名物象数之繁（洋文字母最简，而成字最繁。以音为文，彼此移易，则其解各别，故洋文数倍于汉文）。[5]

同文馆的外语教学非常关注语言实践活动，尤其强调翻译实践，比如说要求学生翻译公文、报纸、电函等，甚至直接参加外交活动。

[1] 李国钧，王炳照，金林祥. 中国教育制度通史：第6卷[M]. 济南：山东教育出版社，2000：127.

[2] 李良佑，张日昇，刘犁. 中国英语教学史[M]. 上海：上海外语教育出版社，1988：16-21.

[3] 高时良. 中国近代教育史资料汇编：洋务运动时期教育[M]. 上海：上海教育出版社，1992：86-87.

[4] 高时良. 中国近代教育史资料汇编：洋务运动时期教育[M]. 上海：上海教育出版社，1992：94.

[5] 高时良. 中国近代教育史资料汇编：洋务运动时期教育[M]. 上海：上海教育出版社，1992：87.

嗣后各国会晤，应派熟悉该国语言之同文馆翻译官及学生等一二人，在旁静听，以免洋员翻译参差。"[1] "同文馆的重要活动之一，即在中译西书，虽则中译西书一事，别处也已行之，……但同文馆与总理衙门关系密切，所译事当然更重要。……八年毕业诸生，最末两年都须译书，而留馆学生也讲求翻译书籍……"[2] "同文馆学生多派有画电报之责，然有时正在交课之际，忽然传画，因系要公，该教习等不能阻止，亦不能专候一人，而耽时刻，故于该生功课有碍。"[3]

三、商贸所用的英语会话读本

英国在17世纪历经资产阶级革命后，为了满足国内资产阶级的需要，不断进行海外殖民扩张，掠夺世界市场。因此，英国商人在殖民地为了快速与高效地与当地人进行交流和沟通，往往会在当地产生一种特殊的语言形式。这种语言形式的主要特点就是以当地母语为主，夹杂着许多英语词汇。中国的"洋泾浜英语"，又称"别琴英语"（Pidgin English），形态大致也是如此。

"别琴英语"或"洋泾浜英语"是特指用中国地方方言对英语进行注音的一种语言形式。它带有浓郁的地方方言特色，具有一定的地域性。

学者普遍认为"别琴英语"最早起源于广州地区。早在第一次鸦片战争前，"别琴英语"就已登场了。1637年，英国商人开始来广州寻求贸易，其后120年的时间里，中国与外国的商贸联系逐渐增多；到1757年，清朝正式把广州定为当时中国唯一的对外贸易港口，大量外国商人云集于广州"十三行"。因此，为了商贸往来，同时也是为了在最短时间里达到最好的交流与沟通效果，一些广州当地人便想出来一个快捷的办法，即用尽量简单的英语单词与汉语的语法来与外国商人交谈。这便是最初的"别琴英语"。

"别琴英语"中的"pidgin"一词的来源，学术界至今没有统一的说法，一般认为是在广州的"十三行"中，对"business"这个英文单词的发音以广州方言读出来即"pidgin"。根据这种判定，"别琴英语"从一开始就有"商业英语"的意思。广东人把外国讲作"番"，外国人讲作"番鬼"，于是把"pidgin"讲作"番鬼语"或"鬼话"。

"洋泾浜英语"则得名于旧上海滩一处靠近租界的地名——"洋泾浜"。随着1843年上海开埠，外国的商行逐渐向上海转移，大量原"十三行"及洋行里的广东买办也相继进入上海。他们用粗通的英语充当贸易中间人，于是在洋泾浜附近出现了一种语法不准，带有中国口音的英语，被称为"洋泾浜英语"。

上海作为当时最为重要的对外贸易城市之一，商贸活动发达。因此，在英法租界之间的洋泾

[1] 高时良. 中国近代教育史资料汇编：洋务运动时期教育[M]. 上海：上海教育出版社，1992：111.
[2] 李良佑，张日昇，刘犁等. 中国英语教学史[M]. 上海：上海外语教育出版社，1988：22.
[3] 高时良. 中国近代教育史资料汇编：洋务运动时期教育[M]. 上海：上海教育出版社，1992：122.

浜，一批专以蹩脚英语为生，牵合中外商人以促成商业交易的上海当地人越来越多。在长时间的使用中，逐渐规范了该种语言形式，使之慢慢成为一种约定俗成的、大家都能理解的语言。

随着说洋泾浜英语的人越来越多，一般民众也开始接受这种中英混合语言。洋泾浜英语开始被认为是一种时髦的语言形式，除商人之外，普通大众也能随口说上几句。一些洋泾浜英语的说法甚至融入了大众的日常生活。

比如，在当时比较流行的洋泾浜英语顺口溜："来叫克姆（come）去叫谷（go）；是叫也司（yes）勿讲拿（no）；一元洋钿温得拉（one dollar）；廿四铜钿吞的福（twenty-four）；外国轮船水底磨（steamer）；如此如此沙咸鱼沙（so and so）；真价实货佛立谷（fully good）；洋行买办讲白拿（comprador）；翘梯翘梯（have tea）喝杯茶；雪堂雪堂（sit down）请侬坐；烘山芋叫扑铁秃（potato）；跑街先生杀老夫（shroff）；麦克麦克（mark）钞票多；毕的生司（empty cents）当票多；红头阿三开泼度（keep door）；自家兄弟勃拉茶（brother）；爷叫波茶（father）娘卖茶（mother）；丈人阿爸发音落（father-in-law）。"[1]

[1] 周振鹤. 别琴竹枝词百首笺释：洋泾浜英语研究之一[J]. 上海文化，1995（5）.

第二节
国人自编的英语教科书

一、《英话注解》

在上海日益成为中国重要的对外窗口之时，随着上海及其他籍的商人与外国人的交往增多，这时的他们急需在最短时间内学习英语的教科书。当时，上海英语翻译奇缺，懂英语的人非常吃香。因此，一些商人乘机赶印了一些以中文读音注音的英文教科书。一开始的洋泾浜英语多以广东地方的发音为准，随着大批宁波商人赴上海经商谋生，逐步开始以宁波方言发音来注音。

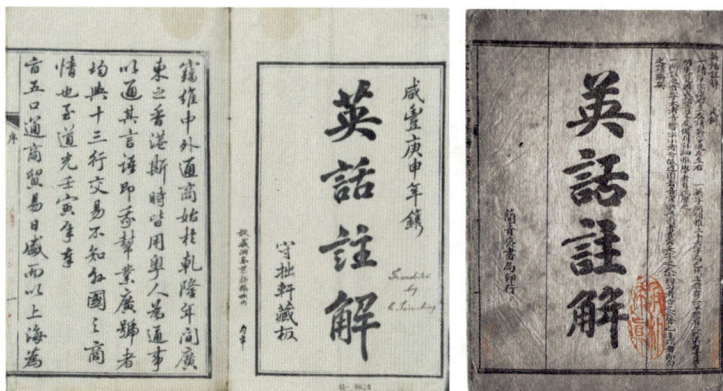

1—1

图1—1　《英话注解》封面，冯泽夫等著，简青斋书局，1860年（咸丰庚申年）初版

1860年，宁波商人冯泽夫，联合其他五位宁波籍人士张宝楚、冯对山、尹紫芳、郑久也和姜敦五共同出资出版了《英话注解》一书，全书共162页。[1]

目前已知存世的《英话注解》有四个版本。其中初刻本为上海市历史博物馆于2000年以3000元人民币在拍卖会上拍得，封面上印有"咸丰庚申年镌，守拙轩藏版"，这个年份与冯泽夫为《英话注解》所写的"序"与"箴言"的时间相符。重刻版本有两本，其一是复旦大学周振鹤教授在日本早稻田大学看到的清光绪七年（1881）扫叶山房重刻本；其二是光绪二十七年（1901）版本，为"上海北市棋盘街文渊山房书庄发兑，沪城周月记书局代影照印"，由浙江温岭民间收藏家沈裕民先生所藏。第四个版本为中山大学历史系教授吴义雄在《"广州英语"与19世纪中叶以前的中西交往》第191页的小注中所提到，为光绪十二年（1886）上海棋盘街著昌堂所刻。

《英话注解》的序言为冯泽夫自撰。"窃维中外通商，始于乾隆年间，广东之香港斯时皆用粤

---

[1] 王耀成. 石库门的主人：一个商帮的文化背景. 北京：作家出版社，2005：79-85.

人为通事，以通其言语，即我帮业广号者，均与十三行交易，不知外国之商情也。至道光壬寅年，奉旨五口通商，贸易日盛，而以上海为大宗。初通之际，通事者仍系粤人居多，迄年以来，两江所属府县亦不乏人，而吾邑惟尹紫芳、郑久也、姜敦五诸君而已。兹奉谕旨，准于各口通商，中外交易，自必更加蕃盛，但言语不通，虽善于经营者，未免龃龉。吾邑藉于此者十居七八，自宜互相习学，然亟欲习学英话者，亦苦无门可入耳。向有《英语》一书，所注均系广音，好学者仍无把握，今余会商宝楚张君、对山冯君、紫芳尹君、久也郑君、敦五姜君等，汇资著《英话注解》一书，注以勾章乡音，分门别类，使初学者便于记诵，其中细微曲折，虽不能悉载其辞，而英商之方言已具大略。是书也或亦吾邑懋迁之一助云尔。"[1]

此书是迫于当时的现实情况而编辑的。之前的用地方方言标注的英语读本基本是以广东方言为主的，但是不熟悉广东方言的宁波人对于这种英语读本根本就看不懂，即"……所注均系广音，好学者仍无把握"。但是当时的上海已经逐渐取代广州成为最重要的对外通商口岸，解决语言不通的问题就显得尤为重要。于是，冯泽夫"会商宝楚张君、对山冯君、紫芳尹君、久也郑君、敦五姜君等，汇资著《英话注解》一书，注以勾章乡音，分门别类，使初学者便于记诵，其中细微曲折，虽不能悉载其辞，而英商之方言已具大略"。其中的"勾章"即宁波的古称，也就是用宁波方言标注英语发音。冯泽夫在序言中对《英话注解》的编撰动机阐述为："是书也或亦吾邑懋迁（贸易）之一助云尔。"说明该书是专为宁波人学英语从事对外贸易而编。

冯泽夫出生于"勾章慈水镇"，即现宁波江北慈城，望族冯氏后人，是晚清上海钱业界领袖，张宝楚也是上海钱业公会的董事。编者将《英话注解》书中用汉字标注的英语读音按照当时国人的阅读习惯，采用从右至左读的顺序；而英文单词、句子及音标则相反，采用从左至右的编排方法。编者全书共分两类，第1类是事物的分类，第2类为单词和简单会话。其中"事物的分类"分为33类，分别是：各国镇头门门、天文门、地理门、时令门、君臣门、人伦门、师友门、工匠门、宫署门、屋宇门、账房门、船车门、军器门、器皿门、床铺门、筵席门、衣服门、五谷门、食用门、医道门、人身门、禽兽门、花草竹木门、数目门、银数目门、洋数目门、五金门、颜色门、蛇虫门、秤尺什件门、税捐门、进口货门、出口货门；"单词和简单会话"分为6类，分别为：一字语门、二字语门、三字语门、四字语门、五字语门和长句语门。该书最大的特点是用宁波话来标注英文单词、句子和音标，即《英话注解》中的英语单词、词组、句子一律用宁波话注解。

例如，在单词方面："茶杯（teacup）"（梯，克波），"自来火（matches）"（袜乞史），"茶馆（teashop）"（梯，畜波），"小屋（small house）"（史毛而，好胡司），"晚餐（dinner）"（定纳欧），"黄豆芽（bean sprout）"（皮痕，史波而老脱）等。在句子和短语方面："让我回去！（Let me go back!）"（来脱米个拔克）；"不能进城（can not enter the city）"

[1] 周振鹤. 鬼话：华英通语及其他[J]. 读书杂志，1996（3）：135.

（嵌脑脱因偷徐昔的）；"我的小店在那里。（My small shop is there.）"（蛮哀司毛而歇泼一是裁挨）。[1]

当时宁波籍商人是上海商界的主流群体，《英话注解》被认为是英语学习的速成本，它的出现不仅为宁波人学习英语以及与外国人经商、交流提供了方便，还对以后上海"洋泾浜英语"的发展起了至关重要的作用。

二、《华英初阶》系列

清末，一些有识之士已经觉察到自编英语教科书的重要性，并为了解决英语教科书严重不足的问题付诸行动。

1897年，商务印书馆在上海创办后，便着手编译各种英语教材。从1898年开始，商务印书馆编译出版了《华英初阶》与《华英进阶》等系列教科书。其中《华英初阶》初版于1898年，是商务印书馆出版的第一本英语教科书，也是商务印书馆自编出版的第一本书。[2]

图1-2　《华英初阶》封面，谢洪赉编译，商务印书馆，1898年初版

《华英初阶》一书最初是英国人为殖民地印度小学生所编写的英文入门教材，商务印书馆创办人夏瑞芳拿到该书后，突破原有编辑英语书之常规，请基督徒谢洪赉牧师将其逐课翻译成中文后，在英文旁边配以中文注释，采取中英两种文字组合编排的方式。这种新颖的编书方式有效地解决了当时英语教科书普遍存在的问题。并且，编者在编辑时考虑到当时国人的实际情况，对原课本中的内容、形式等作出了适当的改进，因此，该书出版后"宇内风行，凡中外之书院，皆以教授"[3]，成为当时英语初学者热捧的教科书。蔡元培先生曾经回忆："商务印书馆……其始翻印印度英文读本，而以华文译注之，名曰《华英初阶》及《华英进阶》，在当时初学英文者甚便之。"[4]

谢洪赉（1873—1916），浙江绍兴人，清末民初知名的中国基督教翻译家。他的父亲是基督教长老会牧师。由于受家庭影响，他自幼信奉基督教。1893年，他毕业于苏州博习书院（东吴大学前

[1] 郑建军. 当年盛行的"宁波话英语"[EB/OL]. http://wu-chinese.com/bbs/viewthread.php?tid=3145, 2007-03-10.

[2] 石玉. 我国自编英语教科书之开端：《华英初阶》与《华英进阶》[J]. 湖南师范大学教育科学学报, 2008, 7（3）: 35.

[3] 石玉. 我国自编英语教科书之开端：《华英初阶》与《华英进阶》[J]. 湖南师范大学教育科学学报, 2008, 7（3）: 35.

[4] 蔡元培. 商务印书馆总经理夏君传[M]//商务印书馆九十年：我和商务印书馆. 北京：商务印书馆, 1987: 1-2.

身），后在上海中西书院任教，兼做翻译工作。他是19世纪末我国少数几个能独立译书者之一。他不仅为商务印书馆译注了上述两书，还编译了《华英音韵字典集成》及中学数理化课本多种。他还是商务印书馆早期的股东之一，在商务印书馆创业史上作出了重要贡献。

　　商务印书馆眼见《华英初阶》一书热销，决定乘胜追击，模仿初阶的编写形式，编写程度更高一级的教科书，取名为《华英进阶》。商务印书馆所编的《华英初阶》和《华英进阶》系列共有6本，分别为：《华英初阶》和《华英进阶》初集、贰集、叁集、肆集、伍集。

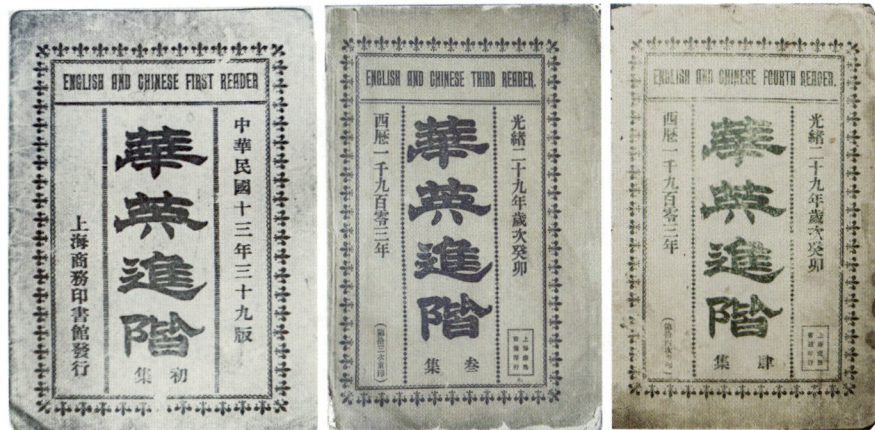

图1-3　《华英进阶》初集、贰集、叁集、肆集封面，谢洪赉编译，商务印书馆，1916年

　　这套书畅销多年，影响巨大，不断修订再版，备受读者的青睐。1900年6月19日《申报》有一则《重印〈华英进阶〉》广告，详细介绍了该书。

　　是书华英文字并列，句读明显、释解详尽、久已风行宇内。凡中外之书院学堂皆藉以教授生徒，均称受益。并称各报赞扬，不烦赘述。兹将《华英初阶》和《华英进阶》初、贰、叁、肆、伍集合订成一大本。书面用英国顶上蓝色全布，饰以真金字，精致异常。每大本实洋二元二角半。敝馆编辑《华英读本》诸书，早经遐迩流售，咸为有功后进。计《华英初阶》五分，《华英进阶》初集一角、贰集二角半、叁集四角、肆集伍角半、伍集七角半。[1]

　　《华英初阶》和《华英进阶》系列英语教科书的历史价值不容忽视。在清政府颁布新学制后，该系列英语教科书于1906年被学部审定为中小学堂英语教科书。许多学者都在回忆录中记录了其对自己的影响。

　　葛传椝在《英语教学往事谈》中曾说道："我学英语是从1917年秋季进入县立小学（江苏省嘉定县）一年级开始的。……唯一的英语书是英国人编的English Primer，汉语名《华英初阶》。书上没有语法，也没有注音。老师教一课，我就反复读一课。因为量小，我能做到每课全部背出。一本薄薄的书，一年读完。……"[2]周作人在《知堂回忆录》中提到，他在南京水师学堂中所学英语的课本就是《华英初阶》；胡适在其自传《四十自述》之《在上海》中写道：上梅溪学堂时，"英文

[1] 赵俊迈.典瑞流芳：民国大出版家夏瑞芳[M].北京：商务印书馆，2017：51.
[2] 李良佑，刘犁.外语教育往事谈：教授们的回忆[M].上海：上海外语教育出版社，1988：63.

班上用《华英初阶》"[1]。水天同在《我与外语学习》一文中也曾说道："……在开课之初，还用过一册《华英初阶》，记得这是薄薄的一本书，差不多学了一个学期……只记得它开头教了英语26个字母之后，接着教单音节……不过若说这种教材无用，也是不公平的。"[2]

[1] 石鸥. 我国最早的自编英语教科书：《华英初阶》与《华英进阶》[J]. 书屋，2008（5）：25.
[2] 李良佑，刘犁. 外语教育往事谈：教授们的回忆[M]. 上海：上海外语教育出版社，1988：216.

第三节
19世纪末期英语教科书的特点

清末的英语教科书是随着西方文化的传入而出现的，它产生于特定历史条件下，反映了当时社会的需要，具有极强的时代性。英语教科书不仅仅是语言教育的载体，实际也引领了社会的发展。它通过传播语言知识，改变了国人拒绝西方先进文明的观念，使欧美现代知识在中国迅速传播开来，对于人们开拓视野、宣传平等观念、普及民主意识、推动妇女解放运动都起到了极为重要的作用。

一、教科书强调西方文化的传播

"文化"是一个相当广泛的概念，不同的学者对文化作出了不同的解释。"早在1952年，克罗伯（A. L. Kroeber）和克拉克洪（D. Kluckhohn）专门著书分析了164个关于文化的定义，半个世纪后的今天，文化定义的数量一定更加可观，这充分说明了文化一词的复杂性、多面性、模糊性和不确定性。"[1]如：H. H. Stern（1992：208）根据文化的结构和范畴把文化分为广义和狭义两种概念。广义的文化指的是人类在社会历史发展过程中所创造的物质和精神财富的总和；狭义的文化是指人们普遍的社会习惯，如衣食住行、风俗习惯、生活方式、行为规范等。Kleinjans Everett把文化定义为："文化既是一个民族或弱势群体共有的行为模式和生活方式，也是这个民族或群体共享的认知图式形成和修改过程，还是这个民族或群体通过其认知思维、行为体验和个体特征相互作用而形成和发展的符号意义系统。简单说来，文化包括三个层面：认知、行为和情感，它是一个群体共享的思想、信仰和行为的方式。"[2]

不同学科也从不同角度去解释文化的特征。行为主义认为："文化由互不相关的行为或行为组构成，如传统习惯和结婚、闲暇娱乐等习俗。文化是能够观察得到的、人们共享的东

---

[1] 张红玲. 跨文化外语教学[M]. 上海：上海外语教育出版社，2007：123.
[2] KLEINJANS E. On culture learning: working papers of the east-west learning institute[M]. Honolulu, Hawaii: East-west Centre, 1972: 3.

西。"[1]功能主义则把文化认定成"在一个社会中，所有文化特质都是为满足个人需要服务的。换句话说，一种文化特质的功能，就在于满足该群体成员的基本需要或次生需要，这种需要不断衍生，也就是文化的不断延展，由此满足人类的生存需要和发展需要，这就是文化的功能"[2]。认知主义则把文化定义为"文化不是由事件、人、行为和情感构成的，而是人们心里所想事情的形式，是他们感知、叙述和阐释这些事情的模式"[3]。符号学的文化研究则注重"信息处理的结果，即信息处理后得出的意义"[4]。

教科书作为一种特殊的文本，除了知识之外，还承载着对文化的记录。而英语教科书不仅仅是一种语言教育文本，同时还承载着传承世界各民族文化的功能。它通过记载西方国家的历史、地理、宗教、习俗、文学、艺术等各个方面，使学生能更深入地了解西方的社会及文化。英语专家胡文仲说："语言和文化有着密切的关系，学习外语不仅仅是掌握语言的过程，也是接触和认识另一种文化的过程。"[5]清末民初的英语教科书作为传播外国文化的主要工具，不但使学生学习了语言知识，而且让其见识和了解了外国丰富的文化知识。

清末英语教科书的一个突出特点是宗教色彩浓烈。以"华英系列"为例。原版的《华英初阶》最早是英国人为其殖民地印度的小学生所编的教科书。原书编者为了缓和英国统治者与当地人民之间的矛盾，大量宣扬宗教，借以达到维护其统治的目的。因此，书中到处都能看到宗教和殖民色彩的痕迹。在《华英进阶》（叁集）一书中的"教师指导"，专门针对宗教教学提出："耶稣或者上帝的名义绝不能掉以轻心地读出。宗教教义，在任何情况下，都应用于拼写或语法的教学。教师应明确，必须以渐趋的方式使学生明白关于宗教的常识。"[6]

商务印书馆在编译该套书时，考虑到原版书的原汁原味，保留了宣扬宗教信念的特色，保留了摘自《圣经》的课文，如"GOD""OUR FIRST PARENTS"等，并于每册书后都附有主祷文、饭前祷文、饭后祷文等普及宗教理念、宣扬宗教思想的内容。[7]例如《华英进阶》初集中第13课《谁在看着我们？》和第18课《上帝》均为此类内容。

再如《华英进阶》肆集的第8课《我等乃兄弟》，以诗歌的形式来进行宗教宣扬，排比和反复

[1] ROBINSON G N. Cross-cultural understanding: process and approaches for foreign language, English as a second language and bilingual educators[M]. New York: Pergamon Press. 1985: 8.

[2] 张红玲. 跨文化外语教学[M]. 上海：上海外语教育出版社，2007：124.

[3] GOODENOUGH W. Cultural anthropology and linguistics. In. P. Garvin（ed.）report of the seventh annual round table meeting on linguistics and language study. Washington: Georgrtoen University Series on Language and Linguistics, No.9.

[4] 张红玲. 跨文化外语教学[M]. 上海：上海外语教育出版社，2007：126.

[5] 刘佳佳. 民国时期我国自编初中英语教科书研究[D]. 沈阳：辽宁师范大学，2010：34.

[6] 石玉. 我国自编英语教科书之开端：《华英初阶》与《华英进阶》[J]. 湖南师范大学教育科学学报，2008，7（3）：36.

[7] 石玉. 我国自编英语教科书之开端：《华英初阶》与《华英进阶》[J]. 湖南师范大学教育科学学报，2008，7（3）：36.

的修辞法是该文一个重要的特征。该文内容引自《圣经》，极力宣扬世间人与人平等相爱的宗教思想，这一切在现实生活中是很难达到，它能给读者以美好的幻想；但从另一个角度来说，这又是西方列强给其他国家人民灌输的"精神鸦片"，以消减其反抗意志，达到维护其统治的目的。

并且在该文下方的注释中，作者还特意强调了：

我们所有的人都由上帝所创，都有同一父母，亚当和夏娃。（All men are created by one God, and descended from the same first parents, Adam and Eve.）因此，我们都是兄弟，我们都是这个世界的旅行者，充满忧伤。我们应该互相安慰和帮助。死亡只是我们这个旅途的终点，它为我们打开了通往另一个世界——天堂还是地狱——的大门。[1]

我们不难发现，作者在书中常用直接说教的方式给学生进行宗教灌输。

二、教科书中的内容凸显教诲性

教科书的教诲性，指的是教科书具有思想政治教育的功能。任何教科书文本，首先都是要用来教学的。教科书的教诲性用社会学的说法就是规训性，用教育学的说法则是主流价值观的确立。[2]教诲性使得教科书的预期目标和任务必然是"以教科书传递的内容说服并型塑学生，使学生在掌握内容的同时达成对教科书的信服，最后因为信服教科书而实质上变成信服教科书所承载的主流信念与价值，并按其要求做出行为变化"[3]。

以《华英进阶》初集中的第25课课文《一块金子》为例，该课文以故事的形式为读者讲述了诚信这种良好品德的重要性。

一块金子

有一次，一个男孩看见地上有一块金子。他把它捡起来，说道："我要留着它；没有人知道我捡到了它。"然后他想起了在学校学过的课文，"上帝在看着我"。所以他试着去寻找丢失了这些钱的人。这些钱是被一个正要去付房租的穷苦的人弄丢的。

如果我们捡到了任何东西，我们必须试着去找出它们是属于谁的。如果你丢失了一块钱，你不会希望捡到的人自己留着它的。保持诚实比拥有一块金子要更好。

教科书的教诲性可具体细分为以下几个方面：

（一）倡导文明生活方式

生活方式是一个内容相当广泛的概念，既可以指人们具体的吃、穿、住、行等行为，也可以指这些行为所体现的价值观、道德观、审美观等，以及与之相关的各个方面。狭义地说，生活方式指

[1] 谢洪赉编译. 华英进阶：肆集[M]. 上海：商务印书馆，1906.
[2] 石鸥，石玉. 论教科书的基本特征[J]. 教育研究，2012（4）：92.
[3] 石鸥，石玉. 论教科书的基本特征[J]. 教育研究，2012（4）：93.

的是一种特定的生活模式。一般而言，在自然经济形态下由传统的人生观、价值观指导的并为传统的道德观所规范的生活方式，称为传统的生活方式。[1]鸦片战争之后，封闭的国门被打开，西方文明不断渗透进来，西方的生活方式作为其文明的构成部分，也一同传入中国。先进文明的现代化生活方式是传统生活陋习的对立面，清末英语教科书作为一种特殊的教育文本，对广大国人进行着倡导现代文明生活方式的教育。如教科书中对现代卫生常识的普及。"卫生"作为文明生活的一个重要的关键词，有着丰富的内涵，一般指的是个人和集体的生活卫生和生产卫生的总称。现代卫生常识首先包括个人清洁卫生方面的知识。以《华英进阶》初集中的第29课《健康之法》为例：

健康之法

　　如果你想保持健康和强壮，注意我告诉你的话。呼吸纯净的空气，喝纯净水。吃简单的食物，不要吃太多水果。保持身体和衣服的清洁。每天在户外玩耍一段时间。不要睡在潮湿的地板上，也不要穿着湿衣服。早睡早起。接种疫苗可以预防天花。

（二）培养道德品质修养

　　教科书既是重要的教学工具，也是教学内容的重要载体。教育性是教科书的首要特性。教科书不仅传授知识与技能，更担负着教育民众向善的责任。英语教科书编写要努力做到寓思想教育于语言教学之中。首先要在语言材料中体现思想教育的内容；通过潜移默化的方式，对学生进行思想教育。"从教材发展史上看，教材自产生起，就具有社会教化和培养人的双重任务。"[2]清末民初时期的英语教科书一方面传播着英语语言知识，另一方面也没有放弃对学生进行道德修养的培养。

　　以《华英进阶》初集中的第31课《坠落的巢》为例，该课以故事的形式来告诉学生助人为乐这种品质的重要性，全文结构清晰，言简意赅，学生能够迅速接受作者所要表达的中心思想。

坠落的巢

　　燕子曾经在窗户的角落里筑巢。在一个非常潮湿的日子里，雨水使黏土变得很柔软，鸟巢掉在地上。可怜的小鸟大声尖叫，飞走了。

　　不一会儿，一群燕子来到了窗前。看了看这个地方，它们开始工作，重新建立了它们朋友的巢穴。

　　当别人遇到困难时，我们应当时刻准备着帮助别人。

（三）传播科学文化知识

　　伴随着西方现代科学知识和先进生产技术不断传入中国，英语教科书中也逐渐增加了反映现代科学知识的内容。"假如中学教育……只注重高深，只注重广博，至于数学与理化有什么关系，外国语与数学理化有什么关系，却很少人过问。这样下去，中学教育简直是无希望。"[3]清末民初时

[1] 吴小鸥. 清末民初教科书的启蒙诉求[D]. 长沙：湖南师范大学，2009：302.

[2] 曾天山. 教材论[M]. 南昌：江西教育出版社，1997：30.

[3] 恽代英. 编辑中学教科书的先决问题[J]. 中华教育界，1920（10）：23.

期的英语教科书都注意到了英语学科与其他学科之间的联系，在教授语言知识的同时也融入了自然科学知识方面的内容。

以《华英进阶》初集中的第34课《蝙蝠》为例。该文言简意赅地描写了蝙蝠这种动物的物种类别、身体构造特点等方面的知识，使读者对蝙蝠这种动物有了一个初步的认识。

蝙蝠

这是一只鸟吗？不，它是一只蝙蝠。它有翅膀，飞起来像鸟一样；但它有一个像老鼠一般的身体。它的翅膀是由薄皮所形成的——而不是羽毛。

像猫头鹰一样，蝙蝠能在黑暗中看得很清楚。它在黑暗的地方能垂着头睡上一整天。当太阳落下时，蝙蝠才出来，四处飞寻捕捉昆虫。也有一些蝙蝠是以吃水果为生的。

蝙蝠能用利齿咬人；但是如果你不去触碰它，它也不会伤人。

再以《华英进阶》初集中的第59课《地球》为例。该课用简洁明了的文字向读者描述中国所在方位，这极大地增加了学生们的地理知识。

地球

中国是地球上众多国家之一。我们所生存的地球，或是世界，形如圆球。它看起来是平的，因为它很大。船绕地球而行，能够返回它出发的地方。地球浮于天空，就像月亮：它不依靠于任何东西。

大海覆盖了地球的大部分地区。海水是咸的。船行驶在大海上。

中国在地球上被称为亚洲的地方。英国则在欧洲。非洲和美洲是地球上的其他地区。亚洲、欧洲、非洲和美洲被称为地球的四大部分。

三、教科书编写体现外语教学潮流

当时英语作为"舶来品"传入中国时间不长，对于英语这门外语的特点以及如何教授英语让国人感到困惑，而如何编写这些英语教科书更是难上加难。因此，清末英语教科书编写以全盘接受国外教科书作为起点，紧跟国外英语教学发展的步伐，处处能够体现国外英语教学思想发展的脉络。

19世纪末以前，语法翻译法在欧洲外语教学中占主导地位。语法翻译法起源于拉丁语教学，拉丁语教学在15至17世纪的欧洲非常盛行。早期的拉丁语学习主要采用传统的"古典法"，即"通过学习和运用语法知识、记忆词汇、翻译课文、做书面练习，使学生获得阅读古典语言的能力，启迪他们的智慧。"[1]随着文艺复兴运动的兴起，现代语言及其教学方法的产生使得欧洲学者对于拉丁语教学提出改良。17世纪德国教育家沃尔夫冈·拉特克（Wolfgang Ratichius，？—1635）最早提出了"外语教学依靠本族语"的原则，主张上课时先用本族语讲解大意，然后对外语进行词汇、语法

[1] 吕良环. 外语课程与教学论[M]. 杭州：浙江教育出版社，2003：1.

分析，并与母语对比；捷克教育家扬·阿姆斯·夸美纽（Jan Amos Komenský，1592—1670）提出学习外语要用归纳法教语法，重视系统知识和翻译对比，在外语教科书上要排印出本族语的课文，作为直观手段之一。[1]这些都构成了语法翻译法的雏形。

经过数百年的演变，至19世纪初，语法翻译法这个称谓逐渐被越来越多的学者认可并运用于教学实际中，"在19世纪80年代以前的外语教学中，语法翻译法独领风骚"[2]。语法翻译法又称传统法、古典法、旧式法、阅读法、普鲁士法等，简而言之，这是一种通过母语翻译去教授外国语的教学方法，其教学原则与方法可以体现于下：

> 语法翻译法的教学目的是培养学生阅读外语范文（特别是古典文学作品）和模仿范文进行写作的能力……主要的教学方法为讲解与分析句子成分和语音、词汇变化与语法规则……讲解与分析语法基本上采用演绎法……
>
> 文学语言优于口语；在听、说、读、写四技能中，重读写，轻听说。
>
> 课堂用语大部分是母语。通过翻译检查教学质量。练习方式有单词填空、造句、背诵课文和作文等。[3]

清末的英语教科书受语法翻译法的影响非常之大，该时期的教科书在编排上倾向于中英文互译对照的形式；内容上以演绎式的语法内容作为经络贯穿全书；强调优先学习字母和单词，并使用大量的书面练习来加强学生对所学知识的理解；但同时也因过于重视学生的阅读和写作能力，而忽视了其听说技能的培养。

（一）重视阅读与写作能力

以《华英初阶》与《华英进阶》系列教科书为例。该系列教科书以培养学生听、说、读、写四项基本技能中的后两项为主要目的。该套英语教科书首先从语音开始入门，然后再按照字母、拼写、单词和短句的顺序进行教授。以《华英初阶》第44课课文内容为例。该课以掌握6个基本词汇：gate（门）、make（制造）、age（年纪）、late（晚；迟）、take（取；拿；持）、page（页）为主要目的。课文首先把这6个词汇列举出来，并分别给出与之相对应的中文翻译以加强读者的理解。然后，作者把课文的主体部分设定为针对词汇的例句，每一个重要词汇都会举出一个例句，例句有陈述句、祈使句和疑问句等句型。而每页下方还有小字部分的注释，内容为针对例句的解释，以作为该课的补充。每个单元之后没有练习部分。

《华英初阶》一书中每课的内容编排基本以此顺序来设计。很明显，这样设计有两个重要目的，首先是让英语初学者了解读写英语最基本的部分——字母和单词；其次是掌握读写英语的基本

[1] 杭宝桐，丁昌佑，等.中学英语教学法[M].上海：华东师范大学出版社，2000：11.
[2] 吕良环.外语课程与教学论[M].杭州：浙江教育出版社，2003：1.
[3] 左焕琪.外语教育展望[M].上海：华东师范大学出版社，2002：38-39.

语法，为下一阶段的更高层次的阅读做准备。全书没有编排练习部分，以呈现课文内容为主。而在《华英进阶》系列中，课文内容关注的是读者的阅读与写作能力。在《华英进阶》叁集的"教学指导"中对教师提出了 8 条教学建议，除去关于宗教教学、考试的两条建议，余下6条分别围绕阅读、词汇、语言、翻译、拼写及背诵这几方面对使用此书的英语教学提出要求，[1]可见该系列教科书的教学侧重点。

（二）课文内容安排采用循序渐进的原则

再以《华英初阶》与《华英进阶》系列教科书为例，它们均采用循序渐进的原则，由少到多、由简到繁，这种编排方式符合儿童学习外语的认知规律。《华英初阶》全书共32页；《华英进阶》初集增至58页；而《华英进阶》叁集则达到184页之多。《华英进阶》初集至《华英进阶》叁集中以寓言等故事题材的课文居多，这种以趣味性的寓言等故事类的课文不仅能激发学习者的兴趣，也能使学习者领会其文章蕴含的深远道理；而到了《华英进阶》肆集和《华英进阶》伍集中，课文内容以名人传记类文章居多，多体现西方哲理，不但篇幅比前册增加，而且难度也大大增强。

以《华英进阶》肆集的第2课为例：

说真言

说真言，汝答勿迟疑，勿惧祸患近，惟思上帝临。在汝幼年欢乐时，爱真诚，说真言。勇言切勿畏，言之令众听。究竟将显明，老与幼时诚为善，言真实。[2]

本课以诗歌的方式来表达作者宣扬"说真话"的教育目的。文中以排比的方式反复强调其中心思想，用词简单明了，行文朗朗上口。诗歌这种体裁对于提高英语初学者的兴趣是极好的。

商务印书馆所编写的《华英初阶》与《华英进阶》系列教科书，对我国自编英语教科书进行了有益的探索，开中国英语语言教科书编写之先河，为后续英语教科书的编写提供了学习范例。[3]

四、新式教科书编排体例的运用

（一）西式书写习惯和标点符号的介绍

英文与中文属于不同语种，其识文断字的方式也与传统中文的阅读习惯有较大差异，而外国所编英语教科书往往采用了西式的文字书写和标点符号。

中国人在印刷书籍时，还是依照传统，由上至下，由右至左进行书写，这对于写汉字是十分方

[1] 石玉. 我国自编英语教科书之开端：《华英初阶》与《华英进阶》[J]. 湖南师范大学教育科学学报，2008，7（3）：36.

[2] 商务印书馆. 华英进阶：肆集[M]. 上海：商务印书馆，1906.

[3] 石玉. 我国自编英语教科书之开端：《华英初阶》与《华英进阶》[J]. 湖南师范大学教育科学学报，2008，7（3）：37.

便的。但是，由于英语单词并非像汉字那样，每个字都占据差不多大的空格。于是，传教士在印刷这些书籍时，就采用了不论中文，还是英文，一律横排，从左到右书写。这种版式，在中国绝对是一大创举，也是对传统印刷方式的巨大挑战。[1]

西式标点符号的使用对于当时的国人来说是从未见过的新鲜事物，接受程度不高。这对于英语教科书的编撰者们来说也是面临的巨大困难之一。如马礼逊在《英国文语凡例传》一书中需要专门对西式标点中的常用符号做出解释：

其Comma（，）与汉书一点相似，其Semicolon（；）于读书要歇一算成比其Comma两个这样久，其Colon（：）比其Comma三个这样久，其Period（.）与汉文圈断一般，奇一件事时要用Note of Admiration（！），问一句话时要用"Note of Interrogation?"。[2]

（二）中英对照编排方式的采用

清末英语教科书的编排体例上还创新使用了中英对照、逐字对译的方式。采用这种新颖的编排方式与当时的国情是分不开的。鸦片战争之后，中国对外交流日益增加。尤其在清末，中国在西方列强的威迫之下，日益增加通商口岸。除了封建统治者为了维护其统治而被迫学习外语，普通民众从实用角度也开始学习英文，中国社会逐渐掀起了大规模学习外语的热潮，其中以学习英语尤为明显。这是我国历史上第一波"英文学习热"。[3]而当时的英语教科书主要有两种：一种是教会学校自编的英语用书；二是从国外传入的英语教学教材。[4]这些英语教科书有着一个普遍的特点，即基本上是由以英语为母语的人编写而成的。教科书全文为英语，没有中文注释，这对国人来说，阅读难度过大，如读天书。这并不利于普通大众学习英语，限制了当时中国英语教育的发展。因此，采用英汉对译的形式，有利于学生在没有教师指导的情况下了解和学习英语语言知识。此外，通过完全的中英对照，也有利于外国教师了解汉语的表达习惯，方便其进行英语教学。

[1] 孙广平. 晚清英语教科书发展考述[D]. 杭州：浙江大学，2013：106.
[2] 孙广平. 晚清英语教科书发展考述[D]. 杭州：浙江大学，2013：105.
[3] 石玉. 我国自编英语教科书之开端：《华英初阶》与《华英进阶》[J]. 湖南师范大学教育科学学报，2008，7（3）：35.
[4] 石鸥. 我国最早的自编英语教科书：《华英初阶》与《华英进阶》[J]. 书屋，2008（5）：25.

第二章

晚清英语教科书的繁荣（1902—1911）

1911

概述

19世纪末至20世纪初，中国半殖民地半封建化的程度日益加深。甲午战争之后，中国社会愈加动荡不安。不仅清朝统治阶级希望学习西国列强以实现自强，民间对外商贸交流也进一步推进，于是国人开始重新审视英语的价值，大众对于英语的认识从抵触逐渐转为接受，沿海部分地区甚至兴起了学习英语的热潮。这种风气由沿海口岸逐渐向内陆地区扩展。与此同时，国内呼吁新式教育的声音此起彼伏，清政府再三衡量，最终同意施行新学制。清光绪二十八年（1902），清政府正式颁发了由张百熙拟定的《钦定学堂章程》（亦称"壬寅学制"），这是中国由政府颁布的第一部规定学制系统的文件。[1] 壬寅学制颁布后不久即被废止，清政府于1904年又颁布了《奏定学堂章程》（亦称"癸卯学制"）。伴随着这两个章程的出现，英语学科正式列入了法定的中小学课程之中，围绕两部学堂章程而编写或编译的中小学英语教科书也逐步发展起来。

甲午战争后中国出现的英语教科书，大致分为三类：一是在教会学校中使用的，来源于西方原版的教科书；二是编译自日本的英语教科书；三是由国人自编的英语教科书。随着国内对于英语教科书需求的日益增长，虽然清政府仍希望严格把控教科书的编制以达到其维护自身统治的目的，但实际上政府对于民间编撰教科书也在逐渐放开，国人自编英语教科书的风气日渐浓厚，如《英文益智读本》《新体英语教科书》《汉译英文教科全书》《新世纪英文读本》《正则英文教科书》等一批英语教科书纷纷出版，这类教科书更是逐渐成为中国人学习英语的主要材料。其中尤以商务印书馆出版的一套"帝国英文读本"系列教科书为代表。这套英语教科书在当时流传甚广，深受读者的喜欢。

总的说来，清末英语教科书的发展日益受到全社会的重视，呈现出繁荣的态势，并具有以下一些特点：

第一，教科书中出现商业广告。清末自编英语教科书的热潮来自民间，各家书坊或出版社出于对教科书市场所蕴藏的巨大商业利益的兴趣，以及对市场竞争的忧虑，纷纷采用一些商业手段来达到销售目的。其中之一便是在教科书中附上商业广告。不管某书坊出版的教科书处于哪种阶段，是准备出版、已经出版，还是即将出版，都会尽量在已发行的图书中列举出来。这种采用书中最后一页印刷广告的方式已经被广泛运用。

第二，英语教科书中以文法读本居多。文法读本即语法读本，数量众多，是清末英语教科书的一个重要组成部分。根据商务印书馆所编的《图书汇编》（上海图书馆馆藏）记载，至清宣统二年（1910），商务印书馆已经编印的英语教材最少有5类63种，其中英文文法类有18种。[2]

[1] 李国钧，王炳照，金林祥. 中国教育制度通史：第6卷：清代：下：公元1840—1911年[M]. 济南：山东教育出版社，2000：293.

[2] 张英. 启迪民智的钥匙：商务印书馆前期中学英语教科书[M]. 上海：中国福利会出版社，2004：47.

第三，出现英语纯读本。清末英语纯读本有两种呈现方式：一是全英语读本，内容全部为英文文章选集，没有词汇、中文注释和练习，如商务印书馆出版的《英文益智读本》（第一册）；二是以中英文对照为特色的英语读本，书中有一定的词汇和中文注解，但没有练习，如商务印书馆出版的《新体英语教科书》，以及上海文明书局出版的《汉译英文教科全书》（第二读本）。

第四，初步形成英语教科书编审制度。清政府颁布的《钦定学堂章程》确立了清末教科书的审定制度。清末大学堂除了是教学机构外，还是中央教育行政机关，统管中、小学两级学堂，并负责为其供应教科书。学部对教科书首先审查的是宗旨问题；其次，审查教科书内容难度是否合适、详略是否恰当、条理是否清楚、是否符合课程标准、体裁是否得体、引用材料和翻译是否准确等。

第五，英语教科书编写体例初具规范。该时期的教科书版面设计较为完备，封面还比较简单和粗糙。大部分教科书配有目录，内容详细而清楚，使读者对于这本书的总体内容框架能一目了然。从教科书的字体来看，该时期的教科书中的中英文章节标题字体较大，具有明显的指示性作用。书中的英文书写形式与现代英语教科书中一致；中文一般用楷体印刷。从教科书中所配插图来看，该时期的教科书大都配有插图，多以简单明了为特色，也不乏设计精美、印刷精良的插图。从教科书中的中文呈现来看，除了极少数的教科书之外，大部分的教科书中或多或少会出现中文，一般使用浅近文言文，用句号断句。这些文字在今天看来生涩难懂、有些拗口，但在当时是符合国人的阅读习惯的。

19世纪末至20世纪初，中国半殖民地半封建化程度日益加深，随着中国对外经济合作、文化交流的进一步加强与推进，中国的社会风气也发生了巨大的变化。尤其是在清政府颁布新学制之后，英语科目被正式纳入现代学制之中，全社会对于英语教科书的需求也越来越大。大众对于英语的认识从抵触逐渐转为接受，沿海部分地区甚至兴起了学习英语的热潮。

第一节
清末新式教育的出现

　　甲午战争之后，中国社会愈加动荡不安，内外交困，清政府统治摇摇欲坠。此时，国内呼吁新式教育的声音此起彼伏，清政府经过再三衡量，最终同意施行新学制。

一、外语热潮的兴起

　　清末，随着中国社会对外语人才，尤其是英语人才的需求量不断增加，学习英语的风气由沿海口岸逐渐向内陆地区扩展。对于外国语言略知一二的普通民众往往可以依仗这种本领，在当时社会上谋取一份令人羡慕的所谓"洋差事"。尤其是在沿海对外开放城市，英语能力成为个人在商业领域成功发展的试金石。[1]这在当时报纸刊载的招聘广告可一览端倪。

　　以《申报》所刊载的招聘广告为例：

广告一

　　启者：某行今欲延请一中国司帐之人，须谙别琴英话者，凡欲充此缺之人，请来上海英租界江西路B字第三十九号门牌内商议可也。[2]

广告二

　　本公司今欲延请一能写西字之中国人，笔画须极精工，薪俸银每月三十两。英国轮船公司告白。[3]

　　尽管当时受传统思想影响的部分主流阶层人士对这些凭借外语混迹于沿海地区的人投以鄙视与不屑，但普通民众对于利用外语谋得社会生存的本领更多是羡慕，甚至流传出如下诗句：

　　衣衫华美习为常，抱布贸丝作大商。几句西人言语识，肩舆日日到洋行。[4]

　　偶将音语学西洋，首戴千金意气扬。不识一丁装体面，昂头阔步列官场。[5]

[1] 孙广平. 晚清英语教科书发展考述[D]. 杭州：浙江大学，2013：232.

[2] 李亦婷. 晚清上海外语培训班勃兴之缘由[J]. 社会科学杂志，2009（8）.

[3] 高天枢. 甲午战争后中国对西方英语教科书的编译[J]. 兰台世界，2015（25）.

[4] 花宏艳. 申报刊载旧体诗研究1872—1949[M]. 南京：凤凰出版社，2018：89.

[5] 顾炳权. 上海洋场竹枝词[M]. 上海：上海书店出版社，1996：87.

针对民间逐渐形成的外语学习风气，晚清的官办英语学校、西方传教士所开办的教会学校，甚至是那些社会上的英语培训班和夜校，都受到那些意欲改变自身处境的中国人的追捧和青睐。[1]

李亦婷在其硕士论文[2]中针对上海在19世纪60年代到辛亥革命结束前的上海英语培训班的情况做了深入的调查和研究，并将上海开办英语培训班分为四个阶段：

第一阶段为1862—1869年，在此期间上海所开办的外语培训学校不足10所，可以称为外语培训学校的萌芽期；第二阶段为1870—1879年，上海新建各类外语培训班48所，可以称为发展期；第三阶段1880—1899年，新建各类外语培训机构达138所，可以称为上海外语培训班发展的高峰期；第四阶段为1900—1911年，新建外语培训班只有25所，称之为低落期。[3]

二、新学制的诞生

甲午战争之后，国内呼吁新式教育、倡导西学的声音此起彼伏。为维护其摇摇欲坠的统治，清政府经过再三衡量，不得不于1901年宣布实行自上而下的"新政"，教育改革是"新政"的重要内容。

人才为政事之本……历代以来学校之隆，皆以躬行道艺为重。……近日士学，或空疏无用，或浮薄不实，如欲革除此弊，自非敬教劝学，无由感发兴起。除京师已设大学堂，应行切实整顿外，著各省所有书院，于省城均改设大学堂，各府及直隶州均改设中学堂，各州县均改设小学堂，并多设蒙养学堂。[4]

得到政府首肯后的新式教育很快便如雨后春笋般快速发展起来。兴学诏书颁布以后，全国上下随即出现了一股兴学热潮。根据清学部的统计，到1903年，全国共有官立、公立的大、中、小学堂680所，其中官立516所，公立164所，另有私立学堂89所。各级各类学堂的设立，使得建立全国统一的学制势在必行。[5]

精光绪二十八年（1902），清政府正式颁发了由张百熙拟定的《钦定学堂章程》，这是中国近代教育史上第一个规定学制系统的文件。[6]壬寅学制颁布后不久即被废止，清政府于1904年1月又颁布了《奏定学堂章程》。伴随着这两个章程的出现，英语正式列入了法定的中小学课程之中，围绕两个学堂章程编写或编译的中小学英语教科书也逐步发展起来。

[1] 孙广平. 晚清英语教科书发展考述[D]. 杭州：浙江大学，2013：233.

[2] 李亦婷. 外语培训班与晚清上海社会：1862—1911[D]. 上海：上海社会科学院，2007.

[3] 孙广平. 晚清英语教科书发展考述[D]. 杭州：浙江大学，2013：234.

[4] 朱有瓛. 中国近代学制史料：第1辑[M]. 上海：华东师范大学出版社，1983：776.

[5] 孙广平. 晚清英语教科书发展考述[D]. 杭州：浙江大学，2013：240.

[6] 李国钧，王炳照，金林祥. 中国教育制度通史：第6卷：清代：下 公元1840—1911年[M]. 济南：山东教育出版社，2000：293.

（一）《钦定学堂章程》对中小学英语教科书的规定

1902年清政府颁布了由张百熙拟定的《钦定学堂章程》，亦称"壬寅学制"，这是清政府首次以官方的名义确立了近代中国学校系统。回顾中国几千年来的封建传统教育，基本上是以"尊孔尊儒"为教导，以"诗、书、礼、乐、易"和"四书五经"为内容，而该章程打破了这一惯例，第一次把"西学"科目涵括进来，使外语等新科目正式步入了中小学课程领域。而于1904年1月颁布的《奏定学堂章程》则是中国第一个正式实施的完整近代学校系统。这两个章程对英语课程和英语教科书都作出了明确的规定，两个学制在中国教育史上有着重要的作用。

清政府于1902年8月颁布了中国第一部近代学制——《钦定学堂章程》。该学制第一次把"外国文"列入中学堂课程门目表，"外国文以英文为主，法文、日文科任择一国兼习"[1]。但是由于在章程实施过程中，张百熙任用了许多戊戌维新的活跃分子，其教育改革措施过于激进，从而受到守旧派高级官员如袁世凯、张之洞的反对。[2]虽然《钦定学堂章程》还未来得及实行就夭折了，但这毕竟是中国新学制的开端，对中国学制建设影响巨大。[3]

1.《钦定小学堂章程》有关英语课程和教材内容的规定

在《钦定学堂章程》中规定的蒙学堂阶段（6～10岁）和小学堂阶段（10～16岁）均没有开设外国语课程。这是因为学生"考取入中学堂后，始准兼习洋文，计学生入中学堂时，年不过十六七岁，不患口齿不灵"[4]。清政府认为考入中学堂之前的儿童年龄太小，不适合学习外国语课程。

此外，还有一个主要原因是"初等高等小学堂，以养成国民忠国家尊圣教之心为主。……惟童子正在幼年，仍以圣经根柢为主，万不准减少读经讲经，及中国文字功课钟点。至于在初等小学时，断不宜兼习洋文。"[5]统治者认为该阶段的儿童应该首先接受中国传统的"尊儒""忠君"等封建思想的洗礼，过早地让儿童学习外国语会使其易于受到西方思想的熏陶和影响，将不利于统治阶级的统治。

2.《钦定中学堂章程》有关英语课程和教材内容的规定

《钦定中学堂章程》在"第二章 功课教法"中规定：

第一节 中学堂课程门目表

外国文第七。

---

[1] 吴履平，课程教材研究所. 20世纪中国中小学课程标准：教学大纲汇编：外国语卷：英语[M]. 北京：人民教育出版社，2001：1.

[2] 陈睿腾. 从学校教育制度视角看钦定学堂章程废除[J]. 教育史研究，2011（1）：27.

[3] 李国钧，王炳照，金林祥. 中国教育制度通史：第6卷：清代：下 公元1840—1911年[M]. 济南：山东教育出版社，2000：293.

[4] 舒新城. 中国近代教育史资料（上）[M]. 北京：人民教育出版社，1961：203.

[5] 舒新城. 中国近代教育史资料（上）[M]. 北京：人民教育出版社，1961：203-204.

以上各科，均由中教习讲授，惟外国文一门必用外国教习，或以中教习之通外国文者副之。将来各学堂通外国文者渐多，中学堂教习即可辍聘西人以省经费。所以外国文以英文为主，法文、日文科任择一国兼习。

第二节　中学堂课程分年表

第一年　学科阶段：外国文（读法、习字）。

第二年　学科阶段：外国文（读法、习字、讲解）。

第三年　学科阶段：外国文（读法、习字、翻译）。

第四年　学科阶段：外国文（同上学年）。[1]

从《钦定中学堂章程》规定的学科阶段中我们可以看到，外国文学习的内容基本为识字、阅读、讲解和翻译，即基本上是以外国语的阅读与写作为主。

每周学时数学年\学科	一	二	三	四
修　身	2	2	2	2
读　经	3	3	3	3
算　学	6	6	6	6
词　章	3	3	3	3
中外史学	3	3	3	3
中外舆地	3	3	3	3
外国文	9	9	9	9
图　画	2	2	2	2
物　理	2	2	0	0
化　学	0	0	3	3
博　物	2	2	2	2
体　操	2	2	2	2
总　计	37	37	38	38

2—1

图2—1　《钦定中学堂章程》中各学年中一星期课时安排[2]

该章程把中学学制定为4年，课程为12门，每周教学总时数前两年每年分别为37小时，后两年则为38小时。其中的外国文（主要指英语）在第一至第四学年中每周均为9学时，占到每学年总学时的近1/4。由此不难发现，外国文这一科在中学堂阶段总科目中的地位是非常重要的。

[1] 吴履平，课程教材研究所. 20世纪中国中小学课程标准：教学大纲汇编：外国语卷　英语[M]. 北京：人民教育出版社，2001：1.

[2] 李良佑，张日昇，刘犁. 中国英语教学史[M]. 上海：上海外语教育出版社，1988：95.

（二）《奏定学堂章程》对中小学英语课程以及教材的规定

1904年1月，清政府颁布了由张百熙、张之洞和荣庆拟定的《奏定学堂章程》，亦称"癸卯学制"，这是清政府颁行的中国教育史上第一个完整的学制文件。它的颁行真正把中国教育推上了近代化轨道，对中国近代教育体系的产生和发展具有奠基的作用。[1]

1.《奏定小学堂章程》关于英语课程及教材内容的规定

该章程无论是初等小学堂还是高等小学堂均未开设外国语课程，其原因应该与《钦定小学堂章程》未设外国语课程的理由相同。

2.《奏定中学堂章程》关于英语课程及教材内容的规定

该章程在"第二章　学科程度"中规定：

第一节　中学堂学科目凡分十二

四、外国语（东语、英语或德语、法语、俄语）

第四节　中学堂各学科分科教法

四、外国语　外国语为中学堂必需而最重之功课，各国学堂皆同。习外国语之要义，在娴习普通之东语、英语及俄、法、德语，而英语、东语为尤要；使得临事应用，增进智能。其教法应由语学教员临时酌定，要当以精熟为主。盖中学教育，以人人知国家、知世界为主，上之则入高等专门各学堂，必使之能读西书；下之则从事各种实业，虽远适异域，不假翻译。方今世界舟车交通，履欧美若户庭；假令不能读其书，不能与之对话，即不能知其情况；故外国中学堂语学钟点，较为最多。中国情形不同，故除经学外，语学钟点亦不能不增加，当先审发音、习辍字，再进则习简易文章之读法、译解、书法，再进则讲普通之文章及文法之大要，兼使会话、习字、作文。[2]

《奏定中学堂章程》与《钦定中学堂章程》在外国语这门课程的重要性认识上保持了一致的态度，即认为"外国语为中学堂必需而最重要之功课"。另外在课程内容方面，该章程与《钦定中学堂章程》中所规定的基本一致，强调外语单词的正确发音和拼写，然后上升到简单的外语文章阅读与书写、内容的讲解与翻译，最后达到对一般外语文章内容和语法的了解，并掌握对话与写作等技能。从这个内容安排顺序可知，该章程仍然重视的是学生的阅读与写作能力，强调单词发音与拼写的正确性，以能掌握语法为最终目的。

---

[1] 李国钧，王炳照，金林祥.中国教育制度通史：第6卷：清代：下 公元1840—1911年[M].济南：山东教育出版社，2000：303.

[2] 吴履平，课程教材研究所.20世纪中国中小学课程标准：教学大纲汇编：外国语卷：英语[M].北京：人民教育出版社，2001：2.

学年\科目	一	二	三	四	五
修 身	1	1	1	1	1
讲经读经	9	9	9	9	9
中国文学	4	4	5	3	3
外国语	8	8	8	6	6
历 史	3	2	2	2	2
地 理	2	3	2	2	2
数 学	4	4	4	4	4
博 物	2	2	3	4	5
理 化	0	0	0	4	4
法制理财	0	0	0	0	3
图 画	1	1	1	1	0
体 操	2	2	2	2	2
合 计	36	36	37	38	41

2-2

图2-2　1903年《奏定中学堂章程》中各学年中一星期课时安排[1]

该章程规定，中学学制定为5年，课程安排为12门。其中外国语这门课程在第一至第三学年中每周学时为8小时，而剩余两学年则每周学时为6小时。第一至第三学年中，外国语课程课时数占总课时数比例超过了1/4。总的来说，该章程对外国语这门课程颇为重视。

如果用每周外国文（语）课时数占每周总课时数的比例作比较，我们不难发现：在壬寅学制中，外国文这门科目每周课时数占每周总课时数之比例约为24%；而在癸卯学制中，外国语课时数总量有所减少。虽然清政府认定外国语是非常重要的科目，但腐朽和没落的封建统治阶级，骨子里仍然崇敬的是数千年以来被视为统治和学习基础的"四书五经"文化和"尊孔""忠君"思想，始终对作为舶来品的外国语言抱有警惕和戒心。

（3）中学文实分科对英语课程及教材的规定。

新学制颁布之后，各地陆续创办新式学堂，尽管困难重重，但总算是对延续几千年的传统封建教育发起了挑战，这给当时危机四伏、内外交困的中华大地吹来一股春风。1905年，清政府成立学部统管教育事宜。1909年，清政府学部模仿德国的教育体制，改革现有中学教学体制，将中学课程分为文科和实科。

拟将中学堂分为文科实科，……文科以读经讲经、中国文学、外国语、历史、地理为主课，……实科以外国语、算学、物理、化学、博物为主课……[2]

[1] 李良佑，张日昇，刘犁.中国英语教学史[M].上海：上海外语教育出版社，1988：95.
[2] 吴履平，课程教材研究所.20世纪中国中小学课程标准：教学大纲汇编：外国语卷：英语[M].北京：人民教育出版社，2001：3.

当年3月，学部奏请清廷通过其将中学堂课程分科的请求。其中的中学堂文科课程表和实科课程表分别如下：

学年\课目	一	二	三	四	五
主修课目 经学	10	10	10	10	10
国学	7	7	6	6	6
外国语	6	6	6	6	6
历史	3	3	3	3	3
地理	3	3	2	2	2
通习课目	7	7	9	9	9
合计	36	36	36	36	36

2—3

图2—3 中学堂文科课程表（1909年3月）[1]

学年\课目	一	二	三	四	五
主修课 外国语	10	10	8	8	8
算学	6	6	6	6	6
博物	6	6	0	0	0
物理	0	0	8	0	0
化学	0	0	0	8	8
通习课	14	14	14	14	14
合计	36	36	36	36	36

2—4

图2—4 中学堂实科课程表（1909年3月）[2]

如果用每周外国语授课时数占每周总授课时数之比例作比较，我们可以看到：中学堂文科第一至第五学年，每周外国语授课时数占每周总授课时数之比例约为17%，中学堂实科第一至二学年约占28%、第三至第五学年则约占22%。总的说来，实科课程表中外国语的授课时数要大于该门课程在文科课程表的授课时数。并且，从课程表中的排列顺序来观察，外国语在实科课程表主修课中列第1，而在文科课程表主修课中仅仅列第3。由此，我们可以推断，当时的清政府更加强调"或令其研精艺术，以收厚生利用之功"[3]。即让学生学习西方先进技术，培养实业方面的人才，而这必须加

[1] 李良佑，张日昇，刘犁. 中国英语教学史[M]. 上海：上海外语教育出版社，1988：107.

[2] 李良佑，张日昇，刘犁. 中国英语教学史[M]. 上海：上海外语教育出版社，1988：108.

[3] 李良佑，张日昇，刘犁. 中国英语教学史[M]. 上海：上海外语教育出版社，1988：106.

强对外国语的学习。

另外，在该奏折中，文科与实科课程对外国语的授课时间及课程内容方面都作出了明确的规定：

学年	学科	程　度		每星期钟点
第一年	外国语	读法　会话　习字　文法	主课	6
第二年	外国语	同前学年	主课	6
第三年	外国语	同前学年加译解　作文	主课	6
第四年	外国语	同前学年	主课	6
第五年	外国语	同前学年	主课	6

2—5

图2—5　中学堂文科一类应习之学科程度授课时刻[1]

（注：外国语一科，或以英语或以德语为主；惟各省情形不同，间有宜习他国语言者，应由该省提学体察酌定，报部核准。）

学年	学科	程　度		每星期钟点
第一年	外国语	读法　会话　文法　习字	主课	10
第二年	外国语	同前学年	主课	10
第三年	外国语	同前学年	主课	8
第四年	外国语	同前学年	主课	8
第五年	外国语	同前学年	主课	8

2—6

图2—6　中学堂实科一类应习之学科程度授课时刻[2]

（注：关于外国语一科的说明，与文科类的说明相同。）

分析这两张表，我们可以看到文科与实科的外国语授课程度大致与《奏定中学堂章程》中所规定的一样，只是文科外国语授课的内容比实科要更加全面，其在第三年加上了"译解"和"作文"，这也符合文科与实科的分科属性。

---

[1] 吴履平，课程教材研究所. 20世纪中国中小学课程标准：教学大纲汇编：外国语卷：英语[M]. 北京：人民教育出版社，2001：3-4.
[2] 吴履平，课程教材研究所. 20世纪中国中小学课程标准：教学大纲汇编：外国语卷：英语[M]. 北京：人民教育出版社，2001：3-4.

第二节
民间自编英语教科书的繁荣

19世纪末期，学习外国语成为一种潮流，清政府颁布的《奏定中学堂章程》也在一定程度上提升了国人学习外语的热情。与此同时，缺乏合适的英语教科书成为外语教学的巨大障碍，清政府也逐渐认识到了自编教科书的重要性与急迫性。为了解决这个实际问题，清政府开始鼓励民间自编英语教科书。

一、清末对外语教科书的重视

清末，一些贤达明智之士已经意识到教科书在学校教育中的重要地位。学者们通过对比中国与日本的教育，希望学习日本教科书编审的经验。

"欲使一国之教育日有进步，在多设学校，欲使教育有成效之可睹，在办理学校者之热心，而办理学校者所挟之利器，即教科书是矣。故兴办教育欲收普及之效，必借合用之教科书以维持其间。"[1]

"日本之教科书，初系翻译欧美书以充用，今则改良进步，相其政体惯习及国民程度而编辑成之。无论官撰民撰，悉须受文部省图书鉴定官之鉴定，然后许其刊行。又无论官撰民撰，数年必加修改，因国民之知识程度既增，而课书之程度亦必增进故也。

今中国编定教科书，宜先译日本书为蓝本而后改修之。如算学、理化、体操、图画等可直用东书。若本国之历史、地理，亦必先译东书，师其体例而后自编辑之。至博物等科亦必修改，譬如动、植、矿三者，必就本国所产及儿童所习见者教授之，故不能全用他国成书也。又中国今日编辑教科书，不可草率，亦不可太矜慎。草率则大体多乖，改良不易；太矜慎则旷日过久，误事亦多。宜预定于一年期内，遴选明习此事者，陆续编印成中小学课书，其有未能完善之处，随后逐渐更改。因教科书之善否，不能仅凭理想断定，必征诸实用，乃能明其利弊所在而改良之也。"[2]

而此时的清政府，对教科书的编写，特别是中小学教科书，也极为重视，陆续出台了一些文件，用以规范教科书的编写与出版发行。清政府颁布《奏定学堂章程》，其中的《学务纲要》对教

---

[1] 论限用部编教科书有妨教育之进步[N]. 申报. 1910-3-11，1910-3-12.

[2] 陈元晖主编，璩鑫圭，唐良炎. 中国近代教育史资料汇编　学制演变[M]. 上海：上海教育出版社，2007：235.

科书编写尤为关注。

初等小学堂教科用图书，当就官设书局所编纂及学务大臣所审定者采用，且须按学堂所在之情形选定。[1]

高等小学堂所用图书，当就官设编书局所编纂及学务大臣所审定者采用，且须按学堂所在之情形选定。[2]

凡各科课本，须用官设编译局编纂，经学务大臣奏定之本。其有自编课本者，须呈经学务大臣审定，始准通用。官设编译局未经出书之前，准由教员按照上列科目，择程度相当而语无流弊之书暂时应用，出书之后即行停止。[3]

我们可以从当时清政府颁发的一系列文件中了解外语教科书在当时的紧缺性与重要性。

1906年4月，学部第一次审定了初等小学教科书凡例；同年，又第一次审定高等小学暂用书目凡例；1910年1月27日，学部奏颁布初等小学堂教科书折；1910年2月7日，学部奏《简易识字课一》编竣折；1910年2月7日，学部奏编辑《国民必读课本》分别试行折；1910年11月2日，学部札各省提学司翻印高初两等小学各书办法文；1910年12月26日，学部札行各省查禁伪造学部审定教科书文；1910年12月15日，清学部札行各省查禁伪造学部审定教科书文；等等。[4]

以1910年12月15日清学部颁布的《学部札行各省查禁伪造学部审定教科书文》为例，可以看出清政府对于教科书的重视程度，亦可看出当时教科书的市场需求之大，以致于一些人不惜伪造学部文书，以求其所出版的教科书能在这个巨大的市场中分得一杯羹。[5]

照得教科书关系教育，至关重要。本部自开部以来，慎选司员任以审定之事，凡私家著述呈请审定者，无论或准或驳，皆几经校阅，然后定稿，指示一秉至公，毫无迁就。乃近有无耻之徒，捏造审定科司员名单，石印成一小册，希图影射，诈取钱财，诚恐无知书坊，受其愚弄，倘经发觉，与受同科，在招摇者难逃诈取之条，各书坊亦应坐行赇之罪。现在编辑书籍，呈请审定者，各省皆有，恐其与本部慎重审定之意未所周知，合亟剀切宣布，仰该省提学使司出示晓谕，俾各呈书人及各书坊，知本部于审定书籍，极为严慎，决非事外之人，所能影射朦混，其所呈图书果能合用，无不批准通行，其不适用者，亦决无所迁就。倘有惑引敲诈之徒，借端撞骗，准各书坊登时扭送各该管地方衙门，按律严惩，以儆奸顽。除查得石印伪造职员名册，咨行民政部转饬内外城巡警总厅严密查拿务获究办外，为此札饬。札到仰该提学使遵照出示晓谕可也。切切此札。[6]

[1] 舒新城. 中国近代教育史资料[M]. 北京：人民教育出版社，1985：422.
[2] 舒新城. 中国近代教育史资料[M]. 北京：人民教育出版社，1985：436.
[3] 舒新城. 中国近代教育史资料[M]. 北京：人民教育出版社，1985：509-510.
[4] 孙广平. 晚清英语教科书发展考述[D]. 杭州：浙江大学，2013：246.
[5] 孙广平. 晚清英语教科书发展考述[D]. 杭州：浙江大学，2013：247.
[6] 孙广平. 晚清英语教科书发展考述[D]. 杭州：浙江大学，2013：247.

二、清末民间自编的英语教科书

甲午战争后中国出现的外语教科书，大致分为三类：一是在教会学校中使用的来源于西方原版的教科书；二是编译自日本的英语教科书；三是由国人自编的英语教科书。随着国内市场对于外语教科书的需求日益增加，虽然清政府仍严格把控教科书的编制以达到维护其统治的目的，但政府对于民间编撰教科书也在逐渐放开，使国人自编外语教科书的风气日渐浓厚，这类教科书后来逐渐成为中国人学习外语的主要材料。

（一）《正则英文教科书》

《正则英文教科书》的作者是日本东京正则英语学校的校长斋藤秀三郎，本书由湖北省同乡会中学教科书社编译并于光绪二十九年（1903）初版，其英文书名为*English Language Primer*，共五册。封面标明本书适用于寻常师范学校、高等女子学校、寻常中等学校。日语中把西洋人在日本直接传授学问称为"正则"，可以说"正则"类似汉语的"正宗"之意。

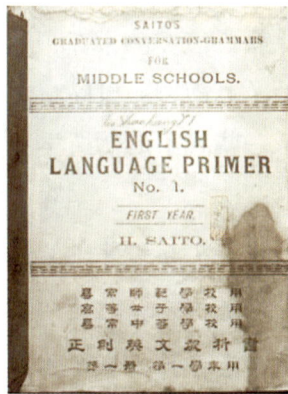

图2-7 《正则英文教科书》（第一册）封面，斋藤秀三郎著，湖北省同乡会中学教科书社，1903年初版

20世纪初，中国主要通过日本学习西学，而学习英语就是其中的一个方面。与早期英语读本编译主要来自西方原版不同，以晚清留日学生为主体的中国出版界人士将斋藤秀三郎的《正则英文教科书》引入中国，使中国英语读本的来源渠道更加宽广。

该书"序言"的主要内容为：

以下是对整个系列计划的简要概述——

第一年：拼写规律和发音；名词和冠词；形容词的两种用法；名词的复数形式；名词和代词的所有格形式；专有名词、普通名词和物质名词；"some"和"any"与物质名词和复数普通名词的使用；动词"to have"和"to be"。

第二年：不规则的拼写和发音；动词；第三人称单数中"s"的用法；疑问与否定中的"do"与"does"；"shall I?"与"will you?"；"can""may"与"must"；"need not"和"must not"；现在、过去和将来的时态；规则动词和不规则动词；动词的进行式和完成式；副词；形容词和副词的比较；代词的三种情况；动词和介词后宾格的用法；演讲的八个部分。

第三年：英语中最常见的习语；有"There"和"It"的习语；数量和数量的形容词；"all""each""either""neither""every""other"和"else"；不定代词"some one""anybody""nothing""everywhere"etc.；关系代词；被动动词；疑问副词和否定副词；表时间和地点的副词和介词。

第四年：词性的语法形式；文章的常规用法；复数形式的常规用法；所有格形式的常规用法；形容词和副词的比较级；时态；六种常见的时态；进行形式的时态；被动形式的时态；不规则动词。

第五年：五类名词；抽象名词的用法；英语中的代词成分；关系词与代词相关词；助动词；心情；虚拟语气和条件语气；潜在的情绪；不定式、分词和动名词；口语的补语。

请注意本作品的以下特点：

第一，每册书不仅是此系列的一部分，而且自身是独立完整的。

第二，两册"初级读本"大致介绍了八个词性及其最常见的形式和用法。

第三，语态，作为一般英语习语的一部分，在第一本书里有详细论述。

第四，时态动词和不规则动词在第二册中有论述。

第五，情态动词和助动词在第三册里有详细的论述。

第六，整个系列，从"初级读本"开始，都致力于对一般英语习语的研究，将理论与实践相结合，使学生能够洞悉语言的本质，并最终以正确的语法和恰当的习惯方式来说英语。

第七，选择"对话"的形式是为了让学生熟悉日常用语的词汇。所有罕见的、牵强的或过时的表达方式都被排除在外，只有那些受过良好教育的英语使用者经常听到的表达方式才会被采纳。

第八，英语语法的所有要素都在五年课程的规定范围内。在这类作品中，必须打破通常的人为处理顺序，这种顺序是逻辑缺失的，而"语法评论"弥补了这种不足，"语法评论"旨在总结和系统化事实和原则，并在两者之间建立联系，这些事实和原则本来是杂乱无章地提出的。

第九，在"练习题"中，所给的翻译句子是学生在与外国人交往中所需要使用的句子。

最后，通过这一系列课程的学习，学生将发现自己掌握了全面而实用的通用英语知识，并将为其在生活中的就业或进一步的英语学习做好充分的准备。

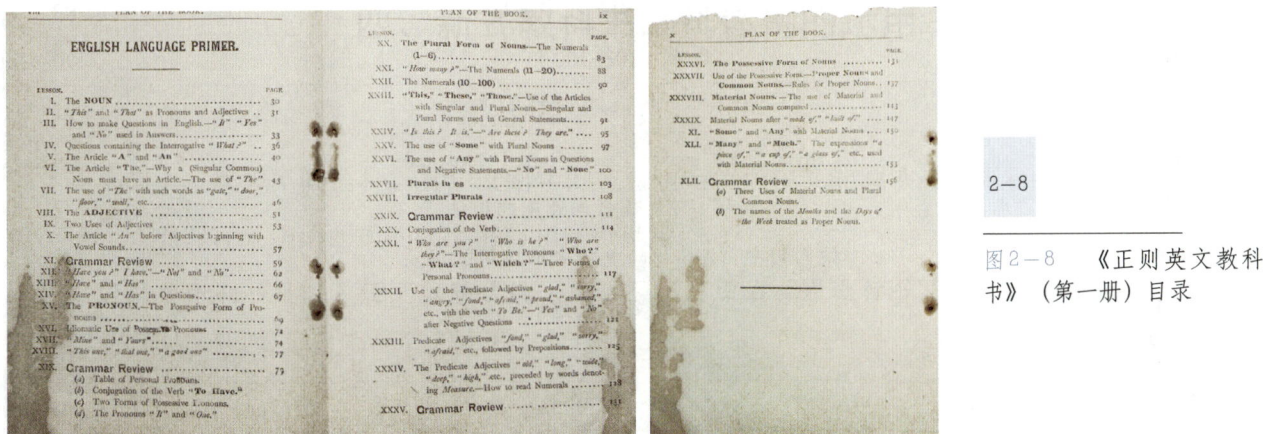

2-8

图2-8 《正则英文教科书》（第一册）目录

该书目录的主要内容如下（见表2-1）：

表 2-1 《正则英文教科书》（第一册）目录

课次	题目	页码
第1课	名词	30
第2课	"This"和"That"作为代词和形容词	31
第3课	如何用英语提问——用"It""Yes""No"来回答	33
第4课	用"What"提问的疑问句	36
第5课	冠词"A"和"An"	40
第6课	冠词"The"——为什么单数名词必须有冠词——"The"的使用	43
第7课	"The"接名词如"gate""door""floor""wall"等的用法	46
第8课	形容词	51
第9课	形容词的两种用法	53
第10课	"An"用于元音音素之前	57
第11课	语法复习	59
第12课	"Have you？"和"I have"的区别——"Not"和"No"的区别	62
第13课	"Have"和"Has"	66
第14课	疑问句中"Have"和"Has"的用法	67
第15课	代词——代词的所有格形式	69
第16课	物主代词的惯用用法	72
第17课	"Mine"和"Yours"	74
第18课	"This one""That one"和"a good one"	77
第19课	语法复习	79
第20课	名词的复数形式——数字（1—6）	83
第21课	"How many？"——数字（11—20）	88
第22课	数字（10—100）	90
第23课	"This""These""Those"	91
第24课	"Is this？It is."——"Are There？They are."	95
第25课	"Some"与复数名词连用的用法	97
第26课	疑问句中"Any"与复数名词连用的用法	100
第27课	"es"的名词复数形式	103
第28课	复数的不规则变化	108
第29课	语法复习	111
第30课	动词的变化	114

（续表）

课次	题目	页码
第31课	"Who are you？" "What is he？" "Who are they？" ——疑问代词——三种形式的人称代词	117
第32课	谓语形容词接动词"to be"——在否定疑问句后接"Yes"和"No"	121
第33课	谓语形容词与介词的搭配	125
第34课	表示度量的形容词接谓语形容词——如何阅读数字	128
第35课	语法复习	131
第36课	名词所有格	134
第37课	所有格形式的使用——专有名词和普通名词——专有名词规则	137
第38课	物质名词与普通名词的用法比较	143
第39课	"made of" "built of"接物质名词的用法	147
第40课	"some" "any"接物质名词的用法	150
第41课	"many"和"much"的用法及"a piece of" "a cup of" "a glass of"等短语接物质名词的用法	153
第42课	语法复习	156

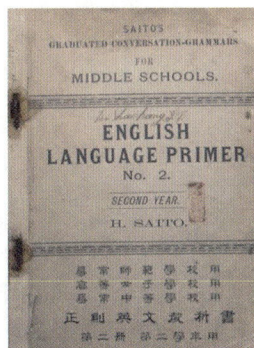

2-9

图2-9 《正则英文教科书》（第二册）封面，斋藤秀三郎著，湖北省同乡会中学教科书社，光绪二十九年（1903）初版

2-10

图2-10 《正则英文教科书》（第二册）目录

第二节 民间自编英语教科书的繁荣

该书目录的主要内容如下（见表2-2）：

表2-2　《正则英文教科书》（第二册）目录

课次	题目	页码
	拼写与发音	
第1课	音标	1
第2课	不规则拼写与发音	4
第3课	元音的发音与拼写	11
第4课	双元音	17
第5课	非重音音节中的元音	21
	第二语言入门：助动词	
第1课	"Can" "May" 和 "Must"	24
第2课	"Do you like？" "I don't like..."——如何用英语简要回答	27
第3课	"What do you want？" 疑问句	30
第4课	"I speak" "You speak" "He speaks" 第三人称单数	34
第5课	"Do" 和 "Does" 如何用英语简要回答	37
第6课	不定式及其用法	41
第7课	"Shall I？"——祈使句	44
第8课	"Let me" "Let us"	48
第9课	"Will you？" "I will（I'll）."	51
第10课	"Will you？" "Won't you？" 的含义	53
第11课	"Must I？You need not." 和 "May I？You must not."	50
第12课	语法复习	59
	时态	
第13课	"To be" 的现在时、过去时和将来时态	60
第14课	规则和不规则动词的过去式	71
第15课	"Do" "Does" "Did"	76
第16课	从句的使用	80
第17课	进行时	84
第18课	"Are you going？" "Are you coming？" 的两种含义	88
第19课	完成时——规则和不规则动词的过去分词——动词的三个主要部分	91
第20课	完成时的两种含义	95
第21课	"Have come" 和 "Have gone" 的含义	98
第22课	"Have been" 的含义	102
第23课	语法复习	104

（续表）

课次	题目	页码
副词与介词		
第24课	副词	110
第25课	"Like" "As...as" 和 "Not so...as"	114
第26课	比较	117
第27课	不规则比较级与最高级	121
第28课	介词——介词宾语的使用	125
第29课	综述	129

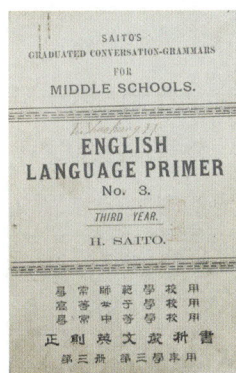

2-11

图2-11　《正则英文教科书》（第三册）封面，斋藤秀三郎著，湖北省同乡会中学教科书社，光绪二十九年（1903）初版

2-12

图2-12　《正则英文教科书》（第三册）目录

　　该书目录的主要内容如下（见表2-3）：

表 2-3　《正则英文教科书》（第三册）目录

课次	题目	页码
第一部分　"There" 和 "It" 的习惯用法		
第1课	"Is there?" "There is" —— "No" 和 "Not" ...	1
第2课	"There is" 和 "There are" ——陈述句、疑问句、祈使句和感叹句	5
第3课	"It is" 用于时间、天气和距离	9
第4课	基数和序数——表达年份、月份和时间的方式	12

（续表）

第二章　晚清英语教科书的繁荣（1902—1911）

（续表）

课次	题目	页码
第33课	"Every-"和"Any-"的不同形式	99
第34课	"Something to eat" "Something nice" "Something else"	101
第35课	语法复习	104
第六部分　关系代词		
第36课	"Who"和"Which"	108
第37课	带介词的关系代词	112
第38课	"That"——关系代词的省略	114
第39课	"What"——先行词的省略	118
第40课	语法复习	120
第七部分　被动词		
第41课	主动和被动语态——被动语态的形式	123
第42课	被动动词的现在时和过去时	127
第43课	被动动词后的介词	130
第44课	如何避免使用被动形式	133
第45课	语法复习	136
第八部分　副词和介词		
第46课	疑问副词	138
第47课	否定形式	141
第48课	时间副词	146
第49课	时间介词	150
第50课	地点介词	158

（二）《汉译英文教科全书》

《汉译英文教科全书》是由上海文明书局编译并发行的一套英语教科书，共两册。

图2-13　《汉译英文教科全书》（第二读本）封面，上海文明书局，光绪三十年（1904）初版

以《汉译英文教科全书》（第二读本）为例。该书于清光绪三十年（1904）初版发行。该书封

第二节　民间自编英语教科书的繁荣

面上部为英文书名："ENGLISH AND CHINESE SECOND READER"，中间为中文书名"汉译英文教科全书"，其中"汉译"二字由右往左印刷，其余竖行排列；最左侧为"上海文明书局出版"；最右侧则竖行书写了五个汉字"而里特第二"，应是英文"The Second Reader"的汉语谐音翻译。这种翻译方式出现在专门的英语教科书的封面，实属有点格格不入。

该书没有序言，这在当时的英语教科书中是很少见的。封底为版权页，载有该书各种详细的出版信息。全书有145页，共49课，没有目录和插图。每课由单词和课文两部分组成。

该书在内容选择上有以下三个特点：

1. 以介绍国外文化为主

本书内容最明显的一个特点，是其课文极力向读者介绍英美国家的文化，尤其注重介绍日常生活方面的内容，这也是读者最能感受到文化差异的地方。首先，该书课文中出现了众多的英美国家的人名和地名。全书共49课，共出现了35个英美国家的人名、8个主要地名。其中男性名字有：Longfellow、Henry、Tom、Arthur、George、Harold、Whittier、Hans、Albert、Tim等；女性名字有：Jessie、Emily、Kitty、Helen、Leslie、Carl、Lily、Bessie等；主要的地名有：Portland、Maine、Massachusetts、Alps等。其次，课文适当介绍了英美国家的历史。比如第6课的单词中列举了Washington一词，在旁边附以中文解释，除了名字的翻译外，还着重指出了这是美国"第一总统名"[1]。该书还在课文中介绍了西方的宗教文化。比如第43课在描述主人公生日时附带说明："I think it was because he loved everything that God has made."（我思因彼爱上帝所造之各物）。[2]这里把英美国家文化中的一个重要部分用一种巧妙的方式呈现给读者，让读者感受到了异域文化的差异。第48课着重介绍了西方最重要的一个节日——圣诞节，课文以主人公在圣诞派对发生的事情为内容，为读者展示了原汁原味的西方风俗。

2. 课文内容具有连续性

该书在内容的编排上注重故事情节的连续性，体现为全书以几个主要人物作为课文内容发展的线索，通过对这几个人物进行不同层面的阐述，使全书内容安排有序。这既能够提升读者的兴趣，也使读者在阅读时不会感到杂乱无章。以该书的一位主人公Longfellow为例：第1课讲述了他的出生，第3课则介绍了他受教育的情况；第6课描写了他所住的房屋；第10课和第11课则引出了他的家庭。在语法方面，该书非常关注单词发音是否正确的问题：书中第5课专门对字母"o"进行了发音归类，指出其在不同组合中的不同发音特点；第12课在课文结尾附加了"th"如何发音的说明；第15课则讲解了字母组合"ch"的发音特征；第22课则对比了"ow"和"ou"的发音区别；等等。

3. 内容编排形式为中英文互译

该书的书名关键词为"汉译英文"，因此不难理解全书充斥着中文翻译。每课课文上方的单词

---

[1] 上海文明书局. 汉译英文教科全书[M]. 上海：上海文明书局，1903：13.
[2] 上海文明书局. 汉译英文教科全书[M]. 上海：上海文明书局，1903：124.

介绍中，每个单词旁边都有中文翻译，有的还有中文注释。课文中的英文内容，以每句话为基本单位断开，下方列有中文翻译。为了让读者能明白每句话的中文意思，课文内容不以语义作为分段标准，而强制性地改变了文章的结构，这不利于读者对整篇文章的综合理解。文中中文翻译全部为文言文，符合当时国人的阅读习惯。

此外，全书没有任何练习模块。很明显该书也是一本为读者设计的纯粹读本。

（三）《帝国英文读本》

《帝国英文读本》是由伍光建编纂，商务印书馆于光绪三十二年（1906）初版。全套共6卷，从字母发音和书写开始，逐渐加深，直到英国文学作品选读。[1]

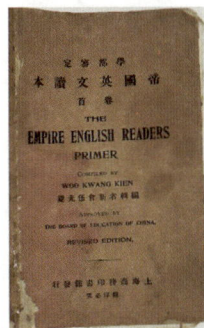

图2-14　《帝国英文读本》（卷首）封面，伍光建编纂，商务印书馆，光绪三十二年（1906）初版

伍光建（1866—1943），原名光鉴、号昭扆。广东新会人。1886年毕业于天津北洋水师学堂。毕业后被派往英国格林威治皇家海军学院深造。对数学、物理、天文等颇有研究。又兼学欧美文学。回国后在天津北洋水师学堂任教。后曾任复旦大学教授等职务。

伍光建从事英语翻译从业余到专业长达50余年。前后翻译文学、历史、哲学等著作130多种，近1亿字。[2]

伍光建为商务印书馆编辑的教科书有《帝国英文读本》《英文范纲要》《英文范详解》等，后两者属于文法类的英语教科书。在当时影响最大的要数《帝国英文读本》这套英语教科书。1910年2月7日，学部关于"编辑国民读本分别试行"的奏折后附有《学务第一次审定中学堂初级师范学堂暂用书目凡例并表》，其中对英语教科书的评论为："英文读本以伍光建所编为最佳，前已察定暂充高等小学之用，而其程度实与中学为宜，仍作为中学教科书。"[3]1911年9月7日的《申报·学部审定商务印书馆教科书广告》刊有经学部审定的"中学堂用书"54种，其中含英语教材14种，该书置于英语教科书之首。[4]

《帝国英文读本》这套教科书在当时流传甚广，深受读者的喜欢。对于该套教科书的整体介

[1] 商务印书馆. 伍蠡甫, 伍光建与商务印书馆[M]//商务印书馆九十年: 我和商务印书馆1897—1987. 北京: 商务印书馆, 1987: 76-78.

[2] 张英. 启迪民智的钥匙: 商务印书馆前期中学英语教科书[M]. 上海: 中国福利会出版社, 2004: 31.

[3] 李良佑, 张日昇, 刘犁. 中国英语教学史[M]. 上海: 上海外语教育出版社, 1988: 111.

[4] 张英. 启迪民智的钥匙: 商务印书馆前期中学英语教科书[M]. 上海: 中国福利会出版社, 2004: 32.

绍，还出现在其他教科书中。商务印书馆于光绪三十一年（1905）初版的《英文初范》封二广告页曾对此有过描述：

> 以甲国之人，习乙国之文，程度不同，途径必异。我国学制，中学堂始学外国文字。然商埠都会大都权宣特设，而尤以英文为多。伍昭宸先生游学英国伦敦大学遂（逐）于彼国文学，慨然于初学英文无一善本特编纂此书，采辑彼国名家著作凡百余种，别具手眼，撷其精华，浅深难易纯为吾国生徒说法。取而读之，贯通自易。前三册经学部审定，谓是书尤胜之处在适合中国学生之用。全书不载诗歌一首，尤见著者深识。盖今日吾国人之学西文必以能读西文科学书为目的，诗歌文法颠倒，初学所难，又与读科学书之目的不合，缺而不载可免学生多费脑力，其善一，取材多名人小说如《伊索寓言》《鲁滨逊漂流记》之类，其文简短平易有趣味，而在英文界又为上乘文字。就中所采寓言，尤能补助修身教育所不及，其善二。此书程度实中学堂用书，但高等小学英文读本现在尚无出版者，暂取其卷首、卷一供高等小学前二年用，其卷二供后二年用。俟将来高等小学英文读本有出版者，此书仍供中学堂用为宜。[1]

从伍光建编辑的《帝国英文读本》的全部资料中，我们可以看到此书的两个特点：一是不载诗歌、多采小说。二是课文短小、有趣，尤其是"所采寓言，尤能补助修身教育所不及"。[2]该套教科书课文简短，尤其注重知识性与趣味性相结合，这在序言的内容中均有所体现：

> 尽管有大量的读本在中国为英语教授所用，但是老师和学生都一致地认识到需要一套专为中国学生所特别设计的读本。现在所呈现的这套读本就是试图满足这种强烈的需求。在这套读本准备的过程中，那些中国学生在学习英语过程中将会出现的困难都被考虑进去。对于那些比英国在校学生学习英语要晚几年的中国学生，本套读本努力满足他们刚开始学习英语时的心智发展需求；这种考虑体现在本套读本对学生熟悉的物体、动物等的有趣描写中。与此同时，一些很可能吸引较成熟的中国学生的内容也被介绍进来，比如说社会和历史方面的故事、人物的描写、抽象的主题等等。对于学习一门外语来说，最重要的是使用该门外语的人所需了解的知识，以及指导这门语言如何使用的方法，这些应该被学生们所掌握。希望本套读本不仅有助于学生充分掌握日常使用所需的英语知识，并且使他们了解他们所处的社会生活和身边的文学作品。[3]

以《帝国英文读本》卷首为例，该卷共有80篇课文。扉页中该套读本的标题、作者名称和出版社几个字是从右往左排列的，以满足当时国人的阅读习惯。但是标题的英文书写顺序却是按照从左往右的顺序，以符合英语阅读的习惯。该书课文内容主要包括4个方面：科普类文章、寓言、故事和哲理性文章，例如该书第18课"The Bear and the Fly"（《熊和苍蝇》），就以故事的方式告诉学生善良的举动要通过合适的方式来表达。

---

[1] 张英. 启迪民智的钥匙：商务印书馆前期中学英语教科书[M]. 上海：中国福利会出版社. 2004：32.

[2] 张英. 启迪民智的钥匙：商务印书馆前期中学英语教科书[M]. 上海：中国福利会出版社. 2004：33.

[3] 伍光建，商务印书馆编辑所. 帝国英文读本：卷首[M]. 上海：商务印书馆，1910.

（四）《新式英文习字帖 半斜体式》

《新式英文习字帖 半斜体式》是由Jose Martino Marques编纂、邝富灼订正、商务印书馆印刷发行，光绪三十三年（1907）初版。该套教材共8册，书内版权页附有定价"每册大洋壹角伍分"。左下方注明"版权所有翻印必究"。该书封面印有繁体"教育部审定 新式 英文习字帖 半斜体式 高等小学及中学校用"并对照英文"WRITING BOOKS NATURAL SLANT SYSTEM APPROVED BY THE BOARD OF EDUCATION"。

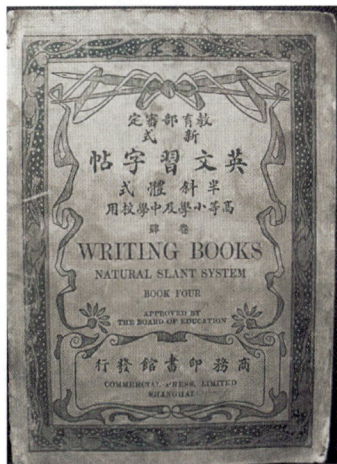

图2-15 《新式英文习字帖 半斜体式》（卷肆）封面，Jose Martino Marques编纂，商务印书馆，光绪三十三年（1907）初版

该书"编辑大意"的主要内容为：

书法，习字之义，非欲人刻意描写，与所镌刻之字，丝毫无异，但求落笔清秀。精神现于纸上，足矣。本书共分八册。字体一律。循序渐进。凡小学中学及以上之学堂，均适用之。

习字要法有三。一为身体之位置。二为手及两腕之位置。三则执笔之法是也。下文所列各法，初学见之，未免畏难，然于学书之始。稍加之意。自能身体舒适，手腕灵便。

方法，向案面正坐。端坐椅上。使座位载全身之重。地平载两足之重。书案载手腕之重，肩略向前弯曲。首略向前仰。书案之边。必与肘齐。作书时左手放置案上。以便按捺纸张。右臂之肘。当贴附身傍。右手略向左，与案边成正角形。

吾辈能执毛笔，自不难执钢笔。惟钢笔不能直执。务使笔与纸面相遇之角。不过四十五度。执笔以大指二指及中指握钢笔管。其余二指。则用以承载前三指。

（五）《新体英语教科书》

《新体英语教科书》由英国的蔡博敏编纂，商务印书馆编译所校订，光绪三十四年（1908）初版，由商务印书馆印刷并发行。

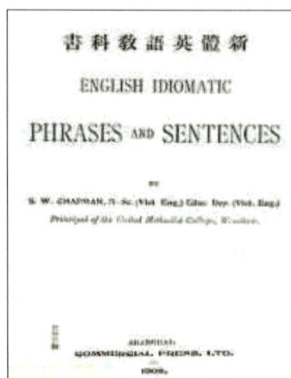

图2-16 《新体英语教科书》封面，[英]蔡博敏编纂，商务印书馆初版，光绪三十四年（1908）

该书的序言印于扉页的第二面，除了扉页和最后版权页之外，共有120页。全书共有41课，书中无插图。每课由两部分组成：一是课文；二是词汇与拼写练习。课文内容全部是长短不一的短语或句子；而"Vocabulary and Spelling Exercise（词汇与拼写练习）"部分则全部由单词组成，即词汇表。

课文内容又分为三类：第一类是以英语国家社会日常生活情景为内容。比如一般习惯用语（如第1至第3课为"寻常句语"）；问候、课堂用语、购物、邮政电报和旅游等（第4课"应酬与问候"、第5课"师生问答"、第6课"购帽"、第13课"家事"、第16课"谈论"、第25课"论信札电报邮票等"、第36和37课为"旅行"）。第二类是英语谚语。这部分内容不多，只有两课，即第38和39课的"英谚"。第三类则是以传统"四书五经"翻译为英文的内容。比如第40课是"孔子粹言（论语摘句）"，第41课是"尚书摘句"。

该书有下列特点：

1. 按照英语语法来编排全书内容

作者选用了短语和句子作为课文内容的表现形式。虽然本书中有一些课文是以不同情景会话作为内容，但绝大部分课文仍然是以语法项目为主轴来进行编排。正如编者在序言中所说：

本书的目的是让学习英语的中国学生克服在掌握英语习惯用语时遇到的困难。本书并不是试图提供所有生活情景中的短语和句型，而是尽可能地让学生清楚地了解英语习惯用语的语言特征，使学生能更自由和准确地进行表达。

一般来说，介词的出现对中国学生学习来说是比较困难的。因此，书中对这方面给予了重点关注。[1]

2. 强调母语的重要性

本书采用英语短句配以中文翻译的编排方式，课文内容部分的每一个英语短语和句子旁边均一一列有对应的中文翻译，用竖线隔开。且每课的英文标题和"词汇与拼写练习"中的单词也都配有中文解释。每个单词、短语、例句和语法部分配有中文解释的排布让读者一目了然，减轻了读者

---

[1] 蔡博敏，商务印书馆编译所. 新体英语教科书[M]. 上海：商务印书馆，1908.

理解课文内容的压力。正如编者在"序言"中所说："把中文翻译加进来，使学生能用熟悉的方法来克服学习英语中遇到的困难，这是非常有效的。"

编者强调中文作为学习媒介的重要性，并认为初学者可以通过母语来帮助学习英语，这也是最有效而简便的方法。但是，编者同时也指出这只是一个过渡的措施，"随着英语知识的不断增加，用中文作为媒介应该随之减少，直到完全使用英语"。

3. 强调教师的重要性

序言中指出："本书不打算让读者在没有老师的情况下使用。"编者认为虽然书中列举出了一定数量的日常生活会话和例句，但仍然是非常有限的。编者认为这些短语与例句的数量并没有达到可以让学生任意组成其他句子的程度，"例句并没有无限增加，因此学生仍须在老师的指导下对这些词组和短句进行句子的构建和运用"。因此，"教材中日常出现的例句都应被记住，并应要求学生在老师指导下练习类似的句子"。

另外，全书没有任何练习，虽然"词汇与拼写练习"栏目冠以"练习"之名，但并无任何练习内容。因此本书也可算作是一本纯粹的读本。

（六）《初学英文轨范》

《初学英文轨范》由邝富灼、徐铣编纂，商务印书馆于宣统元年（1909）七月发行初版。该书封面上方印有粗体"初学英文轨范"。本教材的发行者为商务印书馆，印刷所为上海北河南路北首宝山路商务印书馆，总发行所为上海棋盘街中市商务印书馆，分售处为北京、天津等各地的商务印书分馆。版权页标有出版时间"乙酉年七月初版"。同时，附有定价且"外埠酌加运费汇费"字样。

图2-17　《初学英文轨范》封面，邝富灼、徐铣编纂，商务印书馆，1909年初版

该书"序言"的主要内容为：

教英文于中国者每苦无可用之教科书，彼外国之成书以之教生长于其国之人则善矣，而自中人观之即未尝不病其隶事太浅而辞调太深。今此书则反是隶事稍深而辞调务浅，期悉袪吾国初学之所不便者而已，是书因欲兼诵读、口说、写作三者之故，排列之法不得不视常例为变通。以甲国之人习乙国之语，其道莫善于翻译，而初级教授又莫如用直观之法。本书于此二者尤三致意焉，生字不

多采前课之字，必复屡见于下，所以令学者得熟练其所授之字也。

英语所以句从字顺之道，皆备于文法。书学者首明其法则于其文字思过半矣，欲求文法又不可无简明之书以为造端之助。是书故但举其切要者若干条，以次相及，期令学者粗知其绪然后更授以专门之书耳。卷端所引之字必逐课纳之于句中，以示变化之道，而文法即寓焉。夫我国文字素无定则，骤见外国语之法律如彼其严也，则茫然不得其要领矣，是宜先知其界说以为之纲。夫界说者言简意赅，英文浅者或致误解，则为害匪浅，今故悉以中文述之。

今吾国之习英文法者入手即求其译，编者以为此徒费时力于无用之地耳。初学之际抵揽其大体，使发语下笔之时不致于破律是，亦足矣。奚以多为卒业本书而依次肄习Newsom之《简要英文》习书，以求其详，尚未为晚也。

音读之法既已发凡于卷首一课，既约复剌取其课中之字，使学者读之以审其音。卷首诸课兼附草体字母，藉知英文抄写之式焉。

学译句者以英语译国语易，以国语译英语难。易者固不劳代为之谋，而难者则当先示之以式，乃倩徐闰全君任其事，徐君则选英语之已见于课中者错综其意，以中语演成短句附于课末，教员可令学者取而译之也。短句悉用白话，虑文言不能确尽英文之曲折，故而虽似伤于典雅而良便于初学。

是书属稿之初既参考于丁家立之英文法程，他若圣约翰院长卜舫济君、广东岭南书院葛理佩君、青年会华来思君，皆欧美之良教师而又久任吾国之学务者也，于此书多所就正，他山之助附记于此，以志感佩。编者志。

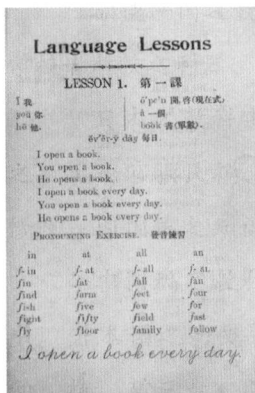

图2-18　《初学英文轨范》第一课

课文内容以第一课为例，引见其编排方式：

语言课程

第一课

I我	open开，启（现在式）
you你	a一个
he他	book书（单数）
everyday每日	

I open a book.	我打开了书。
You open a book.	你打开了书。
He opens a book.	他打开了书。
I open a book everyday.	我每天都打开书。
You open a book everyday.	你每天都打开书。
He opens a book everyday.	他每天都打开书。

发音练习

in	at	all	an
f-in	f-at	f-all	f-an
fin鱼鳍	fat胖	fall落下	fan粉丝
find寻找	farm农场	feet脚	four四
fish鱼	five五	few少	for为了
fight打架	fifty五十	field领域	fast快
fly飞	floor地面	family家庭	follow跟随

（七）《初级英语读本》

《初级英语读本》是由商务印书馆编译所编纂，商务印书馆于宣统元年八月发行初版。一共四集，初集定价大洋二角。该书初集的扉页上方印有粗体字"初级英语读本"，该行下方印有"初集"二字；页面中间印有英文书名"THE JUVENILE ENGLISH READERS Vol. I"；下方印有"上海商务印书馆出版"。该书封底印有商务印书馆图标。该书编辑大意之后附有发音符号表，包括元音、辅音；接着是26个英文字母的字母表，其中包括打印体大写字母、小写字母和手写草体的大写字母和小写字母，以及字母组合拼写表。

该书课文内容逐渐丰富，难度由浅入深，每一课开始都有些许单词列出来，再进入课文，另外，每一课都附有相应的插图以便于学生理解，课后附加练习不是每一课都有，但形式多样，符合课文内容安排及学生学习需要。

图2-19 《初级英语读本》（初集）封面，商务印书馆编译所编纂，商务印书馆，宣统元年（1909）初版

该书"编辑大意"的主要内容为：

吾国治英文者日众，而教授初学者，苦乏善本，本馆编辑是书，悉心研究，注意之事，凡有六端。全书分初、二、三、四，四集，其于字句之繁简，文义之深浅，篇段之长短，不但四集之间，斟酌尽善……即每集之中，亦分配适宜，有渐进之序，一也。

通行各课本，所集材料，或则宜于童子，而不宜于成人，或则宜于成人，而不宜于童子，遂使学者兴味消磨于无形之中，宁非可惜，是编自字句篇段以迄于假设之寓言，引用之故事，无不既极浅显，复饶趣味，以之施于童子，自不虑其扞格，即使成人读之，亦不嫌其平淡，二也。

初、二集中，每课后附习练一段，三、四集中，每课后附会话一段，所用之文字，各从已习各课抉择而来不过变化而错综之，使学者于已读之字，能愈加其意义，愈稔其用法，并使其既习文字，兼谙语言，不但一举而两得，抑且半事而功倍，三也。

寻常读本，罕授文法者，是编自始至终，每课之后缀以文法，由浅入深，引人入胜，而尤便者，则所列文法行用之方，即见于已习各科中者，学者读此，则于上文辞句构造之理，既以印证而益明，更能旁通而无碍，四也。

上列单字，下列成句，每句中之空白处，令学者择上列单字，随宜而填补之，学者习此，于运用文字，既明且确，而进步之速，可以预期，五也。

每间数课，附有翻译一段，或由英译汉，或由汉译英，而所需之材，亦不出已习诸课之外，至于注释文字，有为英文所不需，而汉文则必当备者，有为汉文所不用，而英文则不可缺者，译学之难，即在于此，是编于此，则均以特别符号，分别标记，果能潜心研究，卒业之后，象胥之学，不难稍窥门径，六也。

由是以观，则本书除每课之外，又附丽以习练会话文法填字翻译等课，是则诱导之方，不一其途，而要其归结，则终在使读者得学习英文之兴趣，通晓英文之捷径而已。

至于参插图画，以增学者之兴趣，表著音符，以正学者之诵读，凡此皆他所未逮，而就本编以言，则犹属余事耳。

惟是学力浅薄，率而操觚，贻笑大方，知所不免，倘蒙不弃，指斥疵谬，俾得改良，曷胜政幸。

图2—20 《初级英语读本》（初集）第1、2课

第1课和第2课内容为：

第1课

一个　　和　　男孩　　狗

一个男孩。　　　一个男孩和一只狗。

一只狗。　　　　一只狗和一个男孩。

缀字

和　　乐队　　土地　　沙

男孩　　害羞的　　快乐　　玩具

第2课

大　　是　　它

一个大男孩。　　　　　一只大狗。

一个大男孩和一只大狗。

一只大狗和一个大男孩。

他是一个大男孩。

它是一只狗吗？

它是一只狗。

它是一只大狗吗？

它是一只大狗。

文法

它是＿＿＿＿＿。　　　它是＿＿＿＿＿吗？

（八）《增广英文法教科书》

以《增广英文法教科书》第二册为例，封面上方印有"教育部审定"，由商务印书馆于1909年发行初版。硬布面每册定价大洋壹元三角。印刷所为商务印书馆，总发行所为商务印书馆，分售处有北京、保定、奉天、龙江、吉林、天津、济南、开封、太原、西安、成都、重庆、安庆、长沙、桂林、汉口、南昌、杭州、福州、广州、潮州、云南、香港等地。该书明确标注"此书有著作权翻印必究"。

2-21

图2-21　《增广英文法教科书》（第二册）封面，[美]G.L.Kittredge, S.L.Arnold原著，徐铣译订，王蕴章、甘永龙校勘，商务印书馆，1909年初版

（九）《英文益智读本》

《英文益智读本》由美国祁天锡编纂，邝富灼校订，其第一册由商务印书馆于宣统元年（1909）印刷及发行初版。该套书共有5册。

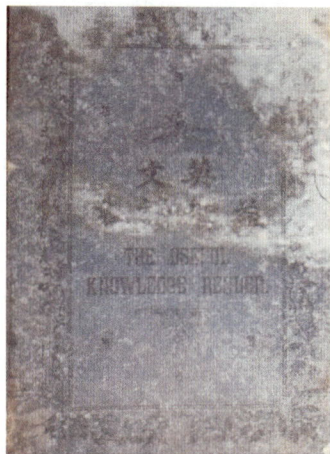

图2-22　《英文益智读本》（第一册）封面，[美]祁天锡编纂，邝富灼校订，商务印书馆，宣统元年（1909）初版

祁天锡（Nathaniel Gist Gee，1876—1937），美国人。1901年来华，任苏州东吴大学堂生物系主任。后任罗氏医社医预教育顾问。1930年返美。著有《植物学教程》《被遗弃的阶层：略记中国的乞丐》等。[1]

以《英文益智读本》第一册为例，该书于1909年初版，由商务印书馆印刷。全书共有141页，书中配有插图，32开。

表2-4　《英文益智读本》（第一册）目录[2]

课次	题目	课次	题目
第1课	猫	第2课	喜鹊
第3课	蚂蚁	第4课	稻谷
第5课	水	第6课	狗
第7课	感官	第8课	眼睛
第9课	麻雀	第10课	蛇
第11课	山羊	第12课	家蝇
第13课	耳朵	第14课	狗的故事
第15课	道路	第16课	嗅觉
第17课	蟋蟀	第18课	猫头鹰
第19课	味觉	第20课	丝绸
第21课	乌鸦	第22课	奶牛
第23课	触觉	第24课	茶
第25课	鸽子	第26课	蝉
第27课	洗澡	第28课	莲花
第29课	马	第30课	锻炼
第31课	蜻蜓	第32课	牙齿

[1] 张英. 启迪民智的钥匙：商务印书馆前期中学英语教科书[M]. 上海：中国福利出版社，2004：99.

[2] 祁天锡. 英文益智读本：第一册[M]. 上海：商务印书馆，1909.

第二章　晚清英语教科书的繁荣（1902—1911）

该书最大的特点是能够引导读者观察自然、研究自然，使读者能够更好地了解他们所处的环境。编者认为："自来中国教人之道，专骛于玄虚者。今之新教育，缺点固多，而其尤大者则皆不注意于博物之学也。此书所授不仅有多识之助而已，其余之裨益于学问者良多。"[1]意思是中国自古以来的教育体系过于为抽象思维所束缚，而今天新教育的缺点之一便是忽视了对自然的研究。本书课文给学生传授常用的知识……。因此，编者在课文内容选择上，力求挑选一些最具有代表性的、学生们平常所见的事物，对每个事物的描写编写为一篇课文。正如编者在"序言"中所说，"此书不言夜莺、袋鼠、鳄鱼等不甚习见之物，而第以随处皆有，随时皆见之鱼、虫、鸟、兽，与寻常之工艺单简之生理。导吾国之学者，意欲使人熟知其切近之事物。"[2]全书共有32课，其中描写常见动物的课文数量多达17课，比例超过一半。

该书的另一个特点是课文阅读难度较大。本书编写全部使用英文，除了有一段编者所写的文言文序言之外，全书再没有出现任何中文。虽说编者一再强调该书语言简单，但是，实际情况未必如此。以第一册第1课为例，文中共有1093个单词；第2课为该书单词量最少的课文，也有550个单词。以编者的眼光来看，或许这样的课文对以英语为母语的读者来说，是比较容易的；但对于中国读者来说，无疑是一个巨大的挑战。这样的词汇量哪怕是放在今天，差不多也是大学英语四级水平。考虑到此书以研究自然为目的，课文均为科普类介绍性的文章，这就使得读者的阅读难度进一步增加了。

另外，本书编排形式简单，没有采用寓言、故事、诗歌等多种形式来表现课文；除了课文之外，也没有其他注释和练习的出现，可以说是一本纯粹的英语读本。

（十）《新世纪英文读本》

《新世纪英文读本》这套英语教科书由邝富灼、袁礼敦、李广成编纂，宣统二年（1910）由商务印书馆发行初版。

图2-23　《新世纪英文读本》（卷首）封面，邝富灼、袁礼敦、李广成编纂，商务印书馆，宣统二年（1910）初版

该套书共有六册，分为卷首、卷壹、卷贰、卷叁、卷肆和卷伍。卷首以了解英语字母、拼写开始（设有英语草写字帖以便初学者临摹），课文以简单的词汇和句子为主，符合儿童学习的规律；

[1] 祁天锡. 英文益智读本：第一册[M]. 上海：商务印书馆，1909.

[2] 祁天锡. 英文益智读本：第一册[M]. 上海：商务印书馆，1909.

书中配以大量的插图以引起初学者的兴趣。另外，课文设置问答，让读者通过这种形式了解基本的语法。卷壹的课文中则加入在卷首中已学过的单词，并让学生掌握这些单词的不同形式和读音。书中采用中国儿童熟悉的寓言、故事等形式来表现课文内容，语言难易恰当。卷贰内容则发生了变化，课文语言难易程度提高，单词的选择和句子的长短都以英语习惯用法为标准；课后配有针对课文内容的疑问句，一方面让学生练习口语，另一方面也可以使学生进一步理解和掌握课文内容。另外，编者还强调在该册书中学生需"默书以资实用"[1]，即让学生通过背诵和默写的方式来达到学习语言的目的。卷叁的课文取材基本与卷贰相似，练习方式则强调对课文的翻译。卷肆和卷伍的课文难度则明显增加，内容以西方国家历史上发生的重大事件和"格致之学"（即物理学）为主，每课单词都配有英文注释，该册的练习以训练学生写作为主要目的。

《新世纪英文读本》（卷壹）是由邝富灼、袁礼敦、李广成编纂，商务印书馆于宣统二年（1910）初版发行。卷壹定价大洋二角五分。该书扉页是一张大图，图片上方印有"新世纪英文读本卷壹"及英文"CHINA'S NEW CENTURY READERS FIRST READER"。

图2-24　《新世纪英文读本》（卷壹）封面，邝富灼、袁礼敦、李广成编纂，商务印书馆，1910年初版

该书"序言"的主要内容为：

序言

本书遵循了与"卷首"册同样的指导原则。尽管每节课都包含一些生词，但许多课实际上是在复习"卷首"册中介绍的新词汇。

同时这本书在内容编排上也一直牢记兴趣因素，这些课程涵盖了中国儿童生活的大部分的故事、情节和生活情景，因此对一般中国男孩或女孩来说都会很有趣。而且课程的主题设置使学生既能够理解思想又可以学到单词。

英语语法中一些较简单的规则，尤其是动词和介词的使用，会在本书中得到练习。同时本书中还含有鼓励学生使用英语口语进行会话练习的课程。

该书"编辑大意"的主要内容为：

此书深浅相间，蝉联而下都为五集，并 *Primer* 一卷而言之，则凡六集。惩借用英美读本之失

[1] 邝富灼，袁礼敦，李广成. 新世纪英文读本：卷壹[M]. 上海：商务印书馆，1910：02.

也，故特编此以为吾国初学英语者之用，其间裁句隶事颇极斟酌，读此书者庶几用力则寡，成功则多。今以每集之"编辑大意"揭之如下：

Primer　此为认字学语之始，基而五集之管钥也，引用字句务体贴儿童之心理。一以简易为归，多插图画，以资体认而助兴味，每设问答以习语言而熟文法，并列草帖，备初学之临摹。

First Reader　每课皆添入生字，已见于*Primer*者则更变其形声以散入课中，或引寓言，或征故事，或述物情，或摹世态，皆取吾国学童所熟见熟闻者，介系云谓其用最繁，亦最难得当。本书于此二者，尤三致意焉。

Second Reader　此集隶事多采自西书，期引起学童世界之观念也，篇幅之短长字句之难易，皆极意剪裁以合程度。于英人习用之谚俗，尤极注意，兼详翻译及默书，以资实用。而练音读课后必有问句，学者于此可以练习会话，抑更可于所读之课尽析其疑义。

Third Reader　此集取材略同于二集，惟译课则可改译汉为译英。

*Fourth Readers*及*Fifth Readers*　此二集多采历史上光明磊落、可歌可泣之事，旁及制造物理之学。各课生字并以英文注释，一课既终，必令学者就己意用英语改作，使事同而文异。习之既久，自能下笔成文，底于大成矣。

《新世纪英文读本》（卷贰）共有42篇课文，内容包括寓言、故事、人物传记等。其中寓言和其他故事占了绝大部分比例。这也是编写者所希望的，通过课文内容的多种表达形式来引起读者的兴趣，使读者能够了解寓言和其他故事背后的道理，编写者认为这比纯粹的说教效果要好得多。

例如该书第23课"The Wolf and the Lamb"（《狼与羊》）就以故事的形式告诉我们一个道理：如果有人决意去做坏事，他们总能找到合适的借口。

一天，一只小羊来到小河边喝水。一只狼看到小羊后，想通过与小羊争吵，并以此为借口乘机把它吃掉。当小羊在喝水时，狼来到小河旁，站在河边对小羊大声叫喊："大胆小羊羔，你怎么敢把我要喝的水弄脏了呢？"小羊说："怎么可能呢？你的位置在我之上，河水先从你那再流到我这里的。""好吧，你去年夏天直呼我的名字，"狼说，"现在，我要为此惩罚你。""可是去年我还没出生，我怎么能称呼你的名字呢？"小羊说。狼接着说："不管怎么样，你试图认为我是傻瓜。我无论如何也决不容忍你或者任何人这么做。"说完，狼抓住小羊，一口把它吃掉了。[1]

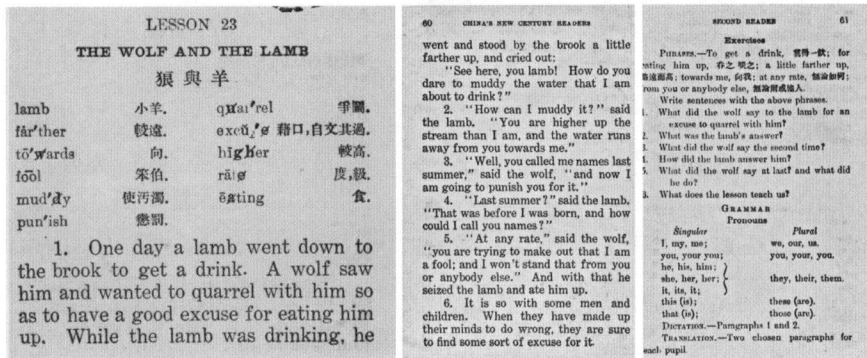

图2-25　《新世纪英文读本》（卷贰）第23课内容

[1] 邝富灼，袁礼敦，李广成. 新世纪英文读本：卷壹[M]. 上海：商务印书馆，1910：33.

从编排形式上看，全书每一课的编排顺序为单词、课文、练习三个部分，而练习的主要形式则为短语、回答问句、听写和翻译。并且编者在"序言"中说明了练习的重要性，"我们相信这些练习对中国学生来说是非常有帮助的，尤其是人们总特别关注的短语和惯用语。每篇课文后的回答提问练习将有助于学生练好口语，并且考查学生是否掌握课文的思想。在这个阶段的学习中将尤其关注英译中和听写这两方面的练习"[1]。强调单词的正确读音和拼写、重视翻译和听写的练习方式，是该册书中体现出来的最明显的特点。

《新世纪英文读本》（卷肆）定价大洋五角，外运酌情增加运费。

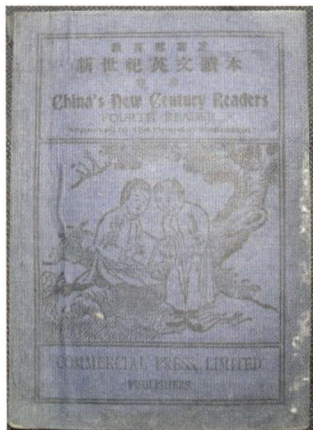

2—26

图2-26 《新世纪英文读本》（卷肆）封面，邝富灼、袁礼敦、李广成编纂，商务印书馆，1910年初版

本套书"编辑大意"中提到卷肆、卷伍的主要内容为：

*Fourth Readers*及*Fifth Readers* 此二集多采历史上光明磊落、可歌可泣之事，旁及制造物理之学。各课生字并以英文注释，一课既终，必令学者就已意用英语改作，使事同而文异。习之既久，自能下笔成文，底于大成矣。

2—27

图2-27 《新世纪英文读本》（卷肆）目录

---

[1] 邝富灼，袁礼敦，李广成. 新世纪英文读本：卷壹[M]. 上海：商务印书馆，1910：02.

该书卷肆目录的主要内容如下（见表2-5）：

表 2-5　《新世纪英文读本》（卷肆）目录

课次	题目	页码
第1课	六个孩子不能养活一个父亲	1
第2课	小精灵和制鞋人	4
第3课	一个英雄男孩	9
第4课	正在上涨的茶	12
第5课	侏儒怪	16
第6课	詹姆斯·瓦特和茶壶	23
第7课	鲁滨逊漂流记Ⅰ	26
第8课	鲁滨逊漂流记Ⅱ	32
第9课	阿诺德·温克莱里德	37
第10课	关于植物的一些事	40
第11课	狮子座的故事	45
第12课	毛毛虫与蝴蝶Ⅰ	49
第13课	毛毛虫与蝴蝶Ⅱ	53
第14课	完美的男孩	57
第15课	农奴英雄	61
第16课	国王和磨坊主	66
第17课	我住的房子	73
第18课	勇敢的女孩	80
第19课	为什么苹果会掉下来	86
第20课	托马斯·爱迪生	91
第21课	破碎的花瓶Ⅰ	96
第22课	破碎的花瓶Ⅱ	101
第23课	特洛伊怎么被占领的	105
第24课	罗刹与白刹：印度教	112
第25课	忒修斯如何杀死了弥诺陶洛斯Ⅰ	114
第26课	忒修斯如何杀死了弥诺陶洛斯Ⅱ	124
第27课	桥上的霍拉提乌斯	130
第28课	辛巴达水手的第一次航海	133
第29课	辛巴达水手的第二次航海	146
第30课	鼻子的故事	150
第31课	哥伦布的故事	154
第32课	猎杀灰熊Ⅰ	162
第33课	猎杀灰熊Ⅱ	168

《新世纪英文读本》有如下特点：

一是深浅相间，蝉联而下。书本内容有难易之分，相互间隔，每课之间具有一定的连续性，循序渐进。

二是用词浅显，配图适宜。因该书使用对象为小学生及中学生，考虑到读者的身心发展特点及学习水平，故书中的选词用句都十分浅显易懂，且配以较多的图画，以提升课文的趣味性，引起读者的学习兴趣。

三是综合考虑，编制合理。该书充分考虑了读者的特点，在编制方面对较长、较难的篇章、语句都进行了合理的裁剪，在内容方面也扩充了词汇、辅以配图，并将新词汇单独列出，加以中文释义，且设有问答题，以期读者能够借此熟练文法。

（十一）《英语作文教科书》

《英语作文教科书》由邝富灼编纂，商务印书馆于1910年初版发行。其中第二编为软布面，定价大洋壹元。该书封面简洁明了，以墨绿色为底色外加一个方框，方框内印有"英语作文教科书 第二编 INTERMEDIATE COMPOSITION"。该书的主要内容为对句子成分进行解释并让学生加以练习，以此掌握写作技巧。

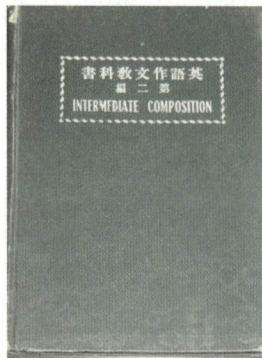

图2-28 《英语作文教科书》（第二编）封面，邝富灼著，商务印书馆，1910年初版

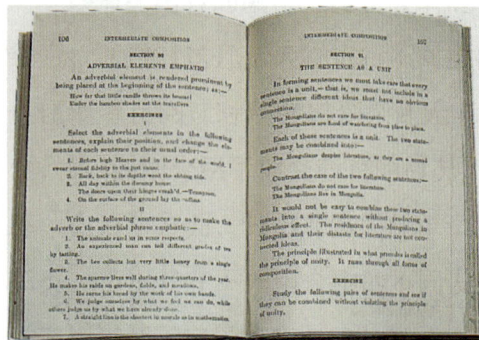

图2-29 《英语作文教科书》（第二编）第90节内容

以第90节内容为例，可一窥其课文编排：

强调状语成分

状语成分被放置在句子的开始位置，使其突出，例如：

多远啊！这个小糖果发出的光！

竹子下坐着旅行者。

练习一

选出下列句子中的状语成分，分析它们处在句子中的什么位置，并将每个句子的句式改为常用顺序。

1. 在天堂面前，面对世界，我发誓永远忠于正义事业。

2. 退啊退啊，潮水退去了。

3. 整天待在梦幻屋里，

4. 门上的铰链吱吱作响。——坦尼森

5. 在地面上静静躺着棺木。

练习二

改写下列句子，使句子中的副词或状语短语得到强调：

1. 动物在某些方面优于我们。

2. 一个有经验的人能品尝出茶的不同等级。

3. 一只蜜蜂从一朵花中只能采出很少的蜂蜜。

4. 在一年的四分之三时间里，麻雀都生活得很好。它在花园、田野和草地觅食。

5. 他靠他自己的双手赚钱。

6. 我们根据我们认为自己能做的事来判断自己，而其他人则根据我们已经做过的事情来评判我们。

7. 直线无论是在道德上还是在数学中都是最短的。

（十二）《英语捷径》

《英语捷径》共有三集，由钟焯臣编撰，天津法界发兴号承印，用于天津普通中学堂。

图2-30　《英语捷径》（三集）封面，钟焯臣著，天津法界发兴号，1910年初版

天津是中国近代教育发展的重要发祥地之一。天津开埠后，首先是在租界内兴办学校。这一时期所用的教材，基本上是租界的国家自己使用的原版教材。后来中国人开办了学校，在很长一段时期内中国学校都是翻译外国教材进行教学。

"天津普通中学堂"是天津最早的官立中学，于1901年春创办，钟煒臣是当时学校的华人教员。他所编著的外语教科书如《英语入门初集》《英语捷径初集》《英语捷径二集》《英语捷径三集》《最新英文信札必读1910》《英文尺牍初集》和《华英百家姓》等一直被各大出版机构所钟爱。

（十三）《英文格致读本》

《英文格致读本》由美国祁天锡编纂、邝富灼校订，由商务印书馆于宣统三年（1911）初版。本教材的分发行者为商务印书馆，印刷所位于上海北河南路北首宝山路商务印书馆，总发行所为上海棋盘街中市商务印书馆，分售至：北京、奉天、龙江、天津、济南、太原、开封、太原、西安、成都、重庆、安庆、长沙、桂林、南昌、汉口、芜湖、杭州、广州、福州、潮州等地，并分售至新加坡商务印书馆。本套书共5册，卷壹书内附有定价大洋七角。版权页左下方注明"此书有著作权翻印必究"。

图2-31　《英文格致读本》（卷壹）封面，[美]祁天锡编著，邝富灼校订，商务印书馆，宣统三年（1911）初版

本教材每课均配有插图，其中第1课"The Domestic Cat"（《家猫》）的主要内容为：

你看见那只蜷缩着躺在那里的猫吗？她看起来非常平静和快乐，不是吗？

把她抱在怀里，让我们更靠近地看看她吧。她全身覆盖着一身浓密的毛发，这些朝着同一个方向生长的毛发有助于为她挡开雨水，这样她就不会淋湿。

看看她的耳朵——又大又宽。她能听到老鼠在附近跑来跑去或是正在啃咬食物的声音；老鼠他最好小心一点，否则猫就会去抓住他了。

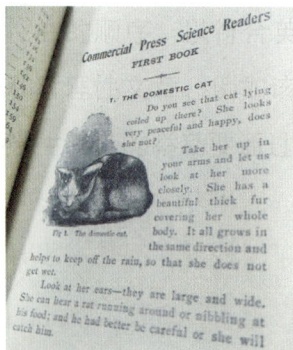

图2-32　《英文格致读本》（卷壹）第1课内容

（十四）英文文法易解

《英文文法易解》是由温宗尧编纂，商务印书馆于1911年初版发行的英文教科书。其中上册的封面上是中文繁体书名"英文文法易解　上册"和与之相对应的英文书名"ENGLISH GRAMMAR SIMPLIFIED PART Ⅰ"。扉页与封面内容相似，是书名、作者和出版社的英文信息。书的版权页是详细的出版信息：编纂者为温宗尧，印刷兼发行者是商务印书馆。每册定价大洋五角五分，且"外埠酌加运费汇费"，民国元年四月初版发行。

该书的中文"叙言"主要阐述了外国人做老师或者是使用外国教材都不符合中国学生的实际情况，因此必须编订中国学生的英语教材。

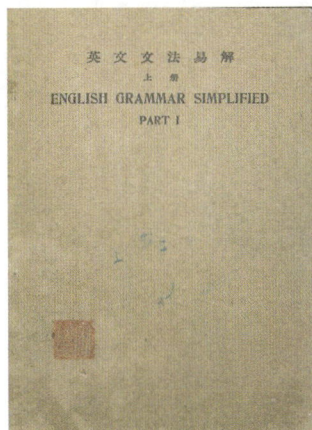

图2-33　《英文文法易解》（上册）封面，温宗尧著，商务印书馆，1911年初版

原文如下：

叙言

吾国学校之必看外国语，外国语之必首推英国。时至今日，无待置议。所欲讨论者则习英国语如何，而后能得正当便易之方法耳。前之习外国语者，习为通事而已，故必求其发音之正确，吐词之圆熟，以是目的，故为之师者必得外国人。外国人出其所学者以为教，教中国人一如教外国人，不能适合吾中国人之性量也。学校既兴人人知习外国语，将以增进学识，而不仅为传译之用。于是为之师者，不必为外国人。然其恪守师承，用外国人之书，以外国人之教吾中国人者，教之其不能适合吾中国人之性量，而至于师劳而功半也，亦与外国人无大异。由是观之，吾中国人之习外国语其不必以外国人为师，且不能以外国人所用之书以为教，可以决矣。余昔年居京师思习英文，复取初学诸书读之，茫然不得其涯岸。其后得G.D.Tenney之*English Lessons*及Theophilus Sampson之*Progressive Lessons in English*，乃涣然而冰释。盖二君虽外国人，而其所著书则专以教吾中国人者也。吾友温君钦甫，通英文且从事于教授者久，积其所得著为是编以示吾。吾取而读之，所见皆脗合。其所举特异之点，亦皆为吾意中所欲言。以视Tenney及Sampson之书，其方法之正当便利，殆有过之无不及也。然则是书出而教者，学者可收事半功倍之效，岂非教育界之一幸欤。余故劝其刊行而乐，为之序。

浙江海盐张元济

该书的英文“序言”还指出了中国学生在学习中最有可能遇到的困难，有以下几点：

1. 普通教科书中的概念对中国学生来说并不简单，因此，尽管学生能够记住这些概念，他们还是无法正确地理解。

2. 普通教科书中对时态使用的教学方式，无法使中国学生正确理解这些时态。

3. 教师教授虚拟语气的方法如此复杂，以至于对中国学生来说是一个很大的难题。

4. 普通教材对动名词、动词不定式形式的区分不够透彻，学生无法分辨。

5. 普通教科书所给的例句不够多样化，没有办法涵盖各种类型的句子，无法对语法作出充分的解释。

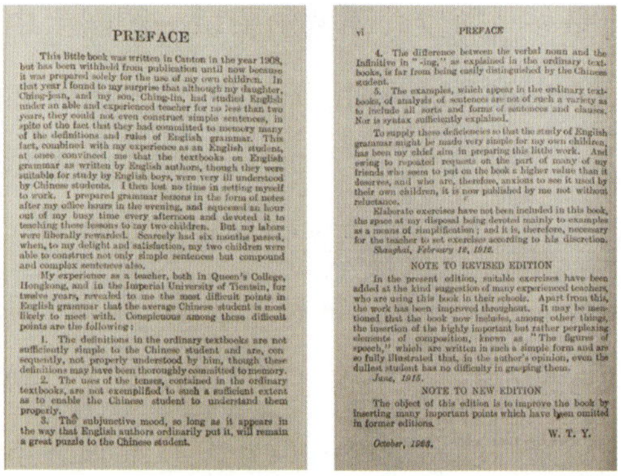

PREFACE

This little book was written in Canton in the year 1908, but has been withheld from publication until now because it was prepared solely for the use of my own children. In that year I found to my surprise that although my daughter, Ching-jean, and my son, Ching-lin, had studied English under an able and experienced teacher for no less than two years, they could not even construct simple sentences, in spite of the fact that they had committed to memory many of the definitions and rules of English grammar. This fact, combined with my experience as an English student, at once convinced me that the textbooks on English grammar as written by English authors, though they were suitable for study by English boys, were very ill understood by Chinese students. I then lost no time in setting myself to work. I prepared grammar lessons in the form of notes after my office hours in the evening, and squeezed an hour out of my busy time every afternoon and devoted it to teaching these lessons to my two children. But my labors were liberally rewarded. Scarcely had six months passed, when, to my delight and satisfaction, my two children were able to construct not only simple sentences but compound and complex sentences also.

My experience as a teacher, both in Queen's College, Hongkong, and in the Imperial University of Tientsin, for twelve years, revealed to me the most difficult points in English grammar that the average Chinese student is most likely to meet with. Conspicuous among these difficult points are the following:

1. The definitions in the ordinary textbooks are not sufficiently simple to the Chinese student and are, consequently, not properly understood by him, though these definitions may have been thoroughly committed to memory.

2. The uses of the tenses, contained in the ordinary textbooks, are not exemplified to such a sufficient extent as to enable the Chinese student to understand them properly.

3. The subjunctive mood, so long as it appears in the way that English authors ordinarily put it, will remain a great puzzle to the Chinese student.

vi PREFACE

4. The difference between the verbal noun and the Infinitive in "-ing," as explained in the ordinary textbooks, is far from being easily distinguished by the Chinese student.

5. The examples, which appear in the ordinary textbooks, of analysis of sentences are not of such a variety as to include all sorts and forms of sentences and clauses. Nor is syntax sufficiently explained.

To supply these deficiencies so that the study of English grammar might be made very simple for my own children, has been my chief aim in preparing this little work. And owing to repeated requests on the part of many of my friends who seem to put on the book a higher value than it deserves, and who are, therefore, anxious to see it used by their own children, it is now published by me not without reluctance.

Elaborate exercises have not been included in this book, the space at my disposal being devoted mainly to examples as a means of simplification; and it is, therefore, necessary for the teacher to set exercises according to his discretion.

Shanghai, February 12, 1912.

NOTE TO REVISED EDITION

In the present edition, suitable exercises have been added at the kind suggestion of many experienced teachers, who are using this book in their schools. Apart from this, the work has been improved throughout. It may be mentioned that the book now includes, among other things, the insertion of the highly important but rather perplexing elements of composition, known as "The figures of speech," which are written in such a simple form and are so fully illustrated that, in the author's opinion, even the dullest student has no difficulty in grasping them.

June, 1915.

NOTE TO NEW EDITION

The object of this edition is to improve the book by inserting many important points which have been omitted in former editions.

W. T. Y.

October, 1923.

2—34

图2—34 《英文文法易解》（上册）英文序言

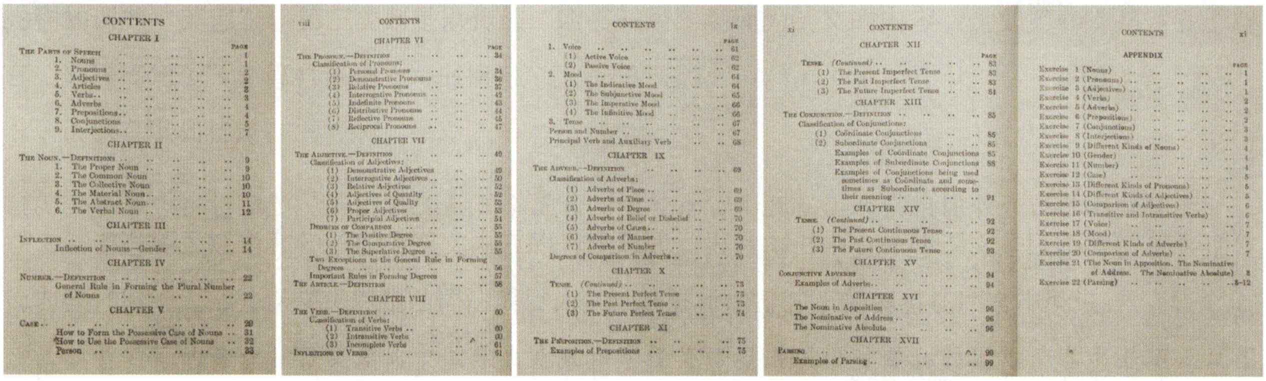

CONTENTS

CHAPTER I

2—35

图2—35 《英文文法易解》（上册）目录

该书目录的主要内容如下（见表2-6）：

表 2-6 《英文文法易解》（上册）目录

章次	题目	页码
第1章	名词	1
	代词	2
	形容词	2

（续表）

（续表）

章次	题目	页码
第8章	及物动词	60
	不及物动词	60
	不完全动词	61
	主动语态	62
	被动语态	62
	指示语气	64
	虚拟语气	65
	祈使语气	66
	不定式语气	66
	人称和数量	67
	动词和助动词	68
第9章	地点副词	69
	时间副词	69
	程度副词	69
	相信或怀疑副词	70
	原因副词	70
	行为副词	70
	数量副词	70
第10章	现在完成时	73
	过去完成时	73
	将来完成时	74
第11章	介词的例子	75
第12章	未完成时	83
	过去未完成时	83
	将来未完成时	84
第13章	并列连词	85
	从属连词	85
第14章	现在进行时	92
	过去进行时	92
	将来进行时	93
第15章	副词的例子	94
第16章	同位名词	96
	呼格	96
	独立主格	96
第17章	语法分析的例子	99

第三节
清末英语教科书的特点

一、商业广告的出现

清末出现了民间的自编教科书热潮，各家书坊由于被教科书市场所蕴藏的巨大商业利益所吸引，以及对市场竞争的忧虑，纷纷采用一些商业手段以达到销售其教科书的目的。其中之一便是采用商业广告。各家书坊为了达到宣传的效果，绞尽脑汁、各尽所能。在报刊中刊登广告是较为常见的方式。1900年6月19日《申报》有一则《重印〈华英进阶〉》广告："是书华英文字并列，句读明显、释解详尽、久已风行宇内。凡中外之书院学堂皆借以教授生徒，均称受益。并称各报赞扬，不烦赘述。"[1]这则广告对该书的内容进行了描述，并对其影响力进行了宣传。

商务印书馆于清宣统二年（1910）出版的《新世纪英文读本》（卷伍）最后，列举了4本书的广告，分别为：《华英翻译捷诀》（*A Manual of Translation*）、《英华大辞典》（*English and Chinese Standard Dictionary*）、《英文汉诂》（*English Grammar Explained in Chinese*）和《英文书札指南》（*A Guide To Letter Writing*）。其中在关于《英华大辞典》一书的介绍中还引用了当时3份有名的英文报纸中的评论来突出该书的影响力。

书坊对于教科书的广告宣传还有另一个重要阵地，那便是各家书坊所出版的教科书本身。不管该书坊出版的教科书处于哪种阶段，是编写中、即将出版，还是已经出版，都可以尽量在该书坊已出版的其他书中列举出来。这种广告在当时铺天盖地，举不胜举。比如在民国元年（1912）商务印书馆出版的第13版《商务书馆华英字典》封底，在版权内容的上方便有该书坊新近出版的《英华大辞典》的广告。[2]

书凡十余万言，都三千数百页，附图千幅。是书悉按英人纳韬而氏字典，参以美国危簿司德大字典译出。每解一字，条分缕析，且多引成句以证明之，几无一义遗漏。尚有专门学要语，亦照他字典译补，又附录英文引用各国字语。解减笔字、解记号汇、解英华地名录等均用六号字排印。每字首用黑体，成句用草体，甚为醒目。至于校对之详审、装订之华美、纸张之洁白，尤其余事。

[1] 赵俊迈.典瑞流芳：民国大出版家夏瑞芳[M].北京：商务印书馆，2017：51.
[2] 沈从文.民国书刊鉴藏录[M].上海：上海远东出版社，2007：450.

　　这段文字对该字典进行了详细的介绍，并且在该则广告的两侧另附有关该书的一些信息，如"最近出版空前未有之巨帙"和"洋装二巨册定价洋十五元"字样，这些广告使读者对该字典从内容到价格都有了初步的印象。

　　清光绪三十三年（1907）由湖北省同乡会中学教科书社纂译、日本斋藤秀三郎原著的《正则英文教科书》（第五编）在其版权页的后一页就列举了该套书的广告，其内容为：

昌明公司发行英语书类

正则英文教科书五册

Graduated Conversation—Grammars

English Language Primers

第一学年用　　No.1—First Year Cours…… 大洋六角

第二学年用　　No.2—Second Year Cours…… 大洋六角

Practical English Lessons

第三学年用　　No.3—Third Year Cours…… 大洋六角

第四学年用　　No.4—Fourth Year Cours……大洋七角五分

第五学年用　　No.5—Fifth Year Cours…… 大洋一元

　　本书自壬寅（1902）出版后风行海内，现一、二、三、四各册均已出全。

　　前四册亦皆重加校订俾臻完善，以副读者厚望。[1]

正则英文教科书五册问题之答

Key to the Graduated Conversation—Grammars

第一、二册问题之答合本…………价未定

第三、四、五册问题之答合本……价未定

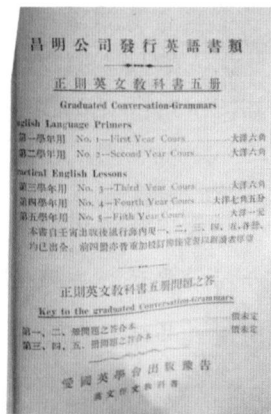

2—36

图2-36　《正则英文教科书》书中广告

[1] 斋藤秀三郎. 正则英文教科书（第五册）[M]. 武汉：湖北省同乡会中学教科书社，1907.

我们从这页广告纸中可以看到，整个广告内容分为3个部分：第一部分为该套书的简介，内容为该套书的册数、学年范围及定价。第二部分为该套书的配套辅助教材。从其表明"价未定"，我们可以推断该套辅助教材"答合本"尚未投入市场。第三部分为还未上市的新书推荐。

二、文法读本众多

"Grammar"一词通常翻译成"语法"，但在清末民初时期则一般译为"文法"，现在我国港台地区仍有保留该翻译。清末英语教科书的一个重要类别便是英语文法读本。当时出版的文法类读本数量众多，以商务印书馆所编的《图书汇编》记载为例，至宣统二年（1910），商务印书馆已经编印的英语教材最少有5类63种，其中英文文法类有18种。[1]

（一）《英文汉诂》

严复（1854—1921），原名宗光，字又陵，后改名复，又字幾道，是我国近代著名的翻译家，一生翻译作品达十多种，共计170多万字；其首倡"信、达、雅"的翻译标准一直运用于今日。严复不仅是著名的翻译家，也是清末民初有名的教育家。他在外语教学上花费了大量的心血，不仅办过外语学堂，还编纂英文文法书籍，其中最有代表性的就是《英文汉诂》一书。

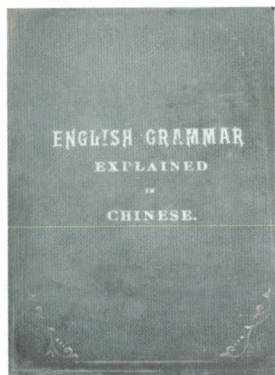

图2-37　《英文汉诂》封面，严复编纂，商务印书馆，1904年初版

《英文汉诂》是由严复编写，商务印书馆于光绪三十年（1904）初版的一本文法书。1903年，严复应学生熊季廉的请求，计划为其开办的学堂编写一部英文文法教材，取名为《英文汉读》。1904年，严复将此书名改为《英文汉解》；至该书初版时，最后定名为《英文汉诂》。[2]

当时的中国处于内忧外患之中，因此严复在该书的"卮言"中写道："中国自甲午一战创于东邻，庚子再困于八国，海内憬然，始知旧学之必不足恃，而人人以开瀹民智为不可以已。……欲十年以往中国之人才，无一人不出于大学，盖百年之间，行政之殷，求效之切，未有过于此一事者，可谓盛已。"[3]

[1] 张英. 启迪民智的钥匙：商务印书馆前期中学英语教科书[M]. 上海：中国福利会出版社，2004：47.
[2] 邹振环. 翻译大师笔下的英文文法书：严复与《英文汉诂》[J]. 复旦学报（社会科学版），2007（3）：53.
[3] 严复. 英文汉诂[M]. 上海：商务印书馆，1904：02.

要想国富民强就必须学习西方先进文明，发展新式教育；而学习西方的第一步就是掌握其语言。关于如何学好英语，严复也提出了他自己的观点："……然学固不可以徒得，是必有讲业解惑之师资，又必有觇毕揣摩之编简，是二者将皆求之于外乎……"[1]若想学好英语，有两个条件，一是有好的老师，另一个是有合适的教材。出于这种初衷，严复着手编写了该书。

《英文汉诂》全书由三个部分组成，分别是序言、目录和正文。其中正文部分共239页，全书无插图。序言有两篇，分别是严复手书影印的"叙"和排印的"卮言"。

该书正文内容共分为18篇，分别为：第一，发凡（Introduction）；第二，正书（Orthography）；第三，字论（Etymology）；第四，名物部（Nouns）；第五，区别部（Adjectives）；第六，称代部（Pronouns）；第七，云谓部（Verbs）；第八，疏状部（Adverbs）；第九，介系部（Prepositions）；第十，挈合部（Conjunctions）；第十一，嗟叹部（Interjections）；第十二，制字（Word-making）；第十三，句法（Syntax）；第十四，主语与谓语（Subject and Predicate）；第十五，句法分类（Classification of Sentences）；第十六，造句集例（Summary of Rules of Syntax）；第十七，析辞（Analysis of Sentences）；第十八，句读点顿（Punctuations）。

严复所著的《英文汉诂》一书与晚清其他学者所编著的语法书相比，有其独特之处，比如全书在阐述英语语法时采用整体讲述的方法，系统地对英语的字母、语音和语句进行介绍。此外，严复还创造了一些特殊词汇来表示英语语法中的术语，如"元音"（Vowels）、"句法"（Syntax）、"主语"（Subject）、"谓语"（Predicate）等。[2]这些说法沿用至今已经为现代英语语法所接受。

《英文汉诂》一书编纂的初衷便是帮助英语初学者了解英语的语法。该书作为文法教材深受英语初学者的欢迎，从晚清直至民国时期都非常有影响力。周作人认为在英文文法上"中国没有一本可以与《英文汉诂》相比的书却是事实，"他还强调该书"在中国英文文法书中却是唯一的名著，比无论何种新出文法都要更是学术的，也更有益，而文章的古雅不算在内，——现在的中学生只知道珍重纳思菲尔，实在是可惜的事"。[3]颜惠庆认为该书"堪称学术精品"。[4]郑晓沧在其回忆录中直言："曾读过严复的《英文汉诂》，觉得它大有补于我对汉字功用的认识。"[5]

《英文汉诂》一书不仅在英语语法领域有着巨大的影响力，而且在中国出版史上也是里程碑式的著作。该书第一次采用新式标点符号铅印横排。其创新性地在英文书籍上使用新式标点和采用横排编排的方式，有利于学生提高阅读速度，更方便了学生对文章的理解。"从这一角度而言，《英

[1] 严复. 英文汉诂[M]. 上海：商务印书馆. 1904：02.

[2] 邹振环. 翻译大师笔下的英文文法书：严复与《英文汉诂》[J]. 复旦学报（社会科学版），2007（3）：57.

[3] 周作人，钟叔河. 周作人文类编10：八十心情：自叙·怀人·记事[M]. 长沙：湖南文艺出版社，1998：367.

[4] 颜惠庆. 颜惠庆自传：一位民国元老的历史记忆[M]. 吴建雍，等，译. 北京：商务印书馆. 2003：48.

[5] 郑晓沧. 清末民初本人所受学校教育的回忆[M]//工承绪，等. 郑晓沧教育论著选. 北京：人民教育出版社，1993：286.

文汉诂》一书对我国的英语教学是有其特殊的贡献。"[1]此外，该书还极其注重版权。在其版权页上出现了"版权所有，翻印必究"的字样，并附有代表著作权的方形印图案，这也开了商务印书馆英文书籍版权页之先河。从此以后，商务印书馆英文教科书的版权页，几乎都出现了"版权所有，翻印必究"的汉语书业专门用语。[2]

但是该书作为英文教科书仍有一些瑕疵，例如并未包含练习的部分。一位署名为"藐姑射山人"的作者就曾指出："严辑《英文汉诂》乃最善文法书，惜无练习，不合教科之用。"[3]

（二）《英文初范》

清光绪二十八年（1902）初版发行的《英文初范》，是商务印书馆出版的英语语法书中较有代表性的一本。

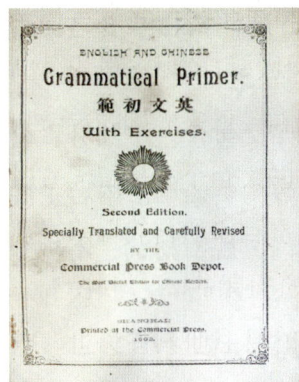

图2-38　　《英文初范》封面，徐永清，商务印书馆，1902年初版

该书是提供给中国英语初学者的一本配有相应中文翻译的初级文法书。全书分为三个部分：序言、正文和版权页。《英文初范》一书按照英语词性排列课文，每一种词性编成1课或2课。全书共有42课，每课后均配有练习部分。全书内容包括句语、字类、动词、系名、系动词、代名、前词、连词、间投词、英文规范、字学、字类学、名词、类、数、地、系、比较之例、数系名、指系名、代名、动词、状、时、配例法、无法动词（或"刚动词"）、辅动词、有法动词、主受之势、时之各式、辅动词与缺动词、无法动词之变、动词之有三种形态者、系动词、前词、联词、文范诠字法等。[4]

该书的主要特点是在编排上采用中英对照的形式，更易于英语初学者理解并记忆。

（三）《英语捷径　后编》

清光绪三十四年（1908）商务印书馆出版了《英语捷径 后编》（*ENGLISH CONVERSATION-*

[1] 张英. 启迪民智的钥匙：商务印书馆前期中学英语教科书[M]. 上海：中国福利会出版社，2004：85-86.

[2] 邹振环. 翻译大师笔下的英文文法书：严复与《英文汉诂》[J]. 复旦学报（社会科学版），2007（3）：58.

[3] 邹振环. 翻译大师笔下的英文文法书：严复与《英文汉诂》[J]. 复旦学报（社会科学版），2007（3）：57.

[4] 张英. 启迪民智的钥匙：商务印书馆前期中学英语教科书[M]. 上海：中国福利会出版社，2004：90.

GRAMMAR Vol. II），该书原著为日本学者斋藤秀三郎。

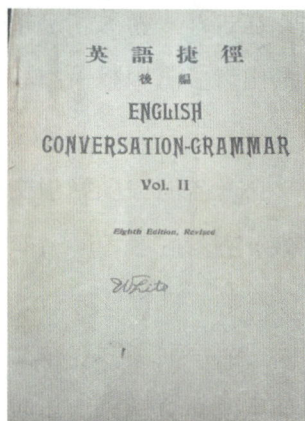

图2-39　《英语捷径　后编》封面，[日]斋藤秀三郎，商务印书馆，1908年初版

　　这是经过清政府学部审定的教科书之一。学部对此书的评价为"是书以语言文法并论之，故不按普通文法书之次序，而以会话、文法、练习三者相互为用。使学者循序渐进，诚初学者之捷径也。审定为中学堂教习参考之用"。

　　该书分为三个部分：序言、正文和版权页。正文部分共分为31课，每一课又包含三个部分：会话（Conversation）、文法（Grammar）和练习（Exercises）。教科书中所讲解的英语语法内容主要为语法、时态（语态）、情态动词、各类从句、不定式、现在分词、过去分词、规则动词、不规则动词等。[1]

（四）　《初学英文轨范》

　　清宣统元年（1909），《初学英文轨范》由商务印书馆初版并发行，编撰者为邝富灼、徐铣。清政府学部对《初学英文轨范》的评价为："是书仿丁家立之英文法程体裁，而字句之间力求浅显简明，使初学英文者免费时力。书中中西文互译尤便练习，应作为高等小学教科书。"

图2-40　《初学英文轨范》封面，邝富灼、徐铣编撰，商务印书馆，1909年初版

[1] 张英. 启迪民智的钥匙：商务印书馆前期中学英语教科书[M]. 上海：中国福利会出版社，2004：96-97.

三、纯读本的出现

英语作为一种从国外传入中国的语言，从鸦片战争之前国人所鄙视的"夷语"发展至清末受到热捧的"洋话"，不过百年时间。而英语作为一门学科真正进入具有现代学制意义的中小学校，也仅仅是从"癸卯学制"开始的，距离清王朝结束时也仅十余年。英语教科书不仅是记录语言的工具，更是中外两种文化交流的载体。清末国人自编的英语教科书，更为明显地受到中华传统文化的影响。

中华文化源远流长、博大精深，是中国各个民族几千年来不断传承、积累的精华，它通过代代相传并不断升华，其核心就像基因一样存在于中国人身上，文化传统是无法斩断的。[1]古人把求学、学习、受教育概括为"读书"，并且经常以"读书破万卷，下笔如有神"来突出广泛阅读的重要性，以阅读为一切学习的中心是中华民族的共识。课堂教学主要是读，课外自学主要也是读。语音教学含之于读，写作能力培养于读，说话讲演能力也源之于读，故古人概括说"书读百遍，其义自见"。传统的语文教学总体上分两个阶段：识字、写字训练阶段和读写训练阶段。正如诗人王筠所言："蒙养之时，识字为先，不必遽读书……能识二千字，乃可读书。"[2]识字的方法就是依靠朗读、背诵识字教材。清末英语的教科书仍深受传统所用的"四书五经"等语文教学书籍的影响，该类英语教科书在对以听、说、读、写四项言语技能为训练目标和训练方法上，突出以"读"为中心，以阅读技能为基础，让学生掌握这项技能后再逐渐展开到听、说、写三项语言运用能力方面的训练中。

清末英语读本有两种呈现方式：一种是全英语的读本，另一种是中英文对照读本。其中全英语读本以1909年商务印书馆初版的《英文益智读本》（第一册）为例，该书共32课，每课都是一篇科普性的文章，全书没有一个中文，也没有词汇表、注释、语法讲解、练习等一般英语教科书所具备的部分。与其说该书是教科书，不如说是英语科普文章集。中英文对照为特色的英语读本则以商务印书馆1908年初版的《新体英语教科书》为例。全书共有41课，每课由两部分组成：课文和词汇拼写练习。课文内容为长短不一的短语和句子，并且每一个英语短语和句子旁边均列有对应的中文翻译，用竖线隔开。每个单词、短语、例句和语法部分也都配有中文解释，让读者阅读时一目了然。而词汇与拼写练习部分则全部由单词组成，实际为词汇表，没有任何的练习内容。上海文明书局于1903年初版的《汉译英文教科全书》（第二读本）也在每课课文的单词旁边配有中文翻译，有的还有中文注释；课文中的英文内容也以每句话为基本单位断开，下方列有中文翻译。为了让读者能明白每句话的中文意思，强制性地改变了该书课文文章的结构；此外，全书没有任何练习部分，很明显这也是一本纯粹的读本。

[1] 张正东. 中国外语教学法理论与流派[M]. 北京：北京科学出版社，2000：269.

[2] 张志公. 传统语文教育教材论：暨蒙学书目和书影［M］. 上海：上海教育出版社，1992：13.

清末纯读本形式的教科书或是全英文的文章选集，没有词汇、中文注释和练习；或是中英对照的文章集合，虽有一定的词汇和中文注解，但也没有练习。这样的读本，放在今日让有一定英语基础的人阅读起来尚且有难度，更何况在当时让没有英语基础的中学学生所用。因此，该类读本如果用作课外读物尚且可以，但用作当时的正式课堂教材是不太适宜的。

四、教科书编审制度的初步形成

清光绪二十八年（1902），清政府颁布的《钦定学堂章程》确立了清末教科书审定制度。清末的大学堂除了是教学机构外，还是中央教育行政机关，统管中、小学两级学堂，并负责供应教科书。当时京师大学堂已经具备统一编审全国教科书的最高职能。同年，京师大学堂发表了《大学堂编书处章程》，该章程具体说明了审定制度如何施行。大学堂下设编书处和译书处两部门，其中译书处主要的工作是翻译"西学"教科书，而编书处则主要负责按照分科编写教科书。这两个部门分工合作，相得益彰。

光绪三十年（1904），清政府颁布的《奏定学堂章程》则具体完善了这个审定制度。

凡各科课本，须用官设编译局编纂，经学务大臣奏定之本。其有自编课本者，须呈经学务大臣审定，始准通用。官设编译局未经出书之前，准由教员按照上列科目，择程度相当而语无流弊之书暂时应用，出书之后即行停止。[1]

光绪三十一年（1905）年底，清政府新成立了学部，标志着系统、完整的教科书审定制度真正形成。《奏定学堂章程》颁布后，民间自编教科书的风气盛行。清政府提出废除科举，随后办学盛行，教科书的需求量猛增。此时大量涌现的教科书来源广泛，种类繁多，质量也参差不齐。而学部的职能就是为应对这种局面，严格审查民间编印的教科书。

清政府要求一切坊间刻本及私家著作，无论完善与否，凡未经学部核准通行的，概不得用。清学部对教科书的审定，首先审查的是教科书的宗旨问题。所谓不合宗旨，主要表现在以下方面：宣传平权、自由等新思想、新学说；宣传"排满"革命；非圣无法、犯"大不敬"；袭用外国故事、体例，不合国情等，均属于查处之列。[2]其次，清学部还审查教科书的内容方面，包括难度是否合适、详略是否恰当、条理是否清楚、是否符合课程标准、体裁是否得体、引用材料和翻译是否准确等。清学部对这些方面要求之细，可以从它甚至规定了对教科书印刷所用字体规范中体现出来。

光绪三十二年（1906），清学部公布《第一次审定初等小学教科书凡例》，该凡例共设22条，规定了教科书送审的要求。此后不久，清学部又颁布了《学部第一次审定高等小学暂用书目

[1] 陈元晖，璩鑫圭，唐良炎. 中国近代教育史资料汇编：学制演变[M]. 上海：上海教育出版社，2007：326.
[2] 张运君. 清末教科书审定研究[J]. 湖南师范大学教育科学学报，2010（2）：29.

凡例》[1]。其中公布的暂用书目共84种，分别来自24家出版机构（其中有未注明出处出版的5种书目）。

清学部在"编辑国民读本分别试行"的奏折后附有"学务第一次审定中学堂初级师范学堂暂用书目凡例并表"，列入附表中的有经过学部审定的8本中学暂用外语教科书数目：[2]

表2-7 "学务第一次审定中学堂初级师范学堂暂用书目凡例并表"的英语教科书

书名	册数	用者	印刷	发行	有无版权	价目
英文普通史纲目	1	—	—	—	—	—
初、中、高等英文典	3	—	商务印书馆	同上	有	1.50元
新法英文教程	1	—	商务印书馆	同上	有	0.80元
英语作文教科书	1	—	商务印书馆	同上	有	1.00元
简要英文法教科书	1	—	商务印书馆	同上	有	0.80元
英文汉诂	1	学生	商务印书馆	同上	有	1.20元
英语捷径　前后编	2	—	商务印书馆	同上	有	0.80元
应用东文法教科书	1	学生	湖北官书局	同上	有	0.60元

学部对《初、中、高等英文典》的介绍为："《初、中、高等英文典》，日本神田乃武原著。此书分为初等、中等、高等三卷，由浅而深，层级井然。间以中文解释文义，又以中国事实作譬，尤便学者。"

学部对《英语作文教科书》的介绍为："《英语作文教科书》，邝富灼著。此书分为二章。第一章论文法，简明切要；第二章论作文，采择精当，内附写信格式尤为实用。硬面一元，软面八角。"

学部对《简要英文法教科书》的介绍为："《简要英文法教科书》，邝富灼译订。查近日此项编译之本已有数十种，或体例繁琐而不易领会；或简单缺略不适于用。是书分为四十九篇，言简意赅，于篇末附以汉文译文，是学者对照原文易于索解。应审定为中学堂第一、二两年教科之用。硬面八角，软面六角。"

学部对《英语捷径　前后编》的介绍为："《英语捷径》。日本斋藤秀三郎原著。是书以语言文法并论之，故不按普通文法书之次序，而以会话、文法、练习三者相互为用。使学者循序渐进，诚初学者之捷径也。审定为中学堂教习参考之用。前编后编各四角。"

学部对《英文益智读本》的介绍为："《英文益智读本》，邝富灼校订。是书共一百四十一页，为课三十二。以寻常之事物而编辑而成，俾学者借此易于通晓文理，用意颇为善，堪作为补习课本。硬面八角，软面六角。"

[1] 陈元晖，李桂林，戚名秀，等. 中国近代教育史资料汇编：普通教育[M]. 上海：上海教育出版社，2007.
[2] 李良佑，张日昇，刘犁. 中国英语教学史[M]. 上海：上海外语教育出版社，1988：111-112.

学部对《初学英文轨范》的介绍为："《初学英文轨范》，邝富灼、徐铣编。是书仿丁家立之英文法程体裁，而字句之间力求浅显简明，使初学英文者免费时力。书中中西文互译尤便练习，应作为高等小学教科书。硬面九角，软面七角。"

五、教科书编写体例初具模型

清末中小学英语教科书除了有单册之外，还有一套多册的形式。教科书内容编排一般包括序、凡例、正文三个部分。有的教科书还包括"写给老师的意见和建议"，相当于是教材编撰者关于如何使用该教材的方法或建议。

总的来看，清末英语教科书的编写形式有如下特点：第一，从教科书版式设计来看，该时期的教科书版面设计已较为完备。第二，从教科书封面来看，该时期的封面设计还比较简单和粗糙，内容上教科书封面一般包含其中英文名称、著者或编者、卷数以及出版机构等内容。第三，从教科书目录上看，大部分教科书配有目录，其内容详细而清楚，使读者对于这本书的总体内容框架能一目了然。第四，从教科书的字体来看，该时期的教科书中英文章节标题字体较大，具有明显的指示性，书中的英文书写形式与现代英语教科书相似，中文则一般用楷体印刷。第五，从教科书中所配插图来看，该时期的教科书大都配有插图，插图以简单明了为特色，但是也不乏设计精美、印刷精良的插图，但一般均为黑白插图，没有彩色插图；有部分教科书的插图与相应的文字描述不在同一个页面，读者在阅读时需来回翻页，造成了阅读的麻烦；此外，插图的形式多样，有人物插图，也有动物插图，还有自然景色的插图等。第六，从教科书中的中文呈现来看，除了极少数的教科书为纯英文读本外，大部分教科书中或多或少会出现中文，一般多出现在译文和练习部分，且中文一般采用浅近的文言文，半文半白，用句号断句。这些文字在今天看来生涩难懂、有些拗口，但是在当时是符合国人阅读习惯的。

第三章

民初英语教科书的发展（1912—1926）

1926

概述

　　1911年，辛亥革命爆发，中国几千年的封建专制制度宣告结束，建立起共和制国家。民国政府开始对政治、经济、文化教育进行了彻底改革，这些都影响了该时期的中小学英语教科书的发展。1912年中华民国成立后，民国政府首先取消了晚清政府成立的学部，并于同年1月9日成立了教育部。随后，民国政府颁布了第一个改造封建教育的法令——《普通教育暂行办法》，对清末封建教育进行了重大的变革。该暂行办法对清朝时期出版的教科书进行了明确的规定："凡各种教科书，务合于共和民国宗旨。清学部颁行之教科书，一律禁用。"[1]同年2月，蔡元培发表了《对于教育方针之意见》，批判了清末的"忠君、尊孔、尚公、尚武、尚实"的教育宗旨，提出了军国民教育、实利主义教育、公民道德教育、世界观教育和美感教育"五育"并举的教育方针。1913年，教育部制定了新的学制，包括其在1912年9月颁布的《小学校令》和《中学校令》。为了体现新政体下的新教育宗旨，各家书坊纷纷推出了符合新时代要求的中小学英语教科书。如商务印书馆的"共和国教科书"系列，中华书局的"中华教科书"系列、"新制中华教科书"系列和"新教育教科书"系列。

　　中华民国建立后不久，袁世凯复辟帝制并在文化领域恢复"尊孔尊儒"的行径震惊全国。这种倒行逆施的做法让不少有识之士进一步思考如何在中国建立资本主义民主社会。于是一场以"民主"和"科学"为旗帜，以"改造国民性"为根本宗旨的新文化运动开始了，并伴随着五四运动而愈演愈烈。[2]这种社会大潮也直接影响了当时的教育制度。鉴于"壬子·癸丑学制"的种种不足，国人希望制定一个既符合社会需要又适应儿童发展规律的新学制。1922年，民国北洋政府颁布了《学校系统改革案》，即"壬戌学制"。1922年颁布的新学制集中体现了"民主"与"科学"的内涵，在实用主义教育思想的影响下，新学制强调尊重学生，是在以儿童为本位的现代教育观念下推出的一项重大教育改革。这也标志着我国教育从过去模仿日本，转变为模仿美国。这种巨大的改变对英语这门课程的影响也体现在教学的实质内容上。根据该学制对于初中和高中英语教科书中的教学内容规定，中华书局的《新小学教科书英语读本》、商务印书馆的《英语模范读本》等一批优秀的中小学英语教科书出版并发行。

　　总体而言，民国初年中小学英语教科书的发展具有如下特点：

　　第一，适用于小学的英语教科书大量出现。清末，新学制建立之时，统治者禁止在小学堂开设英语科目。无论是在《钦定学堂章程》还是《奏定学堂章程》中，清政府都明确指出中学堂之前

---

[1] 毛礼锐，沈灌群.中国教育通史：第4卷[M].济南：山东教育出版社，2005：302.

[2] 李国钧，王炳照，于述胜.中国教育制度通史：第7卷：民国时期：公元1912至1949年[M].济南：山东教育出版社，2000：34.

的儿童，由于年龄太小不适合学习外国语课程。"初等高等小学堂，以养成国民忠国家尊圣教之心为主。……惟童子正在幼年，仍以圣经根柢为主，万不准减少读经讲经，及中国文字功课钟点。至于在初等小学时，断不宜兼习洋文。"[1] 统治者认为该阶段的儿童应该首先接受"尊孔""尊儒""忠君"等封建思想，过早地让儿童学习外国语会使其受到西方思想的熏陶和影响，不利于统治阶级的统治。因此，清末几乎没有专门为小学生所编的英语教科书，极个别中学用英语教科书从其难易程度等方面考虑，可以勉强为小学生所用。中华民国建立后，教育部在制定新学制时，明确规定有条件的高小可以开设外国语科目，"高等小学校之教科目……视地方情形……并可加设英语"[2]，并且对小学校中英语科目的教学目的、要求、进度、课时和教材等都分别作出了要求。因此，面对小学英语教科书这个刚刚诞生的新事物，各家书坊纷纷出版并发行小学英语教科书以抢占这个市场。这些书坊出版的英语教科书却各有不同的呈现形式，有的是专门为小学生所编的英语教科书，比如，中华书局的《中华高等小学英文教科书》、商务印书馆的《共和国教科书英文读本（高等小学）》等；有的虽不是专为小学而编写的，但往往有特别注明小学和中学生均可使用，如商务印书馆的《初级英语读本》第一册封面上标注"供高等小学及中学校用"；还有的既不是专门为小学生所编写，也没有特别标注是否供小学生使用，但就其内容来看是从英语最基础的知识开始的，可以作小学英语教科书使用，如商务印书馆出版的《共和国民英文读本》，该套教科书共六册，其第一册内容正是从英语的基础——字母开始讲授。

第二，本时期的英语教科书具有连贯性。腐朽的清王朝在革命者的枪炮声中不堪一击，迅速被推翻，中华民国顺应历史潮流而诞生。当时国内的大部分书坊对此社会巨变准备不足，也就没有及时推出代表民国的各种英语教科书。但在新制度成立之后，市场急需能够代表新社会制度的教科书，供求矛盾日益突出。此外，中华民国成立初期，刚刚进行新旧社会制度更替的国家仍处于内忧外患的不稳定时期。这种时局的不稳定直接影响到教育的发展，也在一定程度上制约着该时期英语教科书的编撰与出版。在市场大量需求的压力下，同时也为了在最短时间内推出英语教科书占领市场，书坊纷纷对已出版的清末英语教科书进行内容上的修订、增添和删除，改为新书名后再版。如清末出版的《英文新读本》对应民国出版的《英文新读本》、清末出版的《帝国英文读本》在民国重制为《中国英文读本》、清末出版的《英文益智读本》改编为民国出版的《英文格致读本》等。

从1912年中华民国成立至1927年南京国民政府建立，在这动荡的十余年时间里，中国的英语教科书基本保持了平稳向上的发展趋势，这期间的英语教科书无论是在形式上还是在内容上都发生了一系列的重大变化，其编撰的一些特点一直得到延续，意义深远。

[1] 舒新城. 中国近代教育史资料：上[M]. 北京：人民教育出版社，1961：203-204.
[2] 吴履平，课程教材研究所. 20世纪中国中小学课程标准：教学大纲汇编：外国语卷：英语[M]. 北京：人民教育出版社，2001：5.

概述

第一节
新政体下的英语教科书

1912年1月，中华民国临时政府宣告成立，孙中山就任临时大总统，建立了以资产阶级为主的革命政权。孙中山在《临时大总统就职宣言》中指出，临时政府的职责是："尽扫专制之流毒，确定共和，普利民生，以达革命之宗旨。"[1]民国政府开始对政治、经济、文化教育进行了彻底改革。这些都影响了该时期的中小学教科书的发展。

一、新教育宗旨的确立

1912年中华民国成立后，政府首先取消了晚清政府成立的学部，并于同年1月9日成立教育部，由蔡元培出任首任教育总长。1月19日，民国政府颁布了第一个改造封建教育的法令——《普通教育暂行办法》，对清末封建教育进行了重大的变革。该暂行办法对清朝时期出版的教科书进行了明确的规定："凡各种教科书，务合于共和民国宗旨。清学部颁行之教科书，一律禁用。"[2]

同年7月，全国临时教育会议在北京召开，这次会议讨论了有关教育方针的问题，形成了"注重道德教育，以实利、军国民教育辅之，更以美感教育完成其道德"的新教育宗旨，并于9月2日公布实施。

……当民国成立之始，而教育家欲尽此任务，不外乎五种主义，即军国民教育、实利主义、公民道德、世界观、美育是也。五者以公民道德为中坚，盖世界观及美育皆所以完成道德，而军国民教育及实利主义，则必以道德为根本。[3]

1912，南京临时政府依照新的教育目标制定了新的学制系统，史称"壬子·癸丑学制"。"壬子·癸丑学制"认为根据各地情况可以适时增设高小阶段的英语科目。在《小学校教则及课程表》"教则"中明确了对英语的要求：

[1] 毛礼锐，沈灌群. 中国教育通史：第4卷[M]. 济南：山东教育出版社，2005：301.
[2] 毛礼锐，沈灌群. 中国教育通史：第4卷[M]. 济南：山东教育出版社，2005：302.
[3] 高平叔. 中国教育名著丛书：蔡元培教育论著选[M]. 北京：人民教育出版社，2017：17.

第十五条　英语要旨，在使儿童略解浅易之语言文字，以供处事之用。英语首宜授发音及单词短句，进授浅近文章之读法、书法、作法、语法。英语读本宜取纯正而有趣味者，其程度宜与儿童知识相称。……

第十八条　高等小学各学年授课程度及每周教学时数，……加授英语或别种外国语者，每周得减少他科目3小时，为其教授时数。[1]

而对中学校中的英语要求则在《中学校令施行规则》中的第一章第一节第四条中进行了明确的规定：

外国语要旨在通解外国普通语言文字，具运用之能力，并增进智识。外国语首宜授以发音拼字，渐及简易文章之读法、书法、译解、默写，进授普通文章及文法要略、会话、作文。[2]

二、新教育宗旨时期的英语教科书

（一）中华书局的《中华教科书》系列

中华书局于1912年1月1日在上海成立，并从该年的1月开始陆续推出了"中华教科书"系列教科书。据1913年5月《中华初等小学国文教科书》第4册封面内页教科书广告所统计，该系列有小学教科书18种，计74册；小学教授书10种47册。[3]其中就包括了《中华高等小学英文教科书》和《中华中学英文教科书》。

表3-1　《中华高等小学英文教科书》和《中华中学英文教科书》的编纂者及初版时间

书目	编纂者	初版时间
《中华高等小学英文教科书》	冯曦、吴元枚	1912年3月
《中华中学英文教科书》	李登辉、杨锦森	1912年10月

中华书局创办人为陆费逵等，中华书局创办初期以编印新式中小学教科书为主。中华书局的创建是辛亥革命的产物。1911年辛亥革命前夕，在商务印书馆任出版部主任的陆费逵、戴克敦与陈寅等，曾约请编辑人员秘密编写新教科书。1912年1月1日开业后，中华书局提出"教科书革命"和"完全华商自办"的口号，与商务印书馆竞争。中华书局首先出版了新编《中华教科书》，因其封面的图案足够亮眼而抢占了大部分的教科书市场，"于是改公司，添资本，广设分局，自办印刷"，后又盘入文明书局、民立图书公司和聚珍仿宋印书馆，迅速发展成了国内民间第二大出版机构。

---

[1] 吴履平，课程教材研究所. 20世纪中国中小学课程标准：教学大纲汇编：外国语卷：英语[M]. 北京：人民教育出版社，2001：6.

[2] 吴履平，课程教材研究所. 20世纪中国中小学课程标准：教学大纲汇编：外国语卷：英语[M]. 北京：人民教育出版社，2001：7.

[3] 吴小鸥. 清末民初教科书的启蒙诉求[D]. 长沙：湖南师范大学，2009：70.

（二）商务印书馆的《共和国教科书》系列

1912年初，中华民国临时政府成立后立即废除了封建社会的各项制度，在教育方面则是首先下令禁用清学部颁行的教科书。商务印书馆立即着手编辑了《共和国教科书》这一套教科书，以适应新时代的教育要求。

到1916年4月，商务印书馆已出版适用于初等小学和国民学校用的教科书及教授书目共计20种140册（含挂图24幅）。……到1925年7月，商务印书馆出版中等教育适用《共和国教科书》及参考书共计36种55册。[1]

这套教科书包括《共和国教科书英文读本（高等小学）》和《共和国教科书中学英文读本》。其中《共和国教科书英文读本（高等小学）》编为1册，《共和国教科书中学英文读本》编有4册。

1. 《共和国教科书英文读本（高等小学）》

《共和国教科书英文读本（高等小学）》由甘永龙、邝富灼和蔡文森编撰，1913年由商务印书馆发行初版。该书为教育部审定用书。因此，书的封面有明确标示"教育部审定"这几个大字；其版权页中也注明了"中华民国二年十月七号呈报，一月四号注册"。

图3-1　《共和国教科书英文读本（高等小学）》封面，甘永龙、邝富灼、蔡文森编纂，商务印书馆，1913年初版

该册书是根据教育部对于小学校教则的要求，按照高等小学第三学年程度进行编纂，供高等小学第三学年教授英语学科所用。基于"小学校教则第十五条：英语要旨在使儿童略解浅近之语言文字，以供处世之用"[2]的目的，本书采用"取材专采寻常日用之语，以为研习外国语学之基础，兼及秦西事实风尚，以引起其世界观念。庶将来置身社会，亦可攸往咸宜"[3]的原则，即本书在内容选择上往往采用一般日常用语，以此作为学习英语的基础，并兼顾西方国家的风俗、礼仪等社会生活习惯来引导学生对其观念的了解，以便于学生适应以后的社会生活。该书按照小学校课程表中英

---

[1] 吴小鸥. 清末民初教科书的启蒙诉求[D]. 长沙：湖南师范大学，2009：72.

[2] 甘永龙，邝富灼，蔡文森. 共和国教科书英文读本：高等小学[M]. 上海：商务印书馆，1913.

[3] 甘永龙，邝富灼，蔡文森. 共和国教科书英文读本：高等小学[M]. 上海：商务印书馆，1913.

语每周授课3小时的要求，共编有50课，每课长短不一。因此，编者建议"每课教授若干时，应由教员临时酌用"。

该书"编辑大意"明确指出高等小学第三学年的英语学习是读法、书法、作法、语法等四个方面：

在读法方面，该书"各课生字均摘列课首，标以音符；又于若干课后，汇列各字练习发音一次"，即把该课的生词列在每课课首，并辅以音标；在每课的练习中另设生词的发音练习，以加强词汇的读法。在作法方面，每课之后都附以简单的语法讲授，并在课后练习中设立填字造句的练习。在语法方面，每课之后都配有问答的练习，"每课之后附以习问，使儿童随问而答……"，方便学生根据课文内容回答问题。在书法方面，编者"则别有习字帖专供临摹，不在本书范围之内"，即编有专门的英语字帖，专供学生进行临摹。但是，该书编者把"作法"简单理解为"每课并附最浅近之文法使儿童练习填字造句，是为作法之注意"，这种仅仅从语法层面去解析单词、短语和句子的用法是不够的，还必须考虑语境等其他因素。

"编辑大意"还指出该书是为英语初学者所编，因此，编者特别注意对汉语注释的使用。体现在以下几个方面：如果因为空间有限，每课的生词不能进行详细解析，那么编者在该生词的旁边标以"详见字汇"4个字，读者可以在课后所附的"字汇"中查找其详细的用法。如果前面课文中出现形同意异的单词，在其后课文再遇见时，仍然进行标注。例如第1课及第8课的"is"。第1课中的"is"旁边注有"为，乃"，在第8课中的"is"则重新标注为"有，存在"。又如第6、7课及第13课的"this""that"。第6课的"this"标注为"此（此人或此物）"，第7课的"that"标注为"彼（彼人或彼物）"，而在第13课中又标注"this"为"此，这"，"that"为"彼，那"。如果有两三个单词构成的词组，不便对单个生词进行解释，编者则以短语为主，而不是侧重每个单词的意思。比如第9课的"has on"两个单词构成的短语，编者先标注两个单词的意思后再标注短语意思为"穿戴"，且用汉语注释时只标注对该单词或词组最贴切的解释，而与本文无关的其他解释就不标注出来，免得读者困惑而无所适从。

"编辑大意"原文如下：

是书遵照教育部小学校教则，按照高等小学第三学年程度编纂，供高等小学第三学年教授英语之用。

小学校教则第十五条，英语要旨在使儿童略解浅近之语言文字，以供处世之用。是书取材专采寻常日用之语，以为研习外国语学之基础，兼及秦西事实风尚，以引起其世界观念。庶将来置身社会，亦可攸往咸宜。

小学校课程表，高等小学第三学年教授英语为读法、书法、作法、语法。是书于各课生字均摘列课首，标以音符；又于若干课后，汇列各字练习发音一次，是为读法之注意。每课并附最浅近之文法使儿童练习填字造句，是为作法之注意。每课之后附以习问，使儿童随问而答，是为语法之注意。至于书法，则别有习字帖专供临摹，不在本书范围之内。

高等小学校课程表，英语每周三小时，是编共五十课，间有长短不能拘定，每课教授若干时，应由教员临时酌用。

是书专为初学所用，故译注国文时特别注意，其例如下：

（甲）每课单字有为地位所限，不能详注者，则标以"详见字汇"四字，可于书后所附字汇中检查。

（乙）字同而义异之单字，再见时仍复标注（例如第一课及第八课之Is字；第六、七课及第十三课之This，That等字）。

（丙）有二三字成一语，而不能析为单字者，则重语而不重单字（例如第九课之Has on两字，先将本义分注明析，然后合注Has on曰"穿戴"）。

（丁）译注国文惟就本文所关之意义，标举其最切合者，其字含有他义而与本文无涉者，即不揭示，免至读者茫然适从。

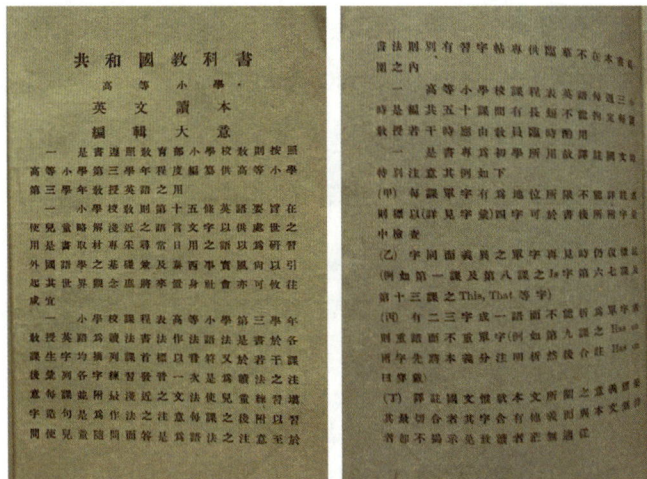

图3-2 《共和国教科书英文读本（高等小学）》编辑大意

2. 《共和国教科书中学英文读本》

《共和国教科书中学英文读本》共4册，由甘永龙、邝富灼和蔡文森编纂，商务印书馆于1913年发行初版。

图3-3 《共和国教科书中学英文读本》（第二学年）封面，甘永龙、邝富灼、蔡文森编纂，商务印书馆，1913年初版

该套教材是按照教育部关于中学英语科目课程要求所编订的。因为已出版有编写给小学生使用的《共和国教科书英文读本（高等小学）》，本套教科书则主要是为中学校学生编辑的，每学年各用1册。本套教科书课文难易合适，采取循序渐进的原则："是书采辑英美著名史籍读本，删其繁缛、撷其精华、俾初学便于诵习，以养其运动之能力，并植其增进知识之根柢。"[1]课文内容的难度则根据学生的学习程度上升而不断增加，第1册最容易，最后1册中则编有最难的文章。并且在课文选材上将英美读物中经典的文章编入本套教材，包括传说、历史介绍、传记、发明、发现等。

本套教科书在其"编辑大意"中明确其编辑目的为"遵照教育部中学校学科程度编辑。与本馆出版'高等小学英文读本'相衔接，以供中学校之用"。并且强调在中学校，男女各校的外国语课程标准、每周教授时间及学年先后都不相同。因此，该套书的课数与课文长短并不限制教学时间，具体安排应由教师根据具体情况来斟酌判定。

在语言知识方面，教育部制定的外国语课程标准中，明确指出："中学校外国语课程标准为发音、拼字、读法、译解、默写、造句、会话、作文、文法、习字等项。"因此，除习字另外编有专门的习字帖，其余各项均包括在该套书中。该套书中每课都将生词罗列出来，放在课首，标注音符，并配有汉语翻译，以方便学生了解。每课后还附以简单的语法知识，以便初学者了解其在课文中运用的妙处。各课课文后配有练习，包括根据课文内容回答填空、改正病句等。这些练习都体现了教育部要求学生掌握拼字、翻译、会话等各项要求。每册书后均附有词汇表，"是书之末附有字汇，书中难字悉萃于此，并以国文详注意义，依英文字母次序排列……"，以方便学生查阅。

本套书还尝试把阅读与语法进行综合。以往的教科书中，课文与语法是分别编纂，学生在分开学习各册课文时，往往不知道他们所学的语法规则与课文的关系。而本套书中各册的每篇课文之后都包含有语法知识，并从课文中挑选适当的例句加以说明。第1册从基本语法入门开始；第2、3册则主讲词的类别、变化及其功能；最后1册则主要讲英语的习惯用语、词汇的前后缀及其运用；并且每册书后均附有前面所讲语法规则表，以方便学生全面地了解英语语法。

同时，本套书中汉语注释重单词轻词组。该套书中的汉语注释一般以单个单词为主，即便是在词组中，也是关注其中的重点或难的单词，而不是整个词组的意思。比如，编者以"by means of"为例，"'by means of'一语乃英文中之仿语，当作'以'字或'藉'字解。然本书则仅揭注'means'一字，曰'资'或曰'方法'，而不及其他"。编者把每课的短语在其所附的语法部分中列出，并且要求"翻译一门内所拟国文文句亦足资，此等仿语之应用学者尽可自为揣摩，以期有得。惟教员于此等处亦宜特别注意"，即让教师在进行这些短语翻译时，可先让学生自己斟酌这些短语的意思，根据自己的理解进行翻译。书中的汉语注释是该单词或词组最贴切的解释，而与其无关的解释就不一一列举，免得读者一下接触太多内容而无所适从。

---

[1] 甘永龙，邝富灼，蔡文森. 共和国教科书中学英文读本：第2学年[M]. 上海：商务印书馆，1913.

最后，每册书中课文内容具有连贯性。该套教科书中各册课文内容都有一定的连贯性，在第3、4册尤为明显。

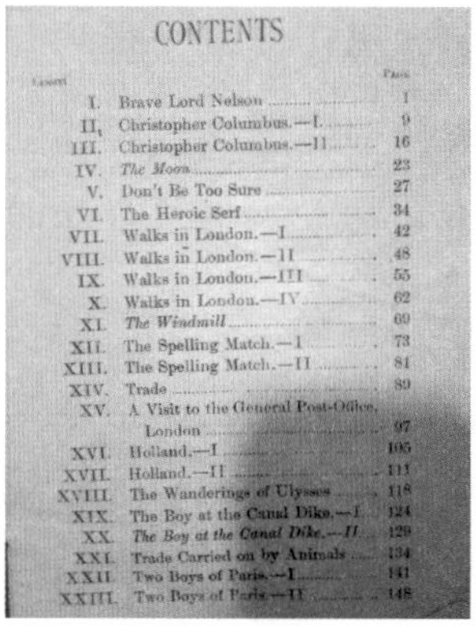
CONTENTS

LESSON		PAGE
I.	Brave Lord Nelson	1
II.	Christopher Columbus.—I.	9
III.	Christopher Columbus.—II	16
IV.	*The Moon*	23
V.	Don't Be Too Sure	27
VI.	The Heroic Serf	34
VII.	Walks in London.—I	42
VIII.	Walks in London.—II	48
IX.	Walks in London.—III	55
X.	Walks in London.—IV	62
XI.	*The Windmill*	69
XII.	The Spelling Match.—I	73
XIII.	The Spelling Match.—II	81
XIV.	Trade	89
XV.	A Visit to the General Post-Office, London	97
XVI.	Holland.—I	105
XVII.	Holland.—II	111
XVIII.	The Wanderings of Ulysses	118
XIX.	The Boy at the Canal Dike.—I	124
XX.	*The Boy at the Canal Dike.—II*	129
XXI.	Trade Carried on by Animals	134
XXII.	Two Boys of Paris.—I	141
XXIII.	Two Boys of Paris.—II	148

3—4

图3—4　《共和国教科书中学英文读本》（第三学年）目录

以第三学年为例，该书目录的主要内容如下（见表3–2）：

表3–2　《共和国教科书中学英文读本》（第三学年）目录

课次	题目	页码
第1课	勇敢的纳尔逊船长	1
第2课	克里斯托弗·哥伦布1	9
第3课	克里斯托弗·哥伦布2	16
第4课	月亮	23
第5课	别太肯定	27
第6课	英勇的农奴	34
第7课	漫步伦敦1	42
第8课	漫步伦敦2	48
第9课	漫步伦敦3	55
第10课	漫步伦敦4	62
第11课	风车	69
第12课	拼写比赛1	73
第13课	拼写比赛2	81
第14课	贸易	89
第15课	参观伦敦邮政总局	97
第16课	荷兰1	105
第17课	荷兰2	111
第18课	尤利西斯漫游记	118
第19课	运河堤坝旁的男孩1	124
第20课	运河堤坝旁的男孩2	129

（续表）

课次	题目	页码
第21课	动物贸易	134
第22课	巴黎城中的男孩1	141
第23课	巴黎城中的男孩2	148
第24课	巴黎城中的男孩3	156
第25课	尼亚加拉的故事	161
第26课	温馨的家	171
第27课	孩提时代的本杰明·富兰克林1	174
第28课	孩提时代的本杰明·富兰克林2	180
第29课	人体	186
第30课	摩西在集市上	195
第31课	格列佛游记1	204
第32课	格列佛游记2	211
第33课	普通的礼物	217
第34课	瑞普·范·温克尔1	220
第35课	瑞普·范·温克尔2	233
第36课	罗伯特·布鲁斯历险记	243

从第三学年的目录可以看到，在该册书中有关联的课文共有21篇，分别为：第2、3课的《克里斯托弗·哥伦布》；第7、8、9、10课的《漫步伦敦》；第12、13课的《拼写比赛》；第16、17课的《荷兰》；第19、20课的《运河堤坝旁的男孩》；第22、23、24课的《巴黎城中的男孩》；第27、28课的《孩提时代的本杰明·富兰克林》；第31、32课的《格列佛游记》；第34、35课的《瑞普·范·温克尔》。这些课文约占整册书课文数量的三分之二，这个比例是相当大的。而课文之间相互关联，既能使课文内容的长短得到合适的安排，也能提高学生的学习兴趣。

（三）中华书局的《新制中华教科书》系列

中华民国成立后，教育部制定了新的学制，包括其在1912年9月颁布的《小学校令》和《中学校令》，规定初等小学校（初小）4年，高等小学校（高小）3年，中学4年；并将春季始业改为秋季始业，"教育部新令以八月一日为学期开始，分每年为三学期"。[1]中华书局为了适应民国新的学制，扩大其在教科书市场上的份额，从1912年12月开始出版了一套以新学制命名的《新制中华教科书》。到1913年3月，中华书局已出版小学教科书与教授书共计30种248册。到1922年，中华书局

[1] 戴克敦，沈颐，陆费逵. 新制中华高等小学修身教科书：第1册[M]. 上海：中华书局，1913.

又出版了《新制中学教本》28种51册。[1]这套书中包括了《新制中华英文教科书（高等小学）》和《新制英文读本》。

表3-3　《新制中华英文教科书（高等小学）》和《新制英文读本》的编纂者及初版时间

书目	编纂者	初版时间
《新制中华英文教科书（高等小学）》	李登辉、杨锦森	1914年3月
《新制英文读本》	李登辉、杨锦森	1914年3月

《新制英文读本》

该书由李登辉、杨锦森编纂，1914年由中华书局发行初版。全书有40课，共70页。

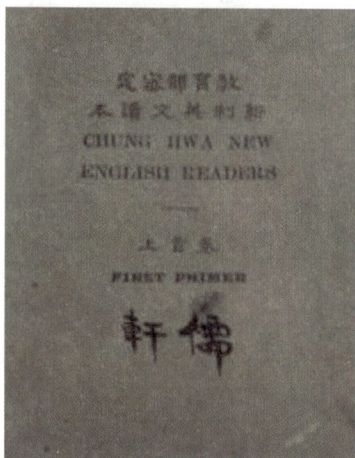

图3-5　《新制英文读本》（卷首上）封面，李登辉、杨锦森编纂，中华书局，1914年初版

该书结构为编辑大意、给老师的建议、目录、课文、版权页，共五个部分。

图3-6　《新制英文读本》（卷首上）目录

[1] 吴小鸥. 清末民初教科书的启蒙诉求[D]. 长沙：湖南师范大学，2009：74.

该书目录的主要内容如下（见表3-4）：

表 3-4　《新制英文读本》（卷首上）目录

课次	题目
第1课	字母1
第2课	字母2
第3课	一本书
第4课	一支笔
第5课	一支笔和一本书
第6课	一只猫
第7课	一只狗
第8课	猫和老鼠
第9课	一个好孩子
第10课	蜜蜂
第11课	一条鱼
第12课	男孩和巢
第13课	玫瑰花
第14课	数字
第15课	母鸡和小鸡
第16课	女孩和狗
第17课	我的手表
第18课	樱桃花
第19课	水果
第20课	老虎
第21课	足球
第22课	蜘蛛
第23课	马
第24课	绵羊
第25课	下雨
第26课	校铃
第27课	写信
第28课	信
第29课	内德

（续表）

课次	题目
第30课	衣服
第31课	一个水壶、一些茶杯和一个玻璃杯
第32课	小折刀
第33课	四季
第34课	春
第35课	夏
第36课	秋
第37课	冬
第38课	罗马数字
第39课	太阳
第40课	夜晚

　　编者把本册书定位为"新制英文读本之卷首，凡师范学校、中学校、高等小学校学生初学英文者均适用之"。[1]本册书的编辑目的是教授学生最基本的英语知识，为其以后的学习打下基础。因此，本册书的课文均挑选学生感兴趣的内容，使学生在听课时不会感到枯燥无味。本册书的一大特点是每篇课文之首都配有优美的插图，这些插图制作精美，放在课文之首能使学生一开始就了解课文的主题，便于其自学。本册书按照课文内容的难易程度进行编排，体现了循序渐进的原则。本册书在编排体例上务求简单，以适用于初学者学习。每课生词都配有其最常见而又恰当的汉语注释，长单词还专门标出重音。每篇课文之后另配有短语或习惯用语的解释和书写范例。

　　本册书的另一个特点是编有"给老师的建议"。这一项内容主要是向教师介绍如何教授本册书的内容。编者认为教英语初学者比教有一定英语基础的学生要更难、更重要，其成功或失败很大程度上将影响英语初学者构建英语知识基础的能力。因此，编者强调教师一定要有正确的教学方法，并提出两点建议：第一，准备课文。首先，教师要缓慢而又认真地把课文朗读两遍，应特别注意单词的发音和重音的读法；然后，让每一名学生都朗读一个句子，请其尽可能模仿教师刚才所读；最后，教师在解释完每一个单词的意思之后，把整篇课文翻译成中文。第二，背诵课文。首先，教师让学生尽可能多地朗读课文，速度由慢至正常速度；其次，教师要让学生尽可能地熟悉课文，在课堂上教学生拼写新单词，然后给出其中文翻译；再次，教师用课文中的新单词在黑板上分别进行中、英文的造句，请学生翻译，这种练习既可以是口头练习，也可以是书面练习；最后，教师要留出一些时间做听写训练。

[1] 李登辉，杨锦森. 新制英文读本（卷首上）[M]. 北京：中华书局，1914..

（四）中华书局的《新教育教科书》系列

中华书局于1921年开始陆续编辑并出版了"新教育教科书"系列教科书，该套教科书出版的目的是培养儿童高尚的情操、健康的情感、务实的精神和现代的思想。该套教科书包括《新教育教科书英语读本（高等小学校用）》和《新教育教科书英语读本》。

表 3-5　《新教育教科书英语读本（高等小学校用）》和《新教育教科书英语读本》的编纂者及初版时间

书目	编纂者	初版时间
《新教育教科书英语读本（高等小学校用）》	沈彬	1920年8月
《新教育教科书英语读本》	中华书局西文编辑部	1921年2月

"新教育教科书英语读本"系列教科书共分为《新教育教科书英语读本（高等小学校用）》和《新教育教科书英语读本》。其中《新教育教科书英语读本（高等小学校用）》教科书由沈彬编纂，中华书局于民国九年（1920）印刷、发行。《新教育教科书英语读本》由中华书局西文编辑部编纂，民国十年（1921）出版发行。

3-7

图3-7　《新教育教科书英语读本（高等小学校用）》（第二册）封面，沈彬编纂，中华书局，1920年初版

这套教科书为系统的英语教科书，全部共有7册，前3册是给高等小学校用的，后4册则是给中学校用的，每学年使用1册。这套教科书的难易程度是由浅入深，从初学者起到中学毕业为止。这套书的内容特点在于注重英语基础知识的掌握，每课生词都注有正确的发音，每课后面又有各种练习，如英汉互译、发音练习或应用文法练习等。每册书的后面都附有正音表和英汉字汇，方便学生检查。

此外，《新教育教科书英语读本（高等小学校用）》是为英语初学者所准备。为了便于学生学习，编者给每册书另配有教授书，对教材书中每课的重点、趣点或疑点，进行了详细的解释。教授书不仅为学生学习提供了便利，也为教师研究如何教学提供了资料。

（五）其他的英语教科书

1.《英文启蒙读本》

该书由周越然编写，封面上方为中文繁体书名"英文启蒙读本"，并标明了其适用范围为"半夜学校及暑假补习学校用"。中文下方为与之相对应的英文书名及适用范围："AN ENGLISH PRIMER""FOR USE OF EVENING & SUMMER SCHOOLS"。封面绿底黑字，有边框、无配图，简单明了。扉页上方与封面一致，同为中英文书名及适用范围的介绍。扉页最下方为出版信息，于1914年由上海商务印书馆出版。

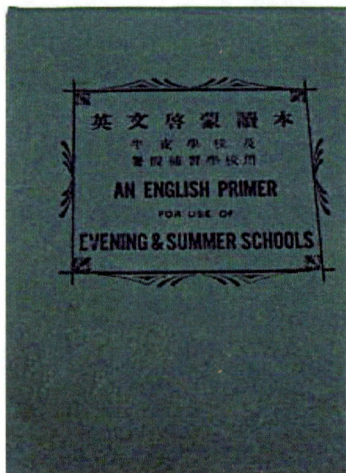

图3—8 《英文启蒙读本》封面，周越然编纂，商务印书馆，1914年初版

2.《高级英语会话教科书》

《高级英语会话教科书》是由教育部审定，沈竹贤编纂，邝富灼、吴继杲校订，商务印书馆印刷并发行的英文教科书，其主要内容涵盖了日常会话及相关知识。民国四年（1915）初版。本书编制适宜、取材新颖，且选词严谨，每课均附有词汇音标、中文释义、翻译练习及格言谚语，是为中学及师范学校的学生编写的，单册定价为大洋六角。

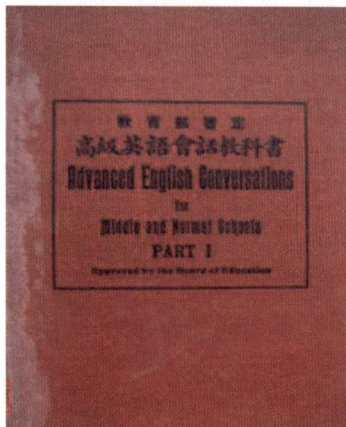

图3—9 《高级英语会话教科书》（上册）封面，沈竹贤编纂，邝富灼、吴继杲校订，商务印书馆，1915年初版

本书为英语会话教科书，是应当时的社会需求而编写出版的。正如"序言"中所指出的，当时在国内出版的供英语会话教学使用的书本，主要是为了便于商务交流，但课本要么就是太过简单，

不足以引发学生的兴趣，要么就是对于学科的系统学习来说太过复杂，不利于学习。此外，这些书中的词汇一般都没有经过仔细挑选，课文也没有经过精心编排。这些不足造成了社会对英语会话教科书的进一步需求，尤其是供学生使用的英语会话教科书，未能满足社会的需求。

本册书为教育部审定用书，所以其封面与扉页上方均印有"教育部审定"几个大字。封面中部为中英文书名："高级英语会话教科书""ADVANCED ENGLISH CONVERSATIONS"。此外，还标明为"中学及师范学校用"，明确本书为上册，并附有英文小字"Approved by the Board of Education"，即教育部审定。封面为红底黑字，有边框、无配图，简单明了。

扉页上方与封面一致，印有中英文书名及"教育部审定""中学及师范学校用""上册"等信息。扉页中间对作者"T. Y. SHEN"进行了简要介绍："INSTRUCTOR IN ENGLISH, COLLEGE OF POLITICS，HUNAN"，即"湖南政治学院英语教师"。

该书"编辑大意"的内容为：

会话书之作较难于他书，贪多务博者徒占篇幅，而不能扼要；因陋就简者，虽便取携而无裨实用。此编力矫以上二弊，编制适宜、取材新颖，恰合学校中教授或自修之用。

是编为著者任会话教科时，随教随编历久始成之作，故皆由实验而来，与向壁虚造者不同。

全书以类分章，每章又各分若干课，视应用之繁简而别，每课足供学生一日之用。

每课首列生字，附以音符，释以汉义，以便记诵；次列会话，以供熟练；次列练习，以期贯通；次列习用之成句格言，以资玩索。学者循序渐进，可得举一反三之效。

每章所列生字，选择谨严而关于教育、政治、工商诸门之常用者，尤为注意。凡普通教科书中所未载者，已搜罗略备，学者依类求之，自有左右逢源之乐。

《高级英语会话教科书》有以下特点：

一是章节划分合理。所有的章节都经过合理的归类，每一章均被进一步划分成了若干篇课文，每篇课文都能基本满足每日的需求。

二是新词释义详尽。每一课的开篇都附有单词的音标及对应的中文释义。此外，谚语、格言，及所有的句子均被译成了中文。

三是生词选择严谨。所有的生词均经过了仔细挑选，尤其是在教育、政府、工业、商业等方面最为常用的词汇。其目的是希望学生能够学到很多他们从一般英语读本中学不到的东西。

四是翻译练习完备。每篇课文后都有附加的翻译练习，可供口头练习或是书写训练。学生需按要求完成填空。

五是格言谚语充足。书中介绍了许多在日常生活中蕴含了丰富哲理的谚语、格言，目的是帮助营造一个良好的社会氛围，提升国民归属感。

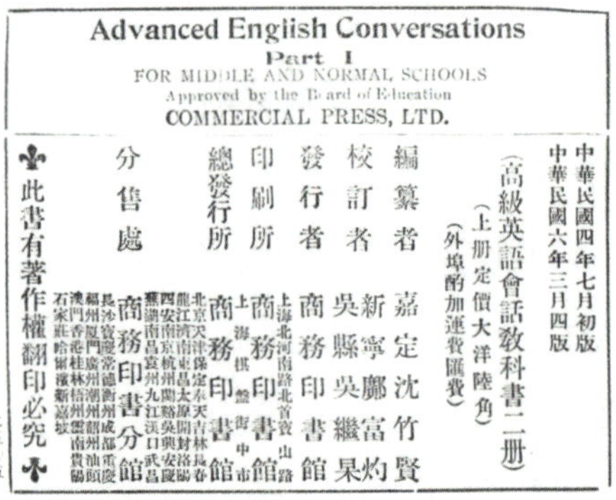
Advanced English Conversations
Part I
FOR MIDDLE AND NORMAL SCHOOLS
Approved by the Board of Education
COMMERCIAL PRESS, LTD.

中華民國四年七月初版
中華民國六年三月四版
（高級英語會話教科書二冊）
（上冊定價大洋陸角）
（外埠酌加運費匯費）
編纂者 嘉定沈竹賢
校訂者 新寧鄺富灼
發行者 吳縣吳繼杲
印刷所 上海北河南路北首寶山路 商務印書館
總發行所 上海棋盤街中市 商務印書館
分售處 商務印書分館 北京 天津 保定 奉天 吉林 長春 龍江 濟南 東昌 太原 開封 洛陽 西安 南京 杭州 蘭谿 吳興 安慶 蕪湖 南昌 衢州 九江 漢口 武昌 長沙 寶慶 常德 衡州 成都 重慶 福州 廈門 廣州 潮州 汕頭 澳門 香港 桂林 梧州 雲南 貴陽 石家莊 哈爾濱 新嘉坡
此書有著作權翻印必究

3—10

图3—10 《高级英语会话教科书》（上册）版权信息

该书目录的主要内容如下（见表3-6）：

表 3-6 《高级英语会话教科书》（上册）目录

章节	题目	页码
第1章	日用长短句	1
第2章	行礼	6
第3章	学校记事	10
第4章	访友（附各种杂句）	21
第5章	职业	37
第6章	政府	46
第7章	陆军	65
第8章	海军	74
第9章	铁路	79
第10章	航行	89
第11章	电报电话	97
第12章	邮政局	101
第13章	国民	108
第14章	性情	113

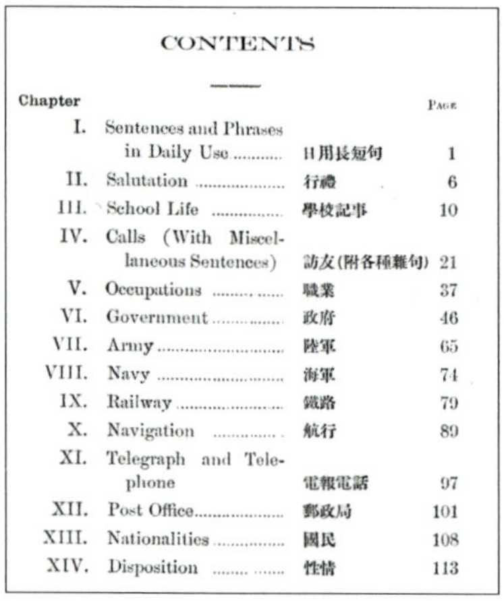
CONTENTS

3—11

图3—11 《高级英语会话教科书》（上册）目录

3. 《英语模范读本》

《英语模范读本》教科书由周越然编纂，商务印书馆出版并发行。《英语模范读本》初版于1918年发行后，在两个月中即销售一空，不得不马上加印。在以后的20余年中，该书经过五六次修订，总发行量超过100册。这在整个民国时期的出版史上，也是一个罕见的现象。[1]

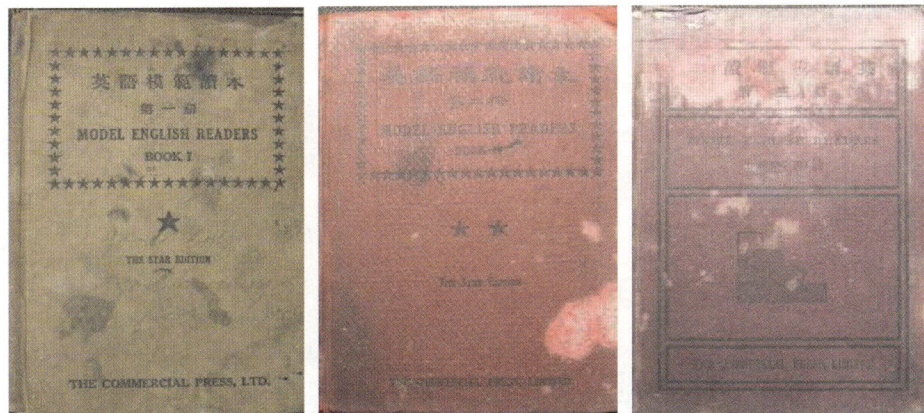

3—12

图3—12 《英语模范读本》（第一至三册）封面，周越然编纂，商务印书馆，1918年初版

该套书共有4册，全书共编有4433个单词。第一册书是对事物的一般介绍；第二册和第三册则以英美国家的日常生活为主要内容；第四册则主要是英语经典作品的摘录，体裁多样。以《英语模范读本》第一册为例，该书内容共包括16个主题，分别为：学校与课堂；数字从1~1000；尺寸和形状；日常活动；小时、天、星期和月；一年及四季；时间；四季和天气；白天和夜晚；颜色；人体的各个部位；家庭关系；服饰；食物与饮料；房子与房间；动物和植物。

该书开篇的"INTRODUCTION"的主要内容为：

该套书由4册书组成，第一册是对英语的一般介绍，第二、三册主要讲述英美国家的日常生活，最后一册主要是精选英文写作欣赏。该系列适合于任何开设英语教学的学校使用，内容基本覆盖了英语知识的各个方面，包括发音、书写、阅读、听写、拼写、对话、语法、句子构成、书信写作、作文、修辞、翻译、散文和诗歌等。并且，本书编辑时假定学生年龄在10岁之上，一年有32周、每周有5小时的英语学习时间。该套书在编辑时，遵循了以下六条原则：

第一，学习英语最重要的并不是能够掌握多少文学语言知识，而应是掌握一般对话中的口语表达。第二，教师首先关注的是如何能够让学生掌握正确的读音。为了达到该目的，教师除了在开始阶段要求学生练习拼写之外，还要利用标音法。第三，在学生掌握好读音之后，教师接下来就是要让其掌握好英语语言。教师通过教授一些相对容易、自然、有趣的课文和对话，使学生实现该目标。第四，语法应该采取归纳法进行讲授。首先教师帮助学生从课文中的一些例句中逐渐归纳出一些语法规则。随着知识的积累，然后再进行系统的语法学习。第五，教师应该努力让学生把需要表达的想法和意思直接用英语表达出来，或者用其他英语单词替换要表达的意思，但是不要用汉语表达。第六，在英语学习的后期，学生要练习写作。但是写作的主题，首先是来自已学过的课文或教

[1] 董忆南. 周越然与《英语模范读本》[J]. 浙江档案杂志，2006（3）：59.

第一节 新政体下的英语教科书

师所讲过的内容，以降低写作难度；然后再来自教师没有讲述过的等其他内容。[1]

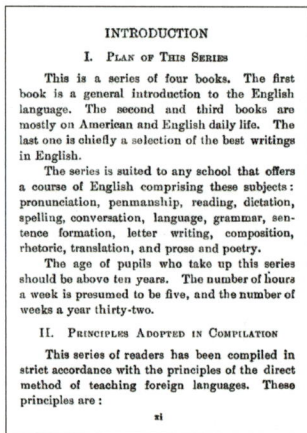

INTRODUCTION

I. PLAN OF THIS SERIES

This is a series of four books. The first book is a general introduction to the English language. The second and third books are mostly on American and English daily life. The last one is chiefly a selection of the best writings in English.

The series is suited to any school that offers a course of English comprising these subjects : pronunciation, penmanship, reading, dictation, spelling, conversation, language, grammar, sentence formation, letter writing, composition, rhetoric, translation, and prose and poetry. The age of pupils who take up this series should be above ten years. The number of hours a week is presumed to be five, and the number of weeks a year thirty-two.

II. PRINCIPLES ADOPTED IN COMPILATION

This series of readers has been compiled in strict accordance with the principles of the direct method of teaching foreign languages. These principles are :

3—13

图3-13　《英语模范读本》（第一册）"INTRODUCTION"

该书的特点为：

（1）采用穿插的形式编排课文中的各个小节。

这是该套书在编排上的最大的特点。每册书中课文包含4个小节，每小节依次用阿拉伯数字编号标示。每册书内容都包含若干个项目，每课中每个小节所安排的项目并不是平均排列，而是采用穿插的方法来进行编排。

以《英语模范读本》第一册为例。全书共有32课，每周学习一课。每课包含4个小节，每小节分别用阿拉伯数字标示，全书共有128个小节，每小节安排一个学时学习。此外，每课之后另配有一个练习。该练习用于每周复习，安排一个学时。全书内容共分为8个项目，分别为：词汇、读音、书写、对话、阅读、默写、语法和复习。

在词汇方面，编者认为教师尽量不要用翻译的方法教学，而要尽可能借助单词对应的事物来进行辅助教学。词汇项目共有52个，分别出现在第1～19、21、23、25～27、29～31、33、37、41、45、49、53、57、61、65、69、73、77、81、85、89、93、94、97、101、105、109、113、117、121、125等小节。

在读音方面，编者认为教师应该教给学生"得体"的读音，强调学生模仿教师的发音是学习的一种重要方法。因此，教师有必要了解一些语音学的知识。读音项目共有8个，分别出现在第71、75、84、87、91、95、104和116等小节。

对于书写，编者首先从使用材料上进行介绍。在书写的初级阶段使用铅笔，然后才是钢笔，以便于学生实际操作。在方法上，教师首先要给学生示范如何进行英语书写，比如书写时的正确姿势。然后，让学生模仿教师进行书写练习，既可以写在另附纸上，也可以写在字帖上；既可以在座位上写，也可以在黑板上写。最后，教师对于学生所写的练习要及时讲解，并布置相应的家庭作业。书写项目共有23个，分别出现在第1～21、23、24等小节。

关于对话，编者首先更正了教师认为对话是独立于语言学习的这样一个错误的观点。对话的作用

[1] 周越然. 英语模范读本：修订19版[M]. 上海：商务印书馆，1925.

可以体现在三个方面：首先有助于学生了解所学的单词、短语和句子；其次，这也是一种对于读音的练习；最后，对话还有助于加深学生对所学英语知识的记忆。对话项目共有22个，分别出现在第34、38、42、46、50、54、58、62、66、70、74、78、82、86、98、102、106、110、114、118、122和126等小节。

对于阅读，编者认为其本质上就是对文字的一种理解。良好的阅读能力是建立在正确的读音及单词拼写的基础之上的。因此，教师在教学生阅读之前，必须让学生掌握正确的读音和单词拼写。同时，教师还要适当培训学生的听力。阅读项目共19个，分别出现在第35、39、43、47、51、55、59、63、67、79、90、96、99、103、107、111、119、123和127等小节。

关于默写，编者认为应该从学生所学的课文中挑选素材。默写的作用可以体现在三个方面：首先，有助于听力；其次，这是一种很好的写作训练；最后，这对拼写也有很大的帮助。教师应该监督学生默写，并让学生采用互评的方式进行检查。在默写的过程中，教师还可以让一名学生在黑板上默写，其他学生则在台下默写。默写结束之后，台下的学生一起检查黑板上同学的默写情况，并指出其错误。这种方法有助于加强学生对默写内容的掌握。默写项目只有3个，分别出现在第60、68和88等小节。

关于语法，编者在该书练习中编有语法内容，并且这些语法内容都是编者认为非常重要的部分，尤其强调教师要特别关注并进行讲解。语法项目共有13个，分别出现在第20、22、28、48、56、72、76、80、83、92、112、115和120等小节。

对于复习，编者把这个部分定义为教师训练学生的板块，除了要求学生掌握单词的意思，还要求其掌握单词的拼写和读音。复习项目只有4个，分别出现在第32、64、100和124等小节。此外，该书中另有6个小节为诗歌、反义词等内容，分别安排在第36、40、44、52、108和128等小节中。

（2）使用国际音标进行标音。

该套书中的音标来自"国际语音协会"制定的国际音标原则。全套书采用的是国际音标分类中的DJ音标，即英式音标。编者在这套书的第一册中并没有对英式音标作出详细介绍，是因为其认为"语音学对于很多中国的语言老师来说，仍然是一个新鲜事物"[1]。但是，编者强调了国际音标的重要性，并提示那些想要使用国际音标的教师可以参考由商务印书馆出版的*Primer of Phonetic*一书。

该套书中的每册书后面都配有词汇表，按照字母的顺序来对单词进行归类。每个单词的旁边有一个中括号，里面编有该单词的英式音标和注释；最后有一个标有数字的圆括号，其中的数字表示该单词出现在这册书中的第几小节之中。以《英语模范读本》第一册为例，该书在第71、75、84、87、91、95和104等7个小节中简单介绍了英式音标中的音素，编者还特别说明英式音标标音法中的符号（ˈ）是表示音节中的重音，比如："afternoon"这个单词的音标标注为[ˈɑːftəˈnuːn]；如果中括号之中另有圆括号出现，则表示圆括号中的音素附着在前一个音素之后，

[1] 周越然. 英语模范读本：修订19版[M]. 上海：商务印书馆，1924.

一般在该单词的读音中不发音，比如："animal"这个单词的音标标注为[ˈænim(ə)l]，其中圆括号中的"ə"不发音。

（3）提出改善英语课堂教学的方法。

编者特别关注如何进行英语课堂教学，并就此提出了自己对于提升英语课堂教学效果的意见。在《英语模范读本》第一册的"介绍"中，编者提出了6点要求：①教师站在讲台上开始上课之前一定要跟学生打招呼，上午上课要说"Good morning."，下午上课要说"Good afternoon."。并且，编者强调教师一定要养成这种习惯，不管是在校内还是校外。这种习惯可以改善师生之间的关系，增进师生之间的感情。②如果教师所教班级为大班，那么教师可以时不时地采用全班朗读的方式进行课堂教学组织。全班朗读的方式既能让学生练习读音，又能使其忘却害羞。教师也可以灵活运用该方法，比如把全班进行分组，分小组进行朗读。③对于初学者来说，重复也是一种好方法。这种方法并不是浪费时间，它能强化学生对所学内容的记忆。④不要按照固定的顺序让学生参与课堂教学。灵活变换编排顺序能取得更佳的教学效果。⑤学生回答问题不能简单化为"Yes"或"No"。教师要努力使学生尽量完整地用句子回答问题。⑥教师要经常使用黑板。教师可以用不同颜色的粉笔进行标识。经常使用板书将有助于学生记住单词和掌握较难的语法结构。

4. 《初级英语读音教科书》

该书封面只有中文书名"初级英语读音教科书"与英文书名"AN ENGLISH PHONETIC PRIMER"，白底黑字，无配图，简单明了。扉页上方为中英文书名，并有英文小字附注"Requiring no preparatory knowledge of phonetics on the part of the teacher"（对于教师而言，使用这本书并不要求具备一定的语音知识）。扉页中间是对作者"Tseu Yih Zan，B.A."（周越然）的简要介绍：政府师范学校英语教授，南京国际语音协会成员。

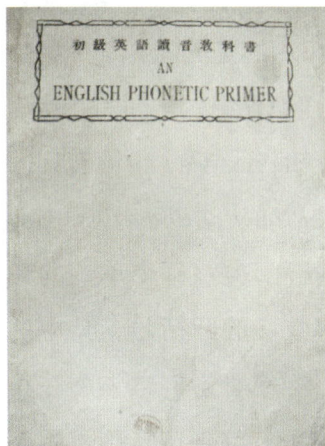

3—14

图3—14　《初级英语读音教科书》封面，周越然编纂，商务印书馆，1918年初版

第二节
新学制下的英语教科书

中华民国建立不久之后，袁世凯复辟帝制并在文化领域恢复"尊孔尊儒"的行径震惊全国。这种倒行逆施的做法使得不少有识之士对于资本主义民主社会如何在中国建立进行进一步的深入思考。于是一场以"民主"和"科学"为旗帜，以"改造国民性"为根本宗旨的新文化运动开始了，并伴随着五四运动而愈演愈烈。这一社会大潮也直接影响了当时的教育制度。鉴于"壬子·癸丑学制"的种种不足，国人希望制定一个既符合社会需要又适应儿童发展规律的新学制。1922年9月，国民政府教育部在北京召开全国学制会议。同年11月1日，中华民国大总统黎元洪颁布了《学校系统改革案》，即"壬戌学制"。新学制的颁布，表明中国现代教育制度从效法日本转向了效法美国，转向了平民主义教育。

一、新学制与英语课程

1922年颁布的新学制集中体现了"民主"与"科学"内涵，在实用主义教育思想的影响下，强调尊重学生，是以儿童为本位的现代教育观念下推出的一项重大教育改革。新学制共有七项标准：（1）适应社会化的需要；（2）发挥平民教育精神；（3）追求个性发展；（4）注意国民经济力；（5）注重生活教育；（6）使教育易于普及；（7）多留给学校教师灵活处理的余地。新学制颁布的同时也标志着我国教育从过去模仿日本，转变为模仿美国。这种巨大的改变对英语这门课程的影响也体现在了实质教学内容上。

根据课程教材研究所编写的《20世纪中国中小学课程标准·教学大纲汇编：外国语卷 英语》一书中关于1915年颁布的《国民学校令》《高等小学校令》和1923年颁布的《新学制课程纲要》的记载，我们可以按照新学制颁布前后的教学目的、教学内容、教学时间等类别来进行对比。

8>

8>

新学制颁布前的教学目的、教学内容、教学时间分别为：[1]

（一）教学目的：外国语要旨在通解外国普通语言文字，具运用之能力，并增进智识。外国语首宜授以发音拼字，渐及简易文章之读法、书法、译解、默写，进授普通文章及文法要略、会话、作文。

（二）教学内容：

第一学年：发音、拼字、读法、译解、默写、会话、文法、习字；第二学年：读法、译解、默写、造句、会话、文法；第三学年：读法、译解、会话、作文、文法；第四学年：读法、译解、会话、作文、文法、文学要略。

（三）教学时间：

第一学年：男（7时/周），女（6时/周）；第二学年：男（8时/周），女（6时/周）；第三学年：男（8时/周），女（6时/周）。

新学制颁布后的教学目的、教学内容、教学时间分别为：[2]

（一）教学目的：

初中：1. 使学生能阅浅易的英文书报。2. 使学生能用英语作浅近的书札及短文。3.使学生能操日用的英语。

高中：1. 养成学生欣赏优美文学之兴趣……2. 养成学生通常会话的优良习惯……3. 鼓励学生自行表演……4. 使学生摘读有统系的文法纲要……养成正确清顺的翻译作文能力。

（二）教学内容：[3]

初中（兹将初中英文教材，分为三个段落，每段约占12学分）

第一段

1. 识字：四百至五百。

2. 文法、词类之简单用法：名词（包所有格）。代名词（包目的格及所有格）。形容词（包比较法）。副词（包比较法）。动词（除既有前进候perfect progressive tense外，各候皆略有；并稍涉简单之助谓字simple auxiliary verbs）。介词（简单者）。连词（简单者）。感叹词（极简单者）。

3. 造句法：

简单句。复句［异等复句（complex sentences）不过得一主句一子句；同等复句（compound sentences）不过得二句］。

4. 会话及尺牍：最简单而关于实用者。

[1] 吴履平，课程教材研究所. 20世纪中国中小学课程标准：教学大纲汇编：外国语卷：英语[M]. 北京：人民教育出版社，2001：7-8.

[2] 吴履平，课程教材研究所. 20世纪中国中小学课程标准：教学大纲汇编：外国语卷：英语[M]. 北京：人民教育出版社，2001：11-15.

[3] 吴履平，课程教材研究所. 20世纪中国中小学课程标准：教学大纲汇编：外国语卷：英语[M]. 北京：人民教育出版社，2001：11-16.
8>

5. 读本及默诵（memorizing）：各种简单句及复句，每课中择其最要而学生最易误解者，提出一二句，令学生默诵。

6. 习字：须勤练。

7. 发音及拼音练习：宜十分注重，养成发音正确，拼音无误之良好习惯。

8. 头字及句读练习：头字须注重，句读只须注重重句（period）；句读（comma）之用处尚少，约略讲解已足。

第二段

1. 识字：五百。

2. 文法：

详解一下诸项：（一）自动态，被动态，语气，时候；（二）冠词用法（a，an，the）；（三）词类仿句（phrases）及子句（clauses）之用法。句语分析法（analysis）。

3. 造句法：简单句。复句（每句不得过三子句）。简单成语（idioms）用法。

4. 作文：短段构造（short paragraphs）。

5. 会话及尺牍：简单而关于日常实用者。

6. 读本及默诵：简单而有异趣之故事及各种描写，每课择关于文法者，提出数句令学生默诵。

7. 习字：宜注重。

8. 发音及拼音练习：宜注重。

9. 句读练习：句读与重句并重。

第三段

1. 识字：七百。

2. 文法：详解各种文法。成语用法。

3. 作文：短段构造。短文（叙述及描写）。

4. 会话及尺牍：通常酬应，可以会话，游戏及经教师指导之短剧等，诱进其会话能力。

5. 演讲故事练习（story-telling）：由学生自己预备故事一小段，经教师改正后，令学生当众练习演讲，每人以一二分钟为限。

6. 读本及默诵：选读文学读本及各种科学、职业读本，择小段之佳者，令学生默诵分析。

7. 习字：仍宜注重。

8. 拼音法。

9. 句读法：可略述（，）（；）（：）（·）等。

高中：

甲、第一学期

1. 阅读（2学分）。

2. 作文（1学分。口述三分之二，笔述三分之一）。

3. 文法（1学分）。

4. 会话（包括在读作文法之内）。

乙、第二学期

1. 阅读（2学分）。

2. 作文（1学分，口述、笔述各半）。

3. 文法（1学分）。

4. 会话（包括在读作文法之内）。

丙、第三学期

1. 阅读（2学分）。

2. 修辞学（1学分）。

3. 作文（1学分，口述三分之二，笔述三分之一）。

4. 会话和补充阅读（包括在内）。

丁、第四学期

1. 阅读（2学分）。

2. 修辞学（1学分）。

3. 作文（1学分）。

4. 会话翻译和补充阅读（均包括在内）。

（三）教学时间：

初中：初级中学毕业，共需修满180学分，除必修科164学分外，其余16学分为选修课目。外国语这门必修科目学分为32。

高中：高中采用综合中学制度，分设普通科和职业科。普通科又分两组，第一组注重文学和社会科学，第二组注重数学和自然科学。第一组科目中，公共必修科目共有67学分，其中外国语为16学分。第二组科目中，公共必修科目共有64学分，其中外国语为16学分。[1]

从教学目的看，新学制颁布前英语科的主要教学目的是"通解外国普通语言文字，具运用之能力，并增进智识"。（1912年《中学校令施行规则》提出）即以掌握英语语言为中心，强调语言的实际运用；而新学制则根据初、高中不同阶段分设目标。在初中阶段，只要求学生掌握基本英语知识，强调日常用语；高中则明显对学生的各项英语能力提出了更高的要求。这种分级对待更加符合学生和社会的发展，有很明显的实用主义思想倾向。从教学内容看，新学制颁布前英语科的教学内容只是简单归纳为"发音、拼字、读法、译解、默写、会话、文法、习字、造句、文学要略"这几大类，而新学制则将初中英文教材分为三个段落，并将三个阶段的具体学习内容详细列举出来。

---

[1] 李良佑，张日昇，刘犁. 中国英语教学史[M]. 上海：上海外语教育出版社，1988：135-136.

二、新学制与英语教科书

1922年11月，中华民国北洋政府颁布了按照《学校系统改革案》规定的学制系统，史称"壬戌学制"，为区别于"壬子·癸丑学制"，又称新学制。这次学制改革是自1915年兴起的新文化运动在教育上反映出来的成果之一。这个学制除以后在学分制、课程设置及个别时期中、高中学制年限有所变动外，基本沿用至1949年。[1]1922年成立的新学制课程标准改革委员会，以及次年颁布的《中小学课程标准纲要》（以下简称《纲要》），在当时具有相当的代表性和权威性，所以各地均照此法施行。新学制及《纲要》的公布，结束了辛亥革命后教育上的混乱局面。[2]由此，英语课程发展进入了一个新的历史时期，英语教科书的内容也随之发生了巨大的变化。

新学制规定中学阶段（初中和高中）开设英语课。根据1923年公布的《中小学课程标准纲》要，初中必修科目课程及学分安排如下[3]（见表3-7）：

表3-7　初中必修科目及学分表

学科	社会科			言文科		算学科	自然科	艺术科			体育科		共计
科目	公民	历史	地理	国语	外国语			图画	手工	音乐	生理卫生	体育	
学分	6	8	8	32	36	30	16	12			4	12	164

而"壬戌学制"把高级中学分为普通科和职业科。普通科又分为两组，第一组注重学习文学和社会学；第二组注重数学和自然科学。高中科目课程及学分安排如下（见表3-8、3-9）：[4]

表3-8　高中　第一组科目及学分表

科目			学分
公共必修科目		国语	16
		外国语	16
		人生哲学	4
		社会问题	6
		文化史	9
		科学概论	6
		体育（卫生、健身、其他运动）	10
分科专修科目	必修科目	特设国文	8
		心理学初步	3
		伦理学初步	3
		社会科学之一种	4
		自然科学或数学之一种	6
		选修课目	32以上
		纯选修课目	30以下

[1] 李良佑，张日昇，刘犁. 中国英语教学史[M]. 上海：上海外语教育出版社，2004：135.
[2] 李良佑，张日昇，刘犁. 中国英语教学史[M]. 上海：上海外语教育出版社，2004：135.
[3] 李良佑，张日昇，刘犁. 中国英语教学史[M]. 上海：上海外语教育出版社，2004：135.
[4] 李良佑，张日昇，刘犁. 中国英语教学史[M]. 上海：上海外语教育出版社，2004：135-136.

表 3-9 高中 第二组科目及学分表

科目			学分
公共必修科目		国语	16
		外国语	16
		人生哲学	4
		社会问题	6
		文化史	6
		科学概论	6
		体育	10
分科专修科目	必修科目	三角	3
		高中几何	3
		高中代数	6
		解析几何大意	3
		用器画	4
		物理、化学、生理（学习二次）	12
		选修课目	23以上
		纯选修课目	30以下

　　根据1923年颁布的《中小学课程标准纲要》，我们不难发现：整个初中毕业需要修满180学分，其中必修科目为164学分。而外国语这门科目为必修科目，占36学分，约占整个初中必修科目学分总数的22%；占整个初中科目学分总数的20%，这个比例相对而言还是比较高的。而高中采用综合中学制度，分设普通科和职业科。普通科又分为两组，第一组注重文学和社会科学，第二组注重数学和自然科学。第一组科目中，公共必修科目共有67学分，其中外国语科目有16学分，外国语科目学分数约占公共必修科目总学分的24%；第二组科目中，公共必修科目共有64学分，其中外国语科目同样有16学分，外国语科目学分数占公共必修科目总学分的25%。

　　该学制对于初中和高中英语教科书中的教学内容前文已有列出。但是，外国语这门科目分量是否过重，尤其是该科目是否挤占了其他科目的分量，不少人在当时及以后相当长的一段时间内都提出了不同的看法。其中最有代表性的一种说法是"初中外国语最大之价值，在作升学之基础，绝不能希望学好；如在初中毕业后不升学，岂不是将外国语之时间完全虚掷了吗？国语之应用比外国语当然要广，……国语特别重要，此期初中课程国语反较外国语为少，这是我认为不解的"。[1]

三、新学制时期的英语教科书

（一）小学英语教科书

1.《中华高等小学英文教科书》

　　1912年教育部公布《普通教育暂行课程标准》前，中国新学堂用教科书以商务印书馆编写的为

[1] 李良佑，张日昇，刘犁. 中国英语教学史[M]. 上海：上海外语教育出版社，2004：137.

主。中华民国建立后，新的教育宗旨逐渐被确定，使得以往的教科书一时来不及新编或修改，因而并不适应教育新形势。这个千载难逢的机会被1912年元旦成立的中华书局抓住，推出一系列"中华教科书"，其中《中华高等小学英文教科书》由冯曦、吴元枚编纂，沈步洲、李文彬审阅。全书共4册。1912年由中华书局发行初版。每册定价银二角，五折实售一角。该书封面上方印有英文"THE ENGLISH READERS FOR COMMON SCHOOLS Vol. Ⅱ"，中间印有中文"中华高等小学英文教科书"。

这是在近代新式小学教科书中首次出现英语教科书，具有首创性意义。

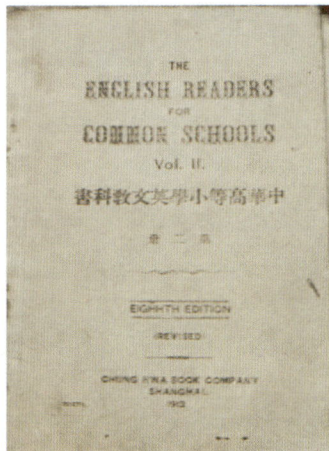

3—15

图3—15　《中华高等小学英文教科书》（第二册）封面，冯曦、吴元枚编纂，中华书局，1912年初版

2.《中华高等小学英文文法教科书》

《中华高等小学英文文法教科书》与《中华高等小学英文教科书》同属于中华书局出版的第一套教材——"中华教科书"系列。

《中华高等小学英文文法教科书》由沈步洲编纂，封面上方印有"英文文法教科书"；其上方注明适用对象为"中华高等小学"。第一册于1912年由中华书局发行初版。第一册定价二角五分，第二册定价三角五分。课文主要是通过单词的列举以及单词在句子中的不同用法来显现语法规则，最后需要学生进行翻译来检测其掌握程度。

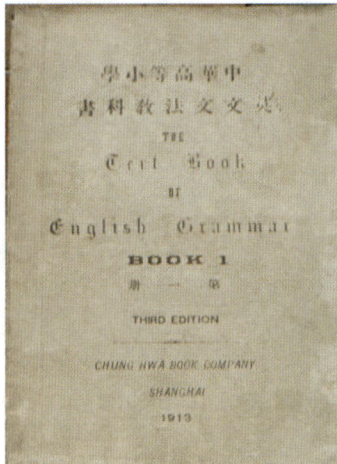

3—16

图3—16　《中华高等小学英文文法教科书》（第一册）封面，沈步洲编纂，中华书局，1912年初版

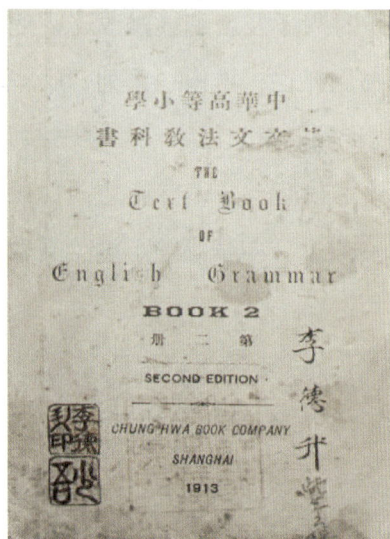

3-17

图3-17 《中华高等小学英文文法教科书》（第二册）封面，沈步洲编纂，中华书局，1912年初版

第一册的第1课课文主要内容如下（见表3-10）：

表3-10 第一册第1课主要内容

原文	翻译	原文	翻译
I	我	shop	商店
you	你；你们	come	来
he	他（指男）	go	去
she	她（指女）	from	从，自
it	它（指物）	to	到
a	一个	and	及，与

I come to a shop.	我来到一个商店。
I come from a shop.	我来自一个商店。
I go from a shop.	我从商店走过去。
I go to a shop.	我去了一个商店。
You come to a shop.	你来到一个商店。
He comes from a shop.	他来自一个商店。
You go from a shop.	你从一个商店走过去。
He goes to a shop.	他去了一个商店。
Translate into English.	把下列句子翻译成英文：
他从商店里去。	
他向商店里来。	

第二册是第一册的延伸，课文也是接着第一册编排，主要是通过单词的列举以及单词在句子、会话或段落中的用法进行对比来显现语法规则，最后需要学生进行翻译来检测其掌握程度。

第二册的第41课课文主要内容如下（见表3-11）：

表 3-11　第二册第 41 课主要内容

不依规则之比较

单词	比较级	最高级
好	很好	最好
坏	很坏	最坏
多	很多	最多
少	很少	最少

单音助动词

单词	比较级	最高级
快	更快	最快
勤	更勤	最勤
不久，快	更不久	最不久
近	更近	最近
迟	更迟	最迟
远	更远	最远
长，久	更长	最长
高	更高	最高

给老师的提醒：以上副词虽被用作形容词，但是其用法特征还是副词，他们都是高频使用词。

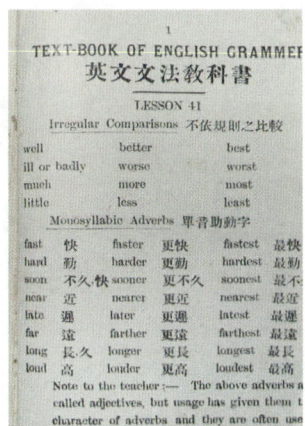

图3-18　《中华高等小学英文文法教科书》（第二册）第41课

3.《共和国民英文读本》

《共和国民英文读本》是由苏本铫编纂，邝富灼校订，商务印书馆于1913年初版。全书共6册。该书扉页上方印有"共和国民英文读本　第一册"，其上方印有"教育部审定"。中间印有相应的英文、作者与出版社名称。该书课文编排是先列出部分单词，接着展示该单词的用法。课文难度由浅入深，帮助学生对知识进行循序渐进地掌握，一定量的课程后有单词复习单元。

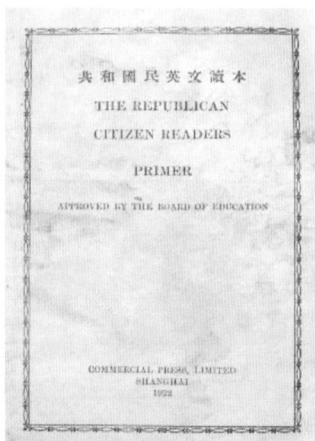

3-19

图3-19 《共和国民英文读本》（第一册）封面，苏本铫编纂，商务印书馆，1913年初版

该书的英文"序言"的主要内容为：

序言

自从中国对外贸易开放以来，英语作为几乎全球通用的商业语言，已经成为全国所有学校最重要的科目之一。读者在用的英语教科书主要是来自英国或美国。这些书虽然很好地适用于英美的学生，但是却不适合中国学生使用。这是因为这些书中为外国孩子所选择的故事，中国学生并不感兴趣，使用的习语和短语对于中国初学者来说也太难了。中国各书商最近出版的那些书也不是很令读者们满意，因为课文没有很好地进行选择和分级，长度也没有得到合理的安排。

针对这些严重的缺陷，我们编写了本系列读本。本套书中的课程都是为了让中国学生感兴趣而设计的，而且英语很简单明了，更容易理解。此外，这些课文包含许多智者的格言和道德准则，能够帮助读者成为20世纪的好公民。一些会话课和书信写作的模式也被引入本套书的课程之中，这无疑会激发学生们的学习兴趣。

尽管小心谨慎，这套书还是有许多不可预见的缺点，编者欢迎来自教育界的任何批评和评论，并将仔细斟酌、吸取意见。

上海高中学校，

南门，上海。1913年2月。

苏本铫

以第3课和第62课为例，课文内容如下：

第3课

一个 是 一个 若 在

我要去做。

做我做的事。

第62课

什么 哪一个 什么时候 但，然而

白色 谁的 谁 鲸鱼

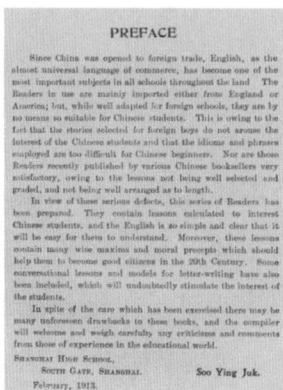

3-20

图3-20 《共和国民英文读本》（第一册）序言

你叫什么名字？

哪本书是他的？

你什么时候回家？

她是个好女孩，但他是个坏男孩。

这石灰是白色的。

这是谁的笔？

你想看见谁？

我看见海里有一头大鲸鱼。

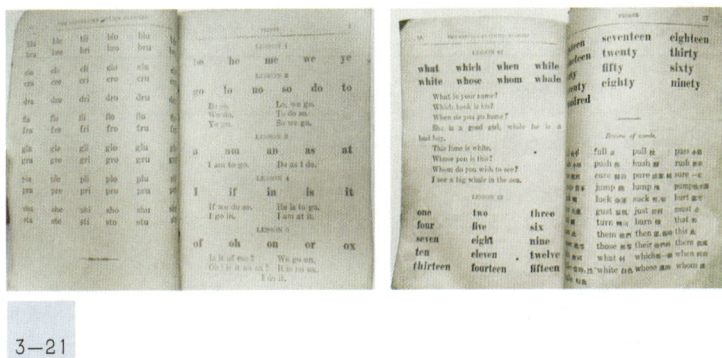

图3-21 《共和国民英文读本》（第一册）第3和第62课

《共和国民英文读本》（第二册）是由苏本铫编纂，邝富灼校订，商务印书馆于1914年初版。全书共6册。第二册课文以故事形式呈现，故事中蕴含道德情感，让学生潜移默化受到熏陶。此外，故事结束后有相应的问题，学生在回答问题的同时便于掌握知识，紧接着还有些许笔记和对应文章的单词短语表，方便学生学习和回顾。

该书目录的主要内容如下（见表3-12）：

表3-12 《共和国民英文读本》（第二册）目录

课次	题目	页码
第1课	生病的大象	1
第2课	两个孝子	2
第3课	枣椰树	3
第4课	男孩和李子	5
第5课	关于食物的问题	6
第6课	骡子和马	7
第7课	抓小偷	9
第8课	空气	10
第9课	三种学者	11
第10课	书信写作	13
第11课	鹦鹉	14
第12课	数英里的冰	15
第13课	如果你可以的话	16
第14课	如何有效阅读	18
第15课	课文	19

（续表）

课次	题目	页码
第16课	王子和囚犯	20
第17课	就业	22
第18课	狼	23
第19课	天鹅	25
第20课	集市对话	26
第21课	虚荣的牡鹿	27
第22课	马	29
第23课	狮子和公牛	30
第24课	老虎	32
第25课	写信	33
第26课	孔子	34
第27课	鲸鱼	36
第28课	松树	37
第29课	菲利普·西德尼爵士	39
第30课	说真话	41
第31课	茶和咖啡	42
第32课	乔治·华盛顿	43
第33课	孔雀	45
第34课	旅行者和狮子	47
第35课	关于健康的问题	48
第36课	拿破仑是如何穿越阿尔卑斯山的	50
第37课	犀牛	51
第38课	乌龟	53
第39课	干净	55
第40课	书信写作	57
第41课	熊	57
第42课	竹子	59
第43课	夜莺	61
第44课	绿洲	62

（续表）

第1课主要内容为：

生病的大象

一头大象的眼睛非常疼，已经失明三天了。主人问医生是否能为这只可怜的动物做点什么。医生说他要试试用于治疗人类眼疾的常用药。这只巨大的动物被迫躺下。治疗使眼睛变得"聪明"，大象"痛苦地咆哮"。

然而药的效果很好，大象的视力很快就部分恢复了。第二天，大象被带来，听到医生的声音它就躺下了，把它的大脑袋放在一边，缩起鼻子吸了一口气，就像一个病人一样。用完药后，它松了一口气，用鼻子和手势表示感激。

问题：1.大象生了什么病？2.主人问了什么？3.医生说他会尝试什么方法？4.大象被迫做了什么？5.这个针对眼睛的药有什么效果？6.大象做了什么？7.那药有什么用？8.大象第二天做了什么？9.用完药后大象做了什么？

第二节　新学制下的英语教科书

第1课 单词短语

动物	巨大
运用	主人
带来	成分
常	放松
治疗	治疗
病	复原
医生	嚎叫
吸气	标记
功效	一样
大象	聪明
姿势	感激
听	声音
然而	很棒

　　《共和国民英文读本》（第三册）是由苏本铫编纂，商务印书馆于1914年发行初版，定价大洋四角。第三册课文以故事形式呈现，故事中蕴含道德情感，让学生潜移默化受到熏陶。此外，故事结束后有相应的问题，学生在回答问题的同时便于掌握知识，紧接着还有些许笔记和对应文章的单词短语表，方便学生学习和回顾。

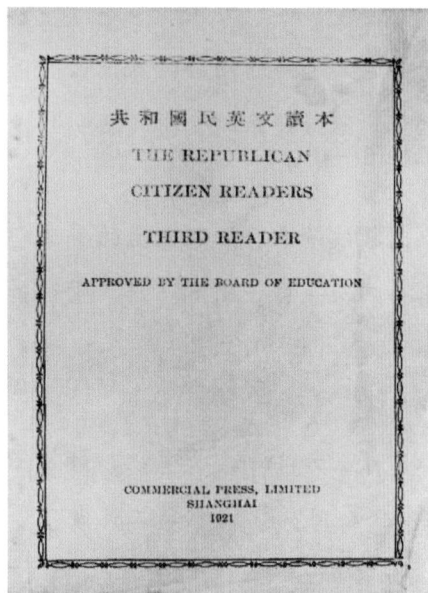

3-22

图3-22　《共和国民英文读本》（第三册）封面，苏本铫编纂，商务印书馆，1914年初版

该书目录的主要内容如下（见表3-13）：

表 3-13 《共和国民英文读本》（第三册）目录

课次	题目	页码
第1课	最好的珠宝	1
第2课	正确地应用知识	3
第3课	三件坏事	4
第4课	商人和骑骆驼的人	6
第5课	书信写作	8
第6课	鹰	9
第7课	伟大的阿尔弗雷特	10
第8课	英勇的农民	12
第9课	茶	14
第10课	三条规则	15
第11课	布谷鸟	16
第12课	所罗门王和蜜蜂	18
第13课	金属	20
第14课	勇敢的小荷兰人	22
第15课	书信写作	24
第16课	旧世界和新世界	25
第17课	寡妇的灯	27
第18课	狮子	29
第19课	棉花树	31
第20课	我们是兄弟	33
第21课	冰川	34
第22课	有礼貌	36
第23课	王子和法官	38
第24课	第一艘轮船	40
第25课	书信写作	42
第26课	两个诚实的人	43
第27课	有用的树	45
第28课	地表之下	48
第29课	旅行者的树	50

（续表）

课次	题目	页码
第30课	明天	52
第31课	北京的马车	53
第32课	山	55
第33课	丢失的骆驼	57
第34课	大象	60
第35课	书信写作	62
第36课	鸵鸟	63
第37课	冰山	65
第38课	钓鱼的鸟	68
第39课	丝绸是怎样制成的	71
第40课	试一下，再试一下	73
第41课	海狸	74
第42课	骆驼	77
第43课	鹳鸟	79
第44课	土豆	82
第45课	书信写作	85
第46课	钱	86
第47课	圣伯纳犬	89
第48课	牧羊犬	92
第49课	鹦鹉	95
第50课	黎明	98
第51课	关于希腊的谈话	99
第52课	气球	101
第53课	棕榈树	104
第54课	蛇	107
第55课	书信写作	109
第56课	狼	111
第57课	罗马	113
第58课	黄蜂	115
第59课	北美印第安人	118
第60课	夏日的一天	121

第1课主要内容如下：

最好的珠宝

一位富有的女士，她有许多漂亮的衣服和贵重的珠宝，她非常喜欢在公共场所穿戴它们，她认为这样会受到每个人的钦佩。

一天，她去拜访一位罗马夫人，向她展示了精美的珠宝，并告诉她这些珠宝是多么昂贵。但女士把那美丽的珠宝给那位罗马夫人看后，女士发现罗马夫人并不像她所期望的那样喜欢它们。

因此，她认为罗马夫人一定拥有一些更漂亮的珠宝，于是她请罗马夫人拿出来给她看看。

过了一会儿，罗马夫人牵着她的两个聪明的儿子走进屋子，把他们带到富有女士的面前，说："这就是我的'珠宝'。"

现在，如果我的读者希望他们的母亲也把他们称作"珠宝"的话，那他们就必须在家和在学校都表现得很好，这样父母才会认为他们是最棒的、耀眼的珠宝。

问题：这位富有的女士有什么？她喜欢做什么？她是怎么想的？她把她的珠宝给谁看？那位罗马夫人似乎没有做什么？富有女士怎么想的？她问了什么？那个罗马夫人的回答是什么？谁进来了？那个罗马夫人做了什么？读者怎么才能成为他们母亲的珍宝呢？那他们的父母会怎么看他们？这位罗马夫人叫什么名字？她的儿子叫什么名字？他们变成了什么？

笔记

罗马，在意大利台伯河畔，在古代是世界上最伟大的城市之一。

……

4.《改订新制中华英文教科书》

《改订新制中华英文教科书》一共三册，由中华书局出版，适用于高等小学校，是为适应当时所颁布的"壬子·癸丑学制"而编写的。

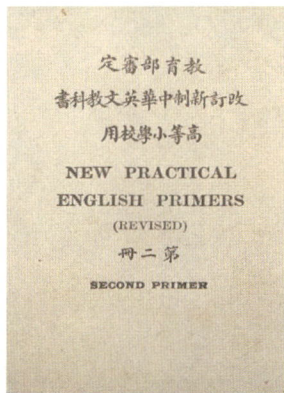

教育部审定

改订新制中华英文教科书

高等小学校用

NEW PRACTICAL
ENGLISH PRIMERS
(REVISED)

第二册

SECOND PRIMER

图3-23　《改订新制中华英文教科书》（第二册）封面，李登辉、杨锦森编纂，中华书局，1913年初版

该书为教育部审定用书，其"序言"的主要内容为：

建造一座具有永久价值的房子最重要的是建立坚实牢固的基础，这对教育也同样适用；许多学生在学习的过程中浪费了时间和精力，因为基础不牢，因为他早期的培训是有缺陷的。初学者只有在正确的学习方法指导下，才能获得坚实的基础。

我们的入门课程的目的是让初学者掌握最新的实践训练方法，从而使他们掌握正确的英语学习方法。本书的特色在于：（1）丰富的英语词汇与相对应的中文翻译；（2）单词的重音；（3）系统的构词法；（4）翻译实践训练；（5）习语和短语的解释。

我们相信，如果学生和老师能充分利用这本书，他们都能够有所收获。参加过这一系列课程的学生将完全有能力应付更难的英语学习。

我们的系列丛书特别适合已经掌握一定汉语知识的中国学生。虽然根据教育部的要求，本书主要用于小学最后一年，但也可以作为中学初级课程使用。无论是以上哪种情况下，都可以每学期使用本套教材的其中一册（根据教育部的新规定，学年分为三个学期）。

该书"编辑大意"的主要内容为：

本局前出之新制高等小学英文教科书，分量过重，核诸定章，高等小学英文一科，钟点綦少，深恐未能适用，因力图改良，重订是书。所用材料，均取诸前书，惟课数较前书为少（前书第一册三十二课后二册均十二课其数倍于本书）而内容编制益臻完善。藉以广裨学界，符精益求精之旨。

本书之要旨在造成学生习英文之基础，使具普通语言文字运用之能力，并增进其知识。

本书之体例，极为完备。每课附中西文翻译，以备学生日事练习，知翻译之门径。各课生字及成语俱注以最普通最确当之解释，长字则附以发音之记号。俾初学者，每读一课，于字句之意义，可以分析入微，毫无疑惑，以助其记忆之力。

本书之材料，取浅易而切于实用，且事事适合中华国民之用。与欧美读本之专合西童，印度读书专为英人教育属地人民而作者，绝然不同。

本书之分配，悉遵教育部新章，以学期之长短，定课数之多寡。全数凡三册，第一册十六课，后二册各十二课，适足高等小学校三学期之用。其有中学学生未习英文，即以此三册作补习英文之用，无不合宜。

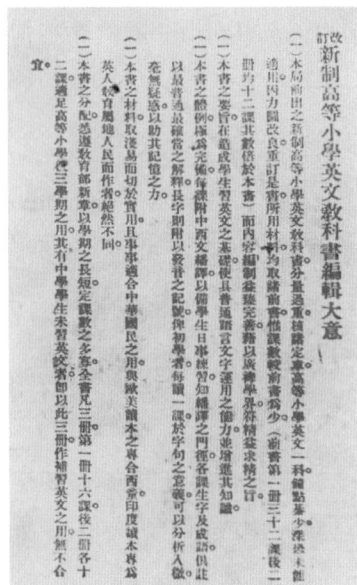

图3-24　《改订新制中华英文教科书》编辑大意

该书目录的主要内容如下（见表3-14）：

表 3-14　《改订新制中华英文教科书》（第二册）目录

课次	题目	页码
第1课	彗星	1
第2课	玫瑰	4
第3课	数字	7
第4课	雨	8
第5课	一个善良的男孩	11
第6课	秋天	14
第7课	我的手表	17
第8课	季节	19
第9课	男人与小男孩	23
第10课	去上学	25
第11课	诚实	28
第12课	铅笔刀	31

5.《中国英文读本》

留学英国5年的伍光建受到商务印书馆张元济的聘请，花了两三年时间，编写了中学的理科和英语两部教材。其中，英语教材从英语字母的发音和书写开始到英国文学作品选读，逐步加深难度，一共5册，称为《中国英文读本》。书的扉页还印有"教育部审定"和"高等小学校用"等字样。

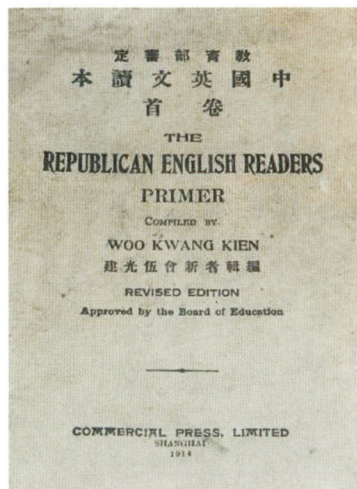

图3-25　《中国英文读本》（卷首）封面，伍光建编纂，商务印书馆，1914年初版

6.《新法英语教科书》

《新法英语教科书》（第一册）是由吴兴和周越然编纂，商务印书馆于1921年发行初版，定价大洋二角，外埠酌加运费汇费。本书注明为高等小学校使用。

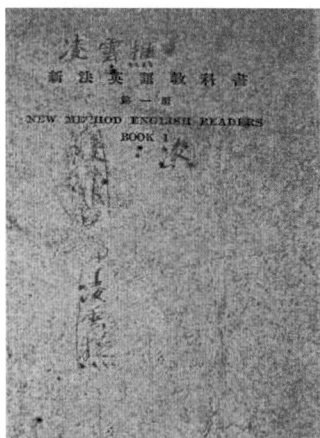

图3—26 《新法英语教科书》（第一册）封面，吴兴、周越然编纂，商务印书馆，1921年初版

　　《新法英语教科书》（第二册）是由吴兴和周越然编纂，商务印书馆于1922年发行初版，定价大洋二角五分，外埠酌加运费汇费。本书注明为高等小学校使用。

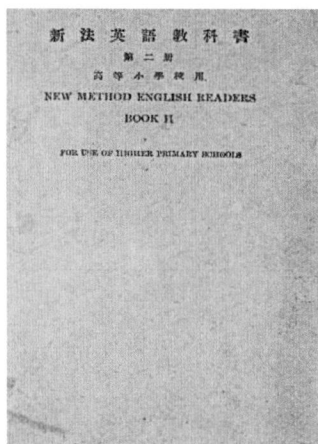

图3—27 《新法英语教科书》（第二册）封面，吴兴、周越然编纂，商务印书馆，1922年初版

　　《新法英语教科书》（第三册）是由周越然编纂，商务印书馆印刷并发行的英文教科书，封面上方为中文繁体书名"新法英语教科书　第三册"，并标明了其适用范围"高等小学校用"，中文下方为与之相对应的英文书名"NEW METHOD ENGLISH READERS BOOK Ⅲ"。扉页上方与封面一致，但是加上了该书适用范围的英文"FOR USE OF HIGHER PRIMARY SCHOOLS"，扉页中间是编著者的英文名，下方是出版社的英文名称。该书于1922年初版，单册定价为大洋三角五分。本书内容的选择对高等小学校的学生具有教导意义，加入了教导学生养成良好的生活习惯、讲卫生、加强身体锻炼的内容。这和当时的时代背景也具有一定的关系。

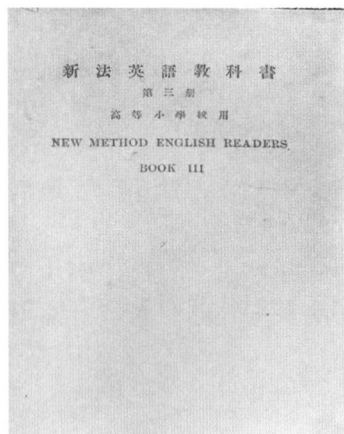

图3—28 《新法英语教科书》（第三册）封面，周越然编纂，商务印书馆，1922年初版

该书的版权页上方标有"新法英语教科书"及其英文"NEW METHOD ENGLISH READERS",下方标明"此书有著作权　翻印必究""新法英语教科书第三册""高等小学校用",以及详细的出版信息:编纂者为周越然,发行兼印刷者为商务印书馆。再下方是定价"大洋叁角伍分"且"外埠酌加运费汇费"以及出版时间。

该书英文"序言"的主要内容为:

这一系列的教材总共有三本,均是按照教育部的要求编制而成,供小学教育使用。每本书包含36课,每1课包含3个部分,如果每周教授一个课程,则每本书足够一学年使用。这一系列的教材采用了直接教学法,编写时重点放在教育部所要求的阅读、写作、句子结构和会话上。每节课后均给出了生词和短语的中文释义,书上给出了大量的图片以帮助学生理解。

第1课"READING"部分的文章"HEALTH",其主要内容为:

健康的人是幸福的,健康的人才可以学习和工作。一个人要想保持身体健康,就必须住在一个干净的房子里;他必须早睡早起,睡觉时打开窗户;他必须经常洗澡、讲卫生,吃健康的食物并且要多与同学交流、玩耍。身体健康是巨大的财富。

7. 《高级英语读本》

《高级英语读本》(第一册)是由芮听鱼、平海澜、程伯威编纂,世界书局印刷并发行的英文教科书,该书于1925年初版。封面上方有"新学制小学教科书"的字样,中文繁体书名"高级英语读本　第一册"和与之相对应的英文书名"HIGHER PRIMARY SCHOOL SERIES　NEW SYSTEM ENGLISH READERS　BOOK I"。扉页上的内容与封面类似,是英文书名、作者及印刷社的信息。书的版权页上方是详细的出版信息:编纂者是芮听鱼、平海澜、程伯威,印刷兼发行者是世界书局。每册定价银三角五分且"外埠酌加运费汇费",初版时间是1925年。

图3-29　《高级英语读本》(第一册)封面,芮听鱼、平海澜、程伯威编纂,世界书局,1925年初版

该书英文"序言"的主要内容为:

这一系列的英语教科书有两本,由三位经验丰富的老师进行编写,这两本书无疑对高等小学校英语教材具有很大的贡献。读了这本书,你会发现编著者们非常出色地把英语初学者所经历的这条荆棘之路变得更加美好、轻松。

这两本书共有80课。在这些课程中，只介绍那些在日常生活中最常用的单词和短语，并且这些单词和短语将会在本套书中频繁重复出现，因此即使是迟钝的学生也能够记住。

每本书的末尾会有带音标的词汇表，包含了课上的所有单词，这是本套书的一个特点，因为初学者在单词发音上常会遇到困难，而这些词汇表和音标会帮助他们克服这些困难。

为了帮助老师们管理课堂，这两本教材还提供了两卷教师手册，向老师提供了一些非常有用的建议，例如关于如何充分利用课后习题的有益建议等。

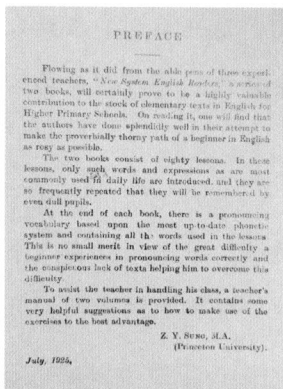

图3—30 《高级英语读本》（第一册）序言

该书"编辑大意"的内容为：

一、本书根据新学制小学外国语科"课程纲要"编辑，全书两册，供高级小学校两学年之用。

二、本书采用直观法编辑，间以辜恩氏Gouin之顺序演进法（Series Method），以合语学教学潮流。

三、本书取材第一册注重日常生活，第二册注重普通知识。教材较他书丰富，饶有伸缩余地，其有高初级并设，第四年即教学英语之小学，及高级小学之暂仍三年制者，本书亦适用。

四、本书课文由单句渐成段落，所用之单字习语及文法，时时重见；复习之机会既多，自无分量过重，难于消化之虞。

五、本书参酌Thorndike字表，所收日常习见之字在八百以上，每册之末，将用过之单字习语汇列成表，以便检查。

六、Phonetic Symbols为语学注音利器。江苏师范附小联合会第十二届常委会议决，谓各书局编辑语音字典，以备各校采用。本书语汇，悉用Phonetic Symbols注音，以便教学。

七、读音拼法为语学根基，逐课均应练习，本书不列入课文，以便教员随时活用。发音较难之字，另于教授书中析其音素，加以说明。习字一项，本书主教员于黑板示范，令学生临摹，入后可应用字帖课外练习。

八、本书附有教学法二册，内载语言教学一般的法则及各课教学要旨，以备教员参考之用。

该书第1课的主要内容为：

I. This is a book.　　　　这是一本书。

This is a pen.　　　　这是一支钢笔。

This is a pencil.　　　　这是一支铅笔。

This is a slate.	这是一块石板。
This is a bag.	这是一个包。
This is a box.	这是一个盒子。
This is a map.	这是一张地图。

Ⅱ. 填空

_____ is a book._____ _____ a bag.

This _____ a pen. This _____ _____ box.

This is _____ pencil. _____ is _____ map.

This is a _____ . _____ is a _____ .

 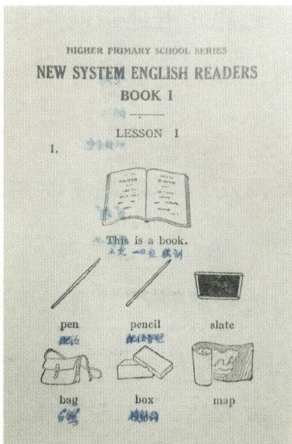

3—31

图3—31 《高级英语读本》（第一册）编辑大意及第1课

（二）中学英语教科书

1.《共和国教科书中学英文法》

《共和国教科书中学英文法》由邝富灼编纂，商务印书馆于1913年发行初版。全书共四册，其中第三学年定价大洋二角四分。以第三学年为例，该书封面框正中印有粗体大字"中学英文法"；其上印有"教育部审定"和"共和国教科书"；其下印有"第三学年"。接着是对应的英文。该书是练习书，全书以练习题为主，课文以解释语法为开始，接着进行练习，练习分几个部分，题型和难度都有所变化。

3—32

图3—32 《共和国教科书中学英文法》（第三学年）封面，邝富灼编纂，商务印书馆，1913年初版

该书英文"序言"的主要内容为：

根据教育委员会最近颁布的规定，中学四年都要学习英语语法。这个系列的英语语法教科书正是为了满足本学科的要求而设计的，每一学年对应一册书。

整个系列都遵循同心法和逻辑顺序的原则，每项原则都在书中作出了详细的解释，并举例进行说明。本套书的重点放在语法规则的应用上，因此必须由学生自己完成练习；而且在说明性句子以及练习中所使用的主题均是中国学生所熟悉的，这有助于引起学生们的兴趣；并且在所有的练习中，都使用了具有针对性的、清晰简洁的表达。本系列书中还特别强调了学习动词的重要性，并相应调整了难度。

第一年：教学大纲中要求的教学内容包括发音、拼写、阅读、翻译、口述、对话、语法和书法。考虑到英语课程的学习难度，以及学生在进入中学之前只上过一两年英语课的事实，使用简单和非术语性的语言是这本书的特点，以此确保学生能够轻松地完成练习。相应的解释和阐述性文字将附在书的后面。

第二年：开始系统的语法学习，但只学习影响最大以及对口语最重要的那部分知识。由于这一计划的明确性和精确性，所以本册书采用了演绎法进行教学。

第三年：和第二年的书一样，本册书中对内容的定义和解释尽可能的简单。在词形变化、分类和语法方面的内容教授上，本册书的影响远比同系列的前两册更深远。

第四年：当学生开始学习这本书时，他们已经学了四五年的英语，因此他们对这门语言已有了相当的了解。所以，我们"母语"系列第二册中的词形变化、分类及语法内容已改编成这册书，这册书中涉及的这些内容将比同系列前几册更深入；其次，这册书包含了英语中所有的重要内容的教学。附录还包括标点规则和大写字母的使用规则、to be和to strike的变位规则、不规则动词列表和句法规则等内容。

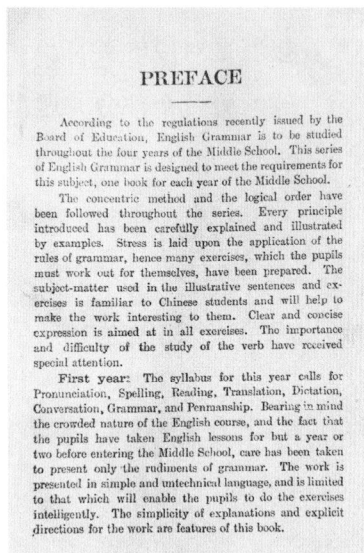

图3-33　《共和国教科书中学英文法》（第三学年）序言

该书（第三学年）目录的主要内容如下（见表3-15）：

表 3-15 《共和国教科书中学英文法》（第三学年）目录

课次	题目	页码
名词		
第1课	专有名词和共有名词	1
第2课	抽象名词	2
第3课	共有名词	3
第4课	名词的性	5
第5课	数量名词	7
第6课	名词案例	8
第6课 第1节	主格例子	9
第6课 第2节	所有格例子	10
第6课 第3节	宾格例子	11
代词		
第1课	人称代词	14
第2课	疑问代词	18
第3课	关系代词	19
第4课	指示代词	22
形容词		
第1课	形容词的分类	24
第2课	形容词的比较	29
动词		
第1课	主语和谓语	34
第2课	及物动词和不及物动词	35
第3课	补足语	37
第4课	语态	39
第5课	时态	45
第6课	人和数的动词	47
第7课	发音	48
第8课	动词不定式	51
第9课	分词	53
第10课	连系动词	55
第11课	辅助动词	57

（续表）

课次	题目	页码
第12课	规则动词和不规则动词	59
第13课	动词进行时形式	61
第14课	动词强调形式	62
副词		
第1课	副词的分类	65
第2课	关系副词和疑问副词	67
第3课	比较副词	69
介词		
	介词	71
连词		
	连词	74
短语		
	短语	77
从句		
第1课	从句	80
第2课	名词从句	82
句子		
第1课	陈述句、疑问句、祈使句、感叹句	84
第2课	简单句、复合句、复杂句	85
第3课	迂回句	89
第4课	主谓句	91
第5课	主语修饰语	94
第5课第1节	所有格修饰	96
第5课第2节	同位语修饰	97
第6课	谓语修饰语——形容词性修饰	100
第7课	其他修饰语	102
第8课	句子中不完整的部分——介词、呼格、感叹实词	104
分析和解析		
	分析和解析	107
附录		
	动词的结合	111
	不规则动词表	116

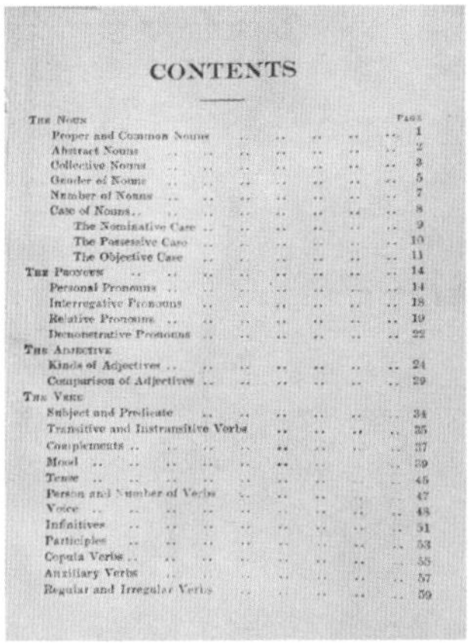

CONTENTS

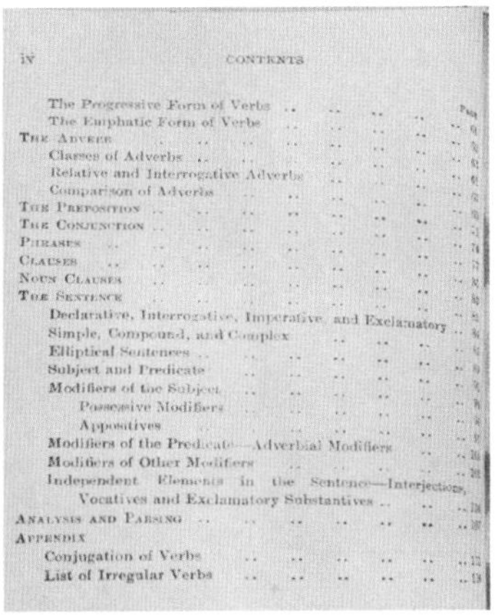

iv CONTENTS

3-34

图3—34　《共和国教科书中学英文法》（第三学年）目录，书影

以第1部分第1课为例：

专有名词和共有名词

1. 专有名词是指特定的人、事或物的名词。比如：

王上周四去了学校。

2. 共有名词是指一类人、事或物的名词。比如：

有一天，一个男人到城市里去了。

对比一下“王”和“一个男人”，我们可以看到“王”是指一个特定的人，“一个男人”可以指任何一个男人。因为“王”是一个人自己的名字，所以叫作专有名词，而“一个男人”是一类人的统称，所以叫共有名词。“东吴”是指一个特定的地点，所以它是一个专有名词，但是“城市”可以指任何一个城市，因此被称作共有名词。同样的道理，“周四”是一个专有名词，但是“有一天”是一个共有名词。

练习1

用下列单词造句并指出该单词是专有名词还是共有名词。

Chang青稞酒　Monday周一　Tientsin天津　day天

Japan日本　war战争　bird鸟　Mei梅（人名）

paper纸　bamboo竹子　flower花　Mencius孟子

《共和国教科书中学英文法》（第四学年）是由邝富灼编纂，商务印书馆于1913年发行初版，全书共4册，每册定价大洋四角，外埠酌加运费汇费。该书封面框正中印有粗体字“ENGLISH GRAMMAR FOR MIDDLE SCHOOLS（中学英文法）”；其上印有“教育部审定”“共和国教科书”“第四学年”。该书是练习册形式，整书以练习题为主，课文以解释语法为开始，接着进行练习，练习分几个部分，题型和难度都有所变化。

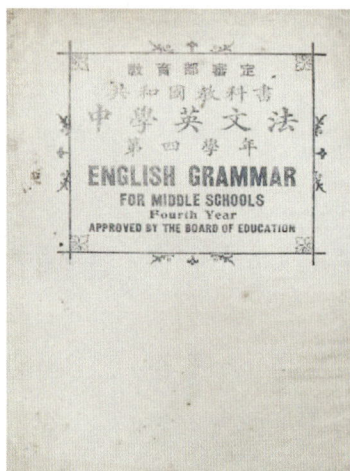

3—35

图3—35 《共和国教科书中学英文法》（第四学年）封面，邝富灼编纂，商务印书馆，1913年初版

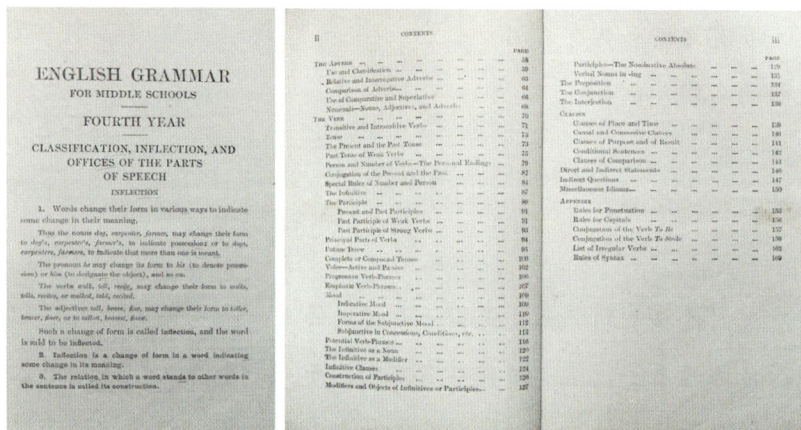

3—36

图3—36 《共和国教科书中学英文法》（第四学年）目录

该书"序言"内容与其他册相同，其目录主要内容如下（见表3—16）：

表 3—16 《共和国教科书中学英文法》（第四学年）目录

课次	题目	页码
	词性	1
名词		
第1课	专有名词和共有名词	2
第2课	名词的特殊分类	4
第3课	名词的性	6
第4课	数量名词	9
	不规则数量名词	11
第5课	名词的案例	15
	主格的使用	16
	所有格名词的形式	19
	宾格使用形式	22

（续表）

（续表）

课次	题目	页码
第5课	动词的人和数——人结尾	79
第6课	现在时和过去时的结合	82
第7课	数量和人的特殊规则	84
第8课	不定式	87
第9课	分词	89
	现在分词和过去分词	91
	弱过去分词	91
	强过去分词	93
第10课	动词原则	94
第11课	将来时	95
第12课	完成时和复合式	100
第13课	语态——主动和被动	102
第14课	进行时动词短语	106
第15课	强调动词短语	107
第16课	语态	109
	指示语	109
	强调语	110
	虚拟语气的形式	112
	虚拟语气的让步、条件等等	113
第17课	潜在动词短语	116
第18课	不定式做名词	120
第19课	不定式做其他词性	122
第20课	不定式短语	124
第21课	分词构建	126
第22课	不定式和分词的修饰和宾格	127
	分词——主格形式	129
	以ing结尾的动名词	131
第23课	介词	134
第24课	结合词	137
第25课	感叹词	139

（续表）

课次	题目	页码
	状语	
第1课	时间和地点状语	139
	因果从句和让步从句	140
	目的和结果状语	141
	条件句	142
	比较短语	144
第2课	直接和间接表述	146
第3课	间接问题	147
第4课	无规则习语	150
	附录	
第1课	标点符号的规则	153
第2课	大写的规则	156
第3课	动词to be 的结合	157
第4课	动词to strike 的结合	159
第5课	不规则动词表	162
第6课	句法规则	169

以第1部分及第1课为例：

中学英语语法第四学年

词语的屈折变化

1. 词语以各种方式改变其形式，以表示其语义的某种变化。

例如，名词"狗""木匠""农民"，可以改变它们的形式，使其意思变为"狗的""木工的""农民的"，以表示该名词所拥有的事物，以此来表示一只或一个的意思。

代词"他"可以把其形式变为"他的（表示占有）"或"他（表示宾语）"等等。

动词"走""告诉""背诵"，可以改变其形式，变为表示该词的第三人称形式，或改为该词的过去时形式。

形容词"高的""勇敢的""好的"，可以改变其形式，变为"更高的""更勇敢的""更好的"或者变为"最高的""最勇敢的""最好的"。

这种形式上的改变叫"屈折变化"，Inflection就叫作"屈折"。

2. 屈折变化是一个词的形式变化，以表明其含义发生了某种变化。

3. 句子中一个词与另一个词的关系，被称为结构关系。

2.《实习英语教科书——语言练习》

《实习英语教科书——语言练习》是由盖葆耐编纂，吴继杲注释，商务印刷馆于1915年印刷发行初版。该套教材共5册，此为第一册。本教材的分发行者为商务印书馆，印刷所为上海北河南路北首宝山路商务印书馆，总发行所为上海棋盘街中市商务印书馆，分售处多达30多处：北京、天津、保定、吉林、龙江、济南、太原、开封、洛阳、西安、南京、杭州、兰溪、安庆、芜湖、南昌、汉口、长沙、常德、衡州、成都、重庆、泸州、福州、广州、潮州、香港、桂林、梧州、云南、贵阳、张家口及新加坡商务印书馆等。书内附有定价"第一册定价大洋陆角"。左下方注明"此书有著作权　翻印必究"。

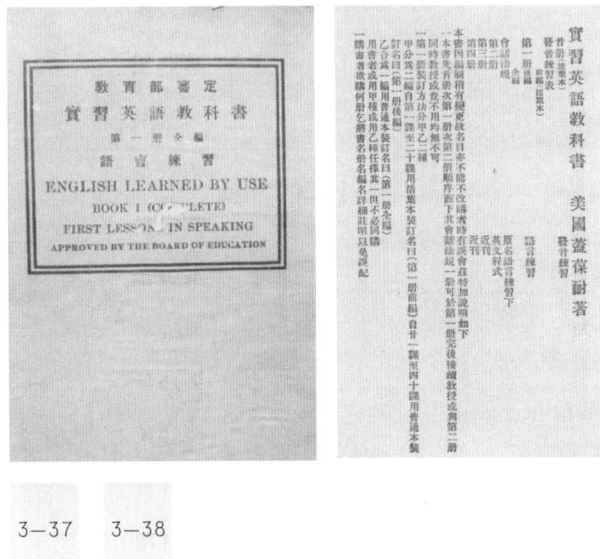

3—37　3—38

图3-37　《实习英语教科书——语言练习》（第一册全编）封面，[美]盖葆耐编纂，吴继杲注释，商务印书馆，1915年初版
图3-38　《实习英语教科书》编辑大意

该书"编辑大意"的主要内容为：

首册（活页本）——发音练习

发音练习表——前编（活页本）

第一册后编——语言练习

会话法规——原名语言练习下

第二册——英文程式

第三册——近刊

第四册——近刊

本书因编制稍有变更，故名目亦不能不改。购者时有误会，兹加说明如下：

一本书先首册，次第一册，次第二册，顺序而下。其会话法规一册，可于第一册完后接续教授或与第二册同时教授，或竟不用，均无不可。

第一册装订方法分甲、乙二种：

甲分为二编，自第一课至二十课用活页本装订，名曰（第一册前编）；自廿一课至四十课用普通本装订，名曰（第一册后编）。

乙合为一编，用普通本装订，名曰（第一册全编）。

用书者或用甲种或乙种任择其一，但不必同购。

购者欲购何册，乞将书名册名编名详细注明，以免误配。

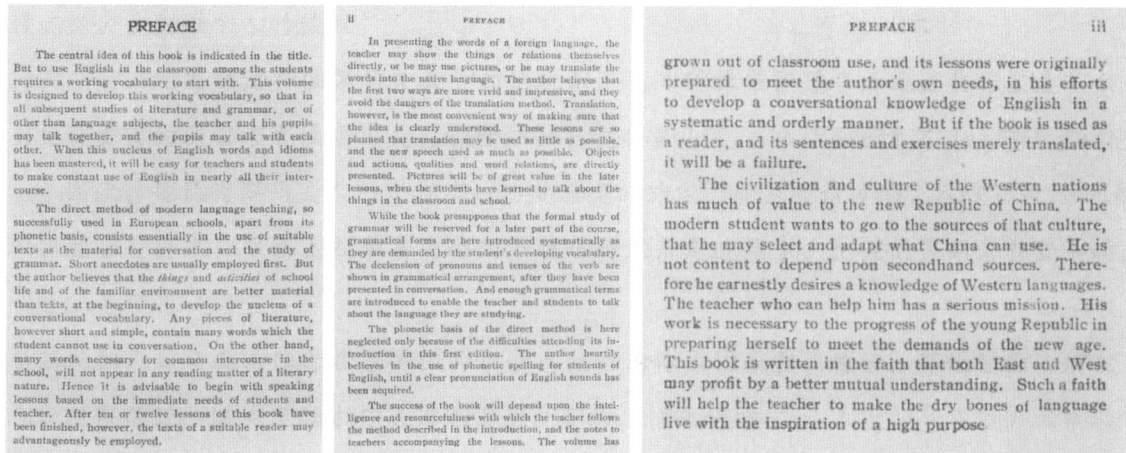

3—39

图3—39　《实习英语教科书》序言

该书"序言"的主要内容为：

这本书的中心思想在书名中已有说明。但学生要在课堂上使用英语，首先需要一个实用的词汇表。本卷旨在发展这一词汇表，以便在随后所有的文学和语法学习中，或者在语言学科以外的所有学习中，教师和学生以及学生和学生之间可以彼此交谈。一旦掌握了这些核心的英语词汇和习语，教师和学生就很容易在日常交流中经常使用英语。

教授现代语言最直接的方法，除了在于学习语音学基础之外，还在于使用合适的文本作为会话和语法学习的材料，这在欧洲的学校中也得到了成功的应用。通常先作为材料使用的是一些短篇的轶事。但笔者认为，学校生活以及熟悉环境中的事物和活动都是更合适的学习材料文本，有利于学生在一开始就积累适合交际的核心词汇。任何一部文学作品，无论多么简短，都包含着学生无法在对话中使用的词汇。另一方面，在学校日常交流的许多词汇也通常不会出现在文学作品中。

因此，根据学生和教师的直接需要，建议从演讲开始进行学习。学习完这本书的10或12节课之后，读者们将能够更好地使用学习材料。

在教授一门外语的单词时，教师可能会直接拿出单词代表的事物进行展示，并说出单词之间的关系；或者他可能会使用图片进行展示，也可能将单词翻译成母语来教学。编者认为前两种方法更生动，更令人印象深刻，是确保学生能够清楚理解的最方便的方法，并且也避免了因翻译方法不对而产生的错误。本书中课程的编写目的就是让学生尽可能少地使用母语翻译，而尽可能多地去使用新的语言进行对话，因此本书中教授的物品、动作、质量等单词，以及词之间的关系都是直接用外语呈现的。另外，图片在学生的课堂学习以及课外交谈中都是非常有价值的。

第一节　新学制下的英语教科书

虽然本书假设学生们将会在完成本书的课程后，才会进行语法的正式学习，但本书中仍然系统地介绍了语法的各种形式，因为它们对于帮助学生拓展词汇的作用也非常的重要。代词和动词时态的变化等语法在学生的对话中也会涉及，因此引入足够的语法术语，将使教师和学生能够顺利地使用这门语言。

本书放弃了直接学习英语语音基础的教学方法，因为在第一版中引入这种直接教学法时，发现教师和学生在教学与学习中遇到很大的困难。编者衷心地希望，学生在学会清晰的英语发音之后，就能够根据语音进行英文拼写。

使用这本书进行教学是否成功，将取决于教师是否有遵循导言中所描述的方法并明智地使用课程附带的教师笔记。

这本书的内容已超出了课堂使用的范围。本课程最初是为满足编者自己的需要而准备的，编者努力以一种非系统性但有序的方式来编排英语会话课程。如果这本书中的句子和练习仅仅是被读者翻译成母语来使用，这将是一种失败。更有价值的用法是从本书中更多地了解西方国家的文明和文化，学生应尽可能地自己去接触所有文化的源头，不要满足于二手的资料，以便从中选择出更能适应中国的、中国可以学习并使用的内容。

因此，教授英语的教师们有一个严肃的使命，他们的工作对于国家的进步来说是非常必要的，英文的教学将使这个国家能够准备好迎接新时代的要求。这本书就是基于这样一种信念而编写的：东西方都可以从更好的相互理解中受益。这种信念将有助于教师们带着更崇高的目标来生活，枯燥的语言教学也就没有那么单调了。

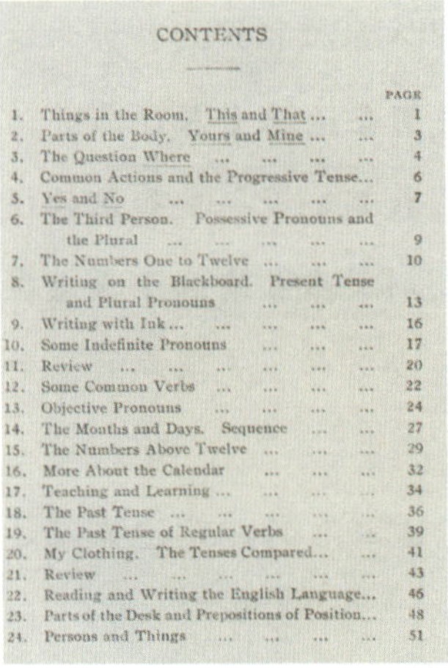
CONTENTS

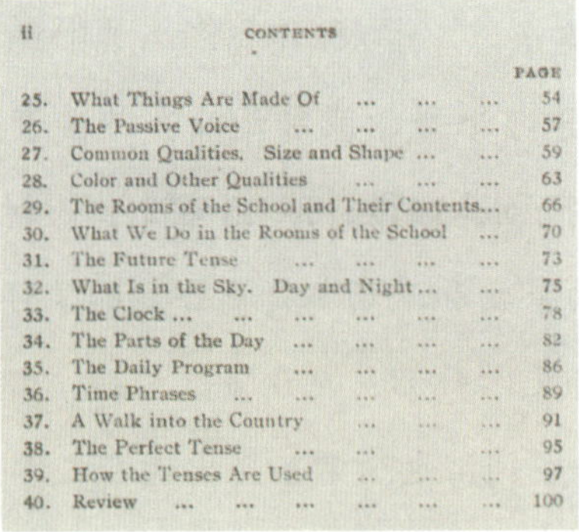
ii　CONTENTS

3–40

图3–40　《实习英语教科书——语言练习》（第一册）目录

表 3–17　《实习英语教科书——语言练习》（第一册）目录

课次	题目	页码
第1课	房间里的东西——这个和那个	1
第2课	身体部位——你的和我的	3
第3课	问题——在哪里	4
第4课	常见的动作及进行时态	6

（续表）

课次	题目	页码
第5课	是与否	7
第6课	第三人称——名词所有格及复数	9
第7课	数字一到十二	10
第8课	写在黑板上——现在时态及复数代词	13
第9课	用墨水书写	16
第10课	不定代词	17
第11课	复习	20
第12课	常用动词	22
第13课	宾语代词	24
第14课	月份和日期——按顺序排列	27
第15课	十二以上的数字	29
第16课	更多关于日历的知识	32
第17课	教与学	34
第18课	过去时态	36
第19课	规则动词的过去时态	39
第20课	我的衣服——时态比较	41
第21课	复习	43
第22课	用英语阅读和写作	46
第23课	桌子的部分和介词的位置	48
第24课	人与物	51
第25课	事物的组成部分	54
第26课	被动语态	57
第27课	常用的性质词语——尺码与形状	59
第28课	颜色和其他性质	63
第29课	学校里的房间及里面的东西	66
第30课	我们在学校教室里做什么	70
第31课	将来时态	73
第32课	天空有什么——白天与黑夜	75
第33课	时钟	78
第34课	一天的组成部分	82
第35课	日常活动	86
第36课	时间短语	89
第37课	在乡村散步	91
第38课	完成时态	95
第39课	时态的用法	97
第40课	复习	100

3. 《英文造句教科书》

　　《英文造句教科书》是由张季源编纂，张世鎏校订，商务印书馆发行并印刷的英文教科书，实价为大洋三角。本书封面简洁，印有本书的中英文书名"英文造句教科书"及"A TEXT-BOOK OF SENTENCE FORMATION"。本书课文结构分为三部分：第一部分是词汇的呈现，包括英文词汇和中文释义，有助于学生理解词义；第二部分是语法规则，教授学生造句所需的语法知识；第三部分是练习，让学生将所学的词汇和语法应用于造句，巩固所学。

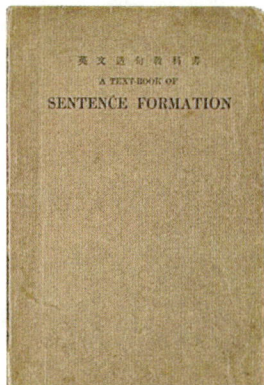

3—41

图3—41　《英文造句教科书》封面，张季源编纂，张世鎏校订，商务印书馆，1917年初版

　　该书"序"的主要内容为：

　　本书凡三十课。每课分单字、文句、讲义、规则、练习、翻译等节。于文法原理，阐发无遗。前分期刊载于英语周刊，学者莫不以先睹为快。盖编辑者张君季源，在上海大同学院教授英文有年，本其心得，发为著述，故能言之亲切而有味也。今由本馆发刊为单行本。所有答案，另刊小册，夹入书中。可暂由教师保藏，俟练习各课肆业既毕，再以发给学生。则此书之有合于中学校英文造句教科之用，为何如哉。爰乐为之弁言如此。

江浦张世鎏

4. 《实用英文法教科书》

　　《实用英文法教科书》由赵本善编纂，商务印书馆于1918年9月发行初版。定价大洋九角，外埠酌加运费汇费。该书封面简洁大方，上方印有"实用英文法教科书"，下方印有对应英文"PRACTICAL ENGLISH GRAMMAR FOR CHINESE STUDENTS"。扉页与封面一致，中间印有编者信息，下方印有出版社信息。

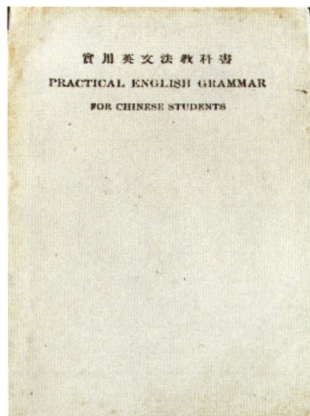

3—42

图3—42　《实用英文法教科书》封面，赵本善编纂，商务印书馆，1918年初版

5. 《英语模范读本》

　　《英语模范读本》系列教科书是由吴兴、周越然编纂，1918年由商务印书馆印刷并发行初版的英文教科书。封面上方为中文繁体书名"英语模范读本　第一册"和与之相对应的英文书名"MODEL ENGLISH READERS BOOK I"，下方是商务印书馆的英文"THE COMMERCIAL PRESS, LIMITED"。书的版权页下方标明"此书有著作权　翻印必究"，以及详细的出版信息：编纂者为吴兴和周越然，发行兼印刷者为商务印书馆。布面书籍的定价是大洋八角，纸面书籍的定价是大洋六角，且外埠酌加运费汇费。

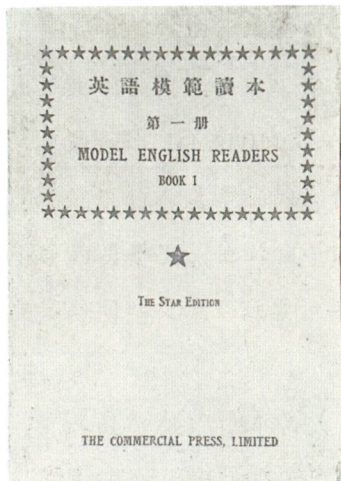

图3-43　《英语模范读本》（第一册）封面，吴兴、周越然编纂，商务印书馆，1918年初版

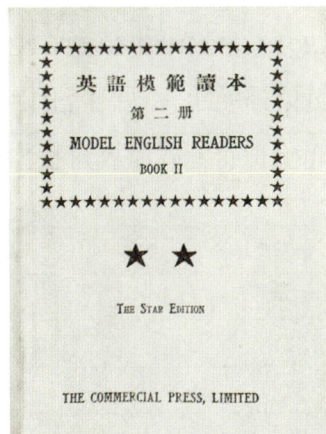

图3-44　《英语模范读本》（第二册）封面，周越然编纂，商务印书馆，1918年初版

　　民国初期课程标准并未明确教科书编写应使用哪种英语教学法，但民初的中学自编英语教材多采用翻译法，翻译法着重教授书面语和文学名著，偏重于阅读。1922年颁布新学制英语课程标准，明确指出了应用直接法进行英语教学，我国的英语教学逐渐由理论上升为实践。《英语模范读本》系列教科书就是为适用于采用直接法进行英语教学而编写的。

该书"通用指示"的主要内容如下（见表3-18）：

表 3-18　《英语模范读本》（第二册）通用指示

内容	内容
R=阅读	D=听写
C=会话	L. W=写信
G=语法	W. B=构词法
S. R=略读	I=口译
S. F=句子构成	P. S=诗和歌

该书"语法指示"的主要内容如下（见表3-19）：

表 3-19　《英语模范读本》（第二册）语法指示

内容	页码
部分讲演	51
名词	3
共有名词	3
专有名词	3
动名词	107
单数	7
复数	71
男性	71
女性	71
中性	71
通性	71
主格形式	67
所有格	67
宾格	67
形容词	31
文章	31
比较的程度	75
代词	15
人称代词	15，63
关系代词	111
疑问代词	115
先行词	111
词性	71
（语法的）格	71
动词	11

（续表）

内容	页码
动词短语	11
规则动词	91
不规则动词	91
及物动词	27
不及物动词	27
连接动词	59
现在时态	11
过去时态	11
将来时态	11
现在完成时	91
过去完成时	91
将来完成时	91
现在进行时	87
过去进行时	87
将来进行时	87
主动语态	55
被动语态	55
直接宾语	27
间接宾语	27
be的用法	59
现在分词	83
过去分词	103
动名词	107
副词	35
疑问副词	119
比较等级	75
连词	45
介词	39
介词短语	39
感叹词	47
句子的转置顺序	99
大写字母的使用	3，18
标点符号	123，127
缩写和省略	127
前缀和后缀	120

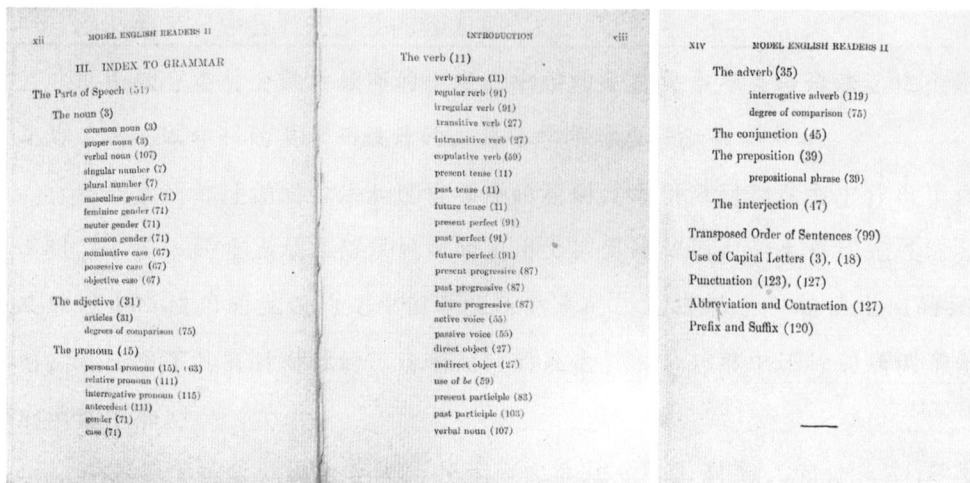

3—45

图3—45 《英语模范读本》（第二册）语法指示

第1课的主要内容为：

第1课

第1节（阅读）

轮船与小艇

你看见那艘轮船和小艇了吗？轮船是大的但是小艇小小的。

由蒸汽推动前行的轮船被称作蒸汽轮船；由蒸汽推动前行的小艇叫蒸汽小艇。一艘蒸汽轮船也可能被称作汽船，蒸汽小艇也许被称作汽艇。

大的蒸汽轮船在海上，她可以穿过海域。小艇就在她的附近。

你看见烟囱冒出烟了吗？

许多男人、女人、男孩、女孩站在蒸汽轮船的甲板上，他们都是要去美国的。

他们必须穿过海峡去美国，所以他们必须乘坐蒸汽轮船去穿过海峡。

大海的身体是由水组成的，水在大海里呈蓝色。

习语和词形变化

1. 蒸汽让蒸汽轮船移动。

2. 许多男人在蒸汽轮船的甲板上。

3. 她在海上。

4. 海的身体大部分是水。

5. 海水是蓝色的。

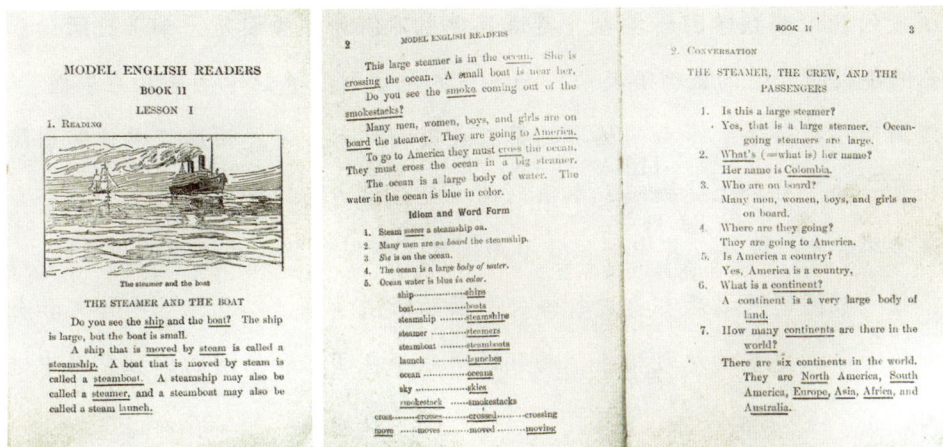

图3-46 《英语模范读本》（第二册）第1课内容

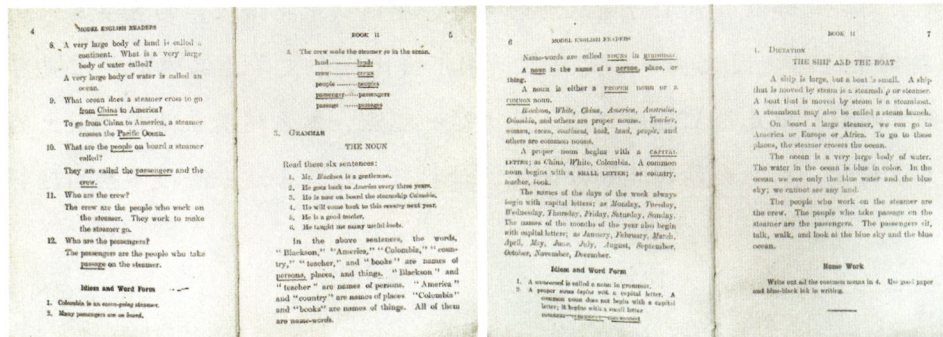

6. 《英文读本文法合编》

《英文读本文法合编》（第一册）是由胡宪生、美国的哈亨利（H.L.Hargrove）编纂，商务印书馆于1923年发行初版，定价大洋六角，外埠酌加运费汇费。该书课文由阅读、发音及书写练习构成。

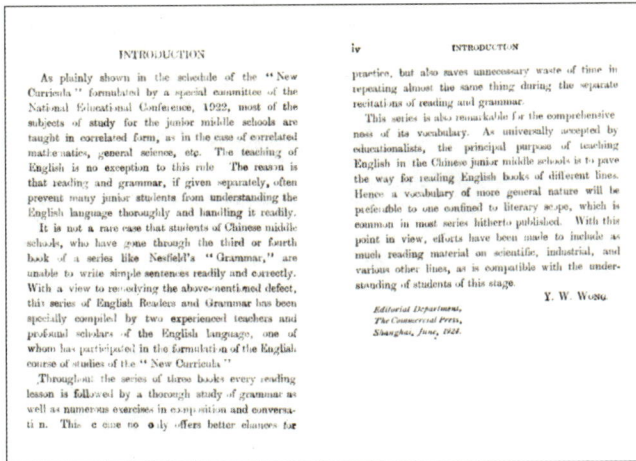

图3-47 《英文读本文法合编》（第一册）封面，胡宪生、[美]哈亨利编纂，商务印书馆，1923年初版
图3-48 《英文读本文法合编》（第一册）导言

该书"导言"的主要内容为：

正如1922年全国教育会议的一个特别委员会制定的"新课程"时间表所表明的那样，初中的大

部分学科都是以相关形式讲授的，例如数学、科学等。英语教学也不例外。原因是，如果把阅读和语法分开，往往会阻碍许多低年级的学生彻底理解英语，而书中的做法则能够让学生更容易掌握。

中国的中学生读了《涅斯菲尔德语法》等系列丛书的第三或第四部，却不能快速正确地写出简单的句子，这种情况并不少见。为了弥补上述缺陷，本系列的《英语读者与语法》由两位经验丰富的英语教师和渊博的英语语言学者专门编写，其中一位曾参与制定"新课程"的英语课程内容。

在这三本书的系列中，每一节阅读课之后都要进行一次全面的语法学习，以及大量的作文和会话练习。这个安排不仅可以给予学生更多的练习指导，而且还避免了在阅读和语法的单独复习中进行重复的练习，节省了时间。

这个系列的词汇也非常全面。正如教育家们普遍认为的那样，中国初中英语教学的主要目的是为阅读各种类型的英语书籍铺平道路。因此，一个更日常的词汇将比一个文学作品内的词汇更可取，这在大多数迄今出版的系列教材中是很常见的做法。基于这一观点，本系列图书做出了最大的努力，收入了尽可能多的关于科学、工业和各种其他方面的阅读材料，以符合这一阶段学生的理解能力。

Y.W.WONG

该书"编辑大意"的主要内容为：

这套初中教材含有三册图书，每学年一册。第一本书也可用于高年级小学，涵盖小学最后两年的学习，相当于初中第一年的课程。因此，已经学过第一本书或同等内容的小学毕业生，可以在初中开始直接学习第二本书。

在本系列的第一本书中，除了最后几课之外，所有的课程都是以对话的形式展开的，并没有试图教学生任何的语法术语，因为本书的目的是使学生自然、渐进地学习不同类型的简单英语，而不陷入麻烦的任何语法细节。在每节课结束时会安排尽可能多的练习，且在第10课结束之后将会每5节课就进行一次复习，以便学生尽可能多地练习到所学的内容。在第40课和第80课之后，有一个总复习，对前面所学的课程中的不同句子类型进行练习。但是学生们是否被要求去做完这些练习，完全看老师的安排。

在剩下的两本书中结合阅读课程进行了更系统的语法学习。本书对语法方面的学习作了很好的分级，从基本的语法开始，随着词形变化和词性的增加而越发丰富。习语和各种各样短词、词的使用等在这两本书中都会进行介绍和学习。

每节课结束时都要做大量的练习。由于会话和造句是练习的主要部分，教师在教学和让学生背诵课文时应尽量采用直接教学法。对于初中一年级的学生来说，拼写和听写应该在每一次的练习中得到重视。

商务印书馆非常感谢总编辑Y.W.Wong先生为本丛书拟出总体方案，也同样感谢英文总编辑邝富灼博士对本书的献计献策。

《英文读本文法合编》（第二册）订正本是由胡宪生、美国的哈亨利编纂，商务印书馆于1923年8月发行初版。

3-49

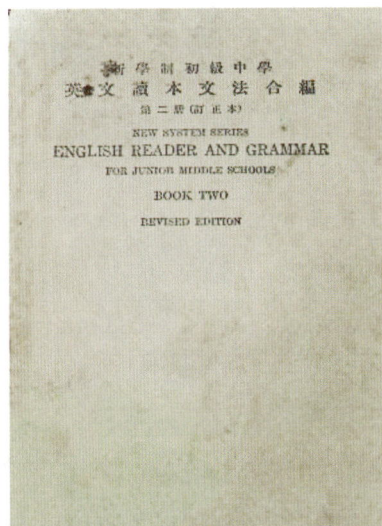

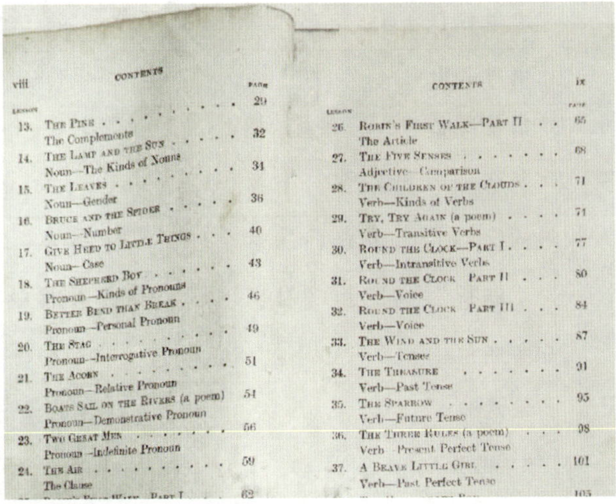

图3-49 《英文读本文法合编》（第二册）订正本封面，胡宪生、哈亨利编纂，商务印书馆，1923年初版

CONTENTS

viii CONTENTS

CONTENTS ix

x CONTENTS

CONTENTS xi

xii CONTENTS

NEW SYSTEM SERIES

ENGLISH READER AND GRAMMAR

BOOK TWO

LESSON I

DO YOU KNOW ME?

1. Look and see if you know me. You cannot find me, for no one can see me.
2. Sometimes I rush up the street very fast, and shake all the doors as I pass.
3. I take off men's caps as I go along the street, and send them flying. Ha! ha! ha! They run to get the caps, and the lads try to get them too.
4. You may think I am rude, but I can do much good.
5. I bring the rain with me to make the grass and trees grow.
6. I cool you when you are too hot, and I make the air fresh and sweet.
7. Can you tell me my name? And can you spell it too?
8. Oh, yes! We know your name. You are the wind. W-I-N-D.

3-50

图3-50 《英文读本文法合编》（第二册）目录

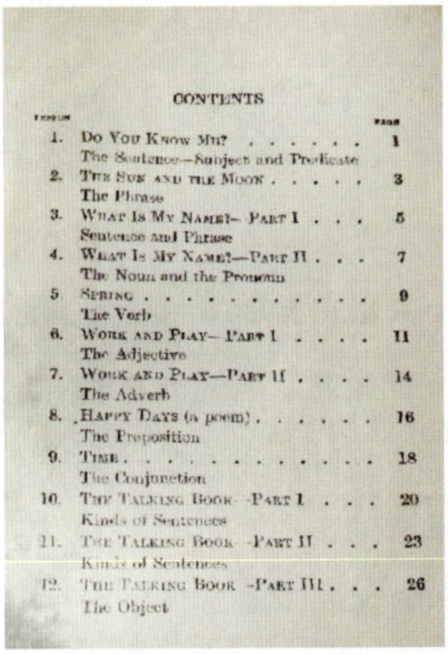

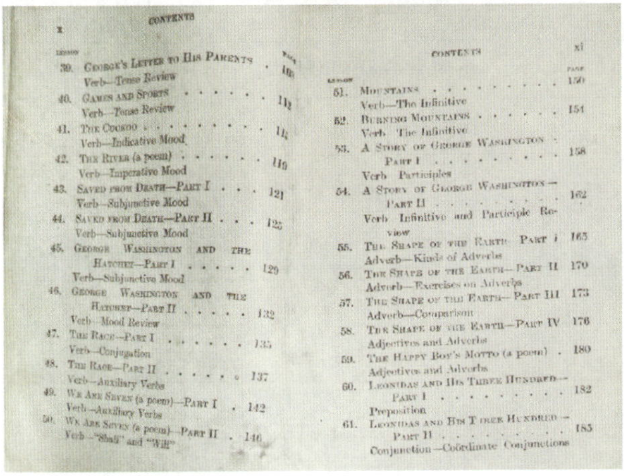

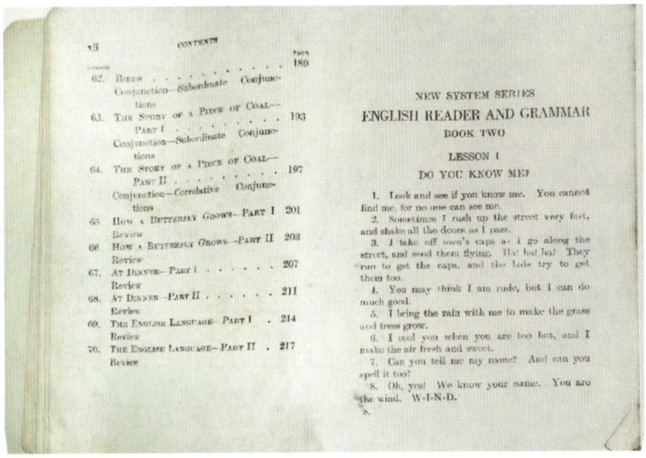

该书"目录"的主要内容如下（见表3-20）：

表3-20　《英文读本文法合编》（第二册）目录

课次	标题		页码
第1课	你知道我吗？	句子——主语和谓语	1
第2课	太阳和月亮	短语	3
第3课	我的名字是什么？Ⅰ	句子和短语	5
第4课	我的名字是什么？Ⅱ	名词和代词	7
第5课	春天	动词	9
第6课	工作与玩耍Ⅰ	形容词	11
第7课	工作与玩耍Ⅱ	副词	14
第8课	开心的日子（诗）	介词	16
第9课	时间	连词	18
第10课	有声书Ⅰ	句子种类	20
第11课	有声书Ⅱ	句子种类	23
第12课	有声书Ⅲ	宾语	26
第13课	松树	补语	29
第14课	台灯和太阳	名词——名词种类	32
第15课	叶子	名词——词性	34
第16课	布鲁斯和蜘蛛	名词——数字	36
第17课	注意细节	名词——案例	40
第18课	放羊的男孩	代词——代词种类	43
第19课	与其折断，不如弯曲	代词——人称代词	46
第20课	雄鹿	代词——疑问代词	49
第21课	橡子	代词——关系代词	51
第22课	河上小舟（诗）	代词——指示代词	54
第23课	两位伟人	代词——不定代词	56
第24课	空气	从句	59
第25课	罗宾的第一次走路Ⅰ	形容词——形容词种类	62
第26课	罗宾的第一次走路Ⅱ	冠词	65
第27课	五种感官	形容词——比较	68
第28课	云朵的孩子	动词——动词种类	71
第29课	试一试，再试一试（诗）	动词——及物动词	74

（续表）

（续表）

课次	标题		页码
第61课	列奥利达和他的三百 II	连词——并列连词	185
第62课	鸟	连词——从属连词	189
第63课	一块煤的故事 I	连词——从属连词	193
第64课	一块煤的故事 II	连词——关联连词	197
第65课	蝴蝶是如何长大的 I	复习	201
第66课	蝴蝶是如何长大的 II	复习	203
第67课	晚餐时 I	复习	207
第68课	晚餐时 II	复习	211
第69课	英语语言 I	复习	214
第70课	英语语言 II	复习	217

该书第1课内容为：

你知道我吗？

1. 来看看你知不知道我是什么吧。你找不到我，因为没有人能看见我。

2. 有时候我会飞快地冲上大街，经过的时候会把所有的门都摇一摇。

3. 我经过街上时会脱掉男孩们的帽子，让它们飞起来。哈哈哈！他们跑着去抓帽子，小姐们也试着去抓帽子。

4. 你可能认为我很粗鲁，但我也可以做很多好事。

5. 我带着雨水来，使草木可以生长。

6. 你太热的时候我给你降温，我让空气清新又香甜。

7. 你能说出我的名字吗？

8. 是的！我们知道你的名字。你是风，是W-I-N-D。

7. 《新中学教科书初级英文法》（全三册）

《新中学教科书初级英文法》（第一册）著作者为王宠惠，中华书局于1923年发行。第一册定价银三角五分。该书封面上方印有英文"New Middle School ENGLISH GRAMMAR"，中间框内印有"新中学教科书英文法　初级　第一册"，且上方标注"教育部审定"。该书一共四个章节，每个章节下有对应的课程，每个章节开始都有该章节的简介，接着进入正文。

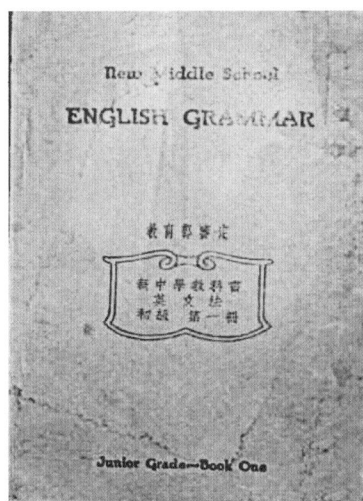

图3-51 《新中学教科书初级英文法》（第一册）封面，王宠惠著，中华书局，1923年发行

该书"序言"的主要内容为：

语法是语言规则的总和，而作文则是这些规则的应用。因此，它们是同一主题的不同方面——用语言表达思想。我相信这两门学科可以合而为一，因此我编辑了这一系列的初中英语语法的教材。

这一系列教材旨在涵盖初学英语者前两年的语法学习，因此本系列书中只包括最基本的语法规则。我们致力于在本教材中使这些规则变得更加简单，并以清晰而简洁的例子来解释和说明它们。

本系列中包含的练习主要是由日常使用的单词和短语组成的，以便学生能够尽早掌握并使用这些单词和短语。

该书"编辑大意"的主要内容为：

文法是作文之基础，而作文为文法之应用；二者相辅而行，不容偏废也。本书即采用此义，于文法作文两端，同时并重；使生徒通晓文法之大纲，及略具属文之能力。

书中引例及练习问题等，多取普通字句，不尚艰深，务期适于实用。

本书共分二册：第一册粗举文之法要纲，第二册详论词类之变化，及缀句之法。全书首尾赅备，凡文法作文之要指，纲举目张，条理粗具；一方为高级中学之预备，一方为实用之预备，最合新学制初级中学教科之用。

图3-52 《新中学教科书初级英文法》（第一册）目录

该书目录的主要内容如下（见表3-21）：

表 3-21　《新中学教科书初级英文法》（第一册）目录

课次	题目	页码
第1章：词类		1
第1课	名词	1
第2课	代词	2
第3课	形容词	3
第4课	动词	4
第5课	副词	5
第6课	介词	7
第7课	连词	8
第8课	感叹词	10
第2章：句子		11
第1课	主语和谓语	11
第2课	短语和从句	13
第3课	句子的种类	15
第3章：词性变化		18
第1课	词形变化	18
第2课	名词	20
第2课第1节	名词的种类	20
第2课第2节	数词	22
第2课第3节	名词的性别	29
第2课第4节	名词的词格	33
第3课	代词	36
第3课第1节	人称代词	36
第3课第2节	指示代词	40
第3课第3节	关系代词	42
第3课第4节	疑问代词	44
第4课	形容词	46
第4课第1节	形容词的种类	46
第4课第2节	形容词的比较	49
第4课第3节	不规则比较	52

（续表）

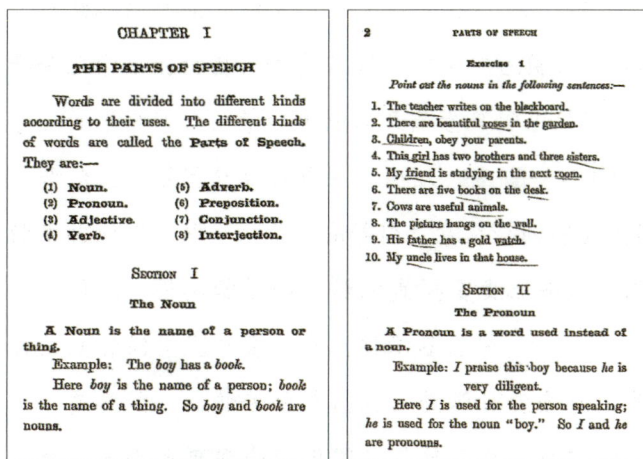

3-53

图3-53 《新中学教科书初级英文法》（第一册）第1章第1课

该第1章第1课内容如下：

词类

单词根据其用途被分成不同的种类，这些不同种类的单词分类就叫作词类。

（1）名词

（2）代词

（3）形容词

（4）动词

（5）副词

（6）介词

（7）连词

（8）感叹词

第1课

名词

名词是指人或物的名称。

例如：这个男孩有一本书。

"这个男孩"是指代一个人的名称；"书"是指代一件物品的名称。因此"男孩"和"书"都是名词。

练习1

把下列句子中的名词找出来：

1. 老师在黑板上写字。

2. 花园里有漂亮的玫瑰。

3. 孩子，听父母的话吧。

4. 这个女孩有两个兄弟和三个姐妹。

5. 我朋友正在隔壁房间学习。

6. 桌子上有五本书。

7. 奶牛是有用的动物。

8. 图片挂在墙上。

9. 他爸爸有一只金手表。

10. 我叔叔住在那个房子里。

8. 《新中学教科书高级英语读本》

《新中学教科书高级英语读本》（全一册）由朱有渔编著、沈彬校阅，中华书局于1923年印刷发行。该书定价银一元二角。该书课文内容涉及范围广，且课文下方会有好词好句。

3-54

图3—54　《新中学教科书高级英语读本》封面，朱有渔编著，中华书局，1923年发行

该书"编辑大意"的主要内容为：

1. 高级中学英语学科的目的是要使学生获得充分的英文知识，俾能于社会上、交际上、职业上、学问上足够应用，不致有穷于应付的困苦。本书的编制，即以此旨为标准。所以采用的教材有商业、实业、科学、文学等，都是与学生学业上、生活上，很有关系的文字。

2. 旧制中学的英文科，病在程度太浅；既不能与大学的课程衔接相随，又不能迎合社会的需要；而且学生毕业之后，尤乏自动读书的能力，以至于外国的风尚、文化、科学、工艺、商业等都无相当的常识。本书于教材的纂辑上，特别注重此点，务使英文的程度逐渐提高，且多列引人入胜的文字，以唤起学生自动读书的兴趣。

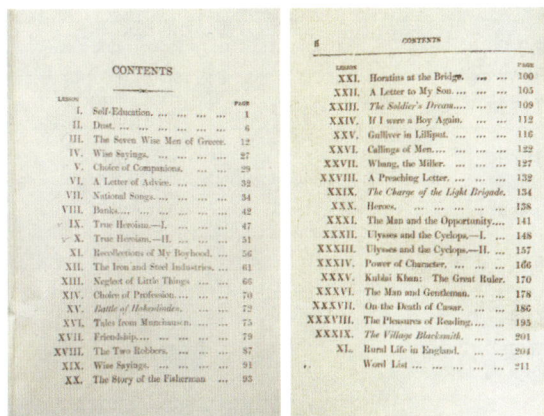

图3-55　　《新中学教科书高级英语读本》目录

该书目录的主要内容如下（见表3-22）：

表 3-22　　《新中学教科书高级英语读本》目录

课次	题目	页码
第1课	自我教育	1
第2课	灰尘	6
第3课	希腊的七位智者	12
第4课	智慧格言	27
第5课	选择同伴	29
第6课	一封建议信	32
第7课	国歌	34
第8课	银行	42
第9课	真正的英雄主义 I	47
第10课	真正的英雄主义 II	51
第11课	我童年的记忆	56
第12课	钢铁工业	61

第二节　新学制下的英语教科书

（续表）

第1课内容如下：

新中学系列

高级英语阅读

一

自我教育

孩子们，永远不要忘记自我教育。学校、书籍和教师都是有帮助的，但你必须做好这项工作。只有坚韧不拔，保持勤劳，才能使你受到良好的教育。

教育有两个目标：第一，发展自己；第二，获得知识。发展自己，就是增强和培养你的整体，以提高你的记忆力和推理能力；学会正确地思考和判断。简而言之，自我教育可以让你的头脑成长，这样你就能更好地在生活中完成你的工作。

单词：1. 坚持不懈的；坚定的；坚持的。

2. 使你的身体变得更好；使你的能力得到改善；使你自己变得更好。

3. 总之；用几个词来概括；简单地总结。

9. 《新制初中英文法教科书》

《新制初中英文法教科书》是由邵松如、戴骅文编纂，沈步洲订正，北平文化学社为印刷发行所、北京中华书局为分发行处。该书于1924年初版。本套教材共上下两册，分装定价为上册四角、下册五角。本书封面印有繁体"新制初中英文法教科书"并对照英文"ENGLISH GRAMMAR FOR CHINESE JUNIOR MIDDLE SCHOOLS"。该书的主要内容为英文文法，难度恰当，条理清晰。

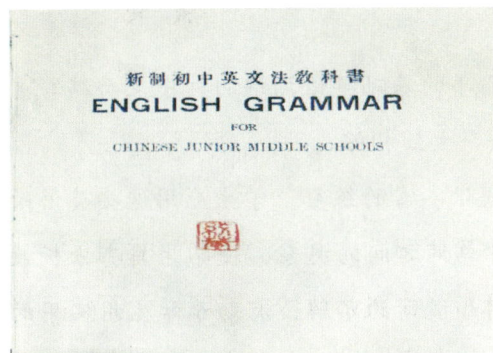

3-56

图3-56 《新制初中英文法教科书》封面，邵松如、戴骅文编纂，北平文化学社，1924年初版

10. 《英文法》

《英文法》为胡宪生编纂，发行人为王云五，印刷所与商务所均为商务印书馆。该书为新学制初级中学教科书，定价三元二角。

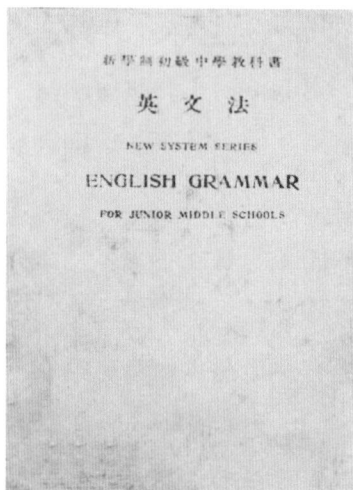

3-57

图3-57 《英文法》封面，胡宪生编纂，商务印书馆，1926年初版

该书是为初中生学习的英文语法书，语法知识较为全面详细，每篇课文之后配有补充练习，可巩固学生语法知识。

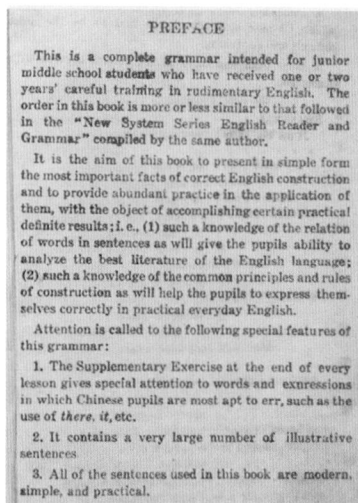

3-58

图3-58 《英文法》序言

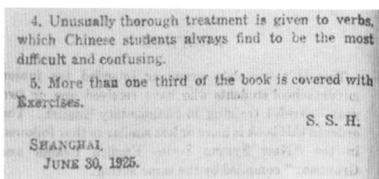

该书"序言"的主要内容为：

这是一本完整的英文语法学习教材，专为接受了一年或两年的基础英语训练的初中生而编写。这本书的理念与同一作者编写的《新系统系列英语阅读与语法》大致相似。

这本书的目的是以简单的形式介绍正确的英语结构，并提供丰富的练习让学生应用这些英语结构，以达到学习英语语法运用的效果，即：（1）掌握句子中单词之间的关系，使学生具有分析最好的英语文学作品的能力；（2）对常见的英语句子构造原则和规则的了解，有助于学生用实用的日常英语正确地表达自己。

请注意本语法书的以下特点：

1. 每节课后的补充练习，特别关注中国学生最容易出错的词语和表达方式，如there、it等的用法。

2. 本书包含大量的例句。

3. 这本书中所有的句子都是现代的、简单的、实用的。

4. 中国学生通常觉得动词是最难理解的，因此本书对其进行了透彻的讲解。

5. 这本书超过三分之一的篇幅都是练习题。

S.S.H

上海

1925年6月30日

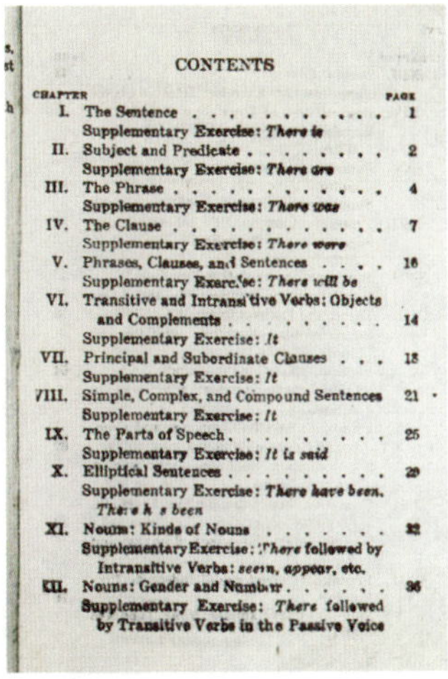

CONTENTS

3—59

图3—59 《英文法》目录

该书目录的主要内容如下（见表3-23）：

表 3-23 《英文法》目录

课次	题目	补充练习	页码
第1课	句子	There is	1
第2课	主语和谓语	There are	2
第3课	短语	There was	4
第4课	从句	There were	7
第5课	短语、从句和句子	There will be	10
第6课	及物动词和不及物动词；宾语和补语	It	14
第7课	主句和从句	It	18
第8课	简单句、复杂句和复合句	It	21
第9课	词类	It is said	25
第10课	省略句	There have been/There has been	29
第11课	名词：名词的种类	There后接不及物动词，如seem、appear等	32
第12课	名词：词性和数词	在被动语态中There后接及物动词	36
第13课	名词：格	保留宾语	41

（续表）

课次	题目	补充练习	页码
第14课	同位语及它的词格	During和When	45
第15课	代词：分类和人称代词	Much和Many	50
第16课	代词：复合人称代词	A few和A little	54
第17课	代词：疑问代词	Few和A few	57
第18课	直接和间接疑问句	A little和Little	60
第19课	代词：关系代词	A little作为副词使用	64
第20课	代词：关系代词与复合关系代词	Little 和A little 作为名词使用	68
第21课	代词：指示代词和不定代词	Because和Because of	73
第22课	代词：不定代词的正确使用	None of和Not all of	76
第23课	形容词：分类和比较	Each other和One another	81
第24课	形容词：形容词的比较	Not everybody 和Nobody	85
第25课	形容词：冠词	Like和Is like	89
第26课	形容词的正确用法：形容词的替换	Hard和Hardly	93
第27课	副词：分类；其他词性作为副词使用	As soon as	97
第28课	副词：疑问副词和关系副词	Too...to	102
第29课	副词：对比	Though	106
第30课	动词：分类	直接和间接表述	110
第31课	动词：及物动词—及物动词的宾语—直接和间接宾语	直接和间接表述	114
第32课	动词—不及物动词—补足语—动词作为不及物动词和及物动词	As...as possible	118
第33课	动词：人称和数—正确使用	Until	121
第34课	动词：主动和被动语态—保留宾语—增加介词使不及物动词用作及物动词的使用方法	Sometime和Sometimes	126
第35课	时态及其形式	Some one和Some people	131
第36课	动词：现在时和现在进行时	It	135
第37课	动词：过去时和过去进行时	Whoever和Anybody	139
第38课	动词：将来时—Shall和Will	Whenever和Anytime	143
第39课	动词：现在完成时和现在完成进行时	Wherever和Anywhere	148
第40课	动词：过去完成时和过去完成进行时	Happen	152
第41课	动词：祈使语气—Do和Be	Let	157

（续表）

课次	题目	补充练习	页码
第42课	助动词	Years more and more than…years	160
第43课	不定式	Much more	165
第44课	分词	直接和间接会话	170
第45课	动名词	直接和间接会话	177
第46课	名词性从句	对比	182
第47课	形容词从句	分词	188
第48课	副词从句	Besides和Except	195
第49课	副词从句（续）	As soon as repeated	199
第50课	虚拟语气	No sooner…than	205
第51课	虚拟语气（续）	Across和Against	214
第52课	介词	Have to和Do not have to	221
第53课	连词	—	233
第54课	感叹词	Had to 和Did not have to	238
附录	不规则动词表	—	241

11. 《英文基础读本》

　　《英文基础读本》（第三册）是由美国的A.P.Danton编纂，商务印书馆印刷并发行的英文教科书，该书于1926年初版。封面上是中文繁体书名"英文基础读本　第三册"和与之相对应的英文书名"The Background Series Of English Readers BOOK Ⅲ"。扉页与封面内容相似，是书名、作者和出版社的英文信息。书的版权页是详细的出版信息：编纂者为A.P.Danton，印刷兼发行者是商务印书馆。每册定价大洋一元二角，且外埠酌加运费汇费。

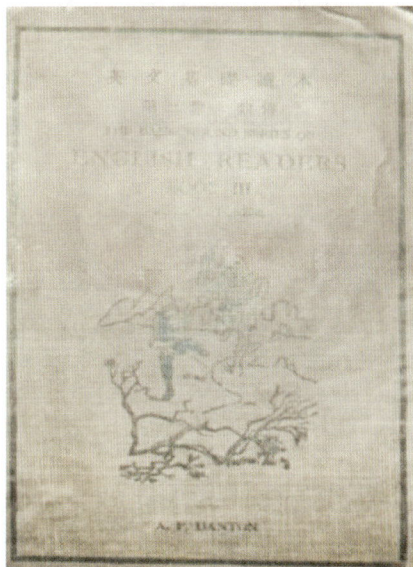

3-60

图3-60　《英文基础读本》（第三册）封面，[美]A.P.Danton编纂，商务印书馆，1926年初版

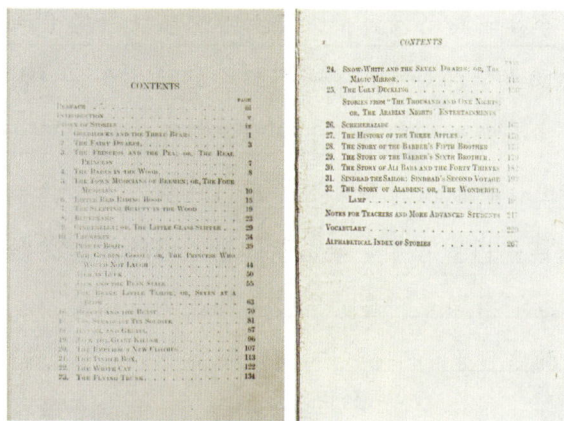

3-61

图3-61 《英文基础读本》（第三册）目录

该书目录的主要内容如下（见表3-24）：

表3-24 《英文基础读本》（第三册）目录

课次	题目	页码
第1课	金发姑娘和三只熊	1
第2课	仙女小矮人	3
第3课	豌豆公主/真正的公主	7
第4课	树林里的宝宝	8
第5课	不来梅的乡村音乐家/四个音乐家	10
第6课	小红帽	15
第7课	树林里的睡美人	19
第8课	蓝胡子	23
第9课	灰姑娘/小玻璃鞋	29
第10课	拇指姑娘	34
第11课	穿靴子的猫	39
第12课	下金蛋的鹅/不会笑的公主	44
第13课	幸运的杰克	50
第14课	杰克与魔豆	55
第15课	勇敢的小裁缝	63
第16课	美女与野兽	70
第17课	坚定的锡兵	81
第18课	汉塞尔和格蕾特	87
第19课	巨人捕手杰克	96
第20课	皇帝的新衣	107
第21课	火柴盒	113
第22课	白猫	122
第23课	飞箱	134
第24课	白雪公主和七个小矮人/魔镜	143

（续表）

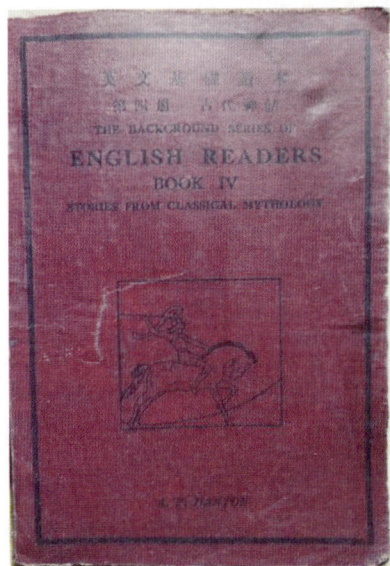

3-62

图3-62　《英文基础读本》（第四册）封面，A.P.Danton著，商务印书馆，1926年7月初版

　　第四册与第三册虽都是虚构故事，但略有不同。第三册是"Fairy Stories"，第四册则是"Stories from classical mythology"，这在每册书的序言和引言中有所体现。

　　如第四册书"序言"的主要内容为：

　　本系列读本的第四册旨在以简单的形式提供一些古典神话中最广为人知、最常被提起的故事，并在故事后以简单方便的形式提供了一份参考列表，使中国学生能够方便地获得在西方文学的阅读中最常遇到的地名和人名的信息。

　　这本书分为两部分，第一部分包含十七个故事，按时间顺序排列，从古希腊的创世思想开始，接着是一些伟大神的故事，然后是老英雄的故事，最后是年轻英雄的故事，正如西方古代三大史诗中所描绘的那样。与该系列的其他几本一样，第四册书包含的故事不仅是为了满足中国学生的需要而选择的，而且还为了与前几本形成一个序列，而进行了重新改写。这册书的语言仍然非常简单，但《寓言》（第二册）中的约800个单词以及《童话》（第三册）中的约1500个单词都已被收入在本册书中。

第二节　新学制下的英语教科书

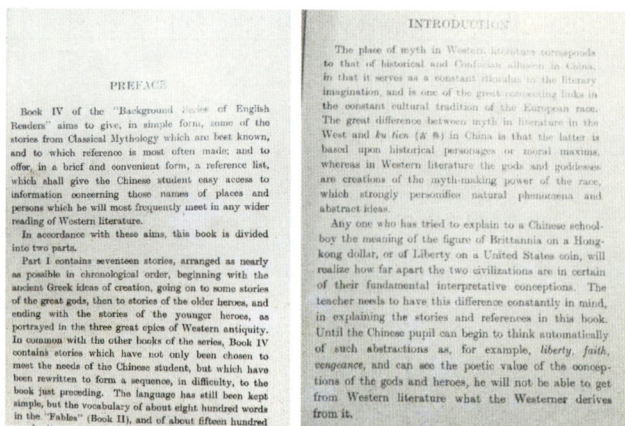

3—63

图3—63 《英文基础读本》（第四册）序言与导言

该书"导言"的主要内容为：

神话在西方文学中的地位与中国的历史典故和儒家典故相对应，因为它不断刺激文学想象，是欧洲民族文化传统传承中的一个重要纽带。西方文学中的神话与中国古典故事的巨大差异，在于后者是以历史人物或道德准则为基础的，而在西方文学中，上帝创世为这个种族提供了制造神话的力量，这强烈地体现在它们善于将自然现象拟人化，这是一种抽象的理念。任何一个人试图向一个中国学生解释大不列颠联合王国形象或美国硬币上的自由形象，都会意识到这两种文明在其基本概念的解释上相距有多远。教师需要时刻牢记这一差异，在解释这本书中的故事和参考资料时，除非中国学生能够开始自动思考自由、信仰、复仇等抽象概念，并能够看到神和英雄概念的诗意价值，否则他将无法从西方文学中获得西方人从中体会到的东西。

（三）教辅及其他

1.《中国的新时代》

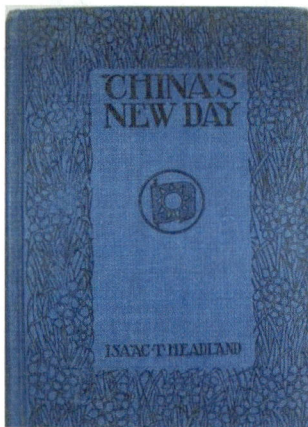

3—64

图3—64 《中国的新时代》封面，ISAAC·T.HEADLAND编撰，中央委员会，1912年出版

《中国的新时代》由ISAAC·T.HEADLAND编撰，中央委员会于1912年出版，英文书名为"CHINA'S NEW DAY"。

2.《英文尺牍教科书》

《英文尺牍教科书》（第一册）是由张士一编纂，邝富灼校订，商务印书馆于1914年发行初版。每册定价大洋陆角，外埠酌加运费汇费。本书封面简洁，上方印有本书的中文名“英文尺牍教科书”及英文名“A CLASS-BOOK OF ENGLISH LETTER-WRITING”。本书扉页同样印有中文名“英文尺牍教科书”及英文名“A CLASS-BOOK OF ENGLISH LETTER-WRITING”，并且表明“中学及师范学校用”。该书第1课主要讲述了如何写一封建议信，首先呈现出一封信的样本，而后具体讲述每一部分该如何写作。

PREFACE

This book is intended to complete the teaching of "a minimum of practical English" commenced by my "Fifty Lessons in English Conversation." As it is but a class book of an introductory nature, it gives only the most important things in the subject in the most familiar manner. But, in order that it may be really useful for our purpose, the work of preparing it has gone through a formal process of four steps—(1) a study of authorities, (2) the writing of the text, (3) a test in the classroom, (4) a revision of the text.

If, after the study of this book, the student can write an ordinary letter correctly, and if, with the guidance it gives, he can continue to study the subject by himself, —then the book will have done what it is intended to do.

However, it must be still far from being perfect. To perfect it, or rather to take a step toward perfecting it, I hope my fellow workers in the schools will test it, criticize it, and actually improve it by suggesting changes to be made in the next edition.

Chang Sze-yi.

Shanghai, May 25, 1913.

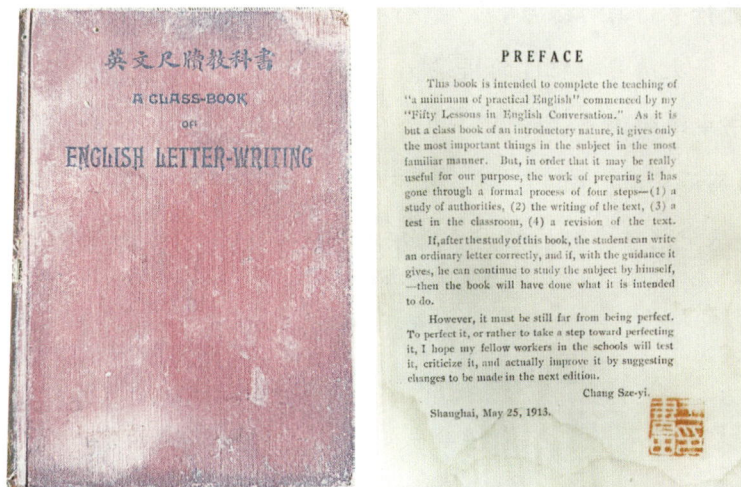

3—65 3—66

图3—65《英文尺牍教科书》封面，张士一编纂，商务印书馆，1914年初版
图3—66《英文尺牍教科书》序言

该书“序言”的主要内容为：

这本书旨在完成我从《英语会话五十课》开始的“最低水平实用英语”的教学。由于它只是一本入门性质的教材，它只给出了这门学科中最重要的、最应为人所熟悉的东西。在准备这本书的工作时经历了四个步骤：（1）研究权威；（2）文本写作；（3）课堂测试；（4）文本修改。如果在学习了这本书之后，学生能够正确地写一封普通的信，或者在本书给予的指导下，学生能够继续自学这门学科，那么这本书就已经完成了它的使命。

然而，本书离完美还有一定的距离。为了完善它，或者更确切地说是朝着完善它迈进，我希望我在学校里的同事们能够测试它、批评它，并提出建议，让我们可以在下一个版本中进行修改、改进这本书。

本书“给老师的建议”主要内容如下：

1. 在给学生举例时，要经常参考以前已经教过的规则和原则。

2. 除了书中提供的表达方式外，还要给出更多其他的可替换表达方式。

3. 在学完第4课之后，每堂课中，选定一或两篇书信文章供学生阅读。最好是选用与刚学习过的课文有相似主题的例子。

4. 在学校里任何有趣的活动后，如足球比赛，可以忽略书中原本规定的练习，改为以该学校活动为主题的另一个练习。

5. 不要让学生写作书信时遗漏任何必要的部分，尽管这可能只是形式上的问题。

6. 在批改学生的练习时，除了书信文章的一般形式外，还要注意写作的笔迹、标点符号、语法和语言的得体性。

7. 偶尔要让学生使用真的信纸和信封进行书信写作练习。

8. 在做新练习之前，提醒学生避免在上一次练习中犯过的错误。

9. 不要让学生在练习中大量抄袭这本书中给的例子。

10. 鼓励学生与讲英语的朋友或亲戚用英语交流。

11. 教师可以先尝试这些建议，然后再从中总结出自己的一套教学方法。

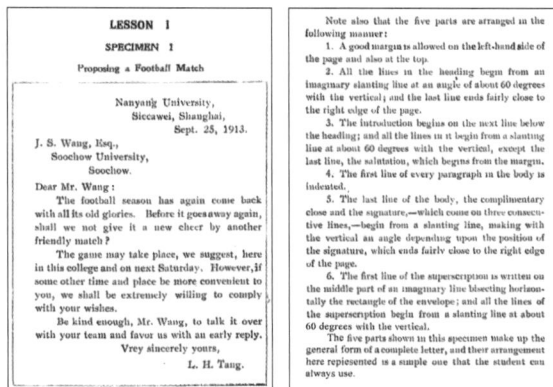

图3—67　《英文尺牍教科书》第1课

第1课主要内容为：

例子1

提议举行一场足球比赛

南洋大学，

上海徐家汇，

1913年9月25日

王先生，

东吴大学，

苏州

尊敬的王先生：

足球赛季又一次回到了过去的辉煌。在它再次消失之前，我们是不是可以通过另一场友谊赛为它加油？

我们建议，比赛暂定于下周六于本学院举行。当然，如果其他时间和地点对您而言更方便，我们将非常愿意遵从您的意愿来进行安排。

王先生，请您和您的团队就此事商量一下，盼早日答复。

您非常真诚的，L.H.Tang

请注意，本信函由以下五部分组成：

Ⅰ．信头……1. 写作者地址。2. 书写日期。

Ⅱ．简介……1. 收件人的姓名和地址。2. 称谓。

Ⅲ．正文……几个段落。

Ⅳ．结尾……1. 结尾敬语。2. 作者签名。

Ⅴ．信封的格式……收件人的姓名和地址。

还请注意，这五个部分排列如下：

1. 页面左侧和顶部要有一个良好的页边距。

2. 标题中的所有行均从与垂直线成约60度角的斜线开始；最后一行结束于页面的右边缘。

3. 导言从标题下面的下一行开始；除最后一行，即从页边开始的问候敬语外，所有的行都是从一条与垂直线约成60度角的斜线开始的。

4. 每段正文的第一行都是缩进的。

5. 正文的最后一行，即结尾敬语和签名，这三行是连续的三行，从一条斜线开始，垂直方向根据签名的位置形成一个角度，签名的结束位置应接近页面的右边缘。

6. 上标的第一行写在一条假想线的中间部分，该线将地平线平分，并与信封的矩形边框对齐；所有上标的线都从一条与垂直线成60度角的斜线开始。

这个例文中的五个部分构成了一封完整的书信，这里提出的排列方式是学生们可以随时使用的书信的一般格式。

第三节
民初英语教科书的特点

一、小学英语教科书大量出现

清末的统治者禁止在小学堂开设英语科目。无论是在《钦定学堂章程》还是《奏定学堂章程》中，清政府都明确指出了中学堂之前的儿童因为年龄太小，不适合开设外国语课程。这个规定从表面看是从学生的心智年龄考虑，其实考虑的是"初等高等小学堂，以养成国民忠国家尊圣教之心为主。……惟童子正在幼年，仍以圣经根柢为主，万不准减少读经讲经，及中国文字功课钟点。至于在初等小学时，断不宜兼习洋文"。（《学务纲要》）[1]对于处在小学堂的学生来说，这段时间正是其开始接受教育、了解社会，为之后形成人生观和世界观作铺垫的重要阶段。因此，统治者认为该阶段的儿童应该首先接受"尊孔""尊儒""忠君"等封建思想，过早地让儿童学习外国语会使其更易于受到西方思想的熏陶和影响，这将不利于统治阶级的统治。

因此，清末几乎没有专门为小学生所编的英语教科书，极个别中学用的英语教科书从其难易程度或其他方面考虑，可以勉强为小学所用。如商务印书馆出版的《帝国英文读本》，学部在对此审查时曾评论："英文读本以伍光建所编为最佳，前已察定暂充高等小学之用，而其程度实与中学为宜，仍作为中学教科书。"[2]

中华民国建立后，教育部在制定新学制时，明确规定有条件的高小可以开设外国语科目。"高等小学校之教科目，……视地方情形……并可加设英语"[3]，并且对小学校中英语科目教学的目的、要求、进度、课时和教材都分别作出了要求："英语要旨，在使儿童略解浅易之语言文字，……英语首宜授发音及单词短句，进授浅近文章之读法、书法、作法、语法。……高等小学各学年授课程度及每周教学时数，加授英语或别种外国语者，每周得减少他科目3小时，为其授课时数。"[4]

[1] 舒新城. 中国近代教育史资料：上[M]. 北京：人民教育出版社，1961：203.
[2] 李良佑，张日昇，刘犁. 中国英语教学史[M]. 上海：上海外语教育出版社，1988：111.
[3] 吴履平，课程教材研究所. 20世纪中国中小学课程标准：教学大纲汇编：外国语卷：英语[M]. 北京：人民教育出版社，2001：5.
[4] 吴履平，课程教材研究所. 20世纪中国中小学课程标准：教学大纲汇编：外国语卷：英语[M]. 北京：人民教育出版社，2001：6.

因此，面对小学英语教科书这个新事物，各家书坊纷纷出版并发行小学英语教科书以抢占这个市场。这些书坊出版的英语教科书各有不同的呈现形式，有的是专门为小学所编的英语教科书，比如中华书局的《中华高等小学英文教科书》、商务印书馆的《共和国教科书英文读本（高等小学）》等。这类小学教科书有的只有1册，如商务印书馆的《共和国教科书英文读本（高等小学）》；也有多册的，如中华书局的《新教育教科书英语读本（高等小学校用）》编有3册，中华书局的《中华高等小学英文教科书》，等等。有的虽然不是专门为小学编写的英语教科书，而是在其编写的中学英语教科书的第一册中特别注明可供小学使用，如商务印书馆的《初级英语读本》初集封面上标注"供高等小学及中学校用"。还有的既不是专门为小学所编写，也没有特别标注，但是其内容是从英语最基础的知识开始教授的，可以供小学英语教学使用，如商务印书馆出版的《共和国民英文读本》，该套教科书共6册，其第一册内容是从英语的基础——字母开始讲授的。

二、英语教科书具有连贯性

中华民国成立后，教育部制定了新的教育宗旨，并以此为原则实施各项教育方针与政策。为防止民国初年出版的教科书再受到清末教科书的影响，中华民国教育部对其进行了特别说明。中华民国教育部于1912年1月颁布的《普通教育暂行办法》中就对教科书方面作出了规定："凡各种教科书，务合于共和民国宗旨。清学部颁行之教科书，一律禁用。"[1]这在现实中是很难做到的。一个原因是腐朽的清王朝在革命者的枪炮声中不堪一击，迅速被推翻，中华民国顺应历史潮流而诞生，当时国内的大部分书坊对此准备不足，也就未能及时推出代表民国的各种英语教科书。在新制度建立后，市场急需代表新社会制度的教科书，供求矛盾日益突出。因此，清末出版的英语教科书并没有完全被禁止或废除，有部分仍在改版后进行使用。

这里不得不提及中华书局和它的创始人——陆费逵。中华书局应该是当时国内较早预测到这种情况会发生，并提前做好准备的书坊。陆费逵1908年在商务印书馆任职。1911年武昌起义爆发后，他立即敏锐地意识到清王朝必将被推翻，共和政体一定能够诞生。他预测新旧社会制度交替后，市场上必然急需大量的代表新兴政权的教科书。于是，他联合了戴克敦、陈寅、沈知方、沈颐，一起筹划准备自行建立新的出版机构，同时加紧编写适合共和政体的中小学教科书。1912年元旦暨中华民国成立当日，中华书局在上海宣布成立，陆费逵出任局长（后改为总经理）。新的教育宗旨确立后，中华书局积极筹划，在已有的准备基础上，立即于1913年推出了"新制教科书"系列，该套教科书一经推出，立即受到国内一致好评，市面上经常断货。在这一系列教科书中，就包括了由李登辉、杨锦森所编写的《新制英文读本》。

书坊对推出新制教科书准备不足的第二个原因是，民国成立初期，国家仍处于内忧外患的不稳

[1] 毛礼锐，沈灌群. 中国教育通史：第4卷[M]. 济南：山东教育出版社，2005：302.

定时期，这直接影响到教育的发展，同时也制约着该时期教科书的编撰与出版。在市场大量需求的压力下，同时也为了在最短时间内推出教科书以求尽快占领市场，各书坊纷纷对已出版的清末英语教科书进行内容上的修订和增删，改新书名后再出版。这可以从英语教科书版次上略知一二，如：由商务印书馆编译所编纂的《初级英语读本》于宣统元年（1909）初版，至民国九年（1920）9月已出版了30版；而由商务印书馆邝富灼等编纂的《新世纪英文读本》卷一于宣统二年（1910）初版至民国十四年（1925）已出版了26版。

（一）清末的《英文新读本》与民国的《英文新读本》

《英文新读本》是由美国安迭生（R.S.Anderson）编纂，邝富灼校订，商务印书馆于1914年出版并发行的一套英语教科书，共有6册。

该套教科书既可用于中学，也可用于高小。"教育部中学校令施行规则，外国语以英语为主，小学校令高等小学亦可加设英语。是书遵照部章编辑，可为中学校及高等小学校之用。"全书共分6册，按照由浅入深、循序渐进的原则编写。该套书的内容以符合国人性情特点为出发点："各国学校课本其事迹语气必适合于本国人之性质。是编多取材于近今名人著作及英译之中国历史说部诸书，间有采用中国故事之处悉以流传已久，足资观感者为断，一再改订，务求完善，与他读本之陈陈相因者不同。"[1] 该套书强调爱国、求实和尚武的精神，"全书所取材料皆适合于吾国人之性情风俗，尤以振起其国家观念，激发其尚武精神为主"[2]。为了能使读者阅读便利，"书内遇有稍难明晰之处，均附图画，使学者易于了解"[3]。

该套书的另一特点是在每册书的最后均编有"解字凡例"和"释义凡例"两个部分。编者对于这两个部分的用途，在其"编辑大意"中有明确的说明："每卷之末附有释义、解字二门，凡难句难字悉皆详注意义。书中用斜体字处即可检阅释义，遇有难字即可检阅，解字便能明晰，不必时时翻查字典也。"

商务印书馆所编的《图书汇编》中曾记载，至宣统二年商务印书馆已经编印的英语教材最少有5类63种。[4] 其中就包括清末商务印书馆出版并发行的《英文新读本》。而民国三年（1914）出版的这套英语教科书，虽然名字也叫作《英文新读本》，但是实际上是对清末那套教科书内容添删后出版的。它们之间的关联可以从以下几个地方得到证实：首先是民国出版的这套《英文新读本》教科书扉页的第2页上方印刷有"改订 商务印书馆 英文新读本"几个字，表明该套书的来源。另外，在这套书的版权页上也有标识。版权页中也明确指出了这套书"己酉年六月初版"，并且旁边

[1] 安迭生. 英文新读本[M]. 上海：商务印书馆，1914.

[2] 安迭生. 英文新读本[M]. 上海：商务印书馆，1914.

[3] 安迭生. 英文新读本[M]. 上海：商务印书馆，1914.

[4] 张英. 启迪民智的钥匙：商务印书馆前期中学英语教科书[M]. 上海：中国福利会出版社. 2004：47.

同样印刷有"改订 商务印书馆 英文新读本六册"。此外，该书"编辑大意"中也强调"是书为本馆改订之本，故书中各课句语则由短而长，文法则由浅而深，编制适宜，无参差驳杂之弊，恰合于高等小学及中学之用"[1]。从这里也不难看出该套书为原版的修订版。

其次，从民国三年出版的《英文新读本》书中的"序"也可以一探究竟。这套书中共有两篇序，第1篇为摘录之前版本的"序"；第2篇为"修订版序言"。

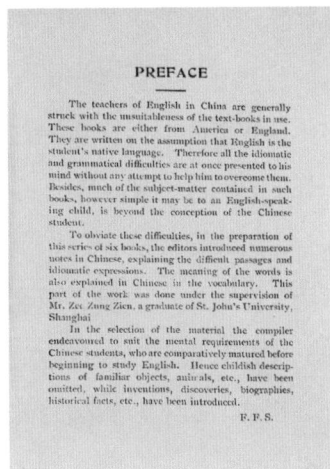

图3—68 《英文新读本》序言

序

中国的英语教师经常对于所用教科书不适合教学而感到困扰。那些来自英国或美国的教科书，是为以英语为母语的学生所编写的。因此，中国学生使用这类教科书时，如果没有得到帮助，会面对众多的习惯用语和语法方面的困难。而且，这类教科书中所涉及的主题无论对英语母语的孩子来说多么简单，都超出了中国学生的认知范畴。

为了消除这些困难，编者特意编纂了这套共有六册的教科书。编者采用了大量的中文注释来解释那些课文中难懂的习惯用语和语法的表达方式。并且，词汇表中的单词也用中文进行了解释。

编者在为本教材进行内容选材时，努力使所选材料符合中国学生的心智发展过程。中国学生在学习英语之前已相对比较成熟，因此，课文内容没有挑选那些中国学生所熟悉的物品、动物等，而是选择了发明、发现、传记和历史事件等进行介绍。[2]

修订版序言

因为教育部的规定，以及根据使用过本套教科书的教师们提出的修改意见，本套教科书的前四卷内容已进行了彻底的修订。有些人认为第一版中的一些选文过于冗长，一些来自中国文学作品中翻译来的内容并不适合在课堂上教学。因此，本次修改把那些较难、较长的内容去掉了，用更容易理解的故事和情节进行取代。新选入内容的主要标准在于其传递的内容信息以及塑造人物等方面是否具有优秀的内在价值。一些原有的内容得到保留，并采取把长课文缩短成短课文，或者把较难词

[1] 安迭生. 英文新读本[M]. 上海: 商务印书馆, 1914.
[2] 安迭生. 英文新读本[M]. 上海: 商务印书馆, 1914.

汇用简省的方式融入新修订版中。

本套教材中每册均由40篇课文组成，涵盖了广泛的话题。因此，虽然这套书保留了与修订前相同的名字，但是可以负责任地说，这套书无论从哪个角度看，都已经是一套全新的教材。

从"修订版序言"中可以明确看到，民国时期出版的《英文新读本》虽然保留了清末出版的《英文新读本》的名字，但是其至少前4册课本的内容已经发生了较大的改变。

（二）《帝国英文读本》与《中国英文读本》

《帝国英文读本》由伍光建所编，商务印书馆于1905年发行初版；《中国英文读本》由伍光建所编，商务印书馆于1913年发行初版。该套书源自清末商务印书馆所推出的"帝国英文读本"系列，表现在两个方面：首先，在该套书封面上部，有其书名"教育部审定 中国英文读本"；其次，在该套书末尾的版权页中，也有明确标识。其右下方竖行印刷有："中国英文读本六册，原名帝国英文读本"，旁边还有出版的情况"丙午年正月出版，中华民国二年三月二十二版"，这也间接说明了该书来自清末的"帝国英文读本"系列。因为之前书名中包含有"帝国"二字，封建意味太浓，于是商务印书馆在民国成立后，在书名中去掉这两个字，换上"中国"二字。

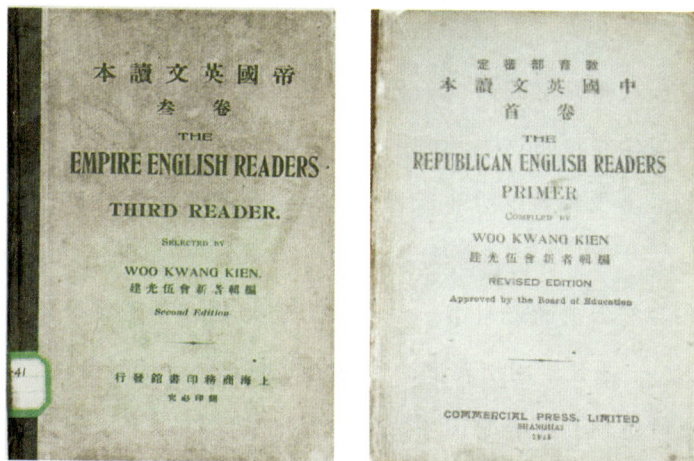

图3—69 《帝国英文读本》（卷叁）封面，伍光建编纂，商务印书馆，1905年初版
图3—70 《中国英文读本》（卷首）封面，伍光建编纂，商务印书馆，1913年初版

（三）《英文益智读本》与《英文格致读本》

《英文益智读本》由美国的祁天锡编纂，邝富灼校订，商务印书馆于宣统元年（1909）初版，商务印书馆印刷并发行。《英文格致读本》，于1911年发行初版。该套书由美国的祁天锡编纂，邝富灼校订，共分5册。

1. 《英文格致读本》的内容与结构

《英文益智读本》由商务印书馆于1909年发行初版。民国成立后，商务印书馆对该套书进行修订，另取名为《英文格致读本》，于1911年发行初版。该书由祁天锡编纂，邝富灼校订，共分5册。

图3-71　《英文格致读本》（卷壹）封面，祁天锡编纂，商务印书馆，1911年初版

这套书以观察自然现象、探索自然奥秘、普及科学常识为目的，该书"序"的主要内容为：

……然则本诵读时之研究以引起其科学上之注意，其必先从自然界始也明矣。独怪承学之士，自童卯挟策，以至于操翰为文博闻而强识，骛外而实内，踔厉风发若不可以一隅域而独叩，以天演之公理万象之原则，则或恍焉；而若忘或语焉而莫之能详明，拓都而昧么，匦观后果而忘前因，彼其于受最初之教育时嬗蜕更进，既略此而详彼矣而况乎。……[1]

……编辑既竟新宁邝君富灼复取而悉心校订之，其书遂适合于吾国人之肄习，而益臻美备恢恢乎。理窟之康庄学海之具品区矣，顾祁君尤复谦让未遑，谓学不一途，物奚翅万，是特养成学生随在观察之习惯，为补习读本之一助云尔。夫教育之方，吹万不同鉴蓁薉逐其道，固难而大要，以有知的方面之教育价值及情的方面之教育价值为先导。世之读是书者，绪引其适应之知识增进，其普通之感情发挥而博大之。……[2]

说明该套书除了用于教材外，还可以作为学生的课外补充读物。

《英文格致读本》共分5卷，计1031页，有200篇课文，词汇125页，收词3499个，每个词后都注有该词首次出现的页数。[3]每卷均包括6个部分，分别为：英文序言、英文修订序言、中文序、目录、课文和词汇表。根据所见到的《英文格致读本》这套教科书，按照卷数、全书页数、课文数

[1] 祁天锡. 英文格致读本[M]. 上海：商务出版社，1911.

[2] 祁天锡. 英文格致读本[M]. 上海：商务出版社，1911.

[3] 张英. 启迪民智的钥匙：商务印书馆前期中学英语教科书[M]. 上海：中国福利会出版社. 2004：99.

量、词汇页数和出版年月这5项分类如下[1]：

表 3-25　《英文格致读本》简介

卷数	全书页数/页	课文数量/篇	词汇页数/页	出版年月
第一卷	194	40	20	辛亥年二月初版
第二卷	172	40	20	辛亥年三月初版
第三卷	219	40	24	辛亥年正月初版
第四卷	242	40	42	辛亥年三月初版
第五卷	186	40	39	辛亥年四月初版

　　《英文格致读本》5卷书中，每卷侧重的知识点都不一样，但均编排为40篇课文。该书卷壹目录的主要内容如下[2]（见表3-26）：

表 3-26　《英文格致读本》（卷壹）目录

课次	题目
第1课	猫
第2课	喜鹊
第3课	蚂蚁
第4课	米
第5课	水
第6课	人类忠诚的朋友
第7课	五种感官
第8课	眼睛
第9课	麻雀
第10课	没有腿的动物
第11课	山羊
第12课	家蝇
第13课	听觉器官
第14课	狗的故事
第15课	癞蛤蟆
第16课	嗅觉
第17课	蟋蟀

---

[1] 张英. 启迪民智的钥匙：商务印书馆前期中学英语教科书[M]. 上海：中国福利出版社. 2004：99.

[2] 张英. 启迪民智的钥匙：商务印书馆前期中学英语教科书[M]. 上海：中国福利出版社. 2004：100.

（续表）

课次	题目
第18课	深夜的小偷
第19课	味觉
第20课	蚕丝
第21课	乌鸦
第22课	一种反刍动物
第23课	触觉
第24课	茶
第25课	鸽子
第26课	蝉
第27课	怎样保持清洁
第28课	荷花
第29课	我们有用的朋友
第30课	怎样保持强壮
第31课	蜻蜓
第32课	食品剁碎机
第33课	公共卫生
第34课	蟹
第35课	做工的人
第36课	多腿的动物
第37课	沉默的渔夫
第38课	八条腿的昆虫
第39课	织网者
第40课	啃乳牛骨头的蚂蚁

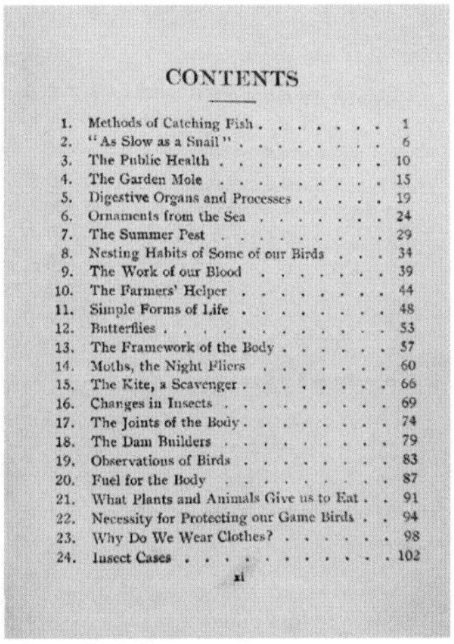

CONTENTS

3—72

图3—72　《英文格致读本》（卷贰）目录

卷贰目录的主要内容如下（见表3-27）：

表 3-27　《英文格致读本》（卷贰）目录

课次	题目
第1课	捕鱼的方法
第2课	像蜗牛爬行一样慢
第3课	公共卫生
第4课	庭园鼹鼠
第5课	消化器官及其工作的过程
第6课	来自大海的装饰品
第7课	夏天的害虫
第8课	一些鸟类的筑巢习性
第9课	我们血液的工作
第10课	农民的帮手
第11课	简单的生活方式
第12课	蝴蝶
第13课	人体的结构
第14课	飞蛾——夜间的飞行者
第15课	鸢——清道夫
第16课	昆虫的变化
第17课	人体的关节
第18课	筑水坝的人
第19课	观察鸟类
第20课	人体的燃料
第21课	可供食用的动植物
第22课	保护猎鸟的必要性
第23课	我们为什么穿衣服
第24课	昆虫病例
第25课	需要新鲜空气
第26课	第一个造纸的人
第27课	人类的敌人
第28课	一只养鱼缸的价值
第29课	金鱼
第30课	获取新鲜空气的过程
第31课	袖珍动物
第32课	制作昆虫标本
第33课	皮肤的功能

第三章　民初英语教科书的发展（1912—1926）

（续表）

课次	题目
第34课	像蜜蜂一样的忙
第35课	蜂皇怎样生活
第36课	动物的种类
第37课	懒惰的鸟
第38课	人体管理者
第39课	动物的自我保护
第40课	我们力量的源泉

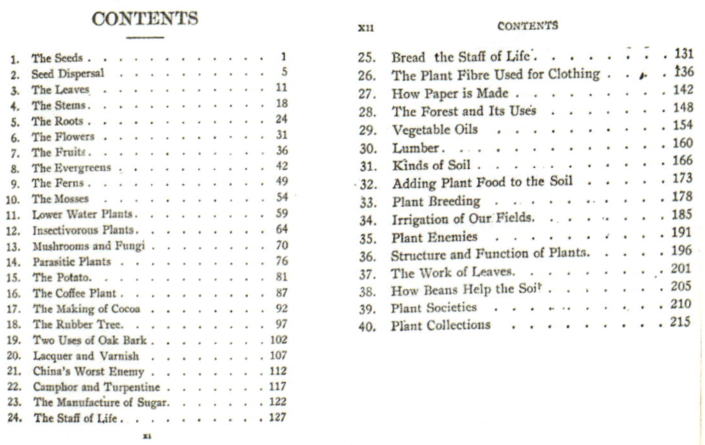

CONTENTS

3-73

图3-73　《英文格致读本》（卷叁）目录

卷叁目录的主要内容如下（见表3-28）：

表 3-28　《英文格致读本》（卷叁）目录

课次	题目
第1课	种子
第2课	播种
第3课	树叶
第4课	茎
第5课	根
第6课	花
第7课	果实
第8课	常青植物
第9课	蕨类植物
第10课	苔藓
第11课	浅水植物
第12课	食虫植物
第13课	蘑菇和菌类
第14课	寄生植物

（续表）

课次	题目
第15课	马铃薯
第16课	咖啡树
第17课	可可的制作方法
第18课	橡胶树
第19课	橡树树皮的两种用途
第20课	漆和清漆
第21课	中国最大的敌人
第22课	樟脑和松脂
第23课	糖的制造
第24课	主食
第25课	面包是生活的支柱
第26课	用于制衣的植物纤维
第27课	纸是如何制造的
第28课	森林及其用处
第29课	植物油
第30课	木材
第31课	油的种类
第32课	在土壤里添加植物养分
第33课	植物培育
第34课	农田灌溉
第35课	植物的敌人
第36课	植物的结构和功能
第37课	叶子的工作
第38课	豆类植物是如何帮助土壤的
第39课	植物社会
第40课	收集植物

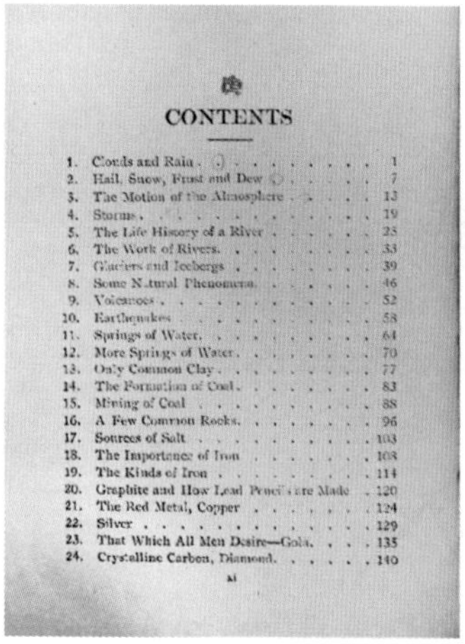
CONTENTS

xi

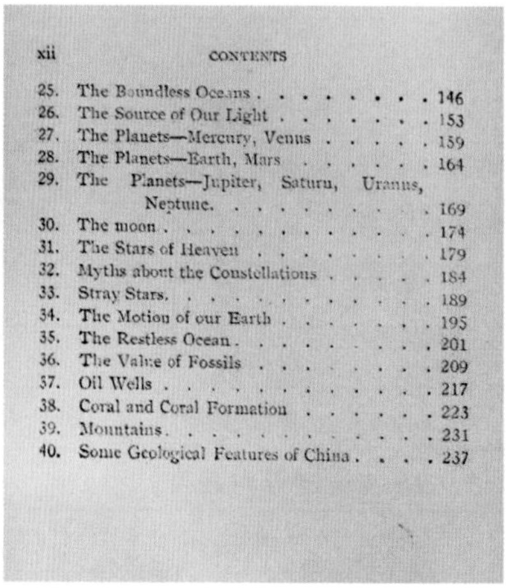
xii CONTENTS

3—74

图3—74 《英文格致读本》（卷肆）目录

卷肆目录的主要内容如下（见表3-29）：

表 3-29 《英文格致读本》（卷肆）目录

课次	题目
第1课	云和雨
第2课	冰雹、雪、冰霜和露水
第3课	大气的运动
第4课	暴风雨
第5课	河流的生命历程
第6课	河流的流动
第7课	冰川和冰山
第8课	一些自然现象
第9课	火山
第10课	地震
第11课	泉水
第12课	更多的泉水
第13课	普通的黏土
第14课	煤炭的形成
第15课	煤炭的开采
第16课	一些常见的岩石
第17课	盐的来源
第18课	铁的重要性
第19课	铁的种类
第20课	石墨和铅笔的制作方法
第21课	红色的金属——铜
第22课	银
第23课	所有人都想要的东西——金子
第24课	结晶碳——钻石
第25课	辽阔的海洋
第26课	光的来源
第27课	行星：水星、金星
第28课	行星：地球、火星
第29课	行星：木星、土星、天王星、海王星
第30课	月亮
第31课	天上的星星

（续表）

课次	题目
第32课	关于星座的神话
第33课	迷途的星星
第34课	地球的运动
第35课	不平静的海洋
第36课	化石的价值
第37课	油井
第38课	珊瑚及其形成
第39课	山脉
第40课	中国的地理特质

卷伍目录的主要内容如下（见表3-30）：

表3-30 《英文格致读本》（卷伍）目录

课次	题目
第1课	什么是物质
第2课	物质的组成
第3课	长度、容量和重量标准
第4课	物质的三个状态
第5课	物质的某些特性
第6课	浮动体
第7课	大气
第8课	空中的飞船
第9课	水的构成
第10课	空气和水的某些用途
第11课	物质和运动
第12课	小火棒
第13课	测量大气压力的仪器
第14课	玻璃的制作
第15课	温度计
第16课	某些简单的机器
第17课	抽水机的多种作用
第18课	热能及其作用

（续表）

课次	题目
第19课	热能是如何工作的
第20课	房屋取暖的方法
第21课	水蒸气的功能
第22课	物质的守恒定律
第23课	光
第24课	光的折射
第25课	氧气的产生及其物理特性
第26课	氧气和氧化的形态
第27课	蒸馏的作用
第28课	火药
第29课	声音的由来与传播
第30课	缝衣针和大头针
第31课	磁体和磁力
第32课	指南针的价值
第33课	冰的制作
第34课	电的种类
第35课	电化学作用所产生的电力
第36课	照明的气体
第37课	电的几种用途
第38课	交际的快速方法
第39课	最轻的气体——氢气
第40课	电板和电镀

　　《英文格致读本》的卷壹以《英文益智读本》的第一卷内容为主，进行了适当的修订和内容补充；卷贰内容以生理学和动物学为主，不仅讲授人身体的构造和功能，而且对卫生学也有所涉及；卷叁内容主要讲授植物学和农业方面的知识，尤其关注中国的植物和农业情况；卷肆内容则主要讲授天文学和地理学方面的知识；卷伍内容主要讲授化学和物理方面的知识。除了对这些知识的理论部分进行描述之外，还对这些知识的实际运用进行了介绍。

　　该套书有以下几个特点：

　　第一，该套书中插图数量多，并且制作精美。由于是自然科学类知识，课文中生词多，专业术语让学生难以理解，为了能够便于学生理解，编者采取插图这样一种最直接和便捷的方法。以《英文格致读本》卷叁为例，该卷书中共配有171幅插图；其第1课就配有7幅插图。平均下来，每篇课文约配有4幅插图。

第二，该套书中介绍了大量的人文知识。虽然该套书以讲授自然科学知识为编辑目的，但是编者在书中还是尽可能地介绍了西方的人文地理、礼仪、社会习俗和历史等人文知识。如《英文格致读本》卷叁中的第15课《马铃薯》。编者在介绍"马铃薯"这种植物时，讲述了该种植物的来源，其中就谈到了中世纪英国伟大的航海家Sir Walter Raleigh（英国十六七世纪之著名探险家）、Sir Francis Drake（16世纪英国最著名的航海家）。第16课《咖啡树》中介绍了众多的地理知识。如East Indies（东印度群岛）、West Indies（西印度群岛）、Hawaiian Islands（檀香山群岛）、Honolulu（火奴鲁鲁——美国夏威夷州首府）、Arabia（阿拉伯）、Philippines（菲律宾群岛——在太平洋，美属）等。第28课《森林及其用处》在讲述森林时，特意提到了"Arbor Day"（树艺日），即美国的植树节。编者详细地解释、描述了该节日："美利坚列邦之公立学堂，每年有放假一日或半日以提倡树艺及保存林越之道者，此日即名树艺日。"第21课《中国最大的敌人》中编者介绍了用于制作鸦片的罂粟，并且不断告诫读者，鸦片是害人毁国的毒品，一定要远离鸦片。

第三，每卷书的末尾均配有英语专业词汇的中文译文。这套书主要是为了让学生对自然科学有个初步了解，既然是自然科学方面的内容，难免就有一些科学技术知识方面的专业术语。为了让读者对这些深奥难懂的术语易于理解，书中末尾部分编排有与之相配的中文译文。

第四，全书除了课文和词汇之外，没有任何练习部分，基本上属于读本类的教科书。

2. 《英文益智读本》与《英文格致读本》的比较

笔者分别以《英文益智读本》第一册与《英文格致读本》卷壹进行比较，虽然这两册书的书名有改变，但是两者之间却具有较强的关联性。从直观角度看，两册书平均每课长度的数据非常接近（这两册书的体积大小、课文所采用字体与字号、单词与段落行距基本一致，故忽略这些因素的影响）：《英文益智读本》第一册全书编有32课，共141页，平均每课约为4.4页；而《英文格致读本》卷壹全书编有40课，共194页，平均每课约为4.8页。

从两册书的内容来分析，《英文益智读本》（第一册）目录的主要内容如下（见表3-31）：

表3-31 《英文益智读本》（第一册）目录

课次	题目
第1课	猫
第2课	喜鹊
第3课	蚂蚁
第4课	稻谷
第5课	水
第6课	狗

课次	题目
第7课	五种感官
第8课	眼睛
第9课	麻雀
第10课	蛇
第11课	山羊
第12课	家蝇
第13课	耳朵
第14课	狗的故事
第15课	道路
第16课	嗅觉
第17课	蟋蟀
第18课	猫头鹰
第19课	味觉
第20课	丝绸
第21课	乌鸦
第22课	奶牛
第23课	触觉
第24课	茶
第25课	鸽子
第26课	蝉
第27课	洗澡
第28课	莲花
第29课	马
第30课	锻炼
第31课	蜻蜓
第32课	牙齿

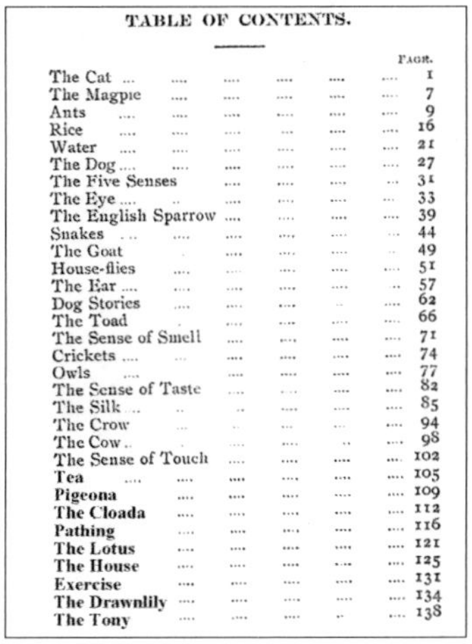

3—75

图3—75　《英文益智读本》（第一册）目录

　　从上表与上文提到的《英文格致读本》卷壹的目录相比较，可以清楚地看到，这两册书在内容上有相当高的相似性。这两册书中课文内容与标题一致的有《英文益智读本》第一册与《英文格致读本》卷壹中的第1课《猫》、第2课《喜鹊》、第5课《水》、第11课《山羊》、第12课《家蝇》、第14课《狗的故事》、第16课《嗅觉》、第19课《味觉》和第23课《触觉》等等。有的则是内容基本一样或稍微修改，而课文题目稍作改变：《英文益智读本》第一册中第6课的《狗》在《英文格致读本》卷壹中第6课则改名为《人类忠诚的朋友》；《英文益智读本》第一册中的第10课《蛇》在《英文格致读本》卷壹中第10课则改名为《没有腿的动物》；《英文益智读本》第一册中的第13课《耳朵》在《英文格致读本》卷壹中第13课则改名为《听觉器官》；《英文益智读本》第一册中的第18课《猫头鹰》在《英文格致读本》卷壹中第18课则改名为《深夜的小偷》；《英文益智读本》第一册中的第22课《奶牛》在《英文格致读本》卷壹中第22课则改名为《一种反刍动物》；《英文益智读本》第一册中的第27课《洗澡》在《英文格致读本》卷壹中第27课则改名为《怎样保持清洁》；《英文益智读本》第一册中的第29课《马》在《英文格致读本》卷壹中第29课则改名为《我们有用的朋友》；《英文益智读本》第一册中的第30课《锻炼》在《英文格致读本》卷壹中第30课则改名为《怎样保持强壮》；《英文益智读本》第一册中的第32课《牙齿》在《英文格致读本》卷壹中第32课则改名为《食品剁碎机》。从列举的书目不难发现，《英文格致读本》卷壹的40篇课文与《英文益智读本》第一册32篇课文中雷同或相似的课文数量有17篇，约占该册书课文总量的43%，且《英文格致读本》卷壹初版的扉页上有标明："原名英文益智读本"，这些都证明了这两册书之间密不可分的关系。

第四章

近代英语教科书的成熟（1927—1949）

1949

概述

从1927年南京国民政府成立至1949年新中国成立的这段时间里，中小学英语教科书无论从形式到内容上都逐渐成型。1927年至抗日战争爆发之前，国内外政治环境相对平稳，南京国民政府亦加大了对教育的投入，中国教育体制相对完善，中小学教育也取得了一定的发展，外语教科书同样走向成熟。1937年，抗日战争全面爆发，国家处于战争状态，社会动荡不安，中小学教育受到严重的冲击，英语教科书的发展几乎陷入停滞，不仅出版数量少，且多是对抗战前英语教科书进行修订。抗战胜利后至中华人民共和国成立前，中小学外语教科书的发展趋于稳定。

南京国民政府统治时期，政府修订、颁发了一系列的教育文件和课程标准，如《中学暂行课程标准》（1929年）、《中学课程标准》（1932年）、《中学课程标准》（1936年）、《修正中学课程标准》（1941年）、《六年制中学课程标准（草案）》（1941年）、《修订中学课程标准》（1948年）等，这些课程标准均对中小学英语教科书的编写作出了明确的规定，使得中小学英语教科书的发展逐渐步入正轨，推动了一批优秀的英语教科书出版和发行。其中的代表便是20世纪20年代末，开明书店出版的由林语堂编写的"开明英文读本"系列教科书，以及20世纪30年代世界书局出版的"标准英语读本"系列教科书。该两套教科书质量上佳，影响深远，润泽几代，直到现在仍然被人称道。如林语堂的"开明英文读本"系列聘请了当时最负盛名的漫画大师——丰子恺先生为其制作插图。而林汉达所编《标准英语读本》甚至沿用到了中华人民共和国成立初期。这两套教科书的编写受直接法影响，尤其注重培养学生口语能力；在内容选材方面，范围广且丰富多彩是其共同亮点，这使得学生在学习英语时富有生气、充满趣味。

总的说来，这段时期内的中小学英语教科书表现出以下几个特点：

第一，教科书的编写明显受社会环境的影响，特别是受当时流行的某种教学法的影响。外语教科书的编写同样也不例外。这段时间的中小学英语教科书编写日益符合现代外语教学法发展趋势。19世纪末至20世纪20年代，是直接法的全盛时期。我国的外语教学同样受其影响，但随着中国英语教学的不断发展，国内学者在吸取国外英语教学经验的同时，结合中国的实际，不断总结与归纳，提出了自己的英语教学方法，并影响了中小学英语教科书的编写。如20世纪30年代后，张士一提出了情境教学理论，林语堂提出了有关意念及其表达方式的观点。再以教科书中的语音学习为例，清末民初的英语教科书基本上采用就词标音法，以韦氏音标、牛津音标为主。这种标音方法不但繁琐，而且对中国学生来说具有一定难度。随着国际音标被世界各国广泛采用，国内一些外语教材编写者认识到它的优势，倡导在编写英语教科书时采用国际音标，教科书中国际音标的使用逐渐被普及。

第二，读本与语法的综合。清末到民初的英语教科书内容一般分为读本与文法（语法）两大类。一般小学阶段所用英语教科书以英语基本知识为内容，侧重课文，辅以少量的语法内容；在中学阶段，不管是初中还是高中阶段，英语教科书基本上是读本与语法分列，学生分别学之。教科书中读本与语法的分裂严重割裂了英语学习的整体性和系统性。国内中小学英语教科书编写者开始注意到之前大量英语教科书把读本和文法严格区分开来所带来的弊端，因此，在教科书中将两者有机结合的做法得到学者们和编者们的一致认同，一批基于此原则编写的中小学英语教科书陆续发行，其中的代表为商务印书馆严格按照1922年全国教育会议特别委员会制定的"新课程"计划，于1923年出版的《英文读本文法合编》。

第三，英语教科书的辅助书籍出现。19世纪末期欧洲外语教学改革运动带来的结果是直接法的盛行。直接法这种教学方法同样也影响着中国的英语教学。但究竟什么是直接法？直接法的特征是什么？这些问题同样也困扰着许多国内学者。中小学英语教科书编写者敏锐地意识到这个问题，为了帮助教师和读者深入了解教材编写的新理念和创新，国内书坊出版了部分学者的研究成果，如中华书局于1922年出版了张士一编写的《英语教学法》一书，该书详细介绍了他对于当时流行的直接法的一些独到的理解和认识。此外，为了帮助教师较好地使用相关教科书，一些书坊还编写了与英语教科书配套的教师指导用书。例如世界书局出版的由詹文浒编著的《初中活用英语读本》，其每册教科书均配有指导书，用以帮助教师教授该套教材。

第四，逐渐完备的教科书审定制度。南京国民政府成立后，虽然教育主管部门历经更替，审定标准也各不相同，但以"三民主义"教育为宗旨却是其不变的核心。一方面，南京国民政府通过教育主管部门对中小学英语教科书编审采取严格的审定制和国定制，强化其思想控制。从不断完善教科书审查制度的过程中不难看到，南京国民政府通过借助教科书审定贯彻国民党的"党化教育"和"三民主义"精神，已实现其强化管理体制的意图。但是，另一方面，由于教科书审查制度的建立，也对当时的教科书编写、出版起到规范作用，也确实出版了一些优秀的中小学教科书。

总之，该时期的外语教科书发展迅速，无论是从质量上还是数量上来看，都取得了很大的进步。具体表现有：外语教科书数量稳定增加；教科书内容主要以当时盛行的直接法为指导；教科书的种类逐步增多；教科书编排趋向科学化和规范化。同时，这些取得的进步在某种程度上也得益于同时期日趋完善的教科书审查制度。

第一节
课程标准对英语教科书的规定

南京国民政府成立后，陆续颁布了一些教育文件，如：1928年颁布的《整理中华民国学校系统案》，1929年颁布的《小学课程暂行标准说明》《初级中学暂行课程标准说明》《高级中学普通科暂行课程标准说明》，1932年颁布的《小学课程标准总纲》《初级、高级中学课程标准总纲》，1936年颁布的《初级中学课程标准》《初中课程标准变更之概况》《高级中学课程标准》《高中课程标准变更之概况》等。这些文件均对中小学外语教科书作出了相关规定。

抗战爆发后，全国上下举己全力，奋力抗日，以求保家卫国。此时的教育既肩负着振奋民族精神、鼓舞抗日斗志的现实使命，又承担着培养建设人才、服务建国事业的长远职责。南京国民政府制定了"抗战建国"的基本国策，逐步建立了"战时应作平时看"的教育指导方针。[1] 该时期，国民政府教育部颁布了一系列的课程标准，这些课程标准对中小学外语教学作了相关规定。以此为标准，也出版了一定数量的外语教科书。

一、《中学暂行课程标准》对英语教科书的规定（1929 年）

1928年5月，南京国民政府召开第一次全国教育会议，通过了《整理中华民国学校系统案》，即"戊辰学制"。次年，国民政府教育部又正式颁布《中学暂行课程标准》。该标准中又包括《初级中学暂行课程标准》和《高级中学暂行课程标准》。

表 4-1　《初级中学暂行课程标准》中各科学分分配（1929 年）[2]

科目	党义	国文	外国语	历史	地理	算学	自然科	生理卫生	图画	音乐	体育	工艺	职业科目	党童军	总计
学分	6	36	20（或30）	12	12	30	15	4	6	6	9（包括国术）	9	15（或5）	不计学分	180

（注：外国语暂定英语一种，在前两年为必修科，每学期5学分，第三年为选修科，每学期5学分，不选者应改选职业科目。）

[1] 刘斌. 从体操到体育：清末民国中小学体育教科书研究[D]. 长沙：湖南师范大学，2011：164-165.
[2] 课程教材研究所. 20世纪中国中小学课程标准：教学大纲汇编：课程：教学：计划卷[M]. 北京：人民教育出版社，2001：119.

表4-2　《高级中学暂行课程标准》中各科学分分配（1929年）[1]

科目	党义	国文	外国语	数学	本国历史	外国历史	本国地理	外国地理	物理	化学	生物学	军事训练	体育	选修科目	总计
学分	6	24	26	19	6	6	3	3	8	8	8	6	9	18	150

（注：外国语暂定英语一种。）

　　该份课程标准纲要中，外国语科目学分与1923年的中学课程标准纲要中所规定的有了比较明显的改变。从学分数值上看，初中外国语科目的学分由36学分减至20学分或30学分；高中外国语科目的学分则由16学分大幅增至26学分。这显然是根据当时教育界人士对初中外国语科目学分太多这一意见而改动的。[2]

　　《初级中学暂行课程标准》中的《初级中学英语暂行课程标准》规定，英语科目每学年每周安排5小时的学习时间。每周时间不得分某几小时专属读本，某几小时专属文法等。而《高级中学暂行课程标准》中的《高级中学普通科英语暂行课程标准》则规定英语科目第一学年每周安排5小时的学习时间，第二、三学年每周安排4小时的学习时间。同时每周时间不得分某几小时专属读本，某几小时专属文法等。此外，两份标准还对教学目标、作业要项、教材大纲、教法要点、毕业最低限度等进行了明确的规定。

《初级中学英语暂行课程标准》[3]（节选）

第二　作业要项

（一）耳听的练习

（甲）听音会意。

（乙）听音辨音。

（二）口说的练习

（甲）独说。

（乙）口问。

（丙）口头仿造句子。

（三）眼看的练习

（甲）认别字体。

（乙）默读。

---

[1] 课程教材研究所. 20世纪中国中小学课程标准：教学大纲汇编：课程：教学：计划卷[M]. 北京：人民教育出版社，2001：122.

[2] 李良佑，张日昇，刘犁. 中国英语教学史[M]. 上海：上海外语教育出版社，1988：162.

[3] 课程教材研究所. 20世纪中国中小学课程标准：教学大纲汇编：外国语卷：英语[M]. 北京：人民教育出版社，2001：17-21.

（四）手写的练习

（甲）独写字体。

（乙）默写记忆的字句。

（丙）手头仿造句子。

（五）耳听兼口说的练习

（甲）口头模仿。

（乙）口答。

（六）耳听兼眼看的练习

（甲）听时看音标或拼法。

（乙）听后指出音标或拼法。

（七）耳听兼手写的练习

（甲）听时默写。

（八）眼看兼口说的练习

（甲）朗读。

（九）眼看兼手写的练习

（甲）临摹字体。

（乙）抄写字句。

（十）眼看兼耳听口说的练习

（甲）看音标或拼法时口头模仿。

第六　毕业最低限度

（一）语言方面

听熟和说熟的切于实用的话，约三千句，包含：

（甲）字量——约一千五百字，以根据Thorndike氏（即桑戴克，后同）*Teacher's Word Book*里头的常用次序为原则；不过这字量除了必须包含Thorndike氏表里最常用的一千字以外，其余的字不必都用该表里头其次的五百字。

（乙）句式——约五百个，里头单纯句式须要占百分之七十五以上，同等复合句式和异等复合句式里头至多包含四个短字句。

（丙）速度——平均五个音节每秒。

（丁）正确度——达百分之七十五以上。

（二）文字方面

能做以下这几项，正确达百分之七十五以上：

（甲）看和写照所听熟说熟的话记下来的文字。

（乙）用字典看没有听过说过，而包含生字约百分之五的短篇文字，明白大意。

（丙）看和写很简单常用的实用文件格式约二十种。

（三）其他方面

明了以下两项的大概，正确达百分之六十以上：

（甲）英语和国语表达方式差异最大的地方。

（乙）关于英语民族生活文化的事实，和英语的习用有密切关系的。

《高级中学普通科英语暂行课程标准》[1]（节选）
第二　作业要项

（一）耳听的练习

（1）听音会意。

（2）听音辨音。

（二）口说的练习

（1）独说。

（2）口问。

（3）口头仿造句段。

（三）眼看的练习

（1）默读。

（四）手写的练习

（1）默写记忆的字句篇段。

（2）手头仿造句段。

（3）自由作文。

（五）耳听兼口说的练习

（1）口头模仿。

（2）口答。

（3）听后口述。

（4）自由会话。

（六）耳听兼眼看的练习

（1）听时看音标或拼法。

（2）看时听讲。

---

[1] 课程教材研究所. 20世纪中国中小学课程标准：教学大纲汇编：外国语卷：英语[M]. 北京：人民教育出版社，2001：22-27.

（七）耳听兼手写的练习

（1）听时默写。

（2）听时笔记。

（3）听后笔述。

（八）眼看兼口说的练习

（1）朗读。

（2）看后口述。

（九）眼看兼手写的练习

（1）抄写字句篇段。

（2）看时笔记。

（3）看后笔述。

（十）眼看兼耳听口说的练习

（1）看音标或拼法时口头模仿。

（2）看时问答。

（3）看后问答。

第六　毕业最低限度

（一）语言方面

能做以下这三项，正确达百分之七十五以上：

（1）了解普通演讲的大意，以通体浅显的为限。

（2）作简单的通常会话，在事前没有预备的。

（3）作简短的普通演讲，在事前先有预备的。

在以上三项里头应用的语料包含：

（1）字量——约四千字（连初中的一千五百字在内），以根据Thorndike氏*Teacher's Word Book*里头的常用次序为原则；不过这字量除了必须包含Thorndike氏表里最常用的二千五百字以外，其余的字不必都用该表里头其次的一千五百字。

（2）句式——约一千二百个（连初中的五百个在内），里头单纯句式须要占百分之七十五以上。

（3）速度——至少五个音节每秒。

（二）文字方面

能做以下这三项，正确达百分之七十五以上：

（1）略用字典看普通书报，明白大意。

（2）笔记普通演讲的要点，以通体浅显的为限。

（3）看和写通常的实用文件，以没有专门性质的为限。

（三）其他方面

明了以下这三项的大概，正确达百分之六十以上：

（1）英语表达方式的简单系统。

（2）增加英语效力的主要原则。

（3）关于西洋民族生活文化的事实和意义，和一般英语作品的了解有密切关系的。

《初级中学英语暂行课程标准》中对初中英语教材的规定如下[1]：

第一学年

（一）各种有定式的简短句组，大部分能用实物图形或动作示意的，例如命令组、演进组之类。（耳口练习，阅读全部音译本和全部通常拼法的印刷本和手写本——手写本包括旧式连续手写体和新式手写印刷体，抄写和默写通常拼法——以用手写印刷体为原则，替换造句）

（二）各种无定式的简短句组，例如有题的实用会话和故事小剧之类——大概从第二学期起逐渐增加。（同第一项）

（三）简短的教室用语。（同第一项）

（四）从第一、二、三项教材里头分析出来的音素和组合要点。（耳口练习）

（五）发音部位、方法和音类区分的大概。（了解，应用）

（六）和第四项教材相当的音标以用国际音标为原则。（认别，听后指出，朗读）

（七）印刷体和旧式手写体的大小写字母。（认别）

（八）新式手写印刷体的大小写字母。（认别形体，了解构造，临摹独写）

（九）写字的姿势和安纸、执笔、运手等法。（了解，应用）

（十）第一、二、三项材料里头必须指出的语法要点。（了解，应用）

（十一）各种相当的临时教材。（依照特殊的学习动机去斟酌用法）

（十二）外国人民生活习惯等类的事实——尤其是英语民族的——在各项教材里头便于指出的。（了解）

第二学年

（一）同第一学年第二项。（除阅读局部的音译本和局部的旧式手写本以外，其余都同）

（二）从第一项教材里头编制出来的有定式简短的句组。（同第一项）

（三）同第一学年第三项。（同第一项）

（四）和第一、二、三项教材相近而没有先经耳口练习的简短篇段印刷本，里头没有生字或是有生字不过百分之三的。（阅读大意，口头或手头摘取要点）

（五）字典用法。（了解，应用）

---

[1] 课程教材研究所. 20世纪中国中小学课程标准：教学大纲汇编：外国语卷：英语[M]. 北京：人民教育出版社，2001：18-19.

第一节　课程标准对英语教科书的规定

（六）很简单附有定式的通常信柬单据之类。（印刷本或手写本的阅读、抄写、仿写、填写）

（七）第一、二、三、四、六各项教材里头必须指出的语法要点。（了解，应用）

（八）同第一学年第十一项。

（九）同第一学年第十二项。

第三学年

（一）同第二学年第一项。（加口头或手头仿作。其余都同）

（二）同第二学年第二项。

（三）同第二学年第三项。

（四）短篇的简易叙述语、描写语、说明语和议论语。（同第一项）

（五）和第一、二、三、四各项教材相近而没有先经耳口练习的简短篇段印刷本，其中有生字从百分之四到百分之七的。（同第二学年第四项，再加口头或手头补充余意的练习）

（六）简单而有定式的通常信柬单据之类。（同第二学年第六项）

（七）以上六项教材里头必须指出的语法要点。（了解，应用）

（八）同第一学年第十一项。

（九）同第一学年第十二项。

《高级中学普通科英语暂行课程标准》中对高中英语教材的规定如下[1]：

第一学年

（一）短篇选文，以用近代文为原则；不拘足本或节本；须掺杂有文学意味的，有科学色彩的，和有其他兴趣的叙述、描写、说明、议论各体文；以散文为主；诗歌内容的语料须和散文的习用很接近的。（精读；口头或手头问答内容，摘取要点，补充余意）

（二）普通应用文件，例如信柬、章程、报告等类。（阅读，仿作）

（三）普通应用套语，例如社交用语、事务用语等类。（耳口练习，应用）

（四）从第一、二、三项教材里头扩充出来的系统化字汇、词汇和句汇。（了解，应用）

（五）从第一、二、三项教材里头扩充出来的系统化语法。（了解，应用）

（六）和第一、二、三项教材相近的选文——不拘长篇或短篇、足本或节本、单篇文字或成本书籍，里头有生字不过百分之九的；所用分量连下一项的教材在内，至少须有第1项精读教材的三倍。（课外浏览；口头或手头问答内容大概，提制纲要，补充余意）

（七）普通定期刊物，例如日报、杂志等类。（同第六项）

（八）特种参考书的用法，例如同义反义字典、人名地名字典、习语词典、俚语词典、分类词典等类的用法。（了解，应用）

[1] 课程教材研究所. 20世纪中国中小学课程标准：教学大纲汇编：外国语卷：英语[M]. 北京：人民教育出版社，2001：23-25.

（九）各种相当的临时教材。（依照特殊的学习动机去斟酌用法）

（十）外国文化的事实和意义——尤其是英语民族的——在各项教材里便于指出的。（了解）

第二学年

（一）同第一学年第一项。（加口头或手头讨论，其余都同）

（二）同第一学年第二项。

（三）同第一学年第三项。

（四）同第一学年第四项。（加补充，其余都同）

（五）同第一学年第五项。（加补充，其余都同）

（六）同第一学年第六项，里头有生字不过百分之十二的。（加口头或手头报告和讨论，其余都同）

（七）同第一学年第七项。（同第六项）

（八）同第一学年第九项。

（九）同第一学年第十项。

第三学年

（一）同第二学年第一项。（加仿作，其余都同）

（二）同第一学年第二项。

（三）同第一学年第三项。

（四）同第二学年第四项。

（五）同第二学年第五项。

（六）从第一、二、三项教材里头便于指出的修辞要则。（了解，应用）

（七）同第二学年第六项，里头有生字不过百分之十五的。

（八）同第二学年第七项。

（九）同第一学年第九项。

（十）同第一学年第十项。

从暂行课程标准关于英语教材的规定看，所编撰的教材与"壬戌学制"的英语教材大体一致，只是暂行课程标准的规定更详细，更具体，说明当时的南京国民政府已将英语教科书摆在非常重要的位置。

二、《中学课程标准》对英语教科书的规定（1932 年）

1932年，南京国民政府颁布《中学法》，次年3月，南京国民政府教育部又颁布了《中学规程》。在一系列法规、法令的约束下，至抗战前，以《中学法》（1932年12月）和《中学规程》

（1933年3月）的颁布实施为标志，南京国民政府的中学教育制度已基本实现了规范化和定型化，[1] 而中学的外语教学也逐步走向正轨。

表4-3　《中学课程标准》规定初中每周课时表[2]

（单位：课时）

科目		第一学年	第二学年	第三学年
国文		6	6	6
英语		5	5	5
算学		4	5	5
其他科目12门		略		
合计	周教学总时数	35	34~35	34~35
	在校自习总计	13	13~14	13~14

表4-4　《中学课程标准》规定高中每周课时表[3]

（单位：课时）

科目		第一学年	第二学年	第三学年
国文		5	5	5
英语		5	5	5
算学		4	3	4/2
其他科目14门		略		
合计	每周教时	34	33~34	31
	课外运动及在校自修	26	26~27	29

《中学课程标准》中的《初级中学英语课程标准》和《高级中学英语课程标准》均规定英语科目每学年每周安排5小时的学习时间，每周时间不得分某几小时专属读本，某几小时专属文法等。此外，两份标准还对教学目标、教材大纲、实施方法概要等进行了明确的规定。

《初级中学英语课程标准》（1932年）中对初中英语教材的规定如下[4]：

（壹）第一学年

（一）各种有定式之简短句组，大部分能用实物图形或动作示意者，例如命令组、演进组之类。（耳口练习，阅读全部音译本与全部通常拼法之印刷本与手写本——手写本包括旧式连续手写

[1] 李国钧，王炳照，于述胜. 中国教育制度通史：第七卷：民国时期：公元1912—1949年[M]. 济南：山东教育出版社. 2000：120.

[2] 李良佑，张日昇，刘犁. 中国英语教学史[M]. 上海：上海外语教育出版社，1988：168.

[3] 李良佑，张日昇，刘犁. 中国英语教学史[M]. 上海：上海外语教育出版社，1988：169.

[4] 课程教材研究所. 20世纪中国中小学课程标准：教学大纲汇编：外国语卷：英语[M]. 北京：人民教育出版社，2001：28-30.

体与新式手写印刷体，抄写与默写通常拼法——以用手写印刷体为原则，替换造句）

（二）各种无定式之简短句组，例如有题之实用会话与故事小剧之类——大概从第一学期起逐渐增加。（同第一项）

（三）简短之教室用语。（同第一项）

（四）从第一、二、三项教材中分析出来之音素与组合要点。（耳口练习）

（五）发音部位方法与音类区分之大概。（了解，应用）

（六）与第四项教材相当之音标——以用国际音标为原则。（认别，听后指出，朗读）

（七）印刷体与旧式手写体之大小写字母。（认别）

（八）新式手写印刷体之大小写字母。（认别形体，了解构造，临摹，独写）

（九）写字之姿势、执笔、运手等法。（了解，应用）

（十）第一、二、三项材料中必须指出之语法要点——包括词类与句式之区分及变化。（了解，应用）

注：语法即旧称文法。

（十一）各种相当之临时教材。（依照特殊之学习动机以斟酌用法）

（十二）外国人民生活习惯等类之事实——尤其是关于英语民族者——在各项教材中便于指出者。（了解）

（贰）第二学年

（一）同第一学年第二项。（除阅读局部之音译本与局部之旧式手写本外，其余均同）

（二）从第一项教材中编制出来之有定式之简短句组。（同第一项）

（三）同第一学年第三项。（同第一项）

（四）与第一、二、三项教材相近而未先经耳口练习之简短篇段印刷本，其中无生字或有生字而不过百分之二三者。（阅读大意，口头或手头摘取要点）

（五）字典用法。（了解，应用）

（六）极简单而有定式之通常信柬单据之类。（印刷本或手写本之阅读、抄写、仿写、填写）

（七）第一、二、三、四、六各项教材中必须指出之语法要点——包括词类与句式之区分及变化。（了解，应用）

（八）同第一学年第十一项。

（九）同第一学年第十二项。

（叁）第三学年

（一）同第二学年第一项。（加口头或手头仿作，其余均同）

（二）同第二学年第二项。

（三）同第二学年第三项。

（四）短篇之简易叙述语、描写语、说明语与议论语。（同第一项）

（五）与第一、二、三、四各项教材相近而未先经耳口练习之简短篇段印刷本，其中有生字从百分之四至百分之七者。（同第二学年第四项，再加口头或手头补充余意之练习）

（六）简单而有定式之通常信束单据之类。（同第二学年第六项）

（七）以上六项教材中必须指出之语法要点——包括词类与句式之区分及变化。（了解，应用）

（八）同第一学年第十一项。

（九）同第一学年第十二项。

注：以上三学年教材内之字量总共约三千字。其中二千字须用Thorndike氏*Teacher's Word Book*中最常用之二千字，其余一千字可不必尽用该书中之第三千字。

《高级中学英语课程标准》（1932年）中对高中英语教材的规定如下[1]：

（壹）第一学年

（一）短篇选文，以用近代文为原则；不拘足本或节本；须掺杂有文字意味，有科学色彩，及有其他兴趣之叙述、描写、说明、议论各体文；以散文为主；诗歌内容之语料须与散文之习用甚为接近者。（精读：口头或手头问答内容，摘取要点，补充余意）

（二）普通应用文件，例如信束、章程、报告等类。（阅读，仿作）

（三）普通应用套语，例如社交用语、事务用语等类。（耳口练习，应用）

（四）从第一、二、三项教材扩充而得之系统化字汇、词汇与句汇。（了解，应用）

（五）从第一、二、三项教材扩充而得之系统化语法，包括词类与句式之区分及变化。（了解，应用）

注：语法即旧称文法。

（六）与第一、二、三项教材相近之选文——不拘长篇或短篇、足本或节本、单篇文字或成本书籍，中有生字不过百分之九者，所用分量连下一项之教材在内，至少须有第一项精读教材之三倍。（课外浏览；口头或手头问答内容大概，提制纲要，补充余意）

（七）普通定期刊物，例如日报、杂志等类。（同第六项）

（八）特种参考书之用法，例如同义反义字典、人名地名字典、习语词典、俚语字典、分类词典等类之用法。（了解，应用）

（九）各种相当之临时教材。（依照特殊之学习动机以斟酌用法）

（十）外国文化之事实与意义——尤其是关于英语之民族者——在各项教材内便于指出者。（了解）

---

[1] 课程教材研究所. 20世纪中国中小学课程标准：教学大纲汇编：外国语卷：英语[M]. 北京：人民教育出版社，2001：33-35.

（贰）第二学年

（一）同第一学年第一项。（加口头或手头讨论，其余均同）

（二）同第一学年第二项。

（三）同第一学年第三项。

（四）同第一学年第四项。（加补充，其余均同）

（五）同第一学年第五项。（加补充，其余均同）

（六）同第一学年第六项，中有生字不过百分之十二者。（加口头或手头报告与讨论，其余均同）

（七）同第一学年第七项。（同第六项）

（八）同第一学年第九项。

（九）同第一学年第十项。

（叁）第三学年

（一）同第二学年第一项。（加仿作，其余均同）

（二）同第一学年第二项。

（三）同第一学年第三项。

（四）同第二学年第四项。

（五）同第二学年第五项。

（六）从第一、二、三项教材内便于指出之修辞要则。（了解，应用）

（七）同第二学年第六项，中有生字不过百分之十五者。

（八）同第二学年第七项。

（九）同第一学年第九项。

（十）同第一学年第十项。

注：以上三学年教材内之新字量约五千字（连初中共约八千字）。其中约三分之一可不必尽行根据Thorndike氏*Teacher's Word Book*中之次序。

三、《中学课程标准》对英语教科书的规定（1936 年）

1932年的课程标准纲要颁布之后，各地中学在实施过程中普遍反映教学总时过多，高中课程尤为繁重。[1]针对这种情况，国民政府教育部于1936年公布了新的《中学课程标准》，主要内容包括：在初中教学阶段，每周教学总时数为31学时（其中国文5学时，英语4学时）；在高中教学阶段，每周教学总时数为30学时（其中国文5学时，英语5学时）。但是，此课程标准颁布之后不久，

---

[1] 李良佑，张日昇，刘犁. 中国英语教学史[M]. 上海：上海外语教育出版社，1988：170.

抗战全面爆发，故实施时间很短。

新的《中学课程标准》中同样包括《初级中学英语课程标准》和《高级中学英语课程标准》。除了规定英语科目的学时之外，还对教学目标、教材大纲、实施方法概要等进行了明确的规定。

1936年版的《初级中学英语课程标准》中对初中英语教材的规定如下[1]：

（壹）第一学年

（一）各种有定式之简短句组，大部分能用实物图形或动作示意者。例如命令组（Imperative Drills）、演进组（Gouin Series）之类。［耳口练习，阅读全部音译本（Phonetic Transcription）与全部通常拼法（Ordinary Spelling）之印刷本与手写本——手写本包括旧式连续手写体（Cursive Writing）与新式手写印刷体（Manuscript Writing），抄写与默写通常拼法——以用手写印刷体为原则，替换造句］

（二）各种无定式之简短句组，例如有题之实用会话与故事小剧之类——大概自第二学期起逐渐增加。（同第一项）

（三）简短之教室用语。（同第一项）

（四）自第一、二、三项教材中所分析出之音素及其综合变化之要点。（耳口练习）

（五）发音部位方法与音类区分之大概。（了解，应用）

（六）与第四项教材相当之音标——以用国际音标为原则。（认别，听后指出，朗读）

（七）印刷体与旧式手写体之大小写字母。（认别）

（八）新式手写印刷体之大小写字母。（认别形体，了解构造，临摹，独写）

（九）写字之姿势，及安纸、执笔、运手等法。（了解，应用）

（十）第一、二、三项材料中必须指出之语法要点——包括词类与句式之区分及变化。（了解，应用）

（十一）各种相当之临时教材。（依照特殊之学习动机以斟酌用法）

（十二）外国人民生活习惯等类之事实——尤其关于英语民族者及有益于我国民族精神之培养者——在各项教材中便于指出者。（了解）

（贰）第二学年

（一）同第一学年第二项。（除阅读局部之音译本与局部之旧式手写本外，其余均同）

（二）自第一项教材中所编制之有定式之简短句组。（同第一项）

（三）同第一学年第三项。（同第一项）

（四）与第一、二、三项教材相近而未先经耳口练习之简短篇段印刷本，其中无生字或有生字而不过百分之三者。［阅读大意，口头（Orally）或手头（In Writing）摘取要点］

[1] 课程教材研究所. 20世纪中国中小学课程标准：教学大纲汇编：外国语卷：英语[M]. 北京：人民教育出版社，2001：38-40.

（五）字典用法。（了解，应用）

（六）简单而有定式之通常信柬单据之类。（印刷本或手写本之阅读、抄写、仿写、填写）

（七）第一、二、三、四、五、六各项教材中必须指出之语法要点，包括词类与句式之区分及变化。（了解，应用）

（八）同第一学年第十一项。

（九）同第一学年第十二项。

（叁）第三学年

（一）同第二学年第一项。（加口头或手头仿作，其余均同）

（二）同第二学年第二项。

（三）同第二学年第三项。

（四）短篇之简易叙述语、描写语、说明语与议论语。（同第一项）

（五）与第一、二、三、四各项教材相近而未先经耳口练习之简短篇段印刷本，其中有生字从百分之四至百分之七者。（同第二学年第四项，再加口头或手头补充余意之练习）

（六）简单而有定式之通常信柬单据之类。（同第二学年第六项）

（七）以上六项教材中必须指出之语法要点，包括词类与句式之区分及变化。（了解，应用）

（八）同第一学年第十一项。

（九）同第一学年第十二项。

以上三学年教材内之字量总共约三千字。其中二千字须用Thorndike氏*Teacher's Word Book*中最常用之二千字，其余一千字可不必尽用该书中之第三千字。

1936年版的《高级中学英语课程标准》中对高中英语教材的规定如下[1]：

（壹）第一学年

（一）短篇选文，以用英美作家近代文为原则：须平均采用有文学意味，有科学色彩，及有其他兴趣之叙述、描写、说明、议论各体文；特别注意在国家民族方面足资借鉴及富有激励性之文字；以散文为主，诗歌内容之语料须与散文之习用甚为接近者。［精读；口头（Orally）或手头（In Writing）问答内容，摘取要点，补充余意］

（二）普通应用文件，例如信柬、规则、报告等类。（阅读，仿作）

（三）普通应用套语，例如社交用语、事务用语等类。（耳口练习，应用）

（四）自第一、二、三项教材扩充而得之系统化字汇、词汇与句汇。（了解，应用）

（五）自第一、二、三项教材扩充而得之系统化语法，包括词类与句式之区分及变化。（了解，应用）

---

[1] 课程教材研究所. 20世纪中国中小学课程标准：教学大纲汇编：外国语卷：英语[M]. 北京：人民教育出版社，2001：43-45.

（六）与第一、二、三项教材相近之选文——不拘长篇或短篇、单篇文字或成本书籍，中有生字不过百分之八九者。所用分量连下一项之教材在内，至少须有第一项精读教材之三倍。〔课外浏览；口头（Orally）或手头（In Writing）问答内容大概，提制纲要，补充余意〕

（七）普通定期刊物，例如日报、杂志等类。（同第五项）

（八）特种参考书之用法，例如同义反义字典、人名地名字典、习语词典、俚语字典、分类词典等类之用法。（了解，应用）

（九）各种相当之临时教材。（依照特殊之学习动机以斟酌用法）

（十）外国文化之事实与意义——尤其关于英语民族者及有益于我国民族精神之培养者——在各项教材内便于指出者。（了解）

（贰）第二学年

（一）同第一学年第一项。（加口头或手头讨论，其余均同）

（二）同第一学年第二项。

（三）同第一学年第三项。

（四）同第一学年第四项。（加补充，其余均同）

（五）同第一学年第五项。（加补充，其余均同）

（六）同第一学年第六项，中有生字不过百分之十二者。（加口头或手头报告与讨论，其余均同）

（七）同第一学年第七项。（同第六项）

（八）同第一学年第九项。

（九）同第一学年第十项。

（叁）第三学年

甲、乙组共同部分：

（一）同第二学年第一项。（加仿作，其余均同）

（二）同第一学年第二项。

（三）同第一学年第三项。

（四）同第二学年第四项。

（五）同第二学年第五项。

（六）自第一、二、三项教材内便于指出之修辞要则，例如Unity、Coherence、Clearness、Emphasis等。（了解，应用）

（七）同第二学年第六项，中有生字不过百分之十五者。

（八）同第二学年第七项。

（九）同第一学年第九项。

（十）同第一学年第十项。

以上三学年教材内之新字量约五千字（连初中共约八千字）。其中约三分之一可不必尽行根据Thorndike氏*Teacher's Word Book*中之次序。

乙组增习部分：

（一）短篇小说，独幕剧，长篇论文。（为普通读本所不能采入者）

（二）关于政治、经济、哲学方面之文字。

（三）修辞学（每课后应加修辞学，就原文举例说明之），作文概要。

全年教材内之新字量约一千字。（连初高中各学年共约九千字。其中约三分之一不必尽行根据Thorndike氏*Teacher's Word Book*中之次序）

四、《修正中学课程标准》对英语教科书的规定（1941 年）

在1939年召开的第三次全国教育会议上，不少与会代表纷纷对1936年制定的《中学课程标准》提出异议，意见主要集中在英语科目学时过多，对于那些将来不能升入高中的初中学生来说，这个问题更为明显。因此，很多代表主张把初中英语由必修课改为选修课。

一、现行中学课程应行修正案　张伯苓

现行中学课程，于民国二十五年（1936年）公布施行以来，觉不便处殊多，特将应行修正之理由，列举于左：

……

4. 英语因现时小学不授英文，四小时嫌少，拟增加一小时。如不预备升学，则不妨比四小时再少，甚或完全不学。

二、减少初级中学教学时数案　韩孟钧

英语原为研究外国学术之工具。若不作高深学理之精研，英语之应用，于吾人之日常生活者极少。查初级中学英语，每周教学四小时，学生每日自习时间，消耗于英语之阅读练习，在二小时以上。按修正中学规程，初级中学之教学科目之一，学生以升级关系，多以全力以赴之，妨害其他科学之进度甚大。况初级中学毕业之学生，能升入高级中学者，按诸事实，其数甚少。此大多数不能升学之学生毕业后，几与英语绝缘；是其在校时对英语钻研全为虚费。初级中学每周英语教学时数，似宜酌减，以免阻碍其他学科之进行。

办法：初级中学每周英语教学时数，减为二小时。

三、请将中等以上学校英文科改为选修科目案　贵州省教育厅

查我国兴学之初，鉴于西洋物质文明日臻发达，非讲求科学，无以富国强兵。因揭橥"中学为体，西学为用"之说，而以文字为沟通中西文化之工具，故列英文为学校必修课程，在当时因不得

谓为无见。唯是近年以来，国立编译馆已经成立，欧西文哲科学各种学说，经学术团体、文化机关暨私人介绍之译本，已如汗牛充栋。学生阅读译本，即可直接研习，无兼顾文字之劳。又一般中学学生毕业后，有力升学者，十不及三四，其无力升学而服务社会者，所学英文，绝少应用。基上理由，除大学外国语文系外，英文无列为必修课程之必要。拟请与其他外国文同列为选修科目。

办法：（1）请明定中等以上学校英文课程，除外国语文系外，与其他法、德等文同列为选修科目。（2）扩充国立编译馆，尽量翻译各国科学文艺书籍。（3）各级学校教本及讲授，应一律用国文国语。

四、初中英语应改为选科案　王捷三

查初中学校为培养健全国民之场所。初中毕业后，不能必其升学，即能升学，除入高中深造外，其入师范或高职者，对于英语之需用甚少。我国近数十年来，民族意识之未能积极养成，固有文化之未能充分发扬，原因固多，而一味醉心欧化，唾弃我固有文明，亦为主因之一。拟请将初中英语一科，改为选修，所遗时数，拟请增加国语及本国史地科目。盖此诸科，均为研究本国文化之工具，时至今日，尤宜予以重视也。[1]

在这次大会上，将初中英语科目由必修改为选修的意见占压倒性多数；与此同时，为了满足战时的需要，教育部于1941年正式公布的《修正中学课程标准》中，正式将初中英语由必修改为选修。这是自"癸卯学制"颁布以来，在近40年的时间里，英语科目第一次从必修变为选修，这不得不说是英语学科发展的一次重大倒退。

《修正初级中学英语课程标准》中对初中英语教材的规定如下[2]：

（壹）第一学年

（一）各种有定式之简短句组，大部分能用实物图形或动作示意者，例如命令组（Imperative Drills）、演进组（Gouin Series）之类。［耳口练习，并授以分别音标与阅读全部通常拼法（Ordinary Spelling）之印刷本与手写本——手写本包括旧式连续手写体（Cursive Writing）与新式手写印刷体（Manuscript Writing），抄写与默写通常拼法——以用手写印刷体为原则，替换造句］

（二）各种无定式之简短句组，例如有题之实用会话与故事小剧之类——大概自第二学期起逐渐增加。（同第一项）

（三）简短之教室用语。（同第一项）

（四）自第一、二、三项教材中所分析出之音素及其综合变化之要点。（耳口练习）

（五）发音部位、方法与音类区分之大概。（了解，应用）

（六）印刷体与旧式连续手写体之大小写字母。（认别）

---

[1]　李良佑，张日昇，刘犁. 中国英语教学史[M]. 上海：上海外语教育出版社，1988：172-174.

[2]　课程教材研究所. 20世纪中国中小学课程标准：教学大纲汇编：外国语卷：英语[M]. 北京：人民教育出版社，2001：57-59.

（七）新式手写印刷体之大小写字母。（认别形体，了解构造，临摹，独写）

（八）写字之姿势，及安纸、执笔、运手等法。（了解，应用）

（九）第一、二、三项教材中必须指出之语法要点，包括词类与句式之区分及变化。（了解，应用）

（十）外国人民生活习惯等类之事实——尤其关于英语民族者及有益于我国民族之培养者——在各项教材中便于指出者。（了解）

（十一）各种相当之临时教材。（依照特殊之学习动机以斟酌用法）

（贰）第二学年

（一）同第一学年第二项。（除阅读全部或局部之音译本与局部之旧式手写本外，其余均同）

（二）自第一项教材中所编制之有定式之简短句组。（同第一项）

（三）同第一学年第三项。（同第一项）

（四）与第一、二、三项教材相近而未先经耳口练习之简短篇段印刷本，其中无生字或有生字而不过百分之二者。［阅读大意，口头（Orally）或手头（In Writing）摘取要点］

（五）字典用法。（了解，应用）

（六）简单而有定式之通常信束、单据之类。（印刷本或手写本之阅读、抄写、仿写、填写）

（七）第一、二、三、四、六各项教材中必须指出之语法要点，包括词类与句式之区分及变化。（了解，应用）

（八）同第一学年第十项。

（九）同第一学年第十一项。

（叁）第三学年

（一）同第二学年第一项。（加口头或手头仿作，其余均同）

（二）同第二学年第二项。

（三）同第二学年第三项。

（四）短篇之简易叙述语、描写语、说明语与议论语。（同第一项）

（五）与第一、二、三、四各项教材相近而未先经耳口练习之简短篇段印刷本，其中有生字不过百分之三者。（同第二学年第四项，再加口头或手头补充余意之练习）

（六）简单而有定式之通常信束、单据之类。（同第二学年第六项）

（七）以上六项教材中必须指出之语法要点，包括词类与句式之区分及变化。（了解，应用）

（八）同第一学年第十项。

（九）同第一学年第十一项。

以上三学年教材内之字量总共约二千字。其中约三分之二须用Thorndike氏*Teacher's Word Book*中最常用者，其余可不必尽行根据该书。

《修正高级中学英语课程标准》中对高中英语教材的规定如下[1]：

（壹）第一学年

（一）短篇选文——以用英美作家近代文为原则：须平均采用有文学意味、有科学色彩及有其他兴趣之叙述、描写、说明、议论各体文；特别注意在国家民族方面足资借鉴及富有激励性之文字；以散文为主，诗歌内容之语料须与散文之习用甚为接近者。［精读；口头（Orally）或手头（In Writing）问答内容、摘取要点、补充余意］

（二）普通应用文件，例如信柬、规则、报告等类。（阅读，仿作）

（三）普通应用套语，例如社交用语、事务用语等类。（耳口练习，应用）

（四）自第一、二、三项教材扩充而得之系统化字汇、词汇与句汇。（了解，应用）

（五）自第一、二、三项教材扩充而得之系统化语法，包括词类与句式之区分及变化。（了解，应用）

（六）与第一、二、三项教材相近之选文——不拘长篇或短篇，单篇文字或成本书籍，中有生字不过百分之四者，所用分量连下一项之教材在内，至少须有第一项精读教材之三倍。［课外浏览；口头（Orally）或手头（In Writing）问答内容大概、提制纲要、补充余意］

（七）普通定期刊物，例如日报、杂志等类。（同第六项）

（八）特种参考书之用法，例如同义反义字典、人名地名字典、习语词典、俚语字典、分类词典等类之用法。（了解，应用）

（九）外国文化之事实与意义——尤其关于英语民族者及有益于我国民族精神之培养者——在各项教材内便于指出者。（了解）

（十）各种相当之临时教材。（依照特殊之学习动机以斟酌用法）

（贰）第二学年

（甲）甲、乙组共同部分：

（一）同第一学年第一项。（加口头或手头报告与讨论，其余均同）

（二）同第一学年第二项。

（三）同第一学年第三项。

（四）同第一学年第四项。（加补充，其余均同）

（五）同第一学年第五项。（加补充，其余均同）

（六）同第一学年第六项，中有生字不过百分之五者。（加口头或手头报告与讨论，其余均同）

（七）同第一学年第七项。（同第六项）

---

[1] 课程教材研究所. 20世纪中国中小学课程标准：教学大纲汇编：外国语卷：英语[M]. 北京：人民教育出版社，2001：62-64.

（八）同第一学年第九项。

（九）同第一学年第十项。

（乙）乙组增习部分：同甲、乙组共同部分之（六）（七）（八）（九）等项。

（叁）第三学年

（甲）甲、乙组共同部分：

（一）同第二学年第一项。（加仿作，其余均同）

（二）同第一学年第二项。

（三）同第一学年第三项。

（四）同第二学年第四项。

（五）同第二学年第五项。

（六）自第一、二、三项教材内便于指出之修辞要则，例如Unity、Coherence、Clearness、Emphasis等。（了解，应用）

（七）同第二学年第六项，中有生字不过百分之六者。

（八）同第二学年第七项。

（九）同第一学年第九项。

（十）同第一学年第十项。

（乙）乙组增习部分：

同甲、乙组共同部分之（七）（八）（九）（十）等项。

以上三学年教材内之新字量甲乙组共同部分约五千字（连初中共约七千字），其中约三分之一可不必尽行根据Thorndike氏*Teacher's Word Book*，乙组增习部分略依时间比例类推。

五、《六年制中学课程标准（草案）》对英语教科书的规定（1941 年）

抗日战争时期，为满足战时需要，南京国民政府教育部开始试验试办六年一贯制中学和五年一贯制中学。开设两种不同类型的中学是在战争时期非常规状态中所采用的特别方法。五年一贯制中学的设立，主要从经济性角度考虑，目的是希望压缩学习时间，试图把中学六年课程压缩成五年课程。而六年一贯制中学的课程编制原则是采用直线式课程编制的方式取代初中与高中两个阶段内的螺旋式编制方式。

本课程标准系教育部根据第三次全国教育会议作出的关于"设六年中学，不分初高中。并为奖励清寒优秀子弟获得人才教育起见，六年制中学应多设奖学金额"之决议，同时"指定国立中学数校及令川渝等11省市教育厅局指定成绩优良之公私立中学一二校"开始试验。其要旨如下：

（一）目标专为升学准备，选择学生，宜从严格。（二）各种学科平均发展，始终不予分组，为进行高等教育培植一良好之基础。（三）各科全部课程，均采直径一贯之编配。（四）对于基本学科（国文、数学、外国语）之程度，应予提高，其余各科以应切实达到高中课程标准规定之程度为准。[1]

1941年9月，南京国民政府教育部颁布了《六年制中学课程标准（草案）》，规定英语科目每学年每周安排5小时的学习时间。每周时间不得分某几小时专属读本，某几小时专属文法等。此外，还对教学目标、时间支配、教材大纲、实施方法概要等进行了明确的规定。

《六年制中学课程标准（草案）》对中学英语教材的规定如下[2]：

（壹）第一学年

（一）各种有定式之简短句组，大部分能用实物图形或动作示意者，例如命令组（Imperative Drills）、演进组（Gouin Series）之类。［耳口练习、阅读全部音译本（Phonetic Transcription）与全部通常拼法（Ordinary Spelling）之印刷本与手写本——手写本包括旧式连续手写体（Cursive Writing）与新式手写印刷体（Manuscript Writing）、抄写与默写通常拼法——以用手写印刷体为原则、替换造句］

（二）各种无定式之简短句组，例如有题之实用会话与故事小剧之类——大概自第二学期起逐渐增加。（同第一项）

（三）简短之教室用语。（同第一项）

（四）自第一、二、三项教材中所分析出之音素及其综合变化之要点。（耳口练习）

（五）发音部位方法与音类区分之大概。（了解，应用）

（六）与第四项教材相当之音标——以用国际音标为原则。（认别、听后指出、朗读）

（七）印刷体与旧式连续手写体之大小写字母。（认别）

（八）新式手写印刷体之大小写字母。（认别形体、了解构造、临摹、独写）

（九）写字之姿势及安纸、执笔、运手等法。（了解，应用）

（十）第一、二、三项教材中必须指出之语法要点，包括词类与句式之区分及变化。（了解，应用）

（十一）外国人民生活习惯等类之事实——尤其关于英语民族者及有益于我国民族精神之培养者——在各项教材中便于指出者。（了解）

（十二）各种相当之临时教材。（依照特殊之学习动机以斟酌用法）

---

[1] 课程教材研究所. 20世纪中国中小学课程标准：教学大纲汇编：外国语卷：英语[M]. 北京：人民教育出版社，2001：49.

[2] 课程教材研究所. 20世纪中国中小学课程标准：教学大纲汇编：外国语卷：英语[M]. 北京：人民教育出版社，2001：50-52.

（贰）第二学年

（一）同第一学年第二项。（除阅读局部之音译本与局部之旧式手写本外，其余均同）

（二）自第一项教材中所编制之有定式之简短句组。（同第一项）

（三）同第一学年第三项。（同第一项）

（四）与第一、二、三项教材相近而未先经耳口练习之简短篇段印刷本，其中无生字或有生字而不过百分之三者。［阅读大意、口头（Orally）或手头（In Writing）摘取要点］

（五）字典用法。（了解，应用）

（六）甚简单而有定式之通常信束、单据之类。（印刷本或手写本之阅读、抄写、仿写、填写）

（七）第一、二、三、四、六各项教材中必须指出之语法要点，包括词类与句式之区分及变化。（了解，应用）

（八）同第一学年第十一项。

（九）同第一学年第十二项。

（叁）第三学年

（一）同第二学年第一项。（加口头或手头仿作，其余均同）

（二）同第二学年第二项。

（三）同第二学年第三项。

（四）短篇之简易叙述语、描写语、说明语与议论语。（同第一项）

（五）与第一、二、三、四各项教材相近而未先经耳口练习之简短篇段印刷本，其中有生字不过百分之四者。（同第二学年第四项。再加口头或手头补充余意之练习）

（六）简单而有定式之通常信束、单据之类。（同第二学年第六项）

（七）以上六项教材中必须指出之语法要点，包括词类与句式之区分及变化。（了解，应用）

（八）同第一学年第十一项。

（九）同第一学年第十二项。

（肆）第四学年

（一）短篇选文——以英美作家近代文为原则，须平均采用有文学意味，有科学色彩，及有其他兴趣之叙述、描写、说明、议论各体文；特别注意在国家民族方面足资借鉴及富有激励性之文字，以散文为主；诗歌内容之语料须与散文之习用甚为接近者。（精读、口头或手头问答内容、摘取要点、补充余意）

（二）普通应用文件，例如信束、规则、报告等类。（阅读，仿作）

（三）普通应用套语，例如社交用语、事务用语等类。（耳口练习，应用）

（四）自第一、二、三项教材扩充而得之系统化字汇、词汇与句汇。（了解，应用）

（五）自第一、二、三项教材扩充而得之系统化语法，包括词类与句式之区分及变化。（了

解，应用）

（六）与第一、二、三项教材相近之选文——不拘长篇或短篇，单篇文字或成本书籍中有生字不过百分之五者，所用分量连下一项之教材在内至少须有第一项精读教材之三倍。（课外浏览、口头或手头问答内容大概、提制纲要、补充余意）

（七）普通定期刊物，例如日报、杂志等类。（同第六项）

（八）特种参考书之用法，例如同义反义字典、人名地名字典、习语词典、俚语字典、分类词典等类之用法。（了解，应用）

（九）外国文化之事实与意义——尤其关于英语民族者及有益于我国民族精神之培养者——在各项教材中便于指出者。（同第一学年第十一项）

（十）同第一学年第十二项。

（伍）第五学年

（一）同第四学年第一项。（加口头或手头讨论，其余均同）

（二）同第四学年第二项。

（三）同第四学年第三项。

（四）同第四学年第四项。（加补充，其余均同）

（五）同第四学年第五项。（加补充，其余均同）

（六）同第四学年第六项，中有生字不过百分之六者。（加口头或手头报告与讨论，其余均同）

（七）同第四学年第七项。（同第六项）

（八）同第四学年第十项。

（九）同第一学年第十二项。

（陆）第六学年

（一）同第五学年第一项。（加仿作，其余均同）

（二）同第四学年第二项。

（三）同第四学年第三项。

（四）同第五学年第四项。

（五）同第五学年第五项。

（六）自第一、二、三项教材中便于指出之修辞要则，例如Unity、Coherence、Clearness、Emphasis等（了解，应用）。

（七）同第五学年第六项，中有生字不过百分之七者。

（八）同第五学年第七项。

（九）同第四学年第十项。

（十）同第一学年第十二项。

以上六学年教材内之字量总共约八千字。其中约三分之二须用Thorndike氏*Teacher's Word Book*中最常用者，其余可不必尽行根据该书。

五年一贯制和六年一贯制本身具有一定的缺陷，六年一贯制的学习时间太长，直接导致当时一般家庭难以承担学生学习费用；并且直线式编制课程会使课程之间无法有效衔接，若有中途转入的学生则难以适应。而五年一贯制的学习体系则是采用人为的方法，强制性压缩学习时间和课程内容，难免揠苗助长。因此，二者均未能推广。

六、《修订中学课程标准》对英语教科书的规定（1948年）

经过十四年艰苦的斗争，中国终于迎来抗战胜利。1945年底，教育部召集专家学者商议重新修订学校课程标准以适应新形势。1947年，这项工作正式开始，并于次年12月正式公布。《初级中学英语课程标准》《高级中学英语课程标准》也因此诞生。虽然当时新中国成立在即，该份文件没有多少实际用途。但是，从教育史料、学术研究角度看，这两份课程标准是教育家们精心设计的教学要求，也是民国期间三十多年中学英语教学的经验总结。[1]

《修订初级中学英语课程标准》对初中英语教材的规定如下[2]：

（壹）第一学年

（一）各种有定式之简短句组，大部分能用实物图形或动作示意者。例如命令组（Imperative Drills）、演进组（Gouin Series）之类。［耳口练习，阅读全部音译本（Phonetic Transcription），阅读全部通常拼法（Ordinary Spelling）之印刷本与手写本——手写本包括旧式连续手写体（Cursive Writing）与新式手写印刷体（Manuscript Writing）抄写与默写通常拼法——以用手写印刷体为原则，替换造句］

（二）各种无定式之简短句组，例如有题之实用会话与故事短剧之类——大概自第二学期起逐渐增加。（同第一项）

（三）简短之教室用语。（同第一项）

（四）自第一、二、三项教材中所分析出之音素及其综合变化之要点。（耳口练习）

（五）发音部位方法与音类区分之大概。（了解，应用）

（六）印刷体与旧式连续手写体之大小写字母。（认别）

（七）新式手写印刷体之大小写字母。（认别形体、了解构造临摹、独写）

[1] 李良佑，张日昇，刘犁. 中国英语教学史[M]. 上海：上海外语教育出版社，1988：177.
[2] 课程教材研究所. 20世纪中国中小学课程标准：教学大纲汇编：外国语卷：英语[M]. 北京：人民教育出版社，2001：68-70.

（八）写字之姿势，及安纸、执笔、运手等法。（了解，应用）

（九）第一、二、三项教材中必须指出之语法要点，包括词类与句式之区分及变化。（了解，应用）

（十）外国人民生活习惯等类之事实——尤其关于英语民族者，及有益于我国民族精神之培养者——在各项教材中便于指出者。（了解）

（十一）各种相当之临时教材。（依照特殊之学习动机以斟酌用法）

（贰）第二学年

（一）同第一学年第二项。（除阅读全部或局部之音译本，与局部之旧式手写本外，其余均同）

（二）自第一项教材中所编制之有定式之简短句组。（同第一项）

（三）同第一学年第三项。（同第一项）

（四）与第一、二、三项教材相近而未先经耳口练习之简短篇段印刷本，其中无生字或有生字而不过百分之一二者。［阅读大意，口头（Orally）或手头（In Writing）摘取要点］

（五）字典用法。（了解，应用）

（六）甚简单而有定式之通常信柬、单据之类。（印刷本或手写本之阅读、抄写、仿写、填写。）

（七）第一、二、三、四各项教材中必须指出之语法要点，包括词类与句式之区分及变化。（了解，应用）

（八）同第一学年第十项。

（九）同第一学年第十一项。

（叁）第三学年

（一）同第二学年第一项。（加口头或手头仿作，其余均同）

（二）同第二学年第二项。

（三）同第二学年第三项。

（四）短篇之简易叙述语、描写语、说明语与议论语。（同第一项）

（五）与第一、二、三、四各项教材相近而未先经耳口练习之简短篇段印刷本，其中有生字不过百分之三者。（同第二学年第四项，再加口头或手头补充余意之练习）

（六）简单而有定式之通常信柬、单据之类。（同第二学年第六项）

（七）以上六项教材中必须指出之语法要点，包括词类与句式之区分及变化。（了解，应用）

（八）同第一学年第十项。

（九）同第一学年第十一项。

以上三学年教材内之字量总共约二千字。其中约三分之二须用Thorndike氏*Teacher's Word Book*中最常用者。其余可不必尽行根据该书。

《修订高级中学英语课程标准》对高中英语教材的规定如下[1]:

（壹）第一学年

（一）短篇选文——以用英美作家近代文为原则，须平均采用有文学意味，有科学色彩及有其他兴趣之叙述、描写、说明、议论各体文，特别注意在国家民族方面足资借鉴及富有激励性之文字，以散文为主。诗歌内容之语料，须与散文之习用甚为接近者。［精读，口头（Orally）或手头（In Writing）问答内容，摘取要点，补充余意］

（二）普通应用文件，例如信柬、规则、报告等类。（阅读，仿作）

（三）普通应用套语，例如社交用语、事务用语等类。（耳口练习应用）

（四）自第一、二、三项教材扩充而得之系统化字汇、词汇与句汇。（了解，应用）

（五）自第一、二、三项教材扩充而得之系统化语法，包括词类与句式之区分及变化。（了解，应用）

（六）与第一、二、三项教材相近之选文——不拘长篇或短篇，单篇文字或成本书籍，其生字不过百分之四者，所用分量连下一项之教材在内，至少须有第一项精读教材之三倍。［课外浏览，口头（Orally）或手头（In Writing）问答内容大概，提制纲要，补充余意］

（七）普通定期刊物，例如日报、杂志等类。（同第六项）

（八）特种参考书之用法，例如同义反义字典、人名地名字典、习语词典、俚语字典、分类词典等类之用法。（了解，应用）

（九）外国文化之事实与意义——尤其关于英语民族者，及有益于我国民族精神之培养者——在各项教材内便于指出者。（了解）

（十）各种相当之临时教材。（依照特殊之学习动机以斟酌用法）

（贰）第二学年

（一）同第一学年第一项。（加口头或手头讨论，其余均同）

（二）同第一学年第二项。

（三）同第一学年第三项。

（四）同第一学年第四项。（加补充，其余均同）

（五）同第一学年第五项。（加补充，其余均同）

（六）同第一学年第六项，其生字不过百分之五者。（加口头或手头报告与讨论，其余均同）

（七）同第一学年第七项。（同第六项）

（八）同第一学年第九项。

（九）同第一学年第十项。

---

[1] 课程教材研究所. 20世纪中国中小学课程标准：教学大纲汇编外国语卷：英语[M]. 北京：人民教育出版社，2001：72-74.

（叁）第三学年

（一）同第二学年第一项。（加仿作，其余均同）

（二）同第一学年第二项。

（三）同第一学年第三项。

（四）同第二学年第四项。

（五）同第二学年第五项。

（六）自第一、二、三项教材内便于指出之修辞要则，例如Unity、Coherence、Clearness、Emphasis等。（了解，应用）

（七）同第二学年第六项，中有生字不过百分之六者。

（八）同第二学年第七项。

（九）同第一学年第九项。

（十）同第一学年第十项。

以上三学年教材内之新字量约四千字（连初中共约六千字），其中约三分之一可不必尽行根据Thorndike氏*Teacher's Word Book*。

第二节
南京国民政府时期的英语教科书

一、小学英语教科书

（一）世界书局的《小学活用英语读本》系列

《小学活用英语读本》系列是由詹文浒编著的小学英语教科书，其发行人为陆高谊，印刷者和发行所均为世界书局，全书共八册。

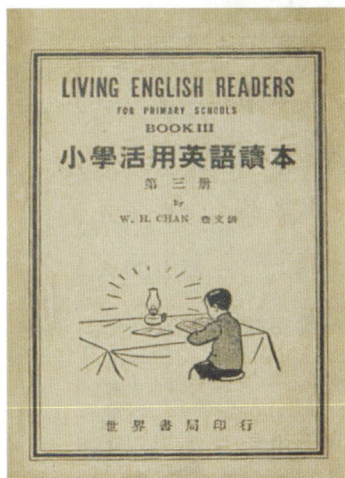

图4-1　《小学活用英语读本》（第三册）封面，詹文浒编著，世界书局，1939年初版

《小学活用英语读本》（第三册）供小学四年级上学期使用。该书有如下四个特点：一是该书内容较为简单，贴近学生生活日常，容易激起学生学习英语的兴趣。二是该书每课课文都配有相应插图，形象直观，适合小学生发展心理。三是注重归纳和总结，每学完四篇课文之后都有一节复习课，便于学生复习巩固所学知识。四是注重拓展学生英语综合知识与能力，不仅配有音标，还有阅读文本、语法知识和联系生活实际的问题思考，这有利于促进学生的听说读写的全面发展，提高其实际应用英语的能力。

《小学活用英语读本》"编辑大意"的主要内容为：

1. 本书共分八册，供小学三、四、五、六年级每学期一册之用。

2. 本书每册十八课，以每星期授课二小时教授一课为标准，教时请注意反复练习，切忌"食而不化"。

3. 本书取材，以兴趣为主，但亦不忘实用。前四册注重日用语句的练习，后四册注重普通会话的应用，并尽量编入民族英雄历史人物的故事，以期启迪儿童心意。

4. 本书注音，采用国际音符，但在教授书内，列有韦氏国际音符对照表，以便教习。

5. 本书各册均有教授书，罗列各种足以增进学生学习兴趣的方法，以备教师采用。

第三册目录的主要内容如下（见表4-5）：

表4-5　《小学活用英语读本》（第三册）目录

课次	题目	页码
第1课	早晨	2
第2课	在早晨	4
第3课	在学校	6
第4课	在晚上	8
第5课	约翰生病了	10
第6课	复习	12
第7课	在星期天	14
第8课	星期一和星期二	16
第9课	星期四和星期五	18
第10课	星期六	20
第11课	一周	22
第12课	复习	24
第13课	四季	26
第14课	春季月份	28
第15课	夏季月份	30
第16课	秋季月份	32
第17课	冬季月份	34
第18课	复习	36

第三册第1课主要介绍太阳，该课文原文及参考译文如下：

It is morning. 到早晨了。

The sun rises. It is yellow. It is warm. 太阳升起来了。它是黄色的。它是温暖的。

The sun shines on the birds. The birds fly in the sky. 太阳照耀着小鸟。小鸟飞到了天上。

The sun shines on the flowers. The flowers wake up. 太阳照耀着花儿。花儿睡醒了。

The sun shines on me. I get out of the bed. 太阳照耀着我。我起床了。

《小学活用英语读本》（第八册）实价为新法币一元，供小学六年级下学期使用。

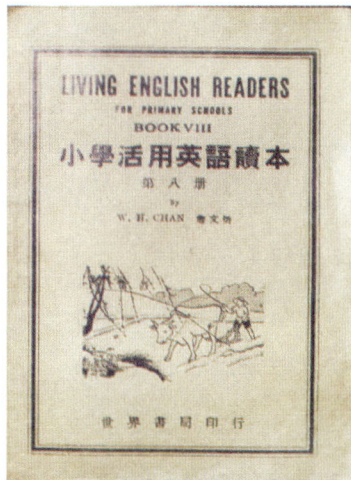

图4-2　《小学活用英语读本》（第八册）封面，詹文浒编著，世界书局，1940年第2版

　　相较于前几册而言，第八册的难度有所提升，并且更加注重语法，设有六篇课文专门讲解语法知识。

　　第八册目录的主要内容如下（见表4-6）：

表 4-6　《小学活用英语读本》（第八册）目录

课次	题目	页码
第1课	春天	2
第2课	（语法的）格	4
第3课	儿童节	7
第4课	（语法的）性	10
第5课	去城市	12
第6课	复习	14
第7课	阿尔弗雷德和蛋糕Ⅰ	16
第8课	形容词的比较级	19
第9课	阿尔弗雷德和蛋糕Ⅱ	23
第10课	现在完成时	25
第11课	阿尔弗雷德和蛋糕Ⅲ	28
第12课	复习	30
第13课	丑小鸭Ⅰ	33
第14课	副词的种类	36
第15课	丑小鸭Ⅱ	39
第16课	大写字母	42
第17课	丑小鸭Ⅲ	45
第18课	复习	48

第八册第1课主要介绍了春天的景象，该课文原文及参考译文如下：

Spring has come at last.	春天终于来了。
The ice and snow have all melted away.	冰雪都融化了。
The sun shines warm and bright.	阳光温暖而明亮。
The farmer goes to plow the fields.	农夫去犁地。
When that is done，he sows his seed.	当这一切完成后，他播种了。
Grass grows green on hills.	山上小草绿油油。
Trees begin to bud and put forth their leaves.	树开始发芽并长出叶子。
Birds are busy in making their nests.	鸟儿忙着筑巢。
Bees are seen among the flowers.	蜜蜂在花丛中飞舞。
All things are full of joy at the return of spring.	春回大地，万物皆充满欢乐。

（二）《新学制英语教科书》（第一册）

《新学制英语教科书》（第一册）是由周越然编纂，商务印书馆印刷并发行的英文教科书，该书于1923年发行初版。封面上有"小学校高级用"字样，以及中文繁体书名"新学制英语教科书　第一册"和与之相对应的英文书名"NEW SYSTEM ENGLISH READERS FOR HIGHER PRIMARY SCHOOLS BOOK I"。扉页与封面内容相似，是书名、作者和出版社的英文信息。书的版权页是详细的出版信息。每册定价大洋二角，且外埠酌加运费汇费。

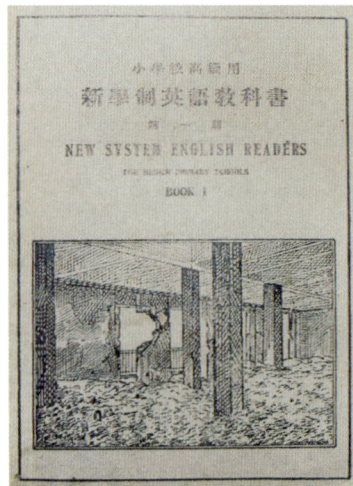

4—3

图4—3　《新学制英语教科书》（第一册）封面，周越然编纂，商务印书馆，1923年初版

该书"序言"译文节选如下：

这一系列的教材有五本，前两本书是给小学高年级学生用的，其余的书是给初中学生用的。

前两本书适用于小学高年级，每本书有三十二课；后三本适用于初中，每本有三十六课。如果每周教一课，那么一本书都可以使用一年。

本丛书的编写运用了直接法，对包括阅读、书法、拼写、发音、会话、听写、语法、造句、写信和作文进行了强调。这些书中使用了许多插图，每本书的后面都可以找到新单词和成语的中文释义。

该书的第24课讲的是刷牙，其课文原文及参考译文如下：

This is a toothbrush.	这是牙刷。
This is my toothbrush.	这是我的牙刷。
Every day I take it in my hand.	每天我都要拿起它。
I dip it in water.	我把牙刷蘸点水。
I brush my teeth with my toothbrush.	我用牙刷刷我的牙齿。
I brush my teeth every day.	我每天都刷牙。
My teeth are white and clean.	我的牙齿又白又干净。

（三）《新中华英语课本》（第二册）

《新中华英语课本》（第二册）是由王祖廉与陆费执编纂、新国民图书社出版、美商永宁有限公司印刷、中华书局发行的英语教科书。全书共四册，第二册原定价国币九分，实售价国币一角六分二厘。该书内容较为简单，贴近学生生活，内含插图，生动直观，便于学生理解学习。

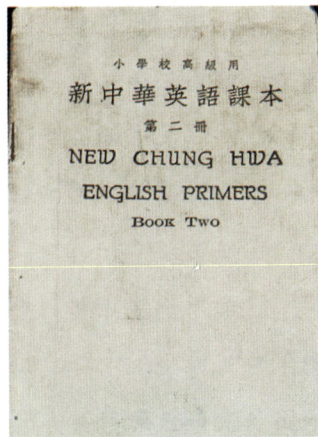

4—4

图4—4　《新中华英语课本》（第二册）封面，王祖廉、陆费执编纂，中华书局，1941年第39版

该书"编辑大意"的主要内容为：

1. 本书共四册，专供小学高级二年之用，每学期一册。

2. 本书目的：在与儿童以日用英语之基础，小学毕业升入中学者，固有充分之预备；即不入中学出而谋生者，亦可有应用之资。

3. 本书取材注重实用，除日常生活上应用文字外，其他如农、工、商、学各界习用语句，亦择要编入。

4. 每课生字极平均，第一册开首数课仅四生字，以后逐渐增加，务使儿童不觉负担太重。

5. 本书编法，根据最近心理测验结果；第一册开始即采动的教材，以便儿童诵读表演；并广插图画，以引起儿童兴趣，生字重复使用，便于记忆；联系材料，难易并陈，使优者得显其本能，劣者亦得量力操作。

6. 本书性质为混合英语。小学英语钟点有限，不能分拼音、习字、读本、文法、翻译、填字、造句、会话诸科。本书以读本为主体，其他各科均包括于练习中；一种材料，多方运用，学者有融会贯通之功，而无生吞活剥之病。

该书第1课简单介绍了学校班级的男孩子和女孩子，该课文原文及参考译文节选如下：

2.

There are many boys and girls in the school.	学校里有很多男孩子和女孩子。
We have six girls and twelve boys in our class.	我们班有六个女孩子和十二个男孩子。
Two girls are very pretty and tall.	有两个女孩非常漂亮也非常高。
They are sisters.	她们是姐妹。

3.

Who are Lucy and Mary?	谁是露西和玛丽？
They are good girls in our class.	她们是我们班的好女孩。
They have new books too.	她们都有新书。
They come to school this morning.	她们今天早上来上学了。

二、初中英语教科书

（一）《标准英语读本》（第二册）

《标准英语读本》（第二册）的主编者为金维城，编纂者为黄穉澜、李鸿达、蒋君瑞，发行人为徐尧正，出版兼印刷者为上海出版公司，发行所为上海书局，本书实价为国币七十五元。

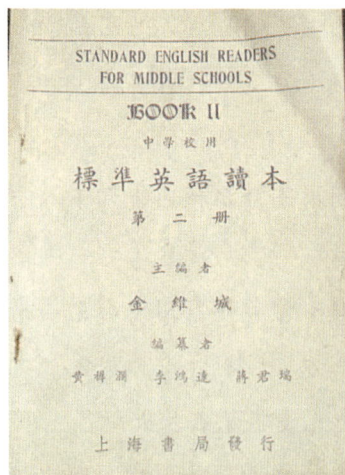

4—5

图4-5　《标准英语读本》（第二册）封面，金维城主编，黄穉澜、李鸿达、蒋君瑞编纂，上海书局，1945年第3版

本书封面上方印有中英文"标准英语读本　第二册"及"STANDARD ENGLISH READERS

FOR MIDDLE SCHOOLS BOOK Ⅱ"，两者之间印有"中学校用"。中间印有主编者和编纂者的姓名，下方印有发行所之名。本书后附有单词表，注有音标及中文释义，按照英文字母顺序排列。

（二）《初级英语读本》（第二册）

《初级英语读本》（第二册）是由盛谷人编辑，严独鹤、严畹滋参订，世界书局印刷并发行的英文教科书，该书于1931年发行第12版。封面上方有中文繁体书名"初级英语读本　第二册"和与之相对应的英文书名"ELEMENTARY ENGLISH READERS BOOK Ⅱ"。扉页上的内容与封面类似，是该书相关的英文信息。书的版权页写有详细的出版信息。每册定价银二角且外埠酌加运费汇费。

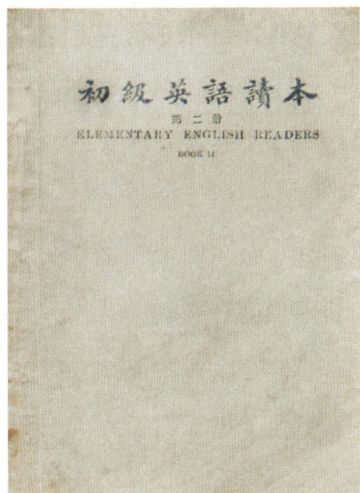

图4-6　《初级英语读本》（第二册）封面，盛谷人编辑，世界书局，1931年第12版

该书第1课原文及参考译文为：

1. 单词学习

玩耍；跳；我；今天；给

2. 阅读

男孩女孩们，过来一起玩游戏。

今天，和我一起跳和跑步。

给我一个球。

今天和我一起打球。

和我一起跳和跑步。

3. 语法

我和我的妹妹一起玩耍。

给我一个球。

和我一起玩。

4. 书写练习

1. WORD STUDY

play　jump　me　to-day　give

2. READING

Boys and girls, come and play.

Jump and run with me to-day.

Give me a ball.

Play ball with me to-day.

Run and jump with me.

3. GRAMMAR

I play with my sisters.

Give me a ball.

Play with me.

4. WRITING

从课文编排上来看，该书每课第一部分为词汇学习，罗列出了本课重点词汇，但无音标或中文释义。第二部分为课文阅读，此部分内容由5~6句的英文短句组成，适合英语初学者，并辅以配图帮助其理解大意。第三部分为语法，通过将句子中的语法知识点加粗来让读者归纳总结语法现象。最后一个部分为练习，如第一课是书写练习，其他课还有填空练习等。

（三）正中书局的《初级中学英语》系列

《初级中学英语》系列是由陆殿扬编著，蒋志澄为发行人，正中书局印刷并发行的。整套书共六册，由教育部审定发行。该书封面上印有中文"初级中学英语"字样，以及英文"PRACTICAL ENGLISH READERS FOR JUNIOR MIDDLE SCHOOLS BOOK ONE"，还配备莎士比亚的画像。本套教材是供初中阶段的学生学习的，难度恰当，课文内容贴近日常生活，每个单元还配备了一些简单的插图。

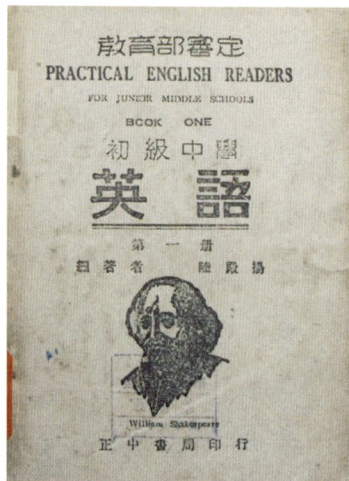

图4—7　《初级中学英语》（第一册）封面，陆殿扬编著，正中书局，1935年初版

《初级中学英语》（第一册）于1935年发行初版，该书"编辑大意"的主要内容为：

一、本书切实遵照部颁课程标准编著，课文内容完全适合教材大纲，如按照进行，可与部定实施方法内作业要项及教法要点密切符合。

二、本书编制完全依照学习语言心理，从耳口练习进至目手练习，第一册尤重耳口练习。所以第一册用活页装订，可分可合，学生不先发书，每课须俟口头教学纯熟以后，方行分发课文，庶可收直接教学之功能。

三、近世语言教学多借重图书。本书图画特多，第一册有一百余幅之多，于指示教学极为便利，即完全废除翻译旧法，学生亦不致误会。

四、初中学生年龄较幼，第一册用特大号字体印刷，异常清晰。以后各册逐册减小，但仍较大于一般英语教科书所用字体，以养护学生目力。

五、本书第一册每课分三部或四部，成一单元，适足一周之用。第一部为完全新材料，以后各部虽间有生字，多为复习性质，课文均饶兴趣，适合初中学生程度，间有韵文可资吟诵。

六、语言教学注重语言初步习惯之养成，故本书第一册练习特多，每二课有练习题若干，尤以口语练习为最重要。至第十课后方有写作练习。用口头练习，可养成学生耳听口说之习惯，费时不多而收效甚大。本书第一册用活页本，先练习而后发课文，学生无从事先准备。

七、学生书法极关重要，本书第一册备有新式手写印刷体及旧式手写连续体两种，以便教师选择采用；不致拘束呆板。

八、本书用字极为严谨，第一册全书字汇均依最近日本英语教授研究所所定最常见一千字表及教室字汇最常用六百字表内选用，此项字汇系取E. Horn，E. L. Thorndike，及G. Dewey三氏所编字汇研究统计而成，比较的富于客观性者也。

九、生字均用万国音标注音，强音弱音并列，其在成语中习惯读弱音者，则将成语全体注音，使读音可以自然流利，不致生强难听。书末并附旧式音符，可以对照。

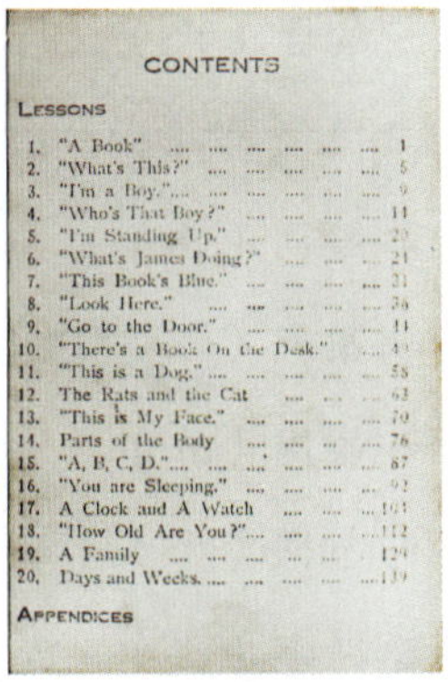
CONTENTS

LESSONS

1. "A Book" 1
2. "What's This?" 5
3. "I'm a Boy."... 9
4. "Who's That Boy?" 14
5. "I'm Standing Up." 20
6. "What's James Doing?" 24
7. "This Book's Blue." 31
8. "Look Here." 36
9. "Go to the Door." 44
10. "There's a Book On the Desk." 49
11. "This is a Dog." 58
12. The Rats and the Cat 63
13. "This is My Face." 70
14. Parts of the Body 76
15. "A, B, C, D."... 87
16. "You are Sleeping." 92
17. A Clock and A Watch 103
18. "How Old Are You?"... 112
19. A Family 124
20. Days and Weeks. 139

APPENDICES

4—8

图4—8 《初级中学英语》（第一册）目录

第一册目录的主要内容如下（见表4—7）：

表 4-7 《初级中学英语》（第一册）目录

课次	题目	页码
第1课	“一本书。”	1
第2课	“这是什么？”	5
第3课	“我是一个男孩。”	9
第4课	“那个男孩是谁？”	14
第5课	“我正站着。”	20
第6课	“詹姆斯在做什么？”	24
第7课	“这本书是蓝色的。”	31
第8课	“看这儿。”	36
第9课	“去门口。”	44
第10课	“有一本书在书桌上。”	49
第11课	“这是一只狗。”	58

（续表）

课次	题目	页码
第12课	老鼠和猫	63
第13课	"这是我的脸。"	70
第14课	身体部位	76
第15课	"A、B、C、D。"	87
第16课	"你正在睡觉。"	92
第17课	闹钟和手表	104
第18课	"你多大了？"	112
第19课	家庭	129
第20课	日期和星期。	139
附录	—	—

4—9

图4—9　《初级中学英语》（第三册）封面，陆殿扬编著，正中书局，1936年初版

　　《初级中学英语》（第三册）于1936年发行初版。该书目录的主要内容如下（见表4—8）：

表4—8　《初级中学英语》（第三册）目录

课次	题目	页码
第1课	我们的新朋友	1
第2课	一封信	5
第3课	秋	13
第4课	母亲和她的女儿	17
第5课	男孩和他的玩具	24
第6课	水手的罗盘	28

（续表）

课次	题目	页码
第7课	孙中山先生	36
第8课	国庆节	39
第9课	兔子和乌龟	46
第10课	下雨和晴天/要诚实	51
第11课	城市老鼠和乡村老鼠	57
第12课	城市老鼠和乡村老鼠（续）	61
第13课	乔治的奇异梦	68
第14课	大海与土地	72
第15课	美国的发现	80
第16课	美国的发现（续）	85
第17课	关于日本的一些事	93
第18课	夜空的星星	97
第19课	第一艘蒸汽船	105
第20课	"谁去把铃铛系在猫身上？"	109
第21课	火车头	116
第22课	一个勇敢的男孩	120
第23课	把篮子装满水	127
第24课	元旦	131
索引	—	—

第三册第1课《我们的新朋友》参考译文节选如下：

这个学期我们班有四个新学生，他们是我们的新朋友。

王力元，大约十五岁，是四人中年龄最大的，他来自中国北部重要城市天津。他很强壮，很有活力。他是一名优秀的网球运动员，你会很喜欢看他打球，因为他打得很好。

力元之后是张佩文，她是来自中国南方重要港口城市广州的一个漂亮女孩。她英语说得既流利又准确，因为她的妈妈是英国人。有时她也有英国女孩的气质。

小青是我们校长的侄子，他是个很小的男孩。当你第一次看到他时，你不会想到他是一个初中生。他能够以各种姿势游泳，并且游得很快。因此，我们都很钦佩他。

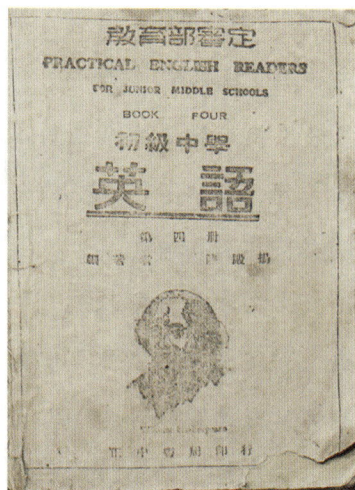

4—10

图4—10　《初级中学英语》（第四册）封面，陆殿扬编著，正中书局，1937年初版

　　《初级中学英语》（第四册）售价为国币七角，于1937年发行初版。该书选材丰富多样，前两课主要讲述了商业信函和社会信件的写作，后面的课文既包含中国历史人物与事件，又讲述西方人物及事件。不仅能提高学生的英语应用能力，还能丰富学生的知识，拓展学生的视野。

　　第四册目录的主要内容如下（见表4-9）：

表4-9　《初级中学英语》（第四册）目录

课次	题目	页码
第1课	商业信函	1
第2课	社会信件	5
第3课	有趣的游戏	11
第4课	打官司	15
第5课	中国的产品	21
第6课	中国的风景	24
第7课	快乐的方式	31
第8课	一个男孩如何帮助赢得了一场战斗	36
第9课	奇怪的谈话	44
第10课	奇怪的谈话（续）	48
第11课	黄花岗七十二烈士	55
第12课	黄花岗七十二烈士（续）	59
第13课	孔子进退两难	67
第14课	孟母	71
第15课	亚伯拉罕·林肯	80
第16课	列奥尼达斯	85
第17课	维苏威火山的故事	94

（续表）

课次	题目	页码
第18课	维苏威火山的故事（续）	99
第19课	狐狸与乌鸦	107
第20课	决不违抗命令	112
第21课	美国男孩和英国人	121
第22课	美国男孩和英国人（续）	126
第23课	大英帝国	135
第24课	伦敦	141

第四册第1课主要介绍了商业信函的写作格式，该课课文参考译文为：

第1部分

中国图书股份有限公司

太平路

南京

1936年2月4日

_____先生，

苏州中学，

苏州

尊敬的先生：

我们经过单独包装，将这些你前几天订的书寄给你。我们希望你能及时收到。

期待你的下一个订单。

我是_____。

谨致问候，

业务经理

第2部分

在许多方面，商务信函与社交信函几乎是相同的。

然而，商务信函总是非常正式的。标题和内部地址不能省略。

商务信函的称呼通常后跟冒号。最简单的称呼形式包括：

1. 对一个男人用：先生，亲爱的先生，或者我亲爱的先生。

2. 对已婚或单身妇女用：亲爱的女士或我亲爱的女士。

3. 对一群人或一家公司用：尊敬的先生们，我亲爱的先生们，或者先生们。

书信正文应该内容完整、表达清楚、形式正确。

各种形式的结束问候语包括：

1. 普通的形式：Yours truly。

2. 亲切的形式：Very truly yours。

3. 亲密的形式：Cordially yours。

4. 友好的形式：Sincerely yours。

5. 个人形式：Faithfully yours。

签名要用全名整齐地写上。

信封上的地址应该和里面的地址格式相同。

第四册第2课主要介绍了社会信件的写作格式，该课课文参考译文节选如下：

社会信件

第1部分

太平村，

1933年2月2日

我亲爱的朋友：

请接受我最诚挚的谢意，因为我寒假期间和你在一起时你对我的照顾。我很喜欢这个城市。我非常感谢你和你的父母把我当作家人般对待，这让我觉得很自在。

你能和我共度周末吗？你下星期六下午来，在乡下度过接下来的星期天，好吗？

……

祝你的父母身体健康。

谨致问候，

K. Y.Chang

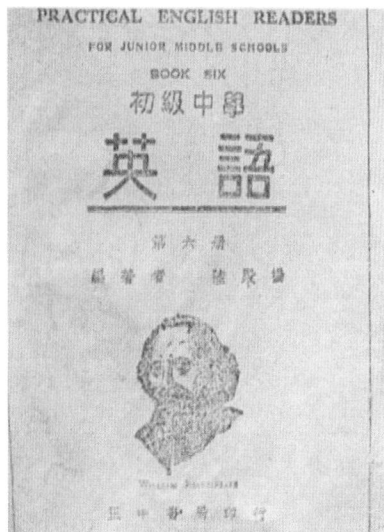

4—11

图4-11　《初级中学英语》（第六册）封面，陆殿扬编著，正中书局，1937年初版

《初级中学英语》（第六册）初版于1937年发行，该书内容丰富，取材多样，不仅包含中国历史文化，也包含外国历史文化，有利于培养学生的跨文化意识和国际视野。

第六册目录的主要内容如下（见表4-10）：

表4-10　《初级中学英语》（第六册）目录

课次	题目	页码
第1课	囫囵吞枣	1
第2课	对部队的讲话	2
第3课	国王的狩猎经历　（a）与磨坊主会面	4
第4课	国王的狩猎经历　（b）奇怪的谈话	7
第5课	翻越阿尔卑斯山	13
第6课	家庭健康	16
第7课	中国飞行员	19
第8课	今日的士兵	22
第9课	如何阅读书籍	26
第10课	蔡锷将军	28
第11课	自然的知识	31
第12课	著名的夜间进攻	33
第13课	中国的养蚕业	40
第14课	反对空袭的法国女性	43
第15课	一封友善的信	46
第16课	陈其美的童年	48
第17课	弗里茨与狼	53
第18课	工作	55
第19课	一个典型的中国爱国者——文天祥	58
第20课	高尚的复仇	61
第21课	抓捕野象	68
第22课	中国茶	70
第23课	参加运动会	72
第24课	四川	74
第25课	外国餐的餐桌礼仪	82
第26课	订单	86
第27课	这很难	88
第28课	写日记	90

（续表）

课次	题目	页码
第29课	新军训练	97
第30课	雨	99
第31课	资金管理	102
第32课	孙中山先生的遗嘱	105
第33课	海狸	111
第34课	中国重要矿物	113
第35课	三字之差	115
第36课	知识的乐趣	121

（四）《初中活用英语读本》（第六册）

《初中活用英语读本》（第六册）由詹文浒编著，发行人为李煜瀛，印刷所和发行所皆为世界书局。该书由教育部审定，封面印有中英文"初中活用英语读本　第六册"及"LIVING ENGLISH READERS FOR JUNIOR MIDDLE SCHOOLS BOOK Ⅵ"。

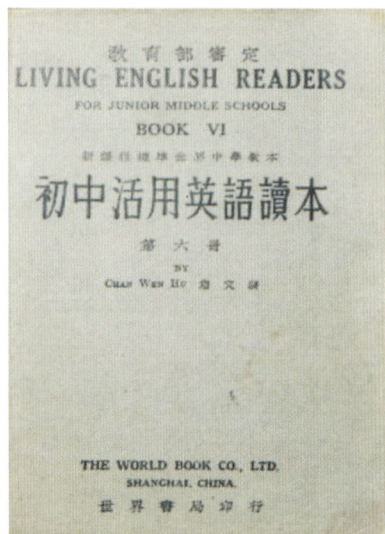

图4-12　《初中活用英语读本》（第六册）封面，詹文浒编著，世界书局，1946年新5版

该书目录的主要内容如下（见表4-11）：

表4-11　《初中活用英语读本》（第六册）目录

课次	题目	页码
第1课	努力的男孩	1
第2课	树	5
第3课	潜艇	10
第4课	大象是如何被捕捉的	15

（续表）

课次	题目	页码
第5课	一些奇怪的计时方法	21
第6课	天上的巨人	26
第7课	三条有用的格言 Ⅰ	32
第8课	三条有用的格言 Ⅱ	37
第9课	工业	42
第10课	年轻的苦役奴隶	48
第11课	水的形态	53
第12课	地球所给予的	59
第13课	紧张的律师 Ⅰ	65
第14课	紧张的律师 Ⅱ	71
第15课	雾都孤儿	77
第16课	继续！继续！成交！	83
第17课	国粹	88
第18课	律师的观点 Ⅰ	94
第19课	律师的观点 Ⅱ	100
第20课	一封申请信	105
第21课	最后一课 Ⅰ	110
第22课	最后一课 Ⅱ	115
第23课	论读书	121
第24课	基督山 Ⅰ	127
第25课	基督山 Ⅱ	134
第26课	英雄主义	140
第27课	邀请函的格式	146
第28课	告别演讲	151

该书第1课主要讲述了一位先生招聘一个男孩的故事，故事中的男孩通过反复练习击中了钉子，获得了工作。第1课的参考译文如下：

努力的男孩

不久前，波士顿有一位先生，他做生意，开了一家大商店。他想要雇个男孩，于是在报纸上登了一则广告。第二天早上九点左右，十几个男孩来到这位先生的办公室应聘。

那位先生走进来，看着他们。他们都是英俊的男孩，整洁而认真。他们看起来好像真的想做点什么。他几乎不知道该带谁去。

他的书桌旁边有一根柱子，有一根钉子直插进去。他拿起一根手杖，说："能第一个用这根棍子三次中两次击中那颗钉子的男孩，就能得到这份工作。"

一个男孩跳了起来，他觉得这很容易。"我来做。"他拿着棍子，稳稳地走了上去。啪！在那边。他又走了过来。啪！在这边。他又走了过来。啪！他走下去，放弃了。他们都试过了，但没有人能做到。于是这位先生说："孩子们，你们不行，我不能带走你们中的任何一个。"于是他们就走了。

商人再次把广告登在报纸上，第二天早上又有许多男孩来了，他在他们中间看到了一个前一天来过这里的人。他说："孩子，你昨天不是在这儿吗？"

"是的，先生，"男孩回答说。

"那时候你没有打中钉子，"绅士说，"你现在能打吗？"

"我想我可以。"说完，男孩拿起棍子径直走了上去。啪！他猛击钉子！

"啊，"绅士说，"你刚才碰巧成功了，你不会再成功第二次了。"

啪！钉子第二次被棍子击中。

"现在再来一次。"商人说。啪！男孩第三次打在钉子上！

"好吧，"绅士说，"你能告诉我你是怎么做到的吗？"

"好的，"男孩说，"昨天我离开这里的时候，我知道这件事是可以办到的，否则你不会让我们做；我想如果我再努力一段时间，我就能做到。于是我回家，让妈妈给我一把锤子、一根钉子和一把扫帚。我走进院子，把钉子钉在篱笆上，用扫帚练了一整天，直到我能做到为止。今天早上早饭前一小时我就起床了，又试了一次。"

这位先生说："你是我想要的孩子。"并且把工作职位给了他。

（五）《初中英文法》

《初中英文法》是由邵松如与戴骅文编纂、沈步洲订正、邵凤翔与周士钟校对的初中英语教科书。发行人为邵松如，印刷者兼发行者为文化学社。

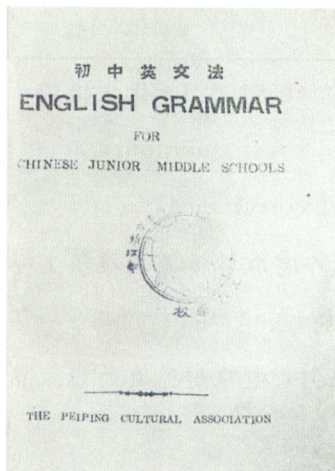

图4-13　《初中英文法》封面，邵松如、戴骅文编纂，文化学社，1941年第27版

该书封面上方印有中英文"初中英文法"与"ENGLISH GRAMMAR FOR CHINESE JUNIOR MIDDLE SCHOOLS"。下方印有"THE PEIPING CULTURAL ASSOCIATION"。该书扉页印有中英文书名、编者姓名及头衔、出版方等信息。

（六）《初中英文选》（第一册）

《初中英文选》（第一册）是由葛传椝与桂绍盱编纂，上海竞文书局印刷并发行的初中英文教科书。

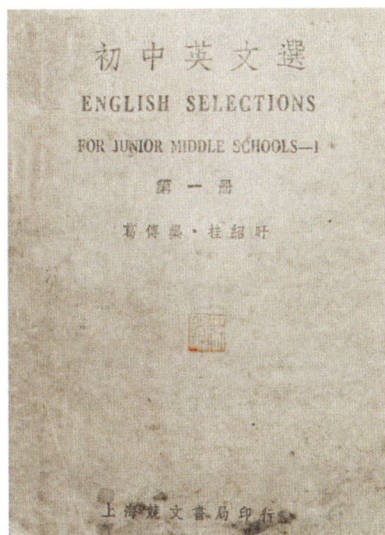

4-14

图4-14　《初中英文选》（第一册）封面，葛传椝、桂绍盱编纂，上海竞文书局，1943年初版

该书内容丰富，共有64篇课文，内容贴近学生日常生活，每课课后有相应的单词短语注释，便于学生学习。

该书目录的主要内容如下（见表4-12）：

表 4-12　《初中英文选》（第一册）目录

课次	题目	页码
第1课	运动	1
第2课	我温顺的猫头鹰	2
第3课	机动车辆	3
第4课	三个朋友	6
第5课	果树	7
第6课	一个善良的小女孩	8
第7课	秋天	10
第8课	两只山羊	11
第9课	工作的时候工作	13

（续表）

课次	题目	页码
第10课	亚伯拉罕·林肯	14
第11课	一个生日邀请	16
第12课	回声	17
第13课	空气	18
第14课	两只小白兔	19
第15课	水	20
第16课	水壶和他的朋友们	21
第17课	一件精美的礼物	22
第18课	问路	24
第19课	狐狸先生和山羊先生	25
第20课	蜜蜂	27
第21课	马槽里的狗	28
第22课	向日葵	29
第23课	一条鱼如何杀死一个男孩	29
第24课	蜘蛛	30
第25课	布鲁斯和蜘蛛	31
第26课	狮子和老鼠	33
第27课	做什么和如何做	35
第28课	山羊	37
第29课	龟兔赛跑	38
第30课	拿着椰子的人	39
第31课	第一艘蒸汽船	40
第32课	马	41
第33课	"不要担心"	42
第34课	在文具店	44
第35课	冰	45
第36课	飞走吧，小鸟	45
第37课	消防车	47
第38课	建房子	48
第39课	铁路旅行	49
第40课	艾迪的鸟笼	50

（续表）

课次	题目	页码
第41课	春天	52
第42课	李和小鸟	53
第43课	绵羊和小羊羔	55
第44课	燕子	56
第45课	苹果花	57
第46课	森林野餐	59
第47课	在诊所	61
第48课	夏天	63
第49课	丑小鸭 I	64
第50课	丑小鸭 II	68
第51课	苍蝇	70
第52课	星斗	71
第53课	下雨是为了什么	74
第54课	树木和砍树人	75
第55课	兔子	76
第56课	太阳和风	77
第57课	白熊	78
第58课	不满意的松树	80
第59课	骆驼	82
第60课	数到十	84
第61课	林肯和他的狗	85
第62课	猫	87
第63课	猫说了什么 I	88
第64课	猫说了什么 II	92

该书第1课以"运动"为主题，讲述了运动的种类和益处，该课文参考译文如下：

运动

所有的男孩都喜欢运动。你在学校肯定会参与这样或那样的体育运动。

有两种运动，户外和室内。你更喜欢哪个？我更喜欢户外运动，因为对我们的健康有好处。当我们在户外运动时，我们可以呼吸到新鲜空气，比在房间里时享有更多的阳光。

棒球是美国的一种运动，它在其他国家也很流行。

网球是另一种流行的运动，在一些乡村和大城市也有。不仅男孩玩，女孩也玩。中国在这项运动上有几个非常优秀的球员。

还有其他几个运动。有些只适合强壮的男孩，但有些适合任何人。你应该试着找出哪种运动对你最有益。

一句古老的谚语说："只工作不玩耍，聪明的孩子也变傻。"这是什么意思？这意味着如果你只工作而不做其他事情，你最终会变成一个迟钝的孩子。

该书第2课以"猫头鹰"为主题，主要介绍了作者和一只猫头鹰的故事，该课文参考译文节选如下：

我温顺的猫头鹰

我曾经有一只猫头鹰，一只白色的猫头鹰。它的家就在离我家不远的一棵树上，每天它都来看我。

猫头鹰不爱太阳，因为它在黄昏时看得最清楚。但是我的猫头鹰非常喜欢我，所以它白天来看我。

看到它离开树，沿着小路蹦蹦跳跳地来到我的房子的时候，真是太有趣了！

它没有左右看，而是径直向前跳，一直跳到我跟前。我以前常给它一些肉，它非常喜欢。

吃完晚饭，它会跳起来，坐在我的书桌上，我一直在写东西。它会用爪子拿笔，往墨水里看，好像它也想写东西似的。

然后它就坐在桌子顶上，一次又一次地向我眨眼——眨，眨，眨！

看到猫头鹰坐着眨眼真是太有趣了。它看上去很聪明——比实际聪明得多。

（七）《国定教科书　初中英语》（第一册）

《国定教科书　初中英语》（第一册）是由南京国民政府教育部编审委员会编纂、华中印书局印刷的初中英语教科书。该书每册定价二元八角五分。

4—15

图4—15　《国定教科书　初中英语》（第一册）封面，南京国民政府教育部编审委员会编纂，华中印书局，1941年初版

该书封面上印有中英文"国定教科书　初中英语　第一册"及"THE NATIONAL ENGLISH

READERS BOOK ONE FOR JUNIOR MIDDLE SCHOOLS"。

　　该书前面印有英文二十六个大小写字母与一至十的阿拉伯数字，书内印有插图，便于学生学习理解课文。

　　该书之后印有相应词汇表，并且标记了其中文注释与对应的书本页码，方便学生学习与查阅。

（八）《活用英语》（第五册）

　　《活用英语》（第五册）是由詹文浒编著的初中英语教材，其发行人为陆高谊。印刷者和发行所均为世界书局。全书共六册，该书为第五册，实价为二十元。该书封面印有中英文"活用英语　第五册"及"LIVING ENGLISH FOR JUNIOR MIDDLE SCHOOLS BOOK Ⅴ"。下方印有出版方的信息。

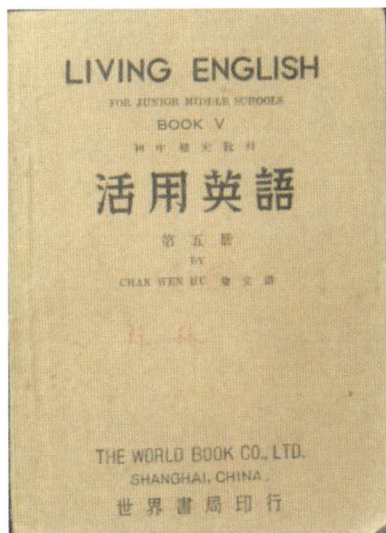

图4-16　《活用英语》（第五册）封面，詹文浒编著，世界书局，1943年新二版

　　该书内容丰富，话题广泛，能够引发学生学习兴趣。每课课文之后还配有相应的语法知识点与课后练习，有利于学生理解课文，巩固所学知识，启发思考。

　　该书目录的主要内容如下（见表4-13）：

表4-13　《活用英语》（第五册）目录

课次	题目	页码
第1课	别放弃	1
第2课	坚持己见	3
第3课	人民的权力	7
第4课	政府的权力	10
第5课	小事	14
第6课	空谈者和实干家	18

（续表）

课次	题目	页码
第7课	约翰·查普曼 I	21
第8课	约翰·查普曼 II	26
第9课	花的习性	30
第10课	勇敢的小荷兰人	34
第11课	忠诚的狗	38
第12课	喋喋不休的鹦鹉	43
第13课	在沙漠中	47
第14课	印度橡胶	52
第15课	蝴蝶	57
第16课	满意	61
第17课	在时间点上	66
第18课	使用眼睛	70
第19课	英勇的农奴 I	75
第20课	英勇的农奴 II	80
第21课	糖	85
第22课	纸	89
第23课	小裁缝（第一幕）	94
第24课	小裁缝（第二幕）	99
第25课	哥伦布	105
第26课	小面包	111
第27课	回声	116
第28课	放羊的小男孩	121
第29课	衣服	127
第30课	房子	131
第31课	菲利普·锡德尼先生	136
第32课	真正的勇气	143

该书第1课以诗歌的形式介绍了"别放弃"，本课参考译文如下：

别放弃

如果你努力过但没有赢，

不要因为哭泣而停下来；

一切的伟大和美好，

只有通过耐心的努力才能得到。

虽然年轻的鸟儿在飞行中坠落，

他们的翅膀却依然能变得更强壮；

下一次他们可以

飞得再久一点。

虽然强壮的橡树知道，

许多狂风使她鞠躬。

她又挺直生长了，

更高尚更自豪。

如果你被轻松的工作打败了，

谁将会更看重你？

从失败中获得胜利，

这就是考验你的考验。

（九）开明书店的《开明英文读本》系列

《开明英文读本》由林语堂编著，丰子恺绘插图，一共三册，是民国时期极为畅销的一套英文教材，经过南京国民政府教育部审定。它与《开明活页文选》《开明算学教本》并称"开明三大教本"。

该书"修订版前言"的参考译文如下：

自从六年前这些英文书出版以来，出版修订版的想法就一直停留在作者的脑海里。这些教材在全国学校的普遍采用，充分证明了作者编写这些教材所付出的艰辛是值得的。但是与此同时，这也把一个巨大的责任放在了作者的身上。这些书是完美的，无论是在印刷方面还是语言文字方面，这也是本系列书受欢迎的原因。

在修订工作中，作者非常幸运地得到了伦敦大学学院的戴维斯女士的帮助，她教授外国学生英语的独特经验以及她英语口语的专业知识储备使她成为这项工作的理想人选。

与此同时，此次修订已持续超过两年。丹尼尔·琼斯教授录制的开明英语留声机唱片给这本书提供了丰富的英语音频和发音组合，这些给了这本书前所未有的价值。

作者认为，这些读本的独特成功是由于他们将生活教学、英语口语和更有意义的阅读材料结合在一起。关于天气、色彩、日月的讨论也可以很有诗意，我们希望老师们能在上课的时候以同样的心绪使用这些书进行教学。

感谢张培林先生在本书出版过程中给予的帮助。

林语堂

1933年6月16日　上海

该书"英语教学的主要原则"的参考译文如下：

1. 在英语学习的初始阶段，模仿和重复是最有保证的方法。

2. 避免使用抽象的、理论的和分析的方法。

3. 不要学习单个的单词，而是学完整的句子，包括发音、音调、语法结构等。

4. 为学生营造一种乐于交流、说话的氛围，不怕犯错误。

5. 学生仅仅掌握单个单词的意思是不够的，更为重要的是他应当知道怎么去用这些单词。

6. 背诵对学习英语来说是一种很重要的方法。

7. 鼓励交谈。学生都有交流的渴望，要激发学生们交流的兴趣。

8. 教真实的、活生生的英语。

该书"给教师的话"的参考译文如下：

1. 课时长短。每堂课花两天时间，一天仔细阅读、模仿、解释和练习单词发音，另一天则进行提问、口头练习、朗读和更多的发音、拼写和写作练习。

2. 教授新课。应让学生跟着老师朗读，最大化模仿的作用。要求学生单独阅读，然后指出个别的错误。最后要求全班同学一起阅读，以便让每个人都能有同样的练习机会。

3. 家庭作业。家庭作业应当是学生已经学过的内容，也可以布置一些下节课上需要背诵的句子。

4. 重复。在第二天的课上，给学生足够的机会发言。对不同的学生重复同样的问题，以确保学生掌握了课上的内容。

5. 真实的口语练习。口语练习要尽可能地真实可行。大部分材料要与学生的生活紧密相连。

6. 监督口语。在口语环节，老师要帮助学生去表达自己的想法，而不是挑错。如果出现了错误，就让学生一遍遍重复，直到句子正确为止。

7. 监督写作。让学生在课上写作，教师批改，给学生有用的评论和帮助。

8. 翻译。做翻译练习时，要让学生翻译完整的句子，而不仅是单词。翻译的价值在于同样的观点如何用两种不同的语言处理。

9. 复习。每四五节课复习一次。最好的复习方法是听写学过的课文中的句子。

10. 听写。频繁的听写能够测试学生的理解力，练习他们的听力以及拼写的准确性。

11. 背诵。背诵是发音练习的最好方式，通过背诵，学生能记住一些正确的句型。

12. 音标。逐步地教学生音标。

13. 语音练习。偶尔要进行语音练习。

14. 拼写比赛。每隔三四个星期进行一次拼写比赛，将全班分成两组，一组负责给单词，另一组尝试将单词拼写出来。

15. 替代练习。如果必要的话，可以用中文来练习。

16. 语法。用归纳法进行语法教学。

该书"学习英文要诀"的主要内容为：

一、学英文时须学全句，勿专念单字。学时须把全句语法、语音及腔调整个学来。

二、学时不可以识字为足。识之必须兼能用之。凡遇新字，必至少学得该字之一种正确用法。以后见有多种用法，便多记住。

三、识字不可强记。得其句中用法，自然容易记得。

四、听英文时须耳目口手并到。耳闻、目见、口讲、手抄，缺一不可。四者备，字句自然容易记得。

五、"四到"中以口到为主要。英语便是英国话，如果不肯开口，如何学得说话？

六、口讲必须重叠练习，凡习一字一句必须反复习诵十数次至数十次，到口音纯熟为止。学外国语与学古文同一道理，须以背诵为入门捷径。每课中取一二句背诵之，日久必有大进。

七、口讲练习有二忌。（一）忌怕羞。学者在课堂上怕羞，则他处更无练习机会。（二）忌想分数。一想到分数，便怕说错，怕说错，便开口不得。最后的胜利者，还是不怕羞、不怕错、充分练习的学生。若得教员随时指正，自然可由多错而少错，由少错而纯正，由纯正而流利，甚至由流利而精通。此是先苦后甘之法。

八、读书要精。读音拼写，皆须注意。马马虎虎，糊涂了事，不但英文学不好，任何学问亦学不好。

林语堂

1. 《开明第一英文读本》

《开明第一英文读本》是由林语堂编著，开明书店印刷发行的，该书于1937年发行修正初版，1948年发行修正第40版。修正第40版每册定价国币一元。该书是由南京国民政府教育部审定，适用于修正课程标准。扉页前一页有一幅插图，配英文"Portrait of Mme Vigée-Lebrun and her daughter"（勒布伦夫人与她的女儿）。

该书的目标人群是根基较浅的初级中学学生，所以教材的内容难度较低，主要是简短的句子和对话，其中还有附录单词表。除了知识性的内容以外，该书还配备了供学生借鉴的英语学习秘诀，且是用中文书写，以便理解。除此之外，还有供教师参考的英语教学原则，例如：课堂的时间长短、作业布置、怎样教新课等。由此可见，该教材的结构较为清晰，内容多样。

图4—17　《开明第一英文读本》封面，林语堂编著，开明书店，1937年修正初版

《开明第一英文读本》具有以下特点：

第一，课文内容难度恰当。该书的目标人群是初级中学的学生，因此课文的内容侧重于简短的语句以及日常对话，提供学习英语的秘诀在一定程度上降低了学生学习英语的难度。

第二，选材贴近生活。作者在"修订版前言"中指出，该教材将生活教学、英语口语以及一些有意义的阅读材料结合在一起。这样可以激发学生的兴趣，在一定程度上也能够给学生创造语境。

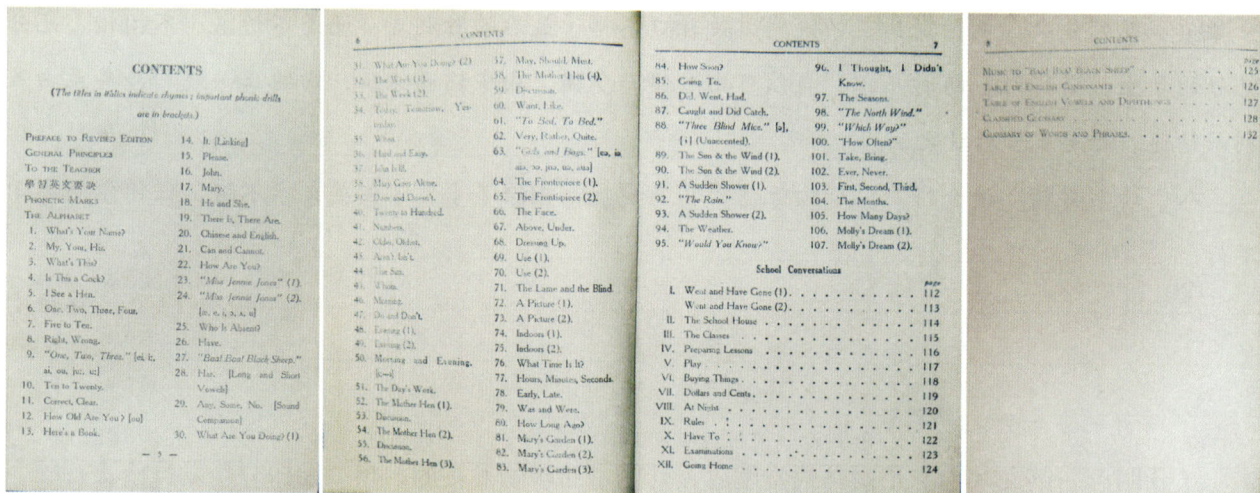

图4—18　《开明第一英文读本》目录

该书目录的主要内容如下（见表4-14）：

表4-14　《开明第一英文读本》目录

课次	题目
	修订版前言
	英语教学的主要原则

（续表）

课次	题目
一	给教师的话
一	学习英文要诀
一	音标
一	字母表
第1课	你叫什么？
第2课	我的，你的，他的
第3课	这是什么？
第4课	这是公鸡吗？
第5课	我看见了一只母鸡。
第6课	一，二，三，四
第7课	五到十
第8课	正确的，错误的
第9课	一，二，三
第10课	十到二十
第11课	正确的，清楚的
第12课	你多大了？
第13课	这儿有一本书。
第14课	它
第15课	请
第16课	约翰
第17课	玛丽
第18课	他和她
第19课	这里有一个，这里有一些
第20课	中文和英文
第21课	能和不能
第22课	你好吗？
第23课	珍妮·琼斯小姐（1）
第24课	珍妮·琼斯小姐（2）
第25课	谁缺席了？
第26课	有（非第三人称单数）
第27课	黑绵羊
第28课	有（第三人称单数）
第29课	一些，没有
第30课	你在干什么？（1）
第31课	你在干什么？（2）
第32课	一周（1）
第33课	一周（2）

（续表）

课次	题目
第34课	今天、明天、昨天
第35课	什么时候
第36课	困难和容易
第37课	约翰生病了
第38课	玛丽一个人去上学了
第39课	"does" 和 "doesn't"
第40课	二十到一百
第41课	数字
第42课	"older" 和 "oldest"
第43课	"aren't" 和 "isn't"
第44课	太阳
第45课	谁的（宾格）
第46课	早上
第47课	"do" 和 "don't"
第48课	晚上（1）
第49课	晚上（2）
第50课	早上和晚上
第51课	一天的工作
第52课	鸡妈妈（1）
第53课	讨论
第54课	鸡妈妈（2）
第55课	讨论
第56课	鸡妈妈（3）
第57课	"may" "should" 和 "must"
第58课	鸡妈妈（4）
第59课	讨论
第60课	想要、喜欢
第61课	去睡觉
第62课	"very" "rather" 和 "quite"
第63课	女孩和男孩
第64课	卷首（1）
第65课	卷首（2）
第66课	面孔
第67课	"above" 和 "under"
第68课	穿衣打扮
第69课	使用（1）
第70课	使用（2）

（续表）

课次	题目
第71课	跛脚的人与盲人
第72课	一张图片（1）
第73课	一张图片（2）
第74课	户内（1）
第75课	户内（2）
第76课	现在几点了？
第77课	小时、分钟、秒
第78课	早的，晚的
第79课	"was"和"were"
第80课	多久以前？
第81课	玛丽的花园（1）
第82课	玛丽的花园（2）
第83课	玛丽的花园（3）
第84课	多久以后？
第85课	将要
第86课	"did""went"和"had"
第87课	"caught"和"did catch"
第88课	三只盲老鼠
第89课	太阳和微风（1）
第90课	太阳和微风（2）
第91课	突如其来的阵雨（1）
第92课	雨天
第93课	突如其来的阵雨（2）
第94课	天气
第95课	"你知道吗？"
第96课	"I thought"和"I didn't know"
第97课	季节
第98课	北风
第99课	"哪一条路？"
第100课	"多久？"
第101课	"take"和"bring"
第102课	"never"和"ever"
第103课	第一，第二，第三
第104课	月份
第105课	多少天？
第106课	茉莉的梦想（1）
第107课	茉莉的梦想（2）

表 4-15　《开明第一英文读本》"学校对话"版块目录

课次	题目
第1课	"went"和"have gone"（1）和（2）
第2课	学校的房子
第3课	班级
第4课	准备课堂
第5课	玩
第6课	买东西
第7课	美元和美分
第8课	夜晚
第9课	规则
第10课	必须
第11课	测验
第12课	回家
第13课	《黑绵羊》的歌曲
第14课	辅音音标
第15课	元音音标
第16课	单词分类表
第17课	单词和短语表

2. 《开明第二英文读本》

《开明第二英文读本》是由林语堂编著，美成印刷所印刷、开明书店发行的英文教科书，该书于1928年发行初版。封面上方为繁体字"民国十九年二月教育部审定"，中间为繁体书名"开明第二英文读本"和与之相对应的英文书名"KAIMING SECOND ENGLISH BOOK"，封面还有该书的作者"林语堂"和适用范围"初级中学学生用"，下方为出版社信息"上海开明书店印行"。扉页与封面的内容基本是一致的，分别是书名、适用范围、编者、出版社等英文信息。扉页前有一幅图，配有英文"Phoebus Apollo"（太阳神阿波罗）。书的版权页右方是详细的出版信息：编著者为林语堂，绘图者为丰子恺，发行者为杜海生，印刷者为美成印刷所，发行所为开明书店总店。布面书籍的定价是一元二角，纸面书籍的定价是九角五分，价格下方是"外埠酌加运费汇费"的说明，还写了具体的出版时间，1928年发行初版，1932年发行第9版。

4—19

图4—19　　《开明第二英文读本》封面，林语堂编著，开明书店，1928年初版

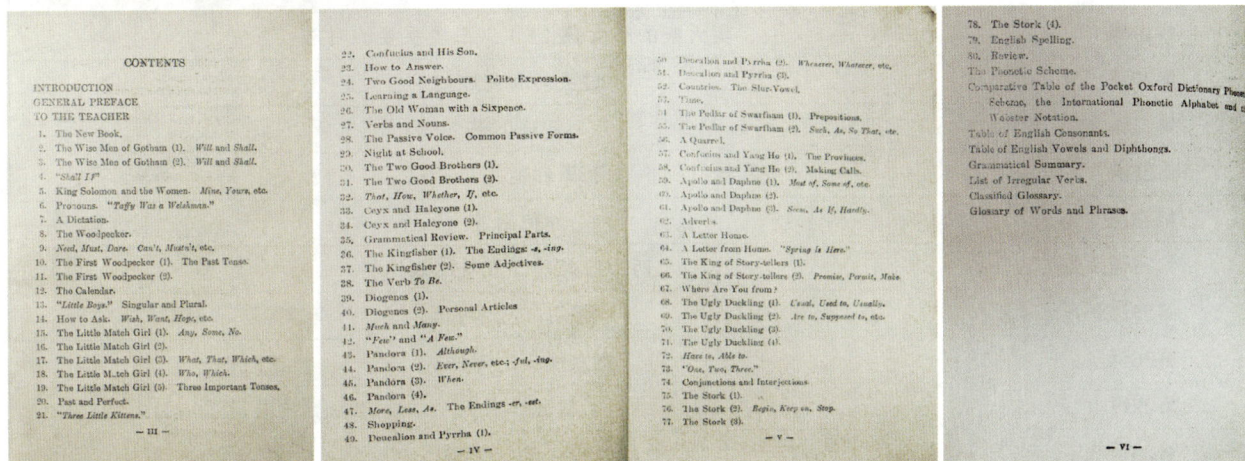

4—20

图4—20　　《开明第二英文读本》目录

该书目录的主要内容如下（见表4—16）：

表4—16　《开明第二英文读本》目录（部分）

课次	题目
第1课	新书
第2课	哥谭的睿智者（1）"will"和"shall"
第3课	哥谭的睿智者（2）"will"和"shall"
第4课	"我应该……吗？"
第5课	所罗门的国王和女人　"mine""yours"等
第6课	代词　塔菲是个威尔士人
第7课	听写
第8课	啄木鸟

（续表）

课次	题目
第9课	"need" "must" "dare" "can't" "mustn't" 等
第10课	第一只啄木鸟（1） 过去时
第11课	第一只啄木鸟（2）
第12课	日历
第13课	"小男孩" 单数和复数
第14课	怎样去提问 "wish" "want" "hope" 等
第15课	卖火柴的小女孩（1） "any" "some" 和 "no"
第16课	卖火柴的小女孩（2）
第17课	卖火柴的小女孩（3） "what" "that" "which" 等
第18课	卖火柴的小女孩（4） "who" "which"
第19课	卖火柴的小女孩（5） 三类重要的时态
第20课	过去时和完成时
第21课	三只小猫
第22课	孔子和他的儿子
第23课	如何回答
第24课	两个好邻居 礼貌的表达
第25课	学习一门语言
第26课	有六便士的老妇人
第27课	动词和名词
第28课	被动语态 常见的被动语态
第29课	学校的夜晚
第30课	两个好兄弟（1）
第31课	两个好兄弟（2）
第32课	"that" "how" "wether" "if" 等
第33课	刻宇克斯和海尔塞尼（1）
第34课	刻宇克斯和海尔塞尼（2）
第35课	语法复习 动词的主要变化形式
第36课	翠鸟（1） 后缀："-s" "-ing"
第37课	翠鸟（2） 部分形容词
第38课	动词 "to be"
第39课	第欧根尼（1）
第40课	第欧根尼（2） 个人物品
第41课	"much" 和 "many"
第42课	"few" 和 "a few"
第43课	潘多拉（1） "although"
第44课	潘多拉（2） "ever" "never" 等；"-ful" "-ing"

（续表）

课次	题目
第45课	潘多拉（3）　"when"
第46课	潘多拉（4）
第47课	"more"　"less"　"as"　后缀："-er"　"-est"
第48课	购物
第49课	丢卡利翁和皮拉（1）
第50课	丢卡利翁和皮拉（2）　"whenever"　"whatever"　等
第51课	丢卡利翁和皮拉（3）
第52课	国家　含糊元音
第53课	时间
第54课	斯沃伏罕商贩（1）　介词
第55课	斯沃伏罕商贩（2）　"such"　"as"　"so that"　等
第56课	一场争吵
第57课	孔子与阳货（1）　省份
第58课	孔子与阳货（2）　打电话
第59课	阿波罗和达芙妮（1）　"most of"　"some of"　等
第60课	阿波罗和达芙妮（2）
第61课	阿波罗和达芙妮（3）　"seem"　"as if"　"hardly"
第62课	副词
第63课	写给家里的信
第64课	家里来的信　春天来了
第65课	故事王（1）
第66课	故事王（2）　"promise"　"permit"　"make"
第67课	你从哪里来？
第68课	丑小鸭（1）　"usual"　"used to"　"usually"
第69课	丑小鸭（2）　"are to"　"supposed to"　等
第70课	丑小鸭（3）
第71课	丑小鸭（4）
第72课	"have to"　与　"able to"
第73课	"1，2，3"
第74课	连词和感叹词
第75课	鹳（1）
第76课	鹳（2）　"begin"　"keep on"　"stop"
第77课	鹳（3）
第78课	鹳（4）
第79课	英语拼写
第80课	复习

第二节　南京国民政府时期的英语教科书

3.《开明第二英文读本》（修正版）

《开明第二英文读本》于1937年发行修正初版。

图4-21　《开明第二英文读本》（修正版）封面，林语堂编著，开明书店，1937年修正初版

该书目录的主要内容如下（见表4-17）：

表4-17　《开明第二英文读本》（修正版）目录

课次	题目	知识要点
第1课	新书	—
第2课	哥谭的智者（1）	"will" 和 "shall"
第3课	哥谭的智者（2）	"shall" 和 "will"
第4课	"我应当……吗？"	—
第5课	所罗门王和妇女	"mine" "yours" 等
第6课	塔菲是个威尔士人	代词
第7课	听写	—
第8课	啄木鸟	—
第9课	助动词和情态动词	"have to" "need" "dare" "can't" "aren't" 等
第10课	第一只啄木鸟（1）	过去时
第11课	第一只啄木鸟（2）	—
第12课	日历	—
第13课	幸运的农家孩子	单数和复数
第14课	如何提问	"wish" "want" "hope" 等
第15课	卖火柴的小女孩（1）	"any" "some" "no"
第16课	卖火柴的小女孩（2）	"it seems" "as if" "it seems that"
第17课	卖火柴的小女孩（3）	"what" "that" 等
第18课	卖火柴的小女孩（4）	"who" "one" "some" 等
第19课	卖火柴的小女孩（5）	三种重要时态
第20课	过去时与完成时	—

（续表）

课次	题目	知识要点
第21课	三只小猫	—
第22课	如何回答	—
第23课	两个好邻居	礼貌用语
第24课	学习语言	—
第25课	拿着六便士的老妇人（1）	—
第26课	拿着六便士的老妇人（2）	动词和名词
第27课	被动语态	常见的被动形式
第28课	在学校的晚上	—
第29课	—	"that" "how" "whether" "if" 等
第30课	刻宇克斯和海尔塞妮（1）	形容词
第31课	刻宇克斯和海尔塞妮（2）	—
第32课	语法复习	主要成分
第33课	翠鸟（1）	后缀 "-s" 和 "-ing"
第34课	翠鸟（2）	形容词
第35课	动词 "To Be"	—
第36课	第欧根尼（1）	—
第37课	第欧根尼（2）	个人物品
第38课	"much" 和 "many" "a lot of"	—
第39课	"few" 和 "a few"	—
第40课	猴子和猫	—
第41课	潘多拉（1）	现在分词。"ever" "never" 等
第42课	潘多拉（2）	后缀 "-ful"。"when"
第43课	潘多拉（3）	—
第44课	"more" "less" 和 "as"	后缀 "-er" 和 "-est"
第45课	购物	—
第46课	丢卡利翁和皮拉（1）	—
第47课	丢卡利翁和皮拉（2）	"whatever" "wherever" 等
第48课	丢卡利翁和皮拉（3）	—
第49课	写信回家	—
第50课	家中来信，《春天来了》和其他诗歌	—
第51课	国家	含糊元音
第52课	时间	—
第53课	斯沃伏罕的小贩（1）	介词
第54课	斯沃伏罕的小贩（2）	such...as
第55课	争吵	—

（续表）

课次	题目	知识要点
第56课	孔子与阳货（1）	省份
第57课	孔子与阳货（2）	打电话
第58课	副词	—
第59课	你来自哪里？	—
第60课	丑小鸭（1）	"usual" "usually" 等
第61课	丑小鸭（2）	"are to" "have to" 等
第62课	丑小鸭（3，4）	—
第63课	丑小鸭（5，6）	—
第64课	"have to" 和 "be able to"	—
第65课	连词和感叹词	—
第66课	复习	—
—	英语辅音表	—
—	英语元音和双元音表	—
—	语法概要	—
—	不规则动词表	—
—	分类词汇表	—
—	词汇表	—

4.《开明第三英文读本》

《开明第三英文读本》由林语堂编著、丰子恺绘图、章锡琛为发行人、开明书店印刷并发行，于1936年发行初版，1937年发行修正初版。该书由南京国民政府教育部审定，适用于修正课程标准。

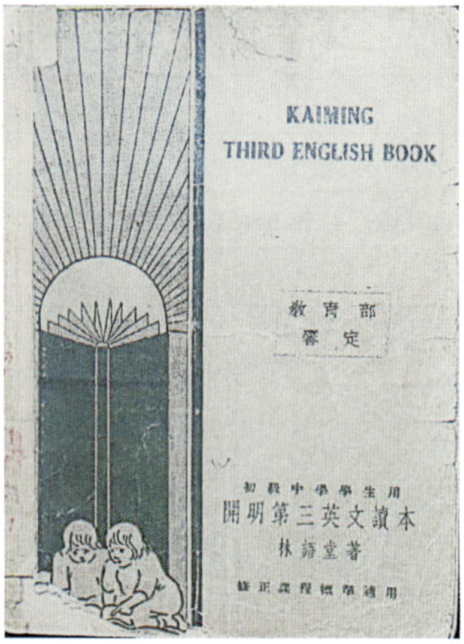

4—22

图4—22 《开明第三英文读本》封面，林语堂编著，开明书店，1936年初版，1937年修正初版

该书目录的主要内容如下（见表4-18）：

表 4-18　《开明第三英文读本》目录（部分）

课次	题目
第1课	英语课
第2课	斯芬克斯的谜语（1）
第3课	斯芬克斯的谜语（2）
第4课	知识和实践
第5课	"comes" 和 "does come" 等
第6课	哥谭的鳗鱼
第7课	词类　"彼得，彼得，南瓜食客"
第8课	"to do" 和 "to be"
第9课	怎样去那里
第10课	伊奥的故事（1）
第11课	伊奥的故事（2）
第12课	伊奥的故事（3）
第13课	主语和谓语　动词和介词的宾语
第14课	每个句子中的动词　"feel" "grow" "become" 等
第15课	助动词　加重语气
第16课	阿波罗和科隆尼斯（1）
第17课	阿波罗和科隆尼斯（2）
第18课	阿波罗和科隆尼斯（3）
第19课	主语前的动词　"It is" "Isn't it" 等
第20课	渔夫和妖怪（1）
第21课	渔夫和妖怪（2）
第22课	渔夫和妖怪（3）
第23课	不定式和介词短语
第24课	一些短语　"of -ing" "by -ing" 等
第25课	希腊人民
第26课	足球比赛
第27课	"may" "can" "must" 等　"shall" "will" "won't"
第28课	"would" "should" "might" 等　"I wish" "I will" "If...should"
第29课	斯巴达式训练（1）
第30课	斯巴达式训练（2）　"would rather"
第31课	动词作为形容词：分词和分词短语
第32课	不定式

（续表）

课次	题目
第33课	关于阅读
第34课	商务信函：宣布公司成立
第35课	商务信函：询问
第36课	商务信函：答复
第37课	长元音和短元音《玛菲特小姐》和《杰克·斯普拉特》
第38课	英语元音和双元音
第39课	动词作为名词 "without-ing" 等
第40课	学校作业
第41课	音标、音素分析
第42课	惯常顺序
第43课	还价
第44课	"It is" "necessary" "possible"
第45课	辅音音素 《风笛手彼得》等
第46课	外国的裙子
第47课	关系从句 "that" "who" "which"
第48课	关系代词 "when" "where" "why"
第49课	一个学生的日记（1）
第50课	一个学生的日记（2）
第51课	投诉和索赔
第52课	皇帝的新衣（1）
第53课	皇帝的新衣（2）
第54课	皇帝的新衣（3）
第55课	皇帝的新衣（4）
第56课	"in which" "by which" 等 "whose" "whom"
第57课	围攻裁判
第58课	使用短句 "on" "off" "get" "see" 等
第59课	正式和非正式邀请及回复
第60课	婚礼请柬及回复
第61课	虚拟语气的使用 后移时态
第62课	"should have seen" 等，"didn't know" "should have known" 等
第63课	孔子与女孩（1）
第64课	孔子与女孩（2）
第65课	"that" "if" "whether" 等
第66课	连词

第四章　近代英语教科书的成熟（1927—1949）

（十）《实用中学英语语法》

《实用中学英语语法》是由钱秉良编著，葛传椝校阅，桂绍盱为发行人，上海竞文书局发行的。1939年发行初版。该书封面印有繁体中文"实用中学英语语法"并对照英文"A PRACTICAL MIDDLE SCHOOL ENGLISH GRAMMAR"。该书为适合高中生学习的语法课本，其语法知识较为基础，简单明了地呈现基本的英语语法知识。该书之初讲述了对语法总的认识，继而分类讲述语法知识点，再而附加不规则动词全表，最后附有一百二十句错题纠正的练习，可巩固学生语法知识。

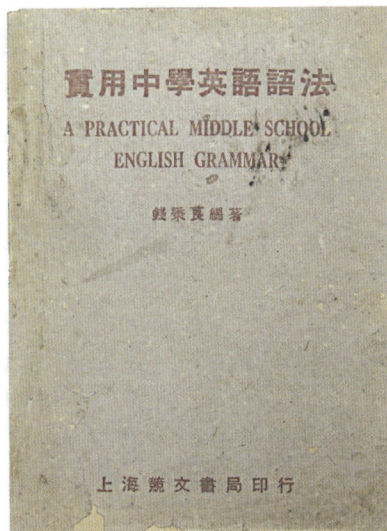

图4-23　《实用中学英语语法》封面，钱秉良编著，上海竞文书局，1939年初版

该书"作者前言"的参考译文如下：

作为一本语法书，这本书非常值得推荐。它以简单明了的方式勾勒出主题的轮廓，并提供大量有用的练习。它的作者知道该说什么，也许更明智的是，应该省略什么。他一定很注意区分必需品和非必需品。除了有责任心和经验丰富的教师外，没有人能写出这样一本书来。

当一个学生认真地学习这本书，认真地做了所有的练习，他就会有一个良好的英语语法基础，这对所有的中国学生来说无疑是非常有用的。

该书的"例言"主要内容如下：

一、本书适合用作高级中学英语语法课本，但初级中学三年级亦可采用。

二、本书先说语法之认识，继述文词之类别，再论语句之构造与要素，并于附录中备无规则动词全表，以资参考。

三、本书每章列有大纲（Outline），使教者、学者均得明了每章之范围及条例，不至茫无头绪，无从归纳，对于教学进度，亦易查考。

四、本书例句力求明显；并稍采用简易之英文格言，以提起学生记忆之兴趣。

五、本书之末一章有错句一百二十句，可作学生总复习之用。

该书目录的主要内容如下（见表4-19）：

表4-19 《实用中学英语语法》目录

章节	题目	页码
第1章	通用标记	1
第2章	名词	5
第3章	名词变形——数字	11
第4章	名词变形——性	20
第5章	名词变形——格	24
第6章	代词	31
第7章	形容词	41
第8章	形容词的比较级	53
第9章	动词	59
第10章	动词的构成	65
第11章	动词的数和人称	67
第12章	动词语态	74
第13章	动词语气	80
第14章	动词时态	89
第15章	无变化动词	101
第16章	动词——不定式、分词和动名词	107
第17章	副词	125
第18章	副词的比较级	132
第19章	介词	135
第20章	连词	143
第21章	感叹词	148
第22章	句子及其种类	150
第23章	句子及其成分	158
第24章	总复习——错句辨析	170
索引	不规则动词表	176

（十一）《文化英文读本》（第三册）

《文化英文读本》（第三册）由李登辉编纂，商务印书馆于1929年发行初版。此系列书籍原有四册，后改编为三册，该书为第三册，主要供初级中学使用。

4-24

图4-24 《文化英文读本》（第三册）封面，李登辉编纂，商务印书馆，1929年初版

该套书"重版序言"的参考译文如下：

根据南京国民政府教育部的指示，按照现行中学英语教学规定，我将《文化英文读本》的四册书合编为三册。

在这样做的过程中，我对课程进行了更系统的安排，并按顺序进行分级。

所有的阅读文章都经过了彻底的检修和修改，使课程更合理、更具吸引力。

在南京国民政府教育部的建议下，拼写所附的定义已被取消，以便尽早对学生进行推测词意的训练。

作为语言训练的一种手段，背诵对话和汉译英的重要性也同样不容忽视。

把阅读和拼写分开，把练习分成两个不同的课程，隔几天进行，这对初学者来说更容易彻底掌握英语。课程也是根据这个原则来进行编排的。如果严格遵守以上建议，学生的英语水平将会快速提升。

在"重版序言"之后，还附有读者书评。书评参考译文如下：

我是济南市英语夜校的学生，我学英语大约一年了。正如你所看到的，我现在可以给你写一封英文信了。为什么能做到这一点，全因这本著名的《文化英文读本》，它是中学生最好的读物之一。尽管我目前只学习到了第三册，你也可以看到我的进步。这些都是《文化英文读本》的功劳。

希望你看到我这封英文信感到很高兴，因为这封信是特地寄给你的，所以我才想试着用英文写这封信。

随信附上我最真挚的祝福。

该书目录的主要内容如下（见表4-20）：

表4-20 《文化英文读本》（第三册）目录

课次	题目	页码
第1课	我的国家	1
第2课	把你的面包撒在海里	5

第二节 南京国民政府时期的英语教科书

第四章　近代英语教科书的成熟（1927—1949）

（续表）

课次	题目	页码
第3课	家庭和学校	10
第4课	身体	14
第5课	文明的举止	19
第6课	如何强身健体	23
第7课	盾的两面	28
第8课	笛河的磨坊主（诗歌）	31
第9课	自我教育	34
第10课	伽利略与灯	39
第11课	晚餐 I	42
第12课	晚餐 II	45
第13课	植物如何播种	47
第14课	节约与浪费 I	51
第15课	节约与浪费 II	55
第16课	如何保持清洁	58
第17课	观察	63
第18课	休·伊德和特劳先生 I	68
第19课	休·伊德和特劳先生 II	73
第20课	遗产（诗歌）	78
第21课	勤奋与毅力	82
第22课	常识	87
第23课	詹姆斯·瓦特和茶壶	92
第24课	精确	97
第25课	我们的农民	101
第26课	脊椎动物	108
第27课	善良聪明的印第安人	113
第28课	公众健康	118
第29课	善意	124
第30课	统一中国梦（诗歌）	129
第31课	马	132
第32课	守时	138
第33课	勤劳的昆虫	143
第34课	商人	152
第35课	受过教育的人 I	159

（续表）

课次	题目	页码
第36课	受过教育的人 II	167
第37课	苍蝇	172
第38课	分工	179
第39课	村里的铁匠（诗歌）	186
第40课	亚洲人民	189
第41课	重组	196
第42课	成功的希望 I	203
第43课	成功的希望 II	210
第44课	丝绸是怎样制成的	218
第45课	理想人选	227
第46课	孙中山先生的生平	236
第47课	奋力前进（诗歌）	245
附录A	如何写信	247
附录B	字母表	253
	词汇表	265

（十二）《现代英语读本》（第一册）

《现代英语读本》（第一册）由周由廑著、刘季康为发行人、广益书局印刷发行，1946年发行初版。定价国币六百元。该书封面印有中文"现代英语读本"及英文"MODERN ENGLISH READERS"。该套书共六册，此为第一册。

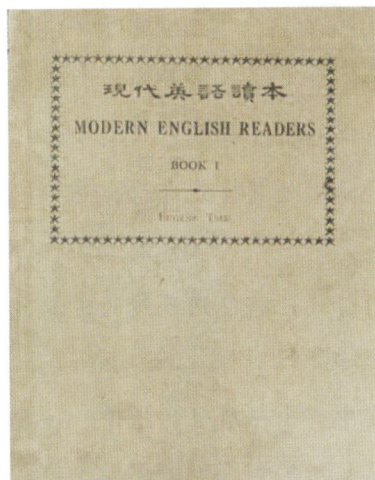

图4-25　《现代英语读本》（第一册）封面，周由廑著，广益书局，1946年初版

该套书"序言"的参考译文如下：

本套读本是根据南京国民政府教育部的课程标准的要求以及当代初级中学学生的需要而编写的。抱着这样的目的，我们需要尤为注意以下几点：

第二节　南京国民政府时期的英语教科书

1. 本系列读本里的每一课都由四个部分组成，足够一周的学时。

2. 这六本书——每本书都可以用一个学期——包含了所有实用的词语。如果把这些词的不同形式和它们与其他单词组合成短语的词数计算在内，总量大概是5000个，而词根却不到3000个。

3. 语音教学是借助国际音标进行的。

4. 本套读本从一开始就教授书写，我们使用新的字体。

5. 整个系列都强调说话，在第一至第二册中，只教授课堂对话和指令。稍后，在第二至第六册中可以找到更多的高级对话和小型剧本。

6. 本系列前两本书中，只有语言的知识。最基础的语法知识是从第三本书开始的。抄写、填空、句子改写以及作文书写是重点。叙述性和简单描述性的文章能在这一系列的书中看到。

7. 这一系列的书中，仅选用实用和简单的材料，其编排方式就能引起学生对进一步学习英语的兴趣。英美人的社会生活会被详细介绍，并和我们的生活进行对比研究。

8. 该书利用了Gouin的动词法和Jespersen的名词法。实际上，几乎所有的词语都是"可描绘的"或者是"可戏剧化的"。

虽然我尽了最大的努力去写好这本书，但是在语言和方法上可能会有错误，恳请指正。

该书"导言"的参考译文节选如下：

一、本系列计划

本套书共六册，供初学者使用。前两本书是对英语的概括性介绍。另外四本书主要是关于美国和英国的日常生活。本系列适用于任何提供英语课程的学校，包括以下科目：语音、书法、阅读、听写、拼写、对话、语言、语法、句子结构、写信和作文。参加本系列课程的学生年龄应该在10岁以上。每周的学习小时数应该不少于4小时，而一年的学习周数是36周。

二、汇编遵循的原则

这一系列的读本是严格按照直接教学法的原则编写的。这些原则是：

1. 学习外语的第一件事不是学习文学的古老语言，而是普通谈话的口语。

2. 老师的首要任务是使学生完全熟悉语言的发音。为了确保正确地读，他将使用音标，而将使用传统拼写排除在最初阶段。

3. 教师的下一个目标应该是使学生熟练掌握外语。为了达成这一目标，他将使用连续的文本、对话、描述和叙述，所有这些都尽可能简单、自然和有趣。

4. 在阅读中，首先要归纳语法，将语法归纳在一起，并从这些事实中得出一般性的结论。一些更系统的研究将留待稍后阶段进行。

5. 教师将努力将外语单词与其表达的思想直接联系起来，或与同一语言的其他词汇联系起来，而不是完全将其与母语的词汇联系起来。翻译将尽可能地被实物教学、图画教学和外语解释取代。

6. 当后期引入书写作业时，首先是复述已经阅读和被解释的材料，然后是复述学生们听老师讲过的故事等，最后是作文和翻译。

（十三）《新课程标准适用　初中英语读本》（第一册）

《新课程标准适用　初中英语读本》（第一册）是由李唯建编纂、中华书局印刷发行的。该书总发行所是中华书局总店、分发行所是各省中华书局。该套书供初级中学学生学习使用，适用于新课程标准。该教材封面标有繁体中文书名"新课程标准适用　初中英语读本　第一册"并对照英文"NEW STANDARD ENGLISH READERS For Junior Middle Schools BOOK ONE"。该套书共六册，此为第一册。

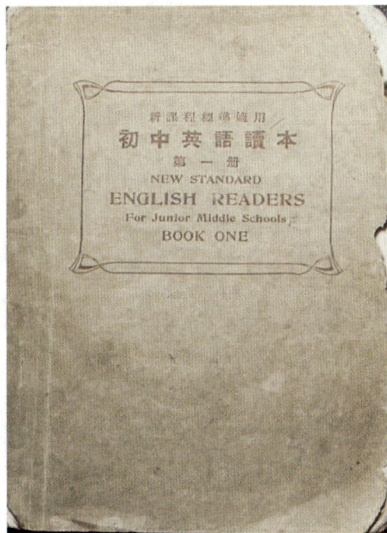

4-26

图4-26《新课程标准适用　初中英语读本》（第一册）封面，李唯建编纂，中华书局，1933年初版

该套书"编辑大意"的节选如下：

一、本书共六册，专供初级中学三学年之用。

二、初中外国语教程为三十学分，每周五小时，每学期以十八周计，共九十小时；连练习在内平均约四小时授一课，一学期一册，每册二十余课；字由大而小，行由疏而密，教材随之增加。

三、按照新颁课程标准高级小学无外国语一科，故本书由英文字母教起；但如开首即一气教以二十六字母，则读者难于记忆且过于枯燥；本书因将字母分课教授，以免囫囵吞枣之弊。

四、本书所用生字，多选自报纸、商业、医药、社会科学以及自然科学等方面，不偏于纸笔花草山水猫犬之类，以求适合初中学生之程度与兴趣。

五、初中学生之学习英语，应以常识应用为首要，文学实在其次。本书即本此旨，务必使初中毕业生如升学者，则在高中时能参考英文书籍；不升学者，亦能阅读外国报纸并能写简短之应用文。

六、本书第一年专重口耳之训练，不从文法解剖入手，务使学生多听多说，牢记文句之格调，仿语之形式，知其当然而不必知其所以然。因之，第一册侧重图画及问答之练习，第二册则按Gouin Method编制。第二年专重手眼之练习，使学生充分模仿、翻译或造句并加入简单文法，使学生略知英语句子之构造。第三年专重作文及智识方面，加入正式文法与讨论一项，使学生得由语法之变化应用，而能由己意发表短文。

七、本书于每册后均有附录，字表照牛津词典及英语发音字典两种注音。

八、本书文字与图画打成一片，以免读者有枯燥无味的感觉。

该书目录的主要内容如下（见表4-21）：

表4-21 《新课程标准适用 初中英语读本》（第一册）目录（部分）

课次	字符	练习	页码
第1课	E、I、S、T	填数字	1
第2课	A、D、N	（a）取名 （b）填空	4
第3课	H	判断	7
第4课	问号	（a）肯定句改疑问句 （b）判断	12
第5课	Th	"This"和"That"	16
第6课	O	回答问题	20
第7课	O（oo）	判断	24
第8课	O（one）	判断	28
第9课	Y	（a）回答问题 （b）造句 （c）词语练习	33
第10课	R	"Here"和"There"	38
第11课	W	（a）造句 （b）回答问题	43
第12课	M	回答问题	49
第13课	F	（a）将短语转换为所有格 （b）回答问题	57
第14课	U	（a）填空 （b）回答问题 （c）造句	63
第15课	B	回答问题，用"√"选择正确答案	68
第16课	L	我爸爸的房子（图片描述）	75
第17课	V	（a）造句 （b）回答问题 （c）做和说	82
第18课	G	回答问题	89
第19课	P	无声练习	98
第20课	C	回答问题	106
第21课	K	故事"在公园"	116
第22课	Q、X	故事"两只狐狸和一只鸡"	124
第23课	J、Z	故事"狼先生如何吃了猪小姐"	134

（十四）中华书局的《修正课程标准适用　初中英语读本》系列

《修正课程标准适用　初中英语读本》系列是由李唯建与张慎伯编纂、舒新城与金兆梓校阅、中华书局印刷并发行的英文教科书，全套书共六册。

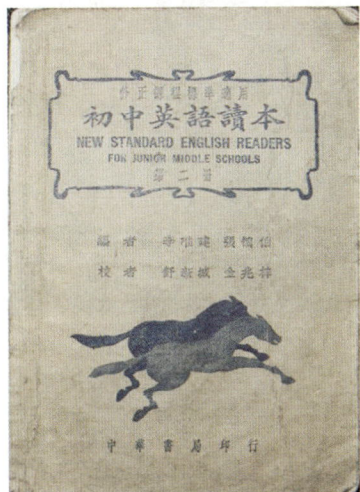

图4—27　《修正课程标准适用　初中英语读本》（第二册）封面，李唯建、张慎伯编纂，中华书局，1939年第14版

该系列教科书有三个特点：一是内容难度适当，适合初中学生学习英语；二是书中配有插图，形象生动，便于学生理解；三是课后配有适当操练和记忆任务，有助于学生巩固所学知识，但是任务过于机械，较为枯燥。

该系列教科书"编辑大意"的主要内容节选如下：

一、本书共六册，专供初级中学三学年之用，每学期一册。

二、本书每册二十余课；字由大而小，行由疏而密。依照修正课程标准，初中英语每周授课四小时。每学期以十八周计，共七十二小时；连练习在内，平均约三小时授一课。

三、本书所用生字，除Thorndike之最常用二千字外，其余多选自报纸、商业、医药、社会科学以及自然科学等方面，以求适合初中学生之程度与兴趣。

四、本书第一年专重口耳之训练，不从语法解剖入手，务使学生多听多说，牢记文句之格调，仿语之形式，知其当然而不必知其所以然。因之，第一二册侧重图画，绝无干枯之弊，课文练习两项均参用Gouin Method编制。

第二年专重手眼之练习，使学生充分模仿或造句，并加入简单文法，使学生略知英语句子之构造。

第三年专重作文及知识方面，加入正式语法与讨论一项，使学生得由语法之变化应用，而能由己意发表短文。

五、本书每册后均有附录，字表照*Pocket Oxford Dictionary*及*An English Pronouncing Dictionary*两种注音。

六、本书文字与图画打成一片，以免读者有干燥无味的感觉。

《修正课程标准适用　初中英语读本》（第二册）实价国币三角五分。第二册目录的主要内容如下（见表4-22）：

表4-22　《修正课程标准适用　初中英语读本》（第二册）目录

课次	题目	页码
第1课	一个小男孩去学校	1
第2课	两封信	4
第3课	我透过窗户看	7
第4课	我在街上遇到了一个朋友	10
第5课	我失而复得	14
第6课	我如何度过我的一天	17
第7课	我去购物	20
第8课	数量	23
第9课	时间	28
第10课	派人去请医生	32
第11课	人的身体Ⅰ	36
第12课	人的身体Ⅱ	38
第13课	中国货币	42
第14课	关于邮票	46
第15课	去电影院	51
第16课	一次拜访	56
第17课	如何写一封信	61
第18课	猫抓老鼠	67
第19课	一次邀请	71
第20课	一次野炊	77
第21课	周记	82
第22课	在有轨电车里	87
第23课	在教室里	92
第24课	最后一课	98
附录Ⅰ	音标：注音符号和国际音标对照表	105
附录Ⅱ	单词发音表	107

第二册第1课主要介绍了一个小男孩去学校的经历，该课课文参考译文如下：

一个小男孩去学校

一个小男孩在他的床上。

阳光透过门照到了他的头上。他睁开了眼睛。

他快速地起床并穿好衣服。他快速地去洗手和洗脸。

他吃早饭。

他带上了他的书、钢笔、纸张和铅笔。

然后他走到他爸爸妈妈面前说："爸爸妈妈再见。"

他打开房门去学校了。

在街上他看到了许多学校的男孩子，他们也正在去学校。

许多男孩是他的朋友。

他对他们说："早上好。"

他们也对他说："早上好。"

小男孩来到了学校。

这是个大学校。

他把他的书、钢笔、纸张和铅笔放到了课桌上。

他出去到树下玩耍。

然后铃声响了，他快速回到他的课桌旁并坐下。

小男孩打开书本，开始读书。

《修正课程标准适用　初中英语读本》（第四册）原定价国币三角五分，实售国币五角三分。

图4-28　《修正课程标准适用　初中英语读本》（第四册）封面，李唯建、张慎伯编纂，中华书局，1941年第23版

第四册目录的主要内容如下（见表4-23）：

表4-23 《修正课程标准适用 初中英语读本》（第四册）目录

第四册第1课以"餐馆"为主题，讲述了作者和其朋友在餐馆进餐的经历，该课参考译文如下：

在餐馆

当你饿的时候，你会感到不安，为什么？因为你的胃是空的，里面没有东西可以消化，你的身体需要食物。

看！在一条街的拐角处有一所大房子。这是一座四层高的大楼。你在那儿吃过饭吗？这是一家著名的餐馆。每天有许多人去那里吃饭。他们饿了，所以他们去餐馆吃东西。

现在大约十二点了。我们已经工作了四个小时。早上，我们从八点工作到十二点。我们应该吃午饭。

许多餐馆很脏，他们的盘子也脏。如果我们吃不干净的食物，我们很容易得一些疾病。我们的医生经常告诉我们不要喝脏水，也不要吃脏东西。

我们很饿，我们进了那家大饭店。桌子和座位都很干净，我们都能看到自己的脸。

我们坐在一扇窗户旁边，窗户上有一道漂亮的窗帘。窗帘是天鹅绒做的。

一个服务员走过来问我们喜欢什么菜。我有点犹豫，问我朋友想点什么，但他也犹豫了。

服务员看到我们都很困惑，赶紧走了，说："请稍等，我要把今天的菜单拿来。"

过了一会儿，服务员又来了，左手拿着一张卡片。他把卡片给了我。卡片上写着菜名。这种卡片叫作菜单。

我朋友点了两道菜，我点了三道菜。除此之外，我们还带了一些面包。我在面包上涂黄油，但我朋友在面包上涂果酱。

最后，我喝了一杯咖啡，我的朋友喝了一杯可可。

当服务员看到我们喝完咖啡和可可后，他把一大盘不同种类的水果放在桌子中央。

吃完水果后，我们要了账单。上面写着账目。我付了钱，给服务员一元小费。然后我们从餐厅出来，乘公共汽车回家。

第四册第2课以"旅行"为主题，简单介绍了去旅行的步骤，该课参考译文如下：

如何旅行

旅行的人被称为旅行者。旅行很有趣。现在我来告诉你如何乘火车旅行。

首先，你去火车站。你让搬运工把你的行李送到车站。然后你去售票处买票。如果你有足够的钱，你可以买一张头等舱的票；如果你没有足够的钱，或者你想省钱，你可以买一张三等票。有时你可以买一张周末票。

火车现在进站了。你叫搬运工把你的行李送到火车上去。有时你在行李里带玻璃制品。你对搬运工说："小心行李，里面有玻璃制品。"

搬运工把你的包放在座位下面，把你的小盒子放在靠窗户的小桌子上。他说："先生，一切都到了。"然后你给他一些铜板。

你会看到有一两个报童在车站里卖报纸和杂志。你找他们中的一个，然后买了一份今天的报纸。虽然你是独自旅行，但你并不感到孤独；你可以观看站台上的人群，或开始阅读报纸或杂志。很多旅客随身携带小说在火车上阅读。

（十五）商务印书馆的《循序英文读本》系列

《循序英文读本》系列是由Lawrence Faucett、邝富灼编纂，商务印书馆印刷并发行的英语教科书。封面上是中文繁体书名"循序英文读本"和与之相对应的英文书名"STEP BY STEP ENGLISH READERS"，下方是出版社的英文信息。封面中间的一幅插图是孩子们游玩的场景。扉页和封面内容相似，是书名、作者和出版社的英文信息。该系列教科书课文中有插图，课后有与课文内容对应的练习，旨在帮助学生及时巩固学习内容。第二册于1935年发行初版，1947年发行第29版，定价国币二元，外运酌加运费。

4-29

图4-29 《循序英文读本》（第二册）封面，[美]Lawrence Faucett、邝富灼编纂，商务印书馆，1935年初版

该系列教科书"前言"的参考译文节选如下：

该书适用于英语初学者，书中采用了直接教学法中的各种方式，如行动、测试、命令、提问、对话等进行教学。书中的词汇都是精心挑选的，为了确保学生掌握了词汇，会有大量的练习和考试。该书尤其关注句子类型辨析、听写以及给出建议以解决翻译上遇到的困难。

《循序英文读本》（第四册）于1936年发行初版，1937年再版。

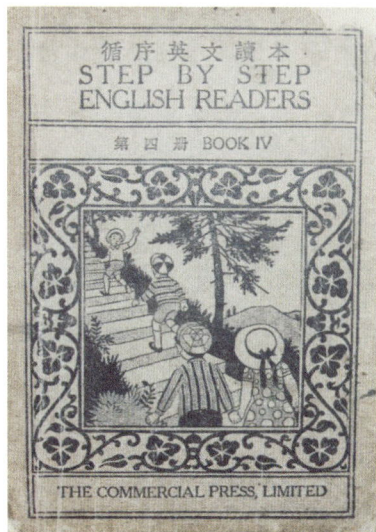

4-30

图4-30 《循序英文读本》（第四册）封面，[美]Lawrence Faucett、邝富灼编纂，商务印书馆，1936年初版

第四册目录的主要内容如下（见表4-24）：

表4-24　《循序英文读本》（第四册）目录

课次	题目	页码
第1课	上海，中国的纽约	1
第2课	乔治·史蒂芬逊，第一个火车引擎制造者	14
第3课	在公共图书馆	23
第4课	天花在中国的情况	32
第5课	不同类型的建筑	39
第6课	奥林匹克项目	48
第7课	汉口	56
第8课	信息是如何从一个地方传达到另一个地方的	61
第9课	亚洲	73
第10课	声音是如何传播的	82
第11课	霍乱在中国的情况	90
第12课	与疾病作斗争	96
第13课	邮局的工作	106
第14课	探索	116
第15课	瑞普·凡·温克的回归	126
第16课	广州，中国南方的主要城市	139
第17课	世界上的大河	147
第18课	电灯和发电厂	157
第19课	农业的过去与现在	162
第20课	第一艘汽船	172
第21课	中国航运	180
第22课	猎人、牧民和农民	184
第23课	职业	193
第24课	礼貌	202
第25课	飞翔的故事	210
第26课	中国对木材的需求	218
第27课	书信写作	225

第四册第1课《上海，中国的纽约》的参考译文节选如下：

1. 上海是中国的主要城市，也是中国最重要的港口。它与伦敦、纽约、柏林、芝加哥、东京和巴黎一样，是世界上最大的城市之一。

2. 上海位于黄浦江畔，黄浦江最终流入长江。长江近岸是低洼的土地，被自然或人为地割裂为很多个小块。这一片区域的土地是中国最肥沃的土地，因为这里有河流和运河来灌溉土地。这座城市需要的食物都能从周边区域得到供给。

......

4. 伴随黄浦江延伸的那条路叫外滩，这里有最精美的建筑。从外滩到公共租界的那条路是南京路，那里有最好的商店。在南京路和上海其他繁华的街道上，有汽车、人力车、卡车和手推车等等。

5. 虽然上海没有煤炭和铁矿，但它已成为中国的主要工业中心。这在一定程度上是由于上海的电力很便宜，还有大量廉价的劳动力。

6. 铁路从上海出发，通往许多其他重要的城镇。来来往往的船，做生意的喧嚣声，使得这张上海外滩的照片永远不会被遗忘。上海之所以繁华，真正的原因是整个中国有一半的船都往返于上海港口。

（十六）《英文最常用二千字表》

《英文最常用二千字表》是由省立苏女师初中升学指导委员会编纂，葛传椝校阅，上海竞文书局印刷并发行的英文教材，该书于1935年发行初版。封面上方有"依据教育部颁布全国初中学生必须认识之英文字量标准"的字样，其下方为中文繁体书名"英文最常用二千字表"和与之相对应的英文书名"TWO THOUSAND COMMONEST WORDS IN ENGLISH"，最下方是出版社信息"上海竞文书局印行"。在内容上，这本书在开头先将书上用到的各种缩写加以解释，如"adj."表示形容词，"adv."表示副词，然后将这2000个单词制成列表，放在书的前页。书中先是给出了英文单词，然后标出了词性，用中文加以解释，最后会给几个例句。

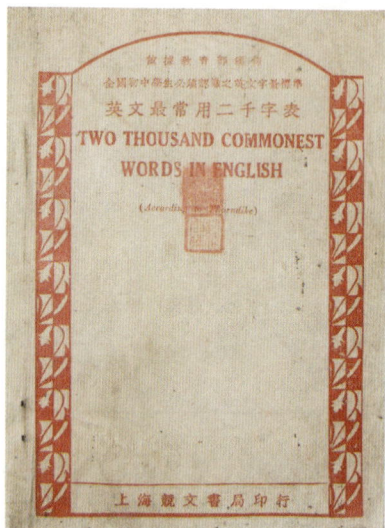

图4-31　《英文最常用二千字表》封面，省立苏女师初中升学指导委员会编纂，上海竞文书局，1935年初版

该书"前言"的译文节选如下：

这两千字已被确定为中国初中学生的最低英语词汇量，但在我看来，这本书的价值不仅在于精

挑细选的单词和例句，书本前单词列表方便查阅，这也是本书的一大特色。

该书"编辑大意"的主要内容为：

1. *Teacher's Word Book*为美国Thorndike氏所编；此书素为学界推崇，其编著方法为：先集书籍若干册，将书中各字一一记录，依遇见次数多寡，定排列先后标准，次数愈多，排列愈前，精密审慎，字书中不可多得。本书编者截取此书之前列二千字，并于字后详注音符解释，并附例句，字量标准。初中学生允宜人手一编，反复诵习，务期精熟。

2. 本书注音符号，依照*Webster's New International Dictionary*。

3. 本书各字解释及字类，仅注习见而常用者，以适合初中程度为准。

4. 本书例句多系自撰，间杂成句格言，意义构造，力求浅显；堪称初习英语者最需要之读物，有志自修者，亦极适用。

5. 本书原为本校油印讲义，学生以讲义既易散佚，诵读尤觉不便，屡次请求制板，因此仓卒付梓，挂漏错误，在所难免，倘荷高明指谬，尤所盼祷。

编者识

（十七）商务印书馆《英语模范读本》系列

《英语模范读本》系列是由周越然编纂，商务印书馆印刷并于1930年发行初版的英文教科书。以第一册为例，封面上方为中文繁体书名"英语模范读本 第一册"和与之相对应的英文书名"MODEL ENGLISH READERS BOOK Ⅰ"，中间为"THE STAR EDITION"，下方是商务印书馆的英文名"THE COMMERCIAL PRESS, LIMITED"。扉页上方与封面一致，中间有繁体字"本书于二十二年十月经国民政府教育部审定"，封面内页有一张学生上学的图。书的版权页上方是繁体字"本书于二十二年十月经国民政府教育部审定"，下面是详细的出版信息：编纂者为周越然，发行兼印刷者为商务印书馆。纸面书籍的定价是大洋六角且"外埠酌加运费汇费"。最后是出版时间，"中华民国十九年三月初版"。

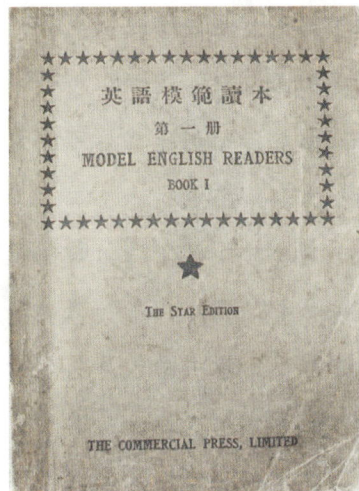

4-32

图4-32 《英语模范读本》（第一册）封面，周越然编纂，商务印书馆，1930年初版

该系列教科书"新版序言"参考译文如下：

这一系列读本已根据教育部新课程的要求进行了修订。为了达到这个目的，我们在以下各点上作了审慎的考虑：

1. 本系列读本的每节课由四个部分和一个练习组成，对于每周五个小时的学习来说，这些练习已经足够了。

2. 这三册书包含所有的实用词汇。

3. 发音教学借助了国际音标，并且所有的单词都抄写在了词条上。

4. 从一开始就对书法进行教学。

5. 这一整个系列的读本都强调口语。第一册只教授课堂对话和命令，第二册和第三册会教授更多的高级对话和小型剧场。

6. 在第一本书中，只给出了简单的语言。从第二和第三本书开始，就有基础语法的常规课程，内容非常简单。抄写、填空、造句和写信是重点。

7. 书中仅仅选择了一些有用而简单的材料，并以一种能够激发学生学习兴趣的方式进行排列。会将英国人和美国人的社会生活与我们的进行对比。

8. 古安动词法（Gouin's verb method）和叶斯珀森名词法（Jespersen's noun method）均有用到。

该系列教科书"导言"参考译文如下：

这一系列的书总共有三本，供初中使用。第一本是关于英语语言的总体介绍，第二本和第三本大多是关于英国和美国的日常生活。

该系列的教材适合任何学校提供的英语课程，包括以下科目：发音、书法、阅读、听写、拼写、会话、语言、语法、句子结构、书信写作、作文和翻译。这一系列教材适合十岁以上的孩子学习。关于教学课时，我们以一年有32周，每周有5个小时为基础进行设置。

整套系列的书遵循直接教学法的原则，这些原则是：

1. 学习外语首先要学的不是文学作品中那些古老的语言，而是日常交谈中的口语。

2. 老师的首要目标应该是使他的学生尽可能地熟悉语言的发音。为了确保学生能够正确发音，老师可以利用音标。

3. 老师的下一个目标是让学生熟练地掌握英语，为了达到这个目的，他应当使用一些尽可能自然、简单、有趣的材料，如文本、对话、描述、叙述等。

4. 语法教学采用归纳法，学生们通过阅读归纳出语法规则的普遍性结论，可以在后面的学习中，再采用更加系统性的方法。

5. 在教授词汇时，教师要尽量将这个单词和它所表达的意思紧密结合起来，或者是用英文来讲解这个单词，而不是中文。

6. 在后面的学习阶段，要进行写作教学。在刚开始，学生通过复述已经读过的、被解释过的事情来进行写作学习，然后是复述教师讲给他们的故事，再之后是自由写作，最后是英译汉、汉译英。

"导言"中，"该书的排版"部分的主要内容为：

该书包含32课，每一课包含4个部分，每个部分用数字进行了标记并且要在一个小时之内完成教学。每一课的最后都有练习题，用作每周的复习。第一册中包含以下主题：1. 学校和课堂中的一些事物；2. 数字一到一千；3. 形状和大小；4. 每日活动；5. 小时、天、周和月；6. 一年和四季；7. 时间；8. 四季和天气；9. 白天和夜晚；10. 颜色；11. 身体部位；12. 家庭关系；13. 衣物；14. 食物和饮料；15. 房子和房间；16. 动物与植物。

《英语模范读本》（第一册）第2课的课文原文及对应译文节选如下：

What is this?	这是什么？
That is a pen.	那是一支钢笔。
What is this?	这是什么？
That is a pencil.	那是一支铅笔。
Is this a pencil?	这是一支铅笔吗？
That is a pen. It is not a pencil.	那是一支钢笔。它不是铅笔。

《英语模范读本》（第二册）于1930年发行初版。封面上方为中文繁体书名"英语模范读本 第二册"和与之相对应的英文书名"MODEL ENGLISH READERS BOOK Ⅱ"，下方是商务印书馆的英文名"THE COMMERCIAL PRESS，LIMITED"。扉页与封面内容一致，前一页有一幅世界地图，配有英文图注"THE WORLD"。

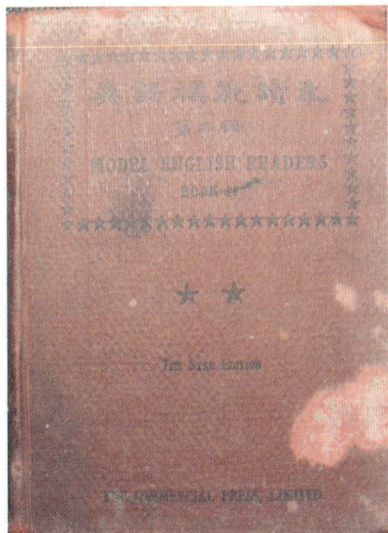

4—33

图4-33 《英语模范读本》（第二册）封面，周越然编纂，商务印书馆，1930年初版

第二册目录的主要内容如下（见表4-25）：

表 4-25 《英语模范读本》（第二册）目录（部分）

课次	题目
第1课	小船和大船
	蒸汽船、乘务员和乘客
	名词
	一些外国国家和它们的语言
第2课	在火车上
	火车和出租车
	名词的单复数
	基数词和序数词
第3课	在我朋友的家里
	我在朋友家里的卧室
	动词
	动词的不同时态
第4课	北美和南美
	美国地图
	代词
	中国
第5课	旗帜
	关于旗帜的谈话
	主语和谓语
	纸做的旗
第6课	侄子写给叔叔的信
	关于侄子的信
	书信的结构
	布莱克森先生给侄子的回信
第7课	有轨电车
	有轨电车上的乘客
	及物动词和不及物动词
	十只小猴子
第8课	食品杂货店
	食品杂货店和罐装商品
	形容词
	布莱克森太太和她的女儿

（续表）

课次	题目
第9课	百货商店
	在鞋店里
	副词
	只要一美分
第10课	银行
	储蓄银行
	介词
	米达斯王
第11课	商业街
	商业街和住宅区
	连词
	在街上的两个男孩
第12课	公园
	公园里面有什么
	感叹词
	百灵鸟和孩子
第13课	学校
	校园里的孩子
	词类
	数学书上的一些内容
第14课	农场
	关于农场
	主动语态和被动语态
	云雀和农夫
第15课	两个男孩的信
	信和邮差
	Be动词
	汤姆写给姨妈的信
第16课	班尼特的邀请
	在班尼特先生的家
	人称代词
	狐狸和鹤 I

（续表）

课次	题目
第17课	饭桌礼仪
	饭桌上的举止
	格
	狐狸和鹤 II
第18课	工作日和假期
	学校假期
	名词和代词的性
	懒人的花园
第19课	网球
	捉迷藏
	比较级
	龟兔赛跑
第20课	报纸
	报纸说了什么
	后缀 "-er" 和 "-ly"
	美国报纸上的广告
第21课	火灾
	火灾和消防员
	现在分词
	关于消防车，孩子们说了什么
第22课	图书馆
	图书馆和图书
	动词的进行时
	三个愿望
第23课	公立医院
	关于医生
	完成时
	弗瑞德和玛丽的妈妈生病了
第24课	人人需要的东西
	美国游客和中国游客之间的对话
	一些麻烦的动词
	黄蜂和蜜蜂

（续表）

课次	题目
第25课	婚礼
	婚礼上的歌
	倒装句
	人的一生
第26课	本杰明·富兰克林
	一个著名的美国人
	过去分词
	蚂蚁和蚱蜢
第27课	乔治·华盛顿
	政府的结构
	动名词
	乔治·华盛顿和樱桃树
第28课	亚伯拉罕·林肯
	林肯是谁
	关系代词
	孙中山
第29课	市政府
	市民的义务
	疑问代词
	美国选举
第30课	州政府
	州长和他的董事会
	疑问副词
	明智的国王
第31课	联邦政府
	美国政府
	缩略语
	美国
附录1	音标
附录2	词汇表

（十八）中华书局的《直接法英语读本》系列

《直接法英语读本》系列是由文幼章编著，中华书局印刷并发行的英文教科书，本系列第二册于1932年发行初版。封面上方是"教育部审定　直接法英语读本　第二册"等字样，下方是出版社的信息。书的版权页注明本书定价"国币七角六分"。

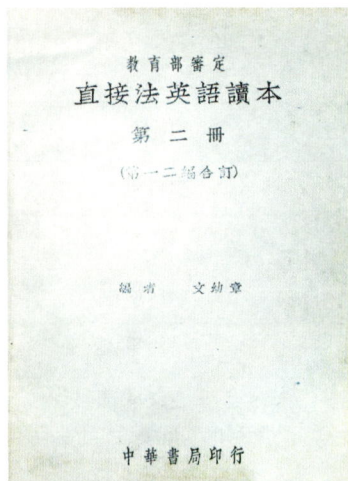

图4—34　《直接法英语读本》（第二册）封面，文幼章编著，中华书局，1932年初版

该系列教科书"导言"的参考译文节选如下：

我们假定使用本读本的学生已经接受过基本语言学习习惯的训练，这些习惯在第一册配套的教师手册中已经阐明。对于没有这方面背景的学生，本书第一部分中的第三、四课非常适合用来教学生们养成基本的学习习惯，以便日后在阅读英语方面取得快速进步。在前几节课中，如果教师没有充分练习直接法将不得不使用越来越多的翻译。如果是这样，将会使第一学年的努力付之东流，虽然教师的工作量和压力都会减少，但是这将导致学生无法轻松地阅读英语。只有在不得已的情况下，教师才应该使用汉语。

第二册第一部分目录主要内容如下（见表4-26）：

表 4-26　《直接法英语读本》（第二册）第一部分目录

课次	题目	页码
第1课	我们做了什么？	3
第2课	发生的事	9
第3课	它是用来干什么的？	15
第4课	一些行为	18
第5课	动物与昆虫	21
第6课	一场谈话	25
第7课	中华民国国庆节	32
第8课	清晨散步	36

（续表）

课次	题目	页码
第9课	关系	42
第10课	写信	50
第11课	狗和骨头	60
第12课	四川省	65
第13课	预言	70
第14课	陷阱	77
第15课	聪明的孩子	87
第16课	聪明的国王	96
第17课	卖梨子	101
第18课	黄花岗七十二烈士	106

《直接法英语读本》（第三册）于1937年发行第9版。封面上方是中文繁体书名"直接法英语读本"，中间是编纂者信息，下方是出版社的信息。书的版权页是更详细的出版信息。该书定价国币七角六分。

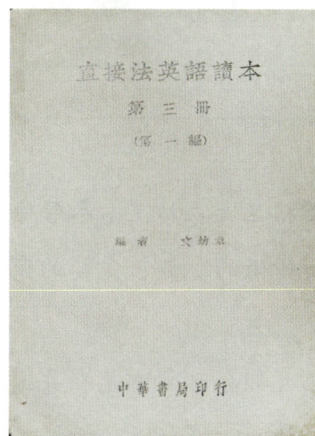

图4-35 《直接法英语读本》（第三册）封面，文幼章编著，中华书局，1937年第9版

第三册目录的主要内容如下（见表4-27）：

表4-27 《直接法英语读本》（第三册）目录

课次	题目	页码
第1课	罗宾汉如何成为亡命之徒Ⅰ	3
第2课	罗宾汉如何成为亡命之徒Ⅱ	17
第3课	梦想家约瑟夫Ⅰ	27
第4课	梦想家约瑟夫Ⅱ	40
第5课	恐慌	55
第6课	什么是电Ⅰ	68

（续表）

课次	题目	页码
第7课	什么是电Ⅱ	79
第8课	鲁滨逊漂流记Ⅰ	89
第9课	鲁滨逊漂流记Ⅱ	103
第10课	罗宾汉和他的伙伴们Ⅰ	115
第11课	罗宾汉和他的伙伴们Ⅱ	127
第12课	威尼斯商人Ⅰ	137
第13课	威尼斯商人Ⅱ	148
第14课	泥是从哪里来的Ⅰ	164
第15课	泥是从哪里来的Ⅱ	178
第16课	伟大的发明家Ⅰ	189
第17课	伟大的发明家Ⅱ	201
第18课	伟大的思想家	215
附录1	动词变化表	231
附录2	词的比较级和最高级	249
附录3	注音字母表	255
附录4	名词的复数形式	257

第三册第1课《罗宾汉如何成为亡命之徒Ⅰ》参考译文节选如下：

这是一个关于罗宾汉的故事，他和他的弓箭手们生活在大约700年前的英格兰大森林里。尽管他们是歹徒和强盗，但他们不是残忍的坏人，而是勇敢和忠诚的人。他们抢劫骄傲的贵族、贪婪的商人和富有的牧师，但他们对穷人很好，帮助那些陷入困境的人。

虽然这个时候，英国国王是狮心王理查德，但他很少治理国家，因为他大部分时间都是在异国他乡作战，所以国家就交给了他残忍的弟弟约翰王子来治理。

（十九）《共和国教科书　中学英文读本》（第二学年）

《共和国教科书　中学英文读本》（第二学年）由甘永龙、邝富灼、蔡文森参订，1913年商务印书馆发行初版，1914年发行第3版，软布面每册定价大洋七角半，纸面每册定价大洋六角半。该书封面框内中间印有繁体书名"共和国教科书　中学英文读本　第二学年"，其上方标明"教育部审定"；下方还有英文"PROGRESSIVE ENGLISH READERS FOR MIDDLE SCHOOLS SECOND YEAR"。

图4-36 《共和国教科书 中学英文读本》（第二学年）封面，甘永龙、邝富灼、蔡文森参订，商务印书馆，1913年初版

（二十）商务印书馆的《综合英语课本》系列

该系列教科书通过选择有代表性的文本以引出其相应的语法知识，不仅可以让学生了解文本的主题、文化背景，也可以让学生在阅读文章之后了解其中重点的语法知识。

该系列教科书有如下三个特点：一是课文内容贴近学生日常生活，容易激发学生的学习兴趣，如第一册第1课讲述的是国旗，第2课讲述的是中国国旗，第3课讲述的是文具用品。二是配有插图，形象生动，能让学生直观感受课文内容。三是注重学生实际知识的学习，书本中单独列出重点词汇，课文之后有总练习，书本后附有每课单词的音标注释，这有利于促进学生学习英语的发音、词汇、语法及日常会话。

该系列教科书"编辑大意"的主要内容如下：

1. 本书按照民国二十五年六月教育部修正颁行初级中学英语课程标准编辑，全书分为六册，每学期一册，供初级中学三学年之用。

2. 按照课程标准，英语每周学习时间四小时，不得分某几小时专属读本，某几小时专属语法，等等；本书即本此旨，将读本、语法、书法、作文、会话、缀音各项综合于同一课本之内。

3. 本书之编制，按每学期实在上课十六周，每周英语四小时，共六十四小时，每册各分四十课，每课教学时间，短者一二小时，长者三四小时，由教员视课文长短，自由支配。

4. 本书于采用直接教学法之外，兼重语法要点，以养成中学生进读英文书籍之技能。

5. 本书选材，最初注重日常用语，渐及应用文，外国事物及各种学科之适当资料，俾会话与读书所必需之基本单字成语，均有相当之介绍。

6. 本书按照教育原则，所有初学之课文，概用较大字体排印，并附加相当插图，以助认识。

7. 本书每册课文之后，附有总练习，以增复习之机会。

8. 本书末附生字表，以国际音标注音及汉文释义，于必要时并述文法上之关系。

1. 《综合英语课本》（第一册）

《综合英语课本》（第一册）是由王云五和李泽珍编著、王云五为发行人、商务印书馆印刷并发行的英文教科书。该书于1938年发行修订初版，依照南京国民政府教育部修正课程标准编辑，供初级中学第一学年第一学期使用。

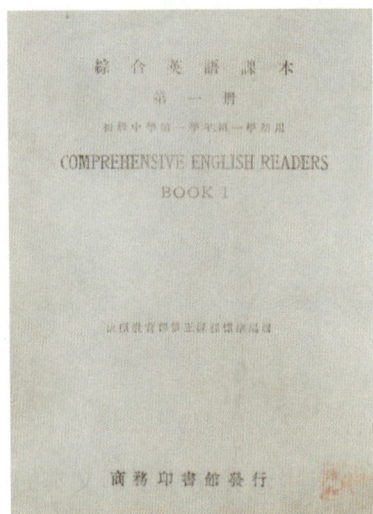

图4-37　《综合英语课本》（第一册）封面，王云五、李泽珍编著，商务印书馆，1938年修订初版

该书第10课主要对家庭成员进行介绍，该课主要内容及参考译文如下：

Who is that boy?	那个男孩是谁？
He is my brother.	他是我的哥哥。
Who is that girl?	那个女孩是谁？
She is my sister.	她是我的姐姐。
Who is that man?	那个男人是谁？
He is my father.	他是我的爸爸。
Who is that woman?	那个女人是谁？
She is my mother.	她是我的妈妈。
I have father, mother, two brothers and three sisters.	我有爸爸、妈妈、两个哥哥和三个姐姐。

2. 《综合英语课本》（第二册）

《综合英语课本》（第二册）是由王云五、李泽珍编著，商务印书馆印刷并发行的英文教科书，该书于1938年发行修订初版。封面上有"初级中学第一学年第二学期用"的字样，即是供初一下学期的学生使用的。书的版权页是详细的出版信息。每册定价国币三角二分。

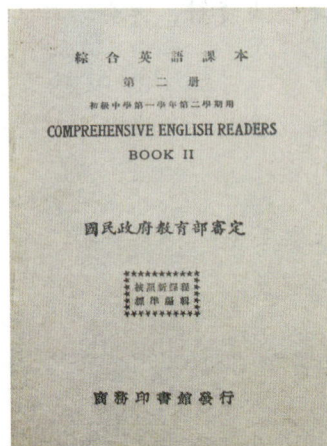

图4-38　《综合英语课本》（第二册）封面，王云五、李泽珍编著，商务印书馆，1938年修订初版

该书第2课主要介绍了中国的硬币，参考译文如下：

这是一枚镍币。面值二十分。其中一面是孙中山的形象。

这是两枚小镍币。一枚是十分的，另一枚是五分的。

这是一枚铜币。也叫一分钱。

一元等于五个二十分，十个十分，或者一百个一分。

该书第3课主要介绍了中国的纸币，参考译文如下：

这是一些钞票。第一张是一元的钞票，第二张是五元的，第三张是十元的，第四张是五十元的，第五张是一百元的。

钞票不像硬币那样是用镍或铜做的。

它们是一种印在纸上的货币，通常用来代替硬币。

3. 《综合英语课本》（第三册）

《综合英语课本》（第三册）是由王云五和李泽珍编著，商务印书馆印刷并发行的英文教科书。该书供初级中学第二学年第一学期用，定价为国币三角二分。

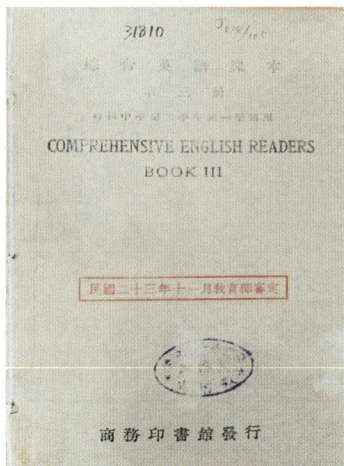

图4-39　《综合英语课本》（第三册）封面，王云五、李泽珍编著，商务印书馆，1933年初版

该书目录的主要内容如下（见表4-28）：

表4-28　《综合英语课本》（第三册）目录

课次	题目	语法	页码
第1课	新学期	动词的种类	1
第2课	给父母的信	助动词	3
第3课	我的日常工作	及物动词和不及物动词	6
第4课	不列颠群岛	名词的种类	10
第5课	布鲁斯与蜘蛛	惯用语 Ⅰ	13
第6课	列欧尼达斯和他的三百勇士 Ⅰ	形容词的种类	16
第7课	列欧尼达斯和他的三百勇士 Ⅱ	惯用语 Ⅱ	18

（续表）

课次	题目	语法	页码
第8课	龟兔赛跑	副词的种类	21
第9课	益兽	词性的转换	24
第10课	国庆节	代词的种类	27
第11课	孙中山先生的遗嘱	惯用语Ⅲ	29
第12课	威廉·泰尔的故事	代词的格	31
第13课	哥伦布与鸡蛋Ⅰ	介词的种类	34
第14课	哥伦布与鸡蛋Ⅱ	连词的种类	37
第15课	中国食物和外国食物	句法分析模型	40
第16课	盐Ⅰ	不同类型句子的分析Ⅰ	44
第17课	盐Ⅱ	不同类型句子的分析Ⅱ	48
第18课	茶	主动语态和被动语态	51
第19课	五种感官	名词和动词的互换	53
第20课	保持健康	不定式的用法	57
第21课	空气	比较级	59
第22课	落体	现在分词和动名词	64
第23课	牛顿和苹果Ⅰ	进行时	66
第24课	牛顿和苹果Ⅱ	完成时	68
第25课	第一艘蒸汽船	一般时	71
第26课	第一辆机车	词类的细分	74
第27课	旅行	短语、从句和句子	77
第28课	月份	从句或句子的组成部分	80

4.《综合英语课本》（第四册）

《综合英语课本》（第四册）是由王云五和李泽珍编著、王云五为发行人、商务印书馆印刷并发行的英文教科书。该书于1938年发行修订初版，依照教育部修正课程标准编辑，供初级中学第二学年第二学期用，实价国币四角八分。

图4—40 《综合英语课本》（第四册）封面，王云五、李泽珍编著，商务印书馆，1938年修订初版

该书目录的主要内容如下（见表4-29）：

表4-29　《综合英语课本》（第四册）目录

课次	题目	语法	页码
第1课	美洲大陆的发现Ⅰ	短语的种类Ⅰ	1
第2课	美洲大陆的发现Ⅱ	短语的种类Ⅱ	6
第3课	独立宣言	主语及其位置	11
第4课	将军与下士	简单句和复杂句的互换	16
第5课	亚伯拉罕·林肯Ⅰ	习语Ⅰ	20
第6课	亚伯拉罕·林肯Ⅱ	习语Ⅱ	28
第7课	托马斯·爱迪生Ⅰ	宾语及其位置	34
第8课	托马斯·爱迪生Ⅱ	补足语	38
第9课	托马斯·爱迪生Ⅲ	习语Ⅲ	42
第10课	种子和植物	谓语及限定动词	48
第11课	小心你所播种的（诗歌）	动词的语气	53
第12课	吃什么	形容词修饰语	56
第13课	关于吃饭的一次谈话Ⅰ	副词修饰语Ⅰ	60
第14课	关于吃饭的一次谈话Ⅱ	副词修饰语Ⅱ	65
第15课	关于运动的一次谈话	副词修饰语Ⅲ	70
第16课	奥林匹克运动会	形容词修饰语的位置	76
第17课	为什么亚历山大哭泣	直接和间接引用Ⅰ	80
第18课	约翰国王和大宪章Ⅰ	直接和间接引用Ⅱ	84
第19课	约翰国王和大宪章Ⅱ	习语Ⅳ	89
第20课	陪审审判	动词后跟介词	93
第21课	圣女贞德	形容词和副词后跟介词	98
第22课	木兰，一个爱国女孩	名词后跟介词	102
第23课	一个勇敢的小女孩	副词和介词	106
第24课	河流（诗歌）	主语和补足语的倒装顺序	110
第25课	一滴水的冒险Ⅰ	句子的分类（按用途）	113
第26课	一滴水的冒险Ⅱ	习语Ⅴ	118
—	总复习	—	123
—	音标	—	133
—	词汇表	—	135

5. 《综合英语课本》（第五册）

　　《综合英语课本》（第五册）是由王云五、李泽珍编著，商务印书馆印刷并发行的英文教科书。封面上有"初级中学第三学年第一学期用"字样。该书于1934年发行初版，1938年发行修订初版。

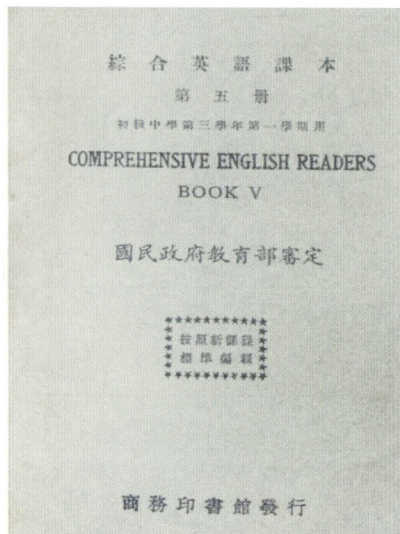

4—41

图4-41　《综合英语课本》（第五册）封面，王云五、李泽珍编著，商务印书馆，1934年初版

　　该书目录的主要内容如下（见表4-30）：

表4-30　《综合英语课本》（第五册）目录

课次	题目	页码
第1课	鲁滨逊漂流记 I	1
第2课	鲁滨逊漂流记 II	6
第3课	鲁滨逊漂流记 III	13
第4课	鲁滨逊漂流记 IV	20
第5课	鲁滨逊漂流记 V	26
第6课	鲁滨逊漂流记 VI	35
第7课	一位伟大的探险家	42
第8课	土地和水流的第一次对话	50
第9课	古希腊人	56
第10课	残酷的贡品 I	62
第11课	残酷的贡品 II	68
第12课	残酷的贡品 III	75
第13课	斯巴达的教育体系 I	82
第14课	斯巴达的教育体系 II	87

（续表）

课次	题目	页码
第15课	亚历山大的科学家	91
第16课	伽利略和望远镜 I	95
第17课	伽利略和望远镜 II	100
第18课	什么是电？ I	106
第19课	什么是电？ II	112
第20课	本杰明·富兰克林自传 I	117
第21课	本杰明·富兰克林自传 II	124
第22课	本杰明·富兰克林自传 III	128
第23课	本杰明·富兰克林自传 IV	134
第24课	论读书	141
附录1	国际音标	145
附录2	词汇表	147

该书第1课以小男孩鲁滨逊为第一人称描述了其生活经历，该课参考译文节选如下：

我的名字叫做鲁滨逊·克鲁索，我出生于约克市。当我还是个小男孩时，我非常希望去海边，因为在家里的生活过于平静，我并不开心。

我的父亲和母亲努力把我留在他们身边，并且告诉我，我应该决心生活在他们身旁，我不应该去离我朋友很远的陌生地方。尽管他们这样说，我还是觉得自己应该去看看更加广阔的世界。

当我十八岁的时候，我去了赫尔，在那里我遇到了一个我认识的男孩。他的父亲是一艘轮船的船长，这艘轮船今天就要驶往伦敦。这个即将要随船航行的男孩对我说："你不和我们一起吗，鲁滨逊？"

（二十一）《最新英文读本》（第二册）

《最新英文读本》（第二册）是由陈鹤琴编纂，中华书局印刷并发行的英文教材，该书于 1936年发行。封面上是中文繁体书名"最新英文读本"以及与之相对应的英文书名"NEW ENGLISH READERS"。扉页和封面内容相似，是书名、作者和出版社的英文信息。书的版权页是详细的出版信息：编纂者为陈鹤琴，绘图者为朱铭新，发行兼印刷者为中华书局。该书单册定价二角五分。

4-42

图4-42 《最新英文读本》（第二册）封面，陈鹤琴编纂，中华书局，1936年发行

该书目录的主要内容如下（见表4-31）：

表4-31 《最新英文读本》（第二册）目录

课次	题目	页码
第1课	上学	1
第2课	玩耍	4
第3课	跷跷板	7
第4课	领兵	9
第5课	蝌蚪变青蛙	18
第6课	红色小母鸡	25
第7课	"请"和"谢谢"	32
第8课	画动物	38
第9课	狮子和老鼠	42
第10课	小蜡烛	47
第11课	闹钟	53
第12课	你的鼻子在哪里？	57
第13课	弯曲的树	61
第14课	坐直	65
第15课	等一分钟	66

该书第1课《上学》的参考译文如下：

这是一个美好的早晨，太阳升起来了，空气很新鲜。

"孩子们！孩子们！"妈妈说，"你们今天想上学吗？"

"想！"约翰说。"想！"玛丽也说。

约翰很高兴，他从床上跳了起来，洗漱，穿上他的蓝色校服。

玛丽也很高兴。她也从床上跳下来，洗漱，然后穿上她的红裙子。

之后他们去餐厅吃早饭。

早餐后，妈妈带他们去学校了。

"老师早上好！"约翰说。

"老师早上好！"玛丽说。

"早上好，约翰！早上好，玛丽！"老师说道。

"各位同学，"老师说，"这是约翰，这是玛丽。"

同学们打招呼道："你好！"

约翰和玛丽回复道："你好！"

"同学们，"老师说，"我们一起去操场吧。"

三、高中英语教科书

（一）《标准高级英文选》（第一册）

《标准高级英文选》（第一册）是由李儒勉编纂，商务印书馆印刷并发行的英文教科书。该书于1931年发行初版。封面上有繁体中文"标准高级英文选 第一册"和与之相对应的英文"STANDARD ENGLISH READINGS FOR SENIOR HIGH SCHOOLS VOLUME ONE"。扉页的内容与封面相似。书的版权页是详细的出版信息及定价等。

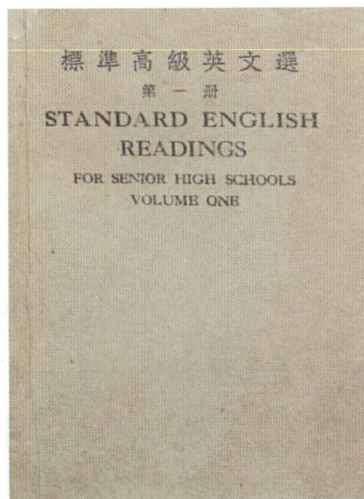

图4-43 《标准高级英文选》（第一册）封面，李儒勉编纂，商务印书馆，1931年初版

该套书"前言"的译文节选如下：

"书的编写永无止境"是这个时代的真理，但同样真实的是，每年都有大批年轻的读者来读书。

李教授编撰的这套书对中国学生有很大的好处。在上海出版该套书的成本比在西方出版要低得多，这是一个非常重要的考虑因素。此外，中国学生还将接触到更多英文文学作家。这里挑选了一些短小的作品，并介绍了各种类型的文学，包括诗歌和散文。

虽然对文章难度进行排序是比较困难的，但在第一册中放入容易理解的文章，较难理解的文章放在后面的选集。该套书中清晰的目录和类型分析对教师来说是很有价值的。该套书是根据李老师在许多英语课堂的实际经验写成的。

该套书"序言"的译文节选如下：

如果教学方法论声称阅读是外语教学初级阶段的中心，那么对阅读之价值的确定就应该引起足够的重视。在高中生和大学生的普通英语课程中，以下是最重要的问题：第一，材料能在多大程度上提升学生的语言能力？第二，它能在多大程度上激发学生的文学兴趣？

李教授的这套书就非常好地回答了这两个问题。这套书对于老师和学生来说，最有价值的地方就在于系统的笔记和课后的练习。

该套书于1946年发行第22版，"修订版前言"译文节选如下：

本册是对1931年初版的原著的彻底修订。在这个新的版本中，作者努力使它更具有教学性，更适合学生的需要，尤其是高中生的需要。诗歌语言的数量大大减少了。有一些难懂的课改成了现代作家更有趣味性的写作。关于单词和短语的注释大幅度增加。一些较长的课文被分成两三节课，以适应课堂教学。

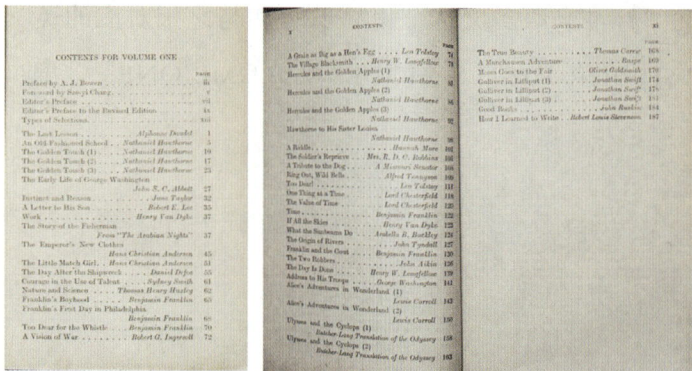

图4-44 《标准高级英文选》（第一册）目录

该书目录的主要内容如下（见表4-32）：

表4-32 《标准高级英文选》（第一册）目录

课次	题目	页码
第1课	最后一课	1
第2课	老式学校	5
第3课	点金术（1）	10
第4课	点金术（2）	17
第5课	点金术（3）	23

（续表）

课次	题目	页码
第6课	乔治·华盛顿的早期生活	27
第7课	本能与理性	32
第8课	写给儿子的一封信	35
第9课	工作	37
第10课	渔夫的故事	37
第11课	皇帝的新衣	45
第12课	卖火柴的小女孩	51
第13课	沉船后的第一天	55
第14课	使用天赋的勇气	61
第15课	自然与科学	62
第16课	富兰克林的童年	65
第17课	富兰克林在费城的第一天	68
第18课	得不偿失	70
第19课	战争视角	72
第20课	鸡蛋般大小的谷物	74
第21课	乡村铁匠	78
第22课	赫拉克勒斯与金苹果（1）	81
第23课	赫拉克勒斯与金苹果（2）	85
第24课	赫拉克勒斯与金苹果（3）	92
第25课	霍桑给他的妹妹路易莎	98
第26课	谜语一则	101
第27课	士兵的缓刑	101
第28课	犬的礼赞	108
第29课	辞旧迎新	109
第30课	太贵了	111
第31课	一次只做一件事	118
第32课	时间的价值	120
第33课	时间	122
第34课	假如天空洒满阳光	123
第35课	阳光的作用	124
第36课	河流的起源	127

第二节 南京国民政府时期的英语教科书

（续表）

课次	题目	页码
第37课	富兰克林和痛风	130
第38课	两个强盗	136
第39课	一天结束了	139
第40课	给士兵的演讲	141
第41课	爱丽丝梦游仙境（1）	143
第42课	爱丽丝梦游仙境（2）	150
第43课	尤里西斯与独眼巨人（1）	158
第44课	尤里西斯与独眼巨人（2）	163
第45课	真正的美	168
第46课	吹牛大王历险记	169
第47课	摩西赶集	170
第48课	格列佛在小人国（1）	174
第49课	格列佛在小人国（2）	178
第50课	格列佛在小人国（3）	181
第51课	好书	184
第52课	我是如何学会写作的	187

（二）《高级中学学生用　高中英语标准读本》

《高级中学学生用　高中英语标准读本》共3册，由林汉达编著，世界书局出版。课文选材多为故事、当代小说、散文、诗歌、科学常识、应用文等。第一册复习初中学过的基本语法；第二册的重点是常见错误纠正训练、选词造句、前缀后缀等；第三册讨论各种文体，如说明文、描写文、议论文等。该套教科书的特点体现如下：

第一，以文学为主，兼顾应用。以第二册为例，该书50篇课文按语法重点分为五个单元：第一单元，常见语法错误；第二单元，常见语法错误（续）；第三单元，正确使用词语；第四单元，容易混淆的词语；第五单元，前缀后缀。该书内容选择广泛，选材注重文学性，包括契诃夫的《凡卡》节选、丹尼尔·笛福的《鲁滨逊漂流记》"星期五"选段、雨果的《悲惨世界》"芳汀"选段等。

第二，同时采用《牛津袖珍英语字典》单词标音方式和国际音标两种音标给单词标音。当时国际音标尚未被大家熟悉，而一般英语教科书大都采用韦氏音标的标音方式或《牛津英语字典》的单词标音方式。该书编者已经意识到国际音标的科学性和便利性，于是在教科书中大力宣传。

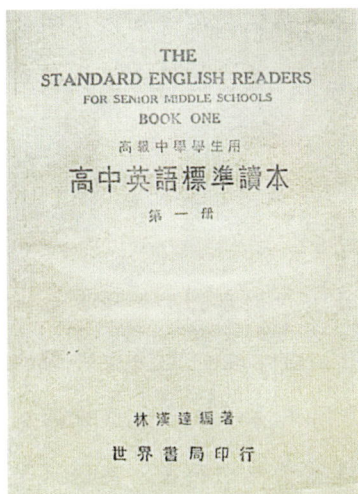

图4—45　《高级中学学生用　高中英语标准读本》（第一册）封面，林汉达编著，世界书局

（三）《高中基本英文》（第三册）

《高中基本英文》（第三册）封面上印有"修订本　高中基本英文"和与之相对应的英文"BASIC ENGLISH FOR SENIOR MIDDLE SHOOLS"。该套书分为上中下三册，文字由浅入深，供高中三学年之用。该套书精选近代欧美各科名著，满足本国科学之迫切需求。每篇文字均附有注释及疑难问题解析，便于教师教授和学生学习。

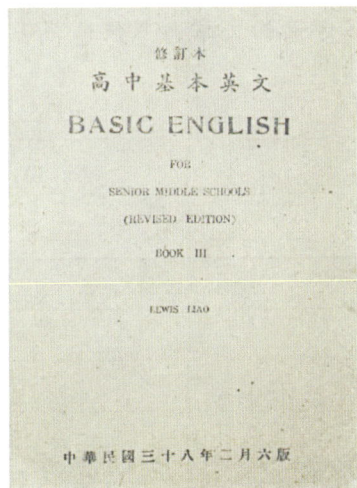

4—46

图4—46　《高中基本英文》（第三册）封面，廖六如著，湘芬书局，1949年第6版

该套书"编辑大意"的主要内容为：

一、本书依照高级中学现行英语课程标准编辑。

二、全书分上中下三册，上册三十六课；中下二册篇幅较长，各三十二课；共一百课。文字由浅入深，足供高中三学年之用。

三、本书精选近代欧美各科名著，根据文、理、工、法、医、商、农等科学子迫切之需求，予以基本之知识；并采现今各国领袖之言论，俾读者于学习文字之余兼知世界现状及其趋势。

四、修订本每篇附有作者介绍，以明文章之来源。

五、每篇于字义不易明白之处均有精确注释，于必要时译成英文。

六、每篇注解之后，附释疑数条，专就一般文法所未曾说明而为读者所必须认识者加以简明的解释，并各举例，以资模仿。其在甲篇中未解释者，已分别注明可于乙篇中得之，前后参看，极为便利。

七、本书仓卒付梓，疏忽之处，知所不免；甚望海内贤达时加指正。

该书"序言"参考译文节选如下：

在目前几乎所有的高中英语教材中，没有一本像预期的那样富有成效。它们要么文学味太重，学生不容易理解；要么太枯燥、太单调，难以唤起学生的兴趣。事实上，当学生们无法理解晦涩难懂的课文时，他们能从中学习到的知识少之又少。另外，一些符合美国文法学校学生口味的文章，中国学生却无法感同身受。究其原因，是中国学生们的英语根基较浅。于他们而言，英语只是一门学科而不是兴趣所在。于是，中国大多数的中学生即使花了很多时间在英语的学习上还是收效甚微。

在此现状下，编者和许多的英语教师在学生们的学习材料中选出了适合学生们学习的文章。长久以来，编者就一直期望着能出版一本既能方便教师教学也能便于学生学习的教科书。这促使着编者对比了许多国内外的教科书。如今的教科书，是编者咨询过许多他留学过的学生以及上大学的学生的意见后编写的。

如标题所示，该书包含了高中学生所要掌握的知识。它包含了许多方面的文章，不仅体裁多样，知识丰富，而且贴近生活，放眼世界。

该书目录的主要内容如下（见表4-33）：

表4-33　《高中基本英文》（第三册）目录

课次	题目	页码
第1课	知识分子的责任	1
第2课	书友	5
第3课	我国的工业	9
第4课	阅报	13
第5课	桃花源记	17
第6课	打赌	21
第7课	打赌（续一）	27
第8课	打赌（续二）	38
第9课	论文学	39
第10课	谈纪律	43
第11课	谈纪律（续）	47
第12课	约翰生传略	50

（续表）

课次	题目	页码
第13课	约翰生传略（续）	56
第14课	项链	60
第15课	项链（续一）	64
第16课	项链（续二）	69
第17课	项链（续三）	73
第18课	英文之研究	80
第19课	假如我是二十一岁	85
第20课	假如我是二十一岁（续）	88
第21课	你的理想	92
第22课	人类愿望之改进与满足	96
第23课	建国时期医药之重要	100
第24课	一封求业的信	106
第25课	作者自白	108
第26课	熊老太太	115
第27课	熊老太太（续）	120
第28课	平民的世纪	126
第29课	自制	132
第30课	自制（续）	137
第31课	工作与游戏	142
第32课	一封致毕业生的公开信	158

该书第1课的标题为"知识分子的责任"，作者是卜舫济。该课文主要内容为：

知识分子的责任

卜舫济

世间自然对受过教育的人的期望更高，比起那些没有机会上中学和大学的人。

人们认为受过教育的人知道世界上什么是错误的，以及他应该做些什么来纠正它。如果说一个人所受的教育有什么意义的话，那应该就是提高了他的能力，使他能够清晰地、科学地思考，找出因果关系，从而找出政治、社会、经济和工业罪恶的根源。

任何人都没有权利认为教育只对自己有益，能使他在这个世界上更富有、更快乐。他必须把教育看作是一种为他人谋福利的责任。

太多的人把它当作自己的独有物，而没有意识到它是一种可以与他人分享的东西，是一种可以用来造福整个社会的东西。

（四）中华书局的《高中英文选》系列

1.《高中英文选》（第一册）

《高中英文选》（第一册）是由苏州中学教员英文研究会编纂，沈同洽、胡达人、吕叔湘、汪毓周等人校订，中华书局印刷并发行的英文教科书，该书于1929年发行初版。封面上方有"教育部审定"的字样，其下为繁体中文"高中英文选　第一册"和与之相对应的英文"Standard English Readings For Senior Middle Schools BOOK I"。

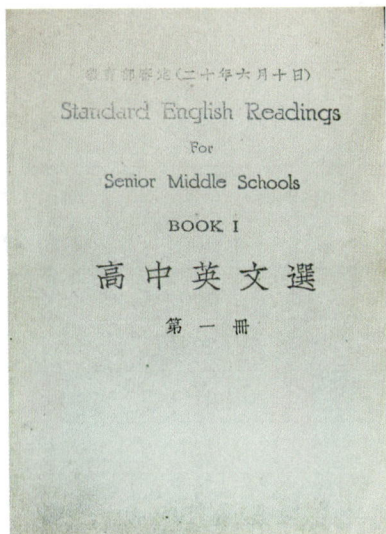

图4-47　《高中英文选》（第一册）封面，苏州中学教员英文研究会编纂，中华书局，1929年初版

该书的版权页是详细的出版信息：编纂者为苏州中学教员英文研究会，沈同洽、胡达人、吕叔湘、汪毓周等人校订，印刷兼发行者是中华书局。每册定价纸面洋装"银一元四角"，布面精装银一元八角且外埠另加邮汇费。

该书具有如下三个特点：一是内容丰富，主题多样，由浅入深，文章联系学生的生活实际，能够激发学生兴趣。二是注重文章的背景信息，便于学生的整体理解，如课文之前有作者的简介，课文之后有关于文章背景大意的注释。三是具有启发性，课文之后有相应的设问，能够启发学生进行思考。

该书"序"的主要内容为：

近世文字，以英语行用最广。吾国文化退步、科学幼稚，而自海通以来，与世界接触频繁，尤须借此媒介，以窥学术思想之门，以通交涉往还之津。故国内高级中学英文一科，几与国文并重，考其目的，关于技能者有三：一能阅读书报而翻译之；二能作普通书函及论文而使人了解之；三能作通常会话及简短演说。关于精神者有三：一能增进学生世界常识；二能涵育青年德性；三能诱掖修学兴趣。编定课程标准者所望未奢，而欲达此目的，则胥视师资之训练与教材之编纂如何，以为衡焉。有优良之教师而后教材之驱处，条理乃能合节而得宜。吾国选用英文教材类多，借用外国原本，其于青年修学心理或与初中英文程度衔接与否，不顾也。其书著者之生活背景以及书中引用之故实如何，不问也。至若选文教授，其深浅适度，前后相贯，而体裁间变，不致意义单调，并能诱发学生兴趣者殊，亦不可多觏。苏州中学英文教师十余人，积十余年之教学经验，组织英文教学研究会，课余研讨，皆病高中英文无相当善本，发愿合编英文读本三册，定名为《高中英文选》。每提出一篇，讨论良久，而后决定公推沈问梅、沈同洽、胡达人、吕叔湘、汪毓周五先生为校订委员。而以问梅主其事，问梅历任专门及中学英文教员，暨中华书局西文部编辑主任二十余年。于教学、于编辑，皆富有经验。复经诸先生之协助，阅一载而全书成。搜选既广，研讨亦精，而诸君子犹未敢自信。余喜其内容于精神技能两端兼顾并进，而又深浅合度，附以句解问答、作者小传，以便自修。较桑戴克为美国中学所编之本，尤为适用。亟劝付印，以饷学子。惟此书纂集之动机在引起各校教师之研究，以期将来有更善之本出现，甚望学者批评指教。此本会同人所当虚心容纳而朝夕自励者也。

汪懋祖

民国十八年八月一日

该书"前言"的译文节选如下：

当我第一次看到教材的手稿时，我立刻觉得它们的共同作者值得最高的赞美，在今天，几乎没有学校可以成立像苏州中学教员英文研究会这样的组织，想由教师们编纂《高中英文选》这样教科书的学校则更少。然而，要解决教学中出现的问题，没有比集中所有了解实际教学条件的人的力量更好的办法了。因此，这本书的作者以及作者所在的学校，应当获得桂冠，因他们在此丛书的出版中展示了良好的合作精神。

在教材内容方面，作者选取了有价值的、有趣的内容，这大大增强了教材的实用性。教师和作者都了解他们的职业，因此这些教材无疑会产生非常好的效果。

正如"前言"中所述，该书有两个显著特点：其一，该书是苏州中学教员英文研究会的教师们编纂的，市面上很少见，而往往教师才是最了解课堂实际情况的人；其二，不同于其他的教科书编者，该书作者是既懂本职工作又懂写作的老师，他们既强调选材的趣味性，又为教学研究留出空间，大大提高了教材的实用性。

该书"编辑大意"的原文如下：

一、本书依照高级中学现行英语学科标准编辑。

二、本书搜采欧美名作——以富于兴趣、足资欣赏为主。

三、本书三集，供高中三年之用，第三集文字较深，大学亦可适用。

四、每集文字按其深浅长短依次排列，其深浅相间之处用意在使读者兴味得以调剂。

五、初集载文六十篇，诗歌剧本占十分之一，书翰演说占十分之一，论说文占十分之三，记事文占十分之五。

六、二集载文四十篇，诗歌剧本占十分之二，书翰演说占十分之一，论说文占十分之三，记事

294

文占十分之四。

七、三集载文四十篇，诗歌剧本占十分之二，书翰演说占十分之一，论说文占十分之四，记事文占十分之三。

八、本书每篇之首均冠以作者小传，惟已见者概不重出，篇后附有下列各项：

（甲）全文说明Notes

（乙）词句诠释Words and Phrases

（丙）问题研究Questions

（丁）名句记诵Memory Work

九、全文说明展示本文之背景和大意。

十、词句诠释Words and Phrases就本文中之难句僻字或引用史地之处，依次详释，遇有专门名字发音较难者，注以万国语音符号。

十一、问题研究Questions就本文中重要各点设题发问，使读者对于全文得有深切的认识，并以启发其思想。

十二、名句记诵Memory Work就本文或其他文字中精选有关本题之警句，列为一栏，供读者记诵，俾属文时便于运用。

十三、本书所选英美著名诗歌遇有名人汉译，列入附录Appendix以资参考。

编者识

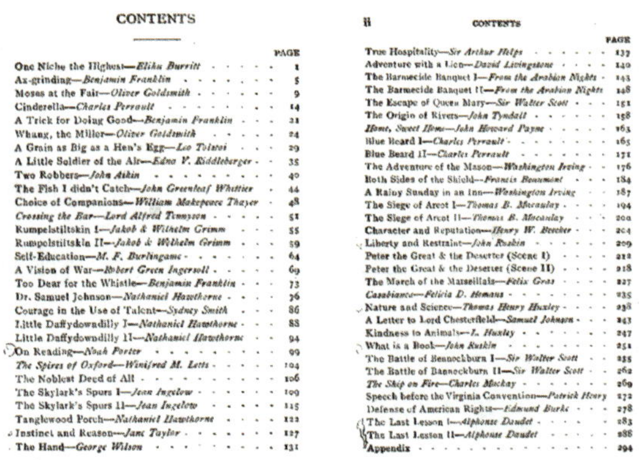

图4-48　《高中英文选》（第一册）目录

该书目录的主要内容如下（见表4-34）：

表4-34《高中英文选》（第一册）目录（部分）

课次	题目	页码
第1课	最高的壁龛	1
第2课	磨斧头	5
第3课	摩西在集市上	9

（续表）

课次	题目	页码
第4课	灰姑娘	14
第5课	做好事的诀窍	21
第6课	贪	24
第7课	鸡蛋般大的谷粒	29
第8课	小空军	35
第9课	两个强盗	40
第10课	我没有抓住的鱼	44
第11课	同伴的选择	48
第12课	过沙洲	51
第13课	侏儒怪 I	55
第14课	侏儒怪 II	59
第15课	自我教育	64
第16课	战争的视角	69
第17课	得不偿失的哨子	73
第18课	塞缪尔·约翰逊博士	76
第19课	运用才能的勇气	86
第20课	小水仙 I	88
第21课	小水仙 II	94
第22课	论读书	99
第23课	牛津塔尖	104
第24课	最高尚的行为	106
第25课	云雀的趾刺 I	109
第26课	云雀的趾刺 II	115
第27课	坦格伍德门廊	122
第28课	本能与理性	123
第29课	手	131
第30课	真正的好客	137
第31课	与狮子的历险	140
第32课	虚幻的酒宴 I	143
第33课	虚幻的酒宴 II	148
第34课	玛丽女王的逃亡	151

第二节 南京国民政府时期的英语教科书

（续表）

该书第1课主要介绍了小伙子威廉爬到壁龛上遇到危险后得以救援的故事。该课文参考译文如下：

最高的壁龛

伊莱胡·伯里特（1810—1879）

"博学的铁匠"伊莱胡·伯里特，1810年12月8日出生于康涅狄格州的新不列颠，他在马萨诸塞州伍斯特当铁匠，但他把所有的闲暇时间都花在数学和语言上，如拉丁语、希腊语、希伯来语、阿拉伯语和大多数现代欧洲语言。他在英国居住多年，1865年至1870年担任美国驻伯明翰领事。他于1879年3月6日在新不列颠岛去世。

三四个小伙子站在弗吉尼亚州天然大桥下的海峡里。他们看到数百个名字刻在石灰岩扶壁上，决心把他们的名字加上去。其中一个小伙子决意把自己的名字刻在最高处。他的同伴们试图劝阻他做如此危险的举动，但没有成功。他是一个狂野、鲁莽的年轻人，唯恐现在害怕屈服便会被人认为是懦夫。他在石灰岩上一路爬上去，直到他听不清他惊恐的玩伴们的话。

他们中的一个跑回了村子，把男孩的危险情况告诉了他的父亲。其他人用其他方式寻求帮助。不久，就有数百人站在下面的岩石通道上，还有数百人站在上面的桥上，他们都屏住呼吸，等待着可怕的灾难。这个可怜的孩子只能分辨出他父亲的声调，他绝望地喊着："威廉！威廉！别往下看！你妈妈，亨利和哈丽特都在这里为你祈祷！别往下看！眼睛朝上看！"

这男孩不低头看。他定睛望着天上。哦，他又拿起他的刀。他挖出另一个壁龛，又往上爬了一点，使他进一步远离下面人群的帮助。

太阳在西边半沉。人们手上拿着绳子斜靠在桥的外缘。但在最长的绳子能够到男孩之前，他还得再挖出五十个壁龛！

再过两分钟，一切就结束了。那把刀片磨损到了最后半英寸。男孩感到眩晕。他最后的希望在他心中破灭了，他的生命必须取决于他挖的下一个壁龛上。那将是他的最后一次机会。

在他挖最后一下时——他的刀——他忠实的刀从他紧张的小手上掉下去，沿着悬崖掉了下去，落在他母亲的脚下！下面的人群中不由自主地发出绝望的呻吟声，然后一片寂静。在将近三百英尺高的地方，这个男孩闭上眼睛祈祷。

听！——一声喊叫从上面传到他的耳朵里！一个在桥上探出一半身子的男人瞥见了男孩的头和肩膀。突然，绳索就在低落的年轻人触手可及的范围内。没有人呼吸，眩晕的男孩轻轻地抽搐着，把胳膊伸进绳索里。

当他在那可怕的深渊晃来晃去时，人们一点声音也不敢出；但是当一个强壮的胳膊伸下来，把孩子拉起来，把他带到泪流满面、喘不过气来的人群面前时，人们喊叫、跳跃和哭泣着，为逃离死神魔爪的人欢呼。

该书第2课主要介绍了一个小男孩由于被人夸奖、称赞而讨好他人，之后意识到人们经常口蜜腹剑的故事。该课文参考译文如下：

磨斧头

本杰明·富兰克林（1706—1790）

本杰明·富兰克林在当时常被称为美国的第一位作家。他出身卑微，但通过仔细的观察和研究，成为全世界受教育程度最高的人之一。在他所有的作品中，他的自传是最著名的，不仅因为他的写作风格简洁，而且因为他的理性和思考的深度。富兰克林的活动不仅限于文学。事实上，他更像一个公众人物。他也是一名科学家，发明了许多实用设备。

我记得，当我还是个小男孩的时候，一个寒冷的冬天的早晨，一个肩上扛着斧头的人笑着和我搭讪。"我可爱的孩子，"他说，"你父亲有磨刀石吗？"

"有的，先生。"我说。

"你是个不错的小家伙！"他说，"你能让我在上面磨斧头吗？"

我对"好孩子"的称赞很满意，"哦，是的，先生，"我回答说，"在商店下面。"

"你能帮我吗，伙计，"他拍着我的头说，"给我拿点热水来？"我怎么能拒绝呢？我跑着，很快就带来了一壶。

"你多大了？叫什么名字？"他没等回答就继续说，"我相信你是我见过的最好的小伙子之一。你能帮我转几分钟吗？"

我被奉承话弄得浑身痒痒，像个傻瓜一样，去帮忙磨斧头了。这是一把新斧头，我吃力地磨着，几乎累得要死。上课铃响了，我跑不掉。我的手上起了水泡，斧头还没磨好，

不过，最后，它被磨尖了，那人转向我说："你这个小流氓，你逃学了！去学校，否则你会后悔的！"

"唉！"我想，"在这个寒冷的日子里，磨斧头已经够难的了，现在还被称为一个小流氓，太过分了。"

这件事深深地印在我的脑海里，从那以后我常常想起它。当我看到一个商人对他的顾客过分客气，求他们喝一点白兰地，把他的货物扔在柜台上时，我想，那人有一把斧头要磨。

当我看到一个人奉承人民，大肆宣扬对自由的热爱，但是他在私生活中是个暴君，我会想，"小心点，好人们！那家伙会让你磨斧头的！"

当我看到一个人被提拔上台，他却没有资格使他成为受人尊敬或有用的人时，"唉！"我想，"受骗的人，你们注定要在一段时间里为一个傻瓜磨斧头。"

2. 《高中英文选》（第二册）

《高中英文选》（第二册）是由苏州中学教员英文研究会编纂，胡达人、汪毓周、沈同洽、吕叔湘等人校订，中华书局印刷并发行的英文教科书，该书于1930年发行初版。封面上方有"教育部审定"字样，其下为繁体中文"高中英文选 第二册"和与之相对应的英文"Standard English Readings For Senior Middle Schools BOOK Ⅱ"。书的版权页是详细的出版信息。该册定价纸面洋装"银一元六角"，布面精装"银二元"且"外埠酌加运费汇费"。

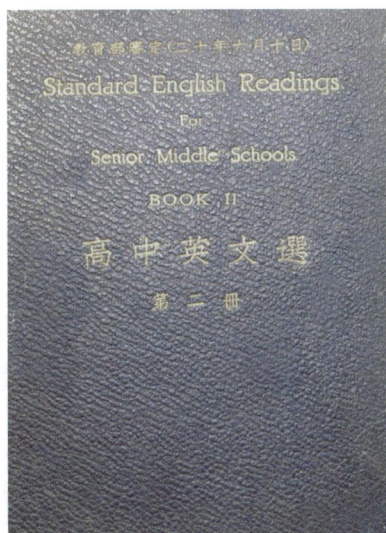

4—49

图4-49 《高中英文选》（第二册）封面，苏州中学教员英文研究会编纂，中华书局，1930年初版

该书目录的主要内容如下（见表4-35）：

表4-35 《高中英文选》（第二册）目录

课次	题目	页码
第1课	以书为伴	1
第2课	鲁滨逊和星期五	6
第3课	贝内特家族	16
第4课	致比克斯比夫人的信	27
第5课	乔达摩的故事	30
第6课	三首短诗	39
第7课	狩猎澳大利亚袋鼠	42
第8课	大旱的爆发	47
第9课	税收与政府	51
第10课	威尼斯商人	56
第11课	马赛八月的一天	85
第12课	人生颂	90
第13课	一撮黏土	93
第14课	学习自由的使用法	99
第15课	枕边训话	100
第16课	美国人的责任	109
第17课	小内尔之死	115
第18课	安娜贝尔·丽	125
第19课	绅士的定义	129
第20课	瑞普·凡·温克尔	133

第二节 南京国民政府时期的英语教科书

（续表）

课次	题目	页码
第21课	梦村	160
第22课	安静	167
第23课	阿什比的射箭比赛	171
第24课	轻骑兵的冲锋	181
第25课	尤利乌斯·恺撒	185
第26课	喜悦	195
第27课	战争的准备	200
第28课	项链	209
第29课	律师函	230
第30课	热爱祖国	236
第31课	民主战争	238
第32课	我的手表	245
第33课	麦琪的礼物	254
第34课	荒野生活	268
第35课	解放莱顿	276
第36课	衬衫之歌	287
第37课	自控	293
第38课	帕克妈妈的一生	303
第39课	等待问题	319
第40课	埃尔多拉多	323

该书第1课的标题为《以书为伴》，其主要内容为：

通常，一个人可能会因为他读过的书以及他所经营的公司而广为人知。因为书和人都有陪伴；无论是书还是人，都应该永远生活在最好的陪伴中。一本好书可能是最好的朋友之一。今天，它一直都是一样，而且永远不会改变。

该书第2课《鲁滨逊和星期五》的部分内容参考译文如下：

丹尼尔·笛福1661年出生于伦敦，他的作品大约有200部，其中最受欢迎的是《鲁滨逊漂流记》，沃尔特·斯科特爵士曾说："在英语作品里，或许没有比《鲁滨逊漂流记》更通俗易懂，更受人敬仰的了。"

有一个引起焦虑的原因，使我一直在观望。我不时地看到野蛮人把独木舟停靠在我的岛上，但是我的住处还没有被发现。有一天清晨，我惊讶地看到不少于五只独木舟停靠在我这头的海岸边，他们的人都上了岸，但我没见着。他们的人数超过了我的预期，我发现他们一艘船上有四到六个人，有时甚至更多，我不知道怎么独自对付二三十个人，所以我静静地躺在城堡里。我等了好一会儿，想听听他们有什么动静。渐渐地，我变得不耐烦了，我拿出我的枪放在梯子脚下，爬到山顶，然而，我站在那里，山顶依然挡住我的头，所以他们无论如何都看不见我。我用我的远程望远镜观察到，这群人不少于三十人，他们升起了火，在做肉。我不知道他们是怎么煮的，也不知道煮的是什么，但他们都在围着火堆跳舞。

3. 《高中英文选》（第三册）

《高中英文选》（第三册）是由苏州中学教员英文研究会编纂，吴达人、汪毓周、沈同洽、吕叔湘等人校订，中华书局印刷并发行的英文教科书，该书于1930年发行初版。封面上方有"教育部审定"字样，其下为繁体中文"高中英文选 第三册"和与之相对应的英文"Standard English Readings For Senior Middle Schools BOOK Ⅲ"。

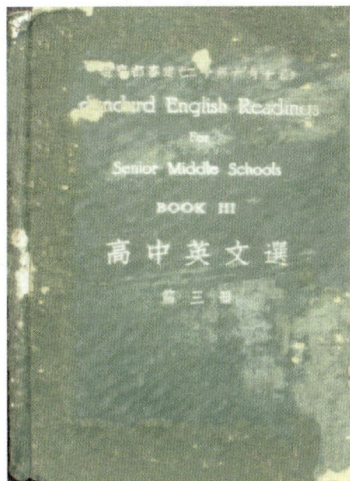

图4-50 《高中英文选》（第三册）封面，苏州中学教员英文研究会编纂，中华书局，1930年初版

该书目录的主要内容如下（见表4-36）：

表4-36 《高中英文选》（第三册）目录

课次	题目	页码
第1课	给学生的演讲	1
第2课	蜘蛛的智慧	9
第3课	汤姆和麦吉	16
第4课	英语学习的自我培养	26
第5课	给他儿子的一封信	42
第6课	布伦海姆战役	49
第7课	逃离黑豹	53
第8课	文化和机械	64
第9课	两个逃亡者	71
第10课	百万富翁的悲哀	82

（续表）

第四章　近代英语教科书的成熟（1927—1949）

该书第2课是《蜘蛛的智慧》，这篇课文译文的主要内容为：

在我曾经说过的所有昆虫中，蜘蛛是最聪明的，它的行为对我来说几乎是难以置信的。这种昆虫天然就形成一种战争状态，不仅是与其他昆虫，而且是彼此之间。这种状态似乎完全是自然形成的，它的头和胸部被包裹在坚硬的外衣下，其他昆虫几乎无法穿透，它的腹部包裹着一层柔韧的皮肤，即使是黄蜂也刺不透。它的腿部底下是坚硬的爪子，和龙虾的没有什么不同；腿的长度就像长矛一样，能与每一个攻击者保持距离。

它有几只大而透明的眼睛来观察周围，眼睛表面覆盖着一种角质物质，但这并不妨碍它的视野。除此之外，它有一把钳子一样的嘴，用来杀死已经被它的爪子或网抓住的猎物。

本系列后发行修订本，"修订版序言"的主要内容为：

这套教材自出版以来已售出十几万册，这一事实表明，该系列教材受到了高度认可，以至于编辑们认为，为了满足更大的需要，更有必要对这三本书进行修改，而不仅仅是对经验丰富的教师不时提出的宝贵批评和建议表示感谢。

总的来说，根据使用者的判断，这三本书所选的材料对学生而言，有点太难或文学气息太重，学生很难掌握并真正获利。一些有经验的老师甚至说第三册书绝对太难了，建议把第二册改成第三册；把第一册做成第二册；并把一本材料简单的新书作为第一册。这个建议我们应该衷心地接受，因为它符合我们的信念，即为了提高学生的平均英语水平，简单的材料比困难且高调的材料更可取。

然而，另一方面，我们也收到许多知名学校的意见，例如圣约翰中学，他们说，这些书之所以好，主要是因为所选的篇目很有趣，可以作为优秀文学作品的入门；他们选择了第二册作为高一的课程用书。

这些批评看似截然相反，但编辑们同样欢迎它们。在公平考虑了问题的双方之后，我们制定了修改整个系列的计划。我们没有试图删去这三本书中的任何一本，也没有试图编撰一本全新的书来与另外两本书配套。

我们的经验告诉我们，这些书的评分不高：第一册和第二册的许多选段对高一年级和高二年级的学生来说太难了，最后两本书中大约有三十篇选段，内容相当枯燥和抽象，读者无法欣赏。有鉴于此，我们现在的任务是重新安排整个系列的内容，用一些既简单又有趣的新材料代替我们已经删掉的内容，以引起读者新的兴趣。因此，我们相信这个版本将会比以前的版本更令教师和学生满意。

鉴于这套丛书在同类型中开创先河，即使质量不高，也有几十种同类教材相继出版，我们认为它有资格向公众发出新的呼吁，在这个新修订的版本中进行新的尝试。欢迎进一步提出批评和建议。

编者

1940年1月15日　上海

修订本第三册第1课主要介绍了什么是书，一本好书的特点有哪些，该课文参考译文如下：

什么是书

约翰·罗斯金（1819—1900）

所有的书都可以分为两类：昙花一现和万古长青。注意这一点，它不仅仅是质量的区别。不只是坏的书不能长盛不衰，好的书却能。这是物种的区别。好的书和坏的书都在那里。在我进一步研究之前，我必须先明确这两种类型。

那么，昙花一现的书，我并不是说这不好，它只像和他人的一个有用的或愉快的谈话，然后印成书。告诉你需要知道的就是有用，就像和一个明智的朋友谈话一样，就使人愉悦。这些书有关于旅行的生动的叙述，有幽默诙谐的讨论，有以小说的形式展示生动或可悲的故事，还有由历史事件中的亲历者的讲述。所有这些时下的书籍，随着教育的普及，在我们中间越来越多。它们是当代的一种特殊的财产：我们应该对它们感到完全的感激，如果我们不好好利用它们，我们也会为自己感到羞耻。但是，如果我们允许它们取代真正的书籍，就走上了错误的道路：因为严格地说，它们根本不是书，而仅仅是印刷精美的信件或报纸。

今天，我们朋友的信也许是令人愉快的，或是必要的。是否值得保存，有待考虑。早餐时间看报纸也许完全合适，但肯定不是一整天都在看。所以，这封长长的信虽然被装订成册，却只是报告一些资讯，诸如旅馆、道路、去年此地的天气，或告诉你那有趣的故事，或是给你一些这样那样的事件的真实情况，不管它对偶尔的参考多么有价值，从真正意义上讲，可能根本不是一本书，也不真正值得像一本书那样深度阅读。

一本书从本质上说不是一个谈话的东西，而是一个书面的东西；它的写作，不是单纯的交流，而是永恒的观点。谈话录的出版仅仅是因为它的作者不能同时与成千上万的人交谈；如果他能，他会的——这卷书只是他声音的倍增。你不能和你在印度的朋友交谈，如果你能，你会的。你可以写信，也只是传达声音。但写一本书，不是为了增加声音，不是仅仅为了传递声音，而是为了使它永存。作者有话要说，他认为这些话是真实和有用的，或有益的、美丽的。据他所知，还没有人说过；据他所知，没有人能说出来。如果可能的话，他一定要说得清楚而悦耳；无论如何，他都要说得很清楚。

在他生命的总和中，他发现这是一件或一组对他来说很明显的事情，一件真正的知识，或者说是一种视角，这是他身处环境给予他的。他愿意永远把它记下，如果可以的话，把它刻在石头上。他说："这是最棒的我，其余时候，我吃，喝，睡，爱与恨，就像另一个人一样；我的生命曾像蒸汽一样，现在又不是了；但我看到并知道的这一些，我的一切，都值得你记住。"这就是他的"书写"。这是他作为一名渺小人类对生活的不同层次的感悟，他的铭文，他个人的经典。这便是"书"。

（五）正中书局的《高级中学英语》系列

《高级中学英语》系列的编著者为林天兰，发行人为吴秉常，印刷所及发行所均为正中书局，此书"遵照三十年修正课程标准编著"。第四册定价为国币八角，供高中第二学年第二学期使用。

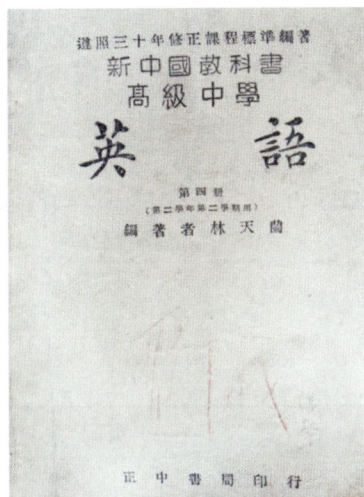

4—51

图4-51　《高级中学英语》（第四册）封面，林天兰编著，正中书局，1944年初版

第四册目录的主要内容如下（见表4-37）：

表4-37　《高级中学英语》（第四册）目录（部分）

课次	题目	页码
第1课	家庭（改编）	1
第2课	约翰国王和《大宪章》	8
第3课	物理学与物质（改编）	16
第4课	液体力学（改编）	23
第5课	腓尼基人——字母的发明者（改编）	30
第6课	雅典人如何击退波斯人（改编）	37
第7课	希腊哲学和苏格拉底（改编）	44
第8课	保罗·里维尔的夜奔	51
第9课	保罗·里维尔的夜奔（续）	58

《高级中学英语》（第五册）定价为国币一元，供高中第三学年第一学期使用。

第二节　南京国民政府时期的英语教科书

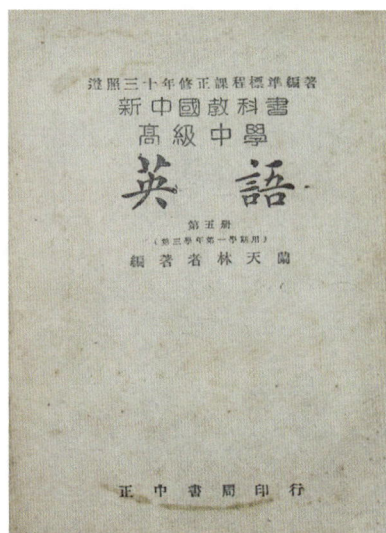

4—52

图4—52 《高级中学英语》（第五册）封面，林天兰编著，正中书局，1945年初版

第五册目录的主要内容如下（见表4-38）：

表4-38 《高级中学英语》（第五册）目录

课次	题目	页码
第1课	孙文的童年	1
第2课	木兰，成为战士的女孩	8
第3课	不自由，毋宁死	18
第4课	帮助中国就是帮助你自己	26
第5课	帮助中国就是帮助你自己（续）	34
第6课	哈特主教	42
第7课	蚕（改编）	48
第8课	蚕（续）	55
第9课	中国的野兔和兔子	62
第10课	信笺	69
第11课	儿童之死（改编）	77
第12课	最后一课	86
第13课	物理性质及其变化（精简版）	93
第14课	物理性质及其变化（续）	101
第15课	桥边的贺雷修斯	108
第16课	桥边的贺雷修斯（续）	115
第17课	化学的范围（改编）	125
第18课	化学变化的性质（改编）	132
第19课	关于戏剧的一些陈词滥调	140
第20课	现代戏剧的一些特点和趋势（改编）	148

《高级中学英语》（第六册）定价为国币六角，供高中第三学年第二学期使用。

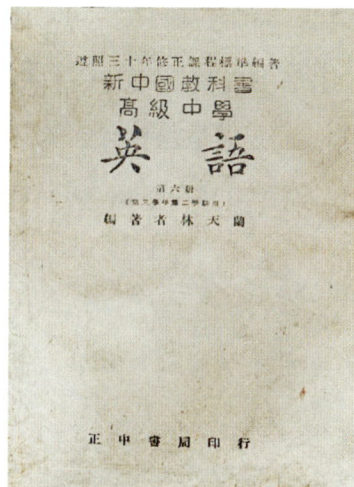

图4-53　《高级中学英语》（第六册）封面，林天兰著，正中书局，1945年初版

第六册目录的主要内容如下（见表4-39）：

表4-39　《高级中学英语》（第六册）目录

课次	题目	页码
第1课	我喜欢住在东京	1
第2课	我喜欢住在东京（续）	8
第3课	国家的本质属性（改编）	15
第4课	国家、社会、政府和民族之间的区别	22
第5课	若弗尔	28
第6课	若弗尔（续）	35
第7课	两首鼓舞人心的歌曲	41
第8课	交流	47
第9课	交流（续）	54
第10课	士兵（改编）	60
第11课	基础算术	67
第12课	一间英国房子	78
第13课	人体（改编）	82
第14课	空气的组成部分（改编）	89
第15课	空气的组成部分（续）	96
第16课	空气成分的物理分离（改编）	104
第17课	异国乡思	110
第18课	巴士底狱	119
第19课	日本忽视的因素	128
第20课	中国将会再次崛起	136

（六）中华书局的《高中英语读本》系列

《高中英语读本》系列是由李儒勉编纂、美商永宁有限公司印刷、中华书局发行的英语教科书，总发行处是中华书局发行所，分发行处是各埠中华书局，系列全六册。该套书是由教育部审定的，适用于修正课程标准，封面标有"高中英语读本"并对照英文"NEW STANDARD ENGLISH READERS FOR SENIOR MIDDLE SCHOOLS"。

该套书"编辑大意"的主要内容为：

1. 本书六册，依照修正课程标准编辑，专供高级中学三学年之用，每学年一册。教者用此书时，得斟酌情形与需要，辅以四分之一左右之补充教材。

2. 本书所选各篇以英美名作为主。文字务求其优美而切于实用，内容求其足以启发学者之思想，增加学者了解西洋生活与文化之程度。

3. 本书之文字体裁务求富于变化而不偏颇，期使学者体认各种文章之作法而能运用自如。

4. 本书质量务求不失之过难，亦不失之过多，选择较易之材料，减少过多之分量，使学者得以熟读精炼以期进步。

5. 本书各册所选文字有四五分之一（即"有五分之一至四分之一的内容"）专供背诵之用。第一、二两册每课后有语句示范若干句，专供学者之仿造。示范之语句取其含有适用之成语，或中国人不易运用而富有成语意味之字或词，或取其全句之构造较特殊而需特别注意者。学者于此细心领会，多事仿造，则纯粹之英语不难学得矣。

6. 教师可斟酌需要，就所读教材，提出文法，与以较系统之说明。如另用一文法书以备参考亦无不可，但举例讲解俱宜根据读物教材，以收联络之效。

7. 本书字与成语之注释俱用中英双解。但遇有英文解释稍嫌不妥或麻烦时，则仅用中文，总以意义适切为主，不拘泥于一定之法式也。

《高中英语读本》（第一册）于1947年发行第13版，定价国币七角。

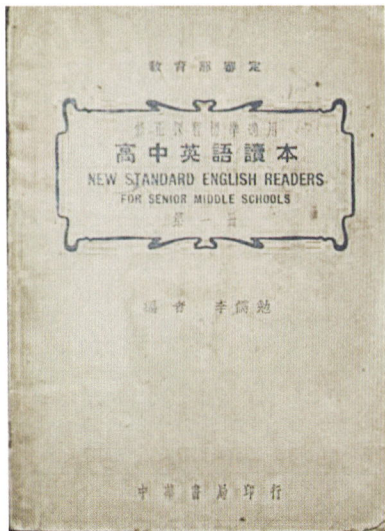

图4-54 《高中英语读本》（第一册）封面，李儒勉编纂，中华书局，1947年第13版

第一册目录的主要内容如下（见表4-40）：

表4-40　《高中英语读本》（第一册）目录

课次	题目	页码
第1课	坚定的锡兵	1
第2课	灰姑娘	9
第3课	小水仙花	16
第4课	太贵了	24
第5课	我的影子	34
第6课	威廉·退尔	36
第7课	鸡蛋一般大的稻谷	47
第8课	给儿子的一封信	52
第9课	两个强盗	55
第10课	国王和磨坊主	59
第11课	年少的本杰明·富兰克林	65
第12课	富兰克林与痛风	69
第13课	转动磨刀石	78
第14课	得不偿失	79
第15课	运动会	82
第16课	奥林匹克运动会	84
第17课	罗马的胜利	88
第18课	孩子们的时刻	93
第19课	阿拉丁与神灯 I	96
第20课	阿拉丁与神灯 II	102
第21课	可怕的预言和狮身人面像之谜	110
第22课	一滴水的旅行	118

《高中英语读本》（第五册）于1939年发行初版，定价国币三角五分。

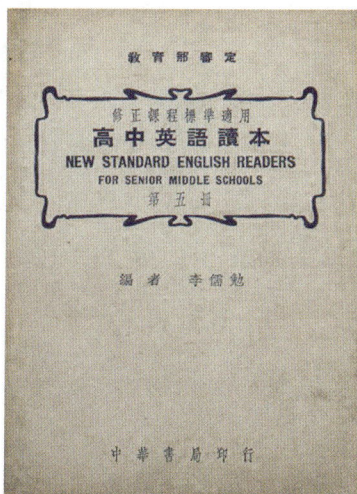

4-55

图4-55　《高中英语读本》（第五册）封面，李儒勉编纂，中华书局，1939年初版

第五册目录的主要内容如下（见表4-41）：

表4-41　《高中英语读本》（第五册）目录

课次	题目	页码
第1课	两位朋友	1
第2课	实践与习惯	12
第3课	关于烤猪的论文	16
第4课	林肯的葛底斯堡演说	23
第5课	一封高贵的信	25
第6课	安娜贝尔·丽	26
第7课	汤姆和玛吉	29
第8课	世界的愿望	44
第9课	送行	50
第10课	思想之网	59
第11课	空袭	62
第12课	不可克服的困难	70
第13课	麦琪的礼物	79
第14课	好名声	89
第15课	太空中的世界	90
第16课	时间上的世界	94
第17课	班纳特夫妇	99
第18课	人类起源的新观念	107
第19课	死亡制造者：下一次战争	112
第20课	和匹克威克先生一起过圣诞节	124

（七）世界书局的《高中英语读本》系列

1. 《高中英语读本》（第一册）（世界书局）

《高中英语读本》（第一册）由林汉达编著、世界书局印刷发行。该书于1935年修正。1948年发行第23版。该套书共三册，此为第一册。教材封面印有繁体中文的"新课程标准世界中学教本　高级中学学生用　高中英语读本　第一册"并对照英文"ENGLISH READERS FOR SENIOR MIDDLE SCHOOLS BOOK ONE"。该书涉及语法、语音、词汇等多个方面。每单元以文章为载体，并配有相应的语法知识及练习。

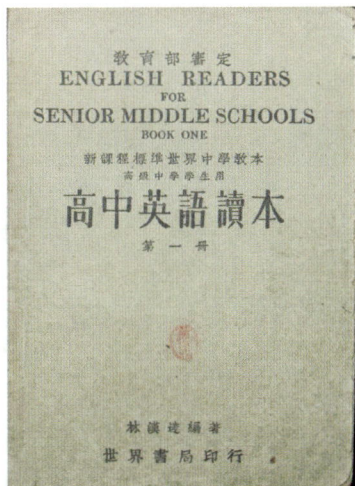

图4—56　《高中英语读本》（第一册）封面，林汉达编著，世界书局，1935年修正

该套书"序言"译文节选如下：

本系列教材是根据教育委员会颁布的《普通高中英语标准》编写的英语教科书的先驱，供中国学生使用。它由故事、现代小说、非正式散文、诗歌、科学常识、应用英语（如：书信写作、商业文书等）组成，它不仅会唤起学生对英语文学的兴趣，还会促使学生欣赏英语文学，同时也会丰富学生的日常知识。

该系列每一本书的附录中都有新单词、成语和口语表达的词汇表。这些都经过仔细注释和语音符号化，符合《袖珍牛津词典》简单而令人信服的编写系统。

该系列第一册紧接着《初中英语读本》的内容展开。它的语法部分体现了对必要的、重要的语法规则的全面回顾。

第二本书的重点在常见语法错误、词的选择、造句、前缀和后缀等方面。

第三本书强调修辞学，分别论述英语语篇的形式，即词类描写、阐释。

这三本书的深入研究将使学生能够了解英语的基本原理，掌握与运用英语。本系列的词汇量非常恰当，目前的新词总数既不太少，也不太多。从著名作家的作品中挑选出来的笔记都附有传记说明，以便学生们对他们的作品有一个更深刻的认识。

由于许多学了多年英语的中国大学毕业生不知道如何正确地写一张英文收据，所以本系列不仅在文学上而且在实践中都超越了普通的英语教科书。本系列中的人物和版画既美观又生动，除了吸引学生的兴趣外，还能很好地激发学生的学习动力。

作者希望这套书能得到高中教师和学生们的认可，同时希望师生们也能不时地给予任何可能改进本系列的建议。

该书目录的主要内容如下（见表4-42）：

表4-42　《高中英语读本》（第一册）目录

学习重点	课次	题目	页码
第1部分 词性	第1课	学校	1
	第2课	贫穷 I	4
	第3课	贫穷 II	8
	第4课	神枪手	12
	第5课	鸟类	15
	第6课	我们的朋友——蟾蜍	20
	第7课	驼背者 I	24
	第8课	驼背者 II	29
	第9课	信的结构	34
	第10课	灯光	38
第2部分 句子结构	第11课	拿破仑和小鼓手	42
	第12课	比它更高！	44
	第13课	康沃利斯勋爵的膝盖扣	48
	第14课	花草树木 I	52
	第15课	花草树木 II	56
	第16课	胜利的勇气 I	61
	第17课	胜利的勇气 II	64
	第18课	介绍信	67
	第19课	"继续！继续！成交！"	71
	第20课	今天	75
第3部分 短语	第21课	诚实的工作	79
	第22课	哥伦布和鸡蛋	82
	第23课	勇敢的飞行员	85
	第24课	旅行者的奇思妙想	87
	第25课	牛顿和苹果	92
	第26课	本杰明·韦斯特 I	95
	第27课	本杰明·韦斯特 II	99
	第28课	商务信函	105
	第29课	灰尘	108
	第30课	喷泉	112

（续表）

学习重点	课次	题目	页码
第4部分 从句	第31课	推动磨石	115
	第32课	忠诚的朋友 I	117
	第33课	忠诚的朋友 II	121
	第34课	忠诚的朋友 III	125
	第35课	忠诚的朋友 IV	130
	第36课	蜜蜂和蚂蚁	134
	第37课	冉阿让 I	139
	第38课	冉阿让 II	144
	第39课	冉阿让 III	150
	第40课	小流浪儿的请求	155
第5部分 句子种类	第41课	黑尾巴的蓝色猪	158
	第42课	他来了吗？I	160
	第43课	他来了吗？II	163
	第44课	英雄主义	167
	第45课	最伟大的征服	170
	第46课	得不偿失	175
	第47课	借钱和回复	178
	第48课	汉森的职业 I	182
	第49课	汉森的职业 II	185
	第50课	克莱尔女士	188

该书第1课的标题为"学校"，参考译文节选如下：

是的，学习对你来说很难，我亲爱的恩里科。就像你母亲说的：我还没有看到你带着我所希望的坚定的意志和微笑的脸去上学。你还是不愿意。但是听着，稍微反思一下！如果你不上学，你的日子将是多么贫穷和可怜啊！一个星期之后，你会双手合十地祈求回到那里去，因为你会被疲惫和羞愧吞噬；厌恶你的行动，厌恶你的存在。现在每个人都在学习，我的孩子。想想那些辛苦工作了一天的工人，他们晚上还要去上学。想想那些女人，那些女孩，那些在工作了一周之后，周日还去上学的人。想想那些士兵，当他们筋疲力尽地操练回来的时候，他们就会去看书和抄笔记！也想想那些学习的聋哑人和盲人吧。最后，想想那些囚犯，他们也在学习读书写字。

早晨，当你出发时，想想看，此时此刻，在你自己的城市里，有三万个孩子正在像你一样，把自己关在一间屋子里学习三个小时。想想几乎就在这个时刻，世界各国的男孩正大批赶往学校。用你的想象力……

2. 《高中英语读本》（第二册）（世界书局）

《高中英语读本》（第二册）由林汉达编著，世界书局印刷发行。该书于1935年修正。该书共三册，此为第二册。

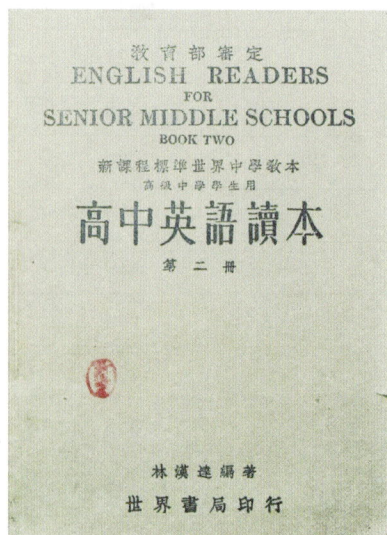

4—57

图4-57 《高中英语读本》（第二册）封面，林汉达编著，世界书局，1935年修正

该书目录的主要内容如下（见表4-43）：

表4-43 《高中英语读本》（第二册）目录

学习重点	课次	题目	页码
第1部分 常见语法错误Ⅰ	第1课	工作	1
	第2课	年轻国王的梦想	3
	第3课	没有空房间给妈妈	7
	第4课	鲁滨逊和星期五Ⅰ	12
	第5课	鲁滨逊和星期五Ⅱ	15
	第6课	动物的模仿Ⅰ	19
	第7课	动物的模仿Ⅱ	22
	第8课	投诉信	26
	第9课	万卡	31
	第10课	流浪者	35
第2部分 常见语法错误Ⅱ	第11课	向狗致敬	38
	第12课	银硬币Ⅰ	41
	第13课	银硬币Ⅱ	·44
	第14课	历史的长河Ⅰ	48
	第15课	历史的长河Ⅱ	52

（续表）

学习重点	课次	题目	页码
	第16课	台球游戏 I	55
	第17课	台球游戏 II	59
	第18课	索款信	62
	第19课	鸡蛋大小的谷子	67
	第20课	海边	72
第3部分 单词的正确使用	第21课	战场上的一幕	74
	第22课	昏沉的脑袋 I	78
	第23课	昏沉的脑袋 II	82
	第24课	事实 I	86
	第25课	事实 II	89
	第26课	战争的代价	93
	第27课	几分钟的课堂文学社团	98
	第28课	马赛的游行 I —— "danger"	103
	第29课	马赛的游行 II —— "after"	108
	第30课	《马赛曲》	112
第4部分 经常弄混的单词	第31课	日出	116
	第32课	芳汀 I	119
	第33课	芳汀 II	122
	第34课	青蛙教授的讲话 I	126
	第35课	青蛙教授的讲话 II	130
	第36课	青蛙教授的讲话 III	135
	第37课	申请书	139
	第38课	柏林之围 I	143
	第39课	柏林之围 II	147
	第40课	安娜贝尔·丽	152
第5部分 前缀和后缀	第41课	工人的尊严	154
	第42课	小小爱国者	157
	第43课	小查理 I	161
	第44课	小查理 II	166
	第45课	爱德华·詹纳	170
	第46课	一些广告	175
	第47课	灰驴 I	181

第二节　南京国民政府时期的英语教科书

（续表）

学习重点	课次	题目	页码
	第48课	灰驴Ⅱ	186
	第49课	灰驴Ⅲ	190
	第50课	莫德·穆勒	193

本书第1课的标题为"工作"，参考译文节选如下：

对于一个受过良好教育的、智慧的、勇敢的人来说，把金钱看作主要目标是不可能的。就像人们不可能把晚餐作为他们的主要目标一样。所有健康的人都享受晚餐，但晚餐并不是他们生活的主要目标。所以所有心灵健康的人都喜欢赚钱——喜欢金钱并享受赚钱的感觉——但他们生活的主要目标不是金钱，而是比金钱更好的东西。

例如，一个优秀的士兵，主要希望打好每一场仗。他为自己的薪水感到高兴——这是很正常的，如果你让他十个月不领薪水，他就有理由发牢骚。不过，他人生的主要目标是打胜仗，而不是靠打胜仗得到报酬。

医生也是如此。毫无疑问，他们喜欢赚钱——也确实该如此。然而，如果他们勇敢而且受过良好教育，他们生活的全部目标就不仅是赚钱。总的来说，他们都希望能治好病人，而且——如果他们是好医生，而且他们有充分的选择权的话——他们宁愿尽快治好病人少赚点费用，也不愿拖着病人的病情以此得到更多的钱。所有其他受过正规教育的人也是如此，他们的工作是第一位的，他们的报酬是第二位的——报酬总是很重要，但是是第二位的。

但在每一个国家，都有相当一部分人是懦弱的，或多或少是愚蠢的。对这些人来说，报酬肯定列第一位，工作列第二位；而对勇敢的人来说，工作是第一位的，报酬则是第二位的。

3. 《高中英语读本》（第三册）（世界书局）

《高中英语读本》（第三册）由林汉达编著，世界书局印刷并发行。该书于1935年修正。该书封面中间印有"高中英语读本　第三册"，并在上方标注"新课程标准世界中学教本　高级中学学生用"，上方还印有相应的英文"ENGLISH READERS FOR SENIOR MIDDLE SCHOOLS BOOK THREE"，最上方印有中文"教育部审定"。

4—58

图4—58　《高中英语读本》（第三册）封面，林汉达编著，世界书局，1935年修正

该书目录的主要内容如下（见表4-44）：

表 4-44　《高中英语读本》（第三册）目录

学习重点	课次	题目	页码
第1部分 句子，统一性	第1课	致富之道	1
	第2课	村庄的画家Ⅰ	6
	第3课	村庄的画家Ⅱ	12
	第4课	玛格丽特	20
	第5课	战争的景象	24
	第6课	打猎	27
	第7课	野鸭	32
	第8课	太阳	36
	第9课	菲利浦国王致白人殖民者	40
	第10课	轻骑兵的冲锋	44
第2部分 连贯性，强调	第11课	烤乳猪	47
	第12课	项链Ⅰ	53
	第13课	项链Ⅱ	58
	第14课	克洛谢特	64
	第15课	苏醒的士兵Ⅰ	70
	第16课	苏醒的士兵Ⅱ	74
	第17课	苏醒的士兵Ⅲ	79
	第18课	关于国别偏见	83
	第19课	拿破仑之墓	88
	第20课	家，甜蜜的家	90
第3部分 段落	第21课	书和阅读	94
	第22课	为什么而战？Ⅰ	99
	第23课	为什么而战？Ⅱ	103
	第24课	鹅Ⅰ	107
	第25课	鹅Ⅱ	114
	第26课	小提琴的灵魂	120
	第27课	保护双脚Ⅰ	127
	第28课	保护双脚Ⅱ	134

第二节　南京国民政府时期的英语教科书

（续表）

学习重点	课次	题目	页码
	第29课	老演员的故事 I	139
	第30课	老演员的故事 II	144
第4部分 修辞手法	第31课	苏格拉底的死	149
	第32课	时空中的地球	156
	第33课	苍蝇和看门狗	164
	第34课	苦难的山 I	167
	第35课	苦难的山 II	170
	第36课	舰炮（《九三年》选段）	174
	第37课	美国独立战争的开始	180
	第38课	自由还是死亡	187
	第39课	约翰·亚当斯关于独立宣言的支持演讲	191
	第40课	优胜劣汰	196
第5部分 话语的不同形式	第41课	农场种植	198
	第42课	与公牛的搏斗	202
	第43课	美洲豹	207
	第44课	《尤利乌斯·恺撒》剧本节选 I	212
	第45课	《尤利乌斯·恺撒》剧本节选 II	216
	第46课	竞选演讲	223
	第47课	社会主义 I	227
	第48课	社会主义 II	231
	第49课	社会主义 III	236
	第50课	阿拉伯人和他的战马	240

该书第1课课文及该课语法知识的参考译文如下：

致富之道

礼貌的读者：

我听说，没有什么比发现自己的作品被别人尊敬地引用更能给作者带来快乐的了。那么，请您判断一下，对于我将要告诉您的一件事，我该是多么高兴啊。最近我在一个商人的货物拍卖会上停了马，那里聚集了很多人。拍卖的时间还没有到，他们就在谈论时局的不利。有一个人对着一个白头发的普通老人喊道："请问，亚伯拉罕神父，你对这个时代有什么看法？这些重税不会把国家搞垮吗？我们怎么可能付得起呢？你说我们该怎么办？"亚伯拉罕神父站起来回答说："如果你愿意听我的建议，我就简单地告诉你，因为，正如可怜的理查德所说，对智者说一句话就够了。"他们加入进来，希望他说出自己的想法，当他们聚集在他周围时，他这样说：

"朋友们，税收确实很重，如果我们要付的只是那些由你加的税，我们也许可以很容易地免除它们；但我们还有许多别的人，有些人比我们更痛苦。懒惰使我们承受双倍的负担，骄傲使我们承受三倍的负担，愚蠢使我们承受四倍的负担。如果时间是最宝贵的东西，那么正如可怜的理查德所说，浪费时间一定是最大的挥霍。"

…………

老绅士就这样结束了他的长篇大论。人们听了，赞同这道理，但马上反其道而行之，仿佛这是一次普通的布道。因为拍卖开始了，他们开始大手大脚地买东西。我发现这位好心人已经彻底研究了我的年鉴，并消化了我在二十五年的时间里就这些问题所讲的一切。

他老是提起我，这一定使别人感到厌烦了，可是我的虚荣心却得到了极大满足。虽然我意识到我的智慧中没有十分之一是自己的，而是我从各个时代和各个民族的知识中搜集来的。不过，经过此事，我决定变得更好。虽然我最初打算买点东西做一件新外套，但我走的时候决定把我的旧衣服再穿一段时间。读者啊，如果你也这样做，你的收益将和我的一样大。

作文与修辞

把句子看作一个整体。当我们开始学习作文和修辞时，我们把句子看作是一个言语的单位。每个句子都必须表达一个完整的思想。句子和短语的不同之处在于句子是完整的，而短语表达的是一个单一的想法，而不是一个完整的思想。句子与分句的区别在于句子是独立的，而分句虽然表达了一个完整的思想，却依赖于主句中的某个词。换句话说，短语是一组相关的单词，不包含主语和谓语；从句是句子的一部分，包含主语和谓语；而一个句子既是完整的，因为它包含主语和谓语，又是独立的，因为它可以独立存在。

该书第26课主要以拟人的手法描述了主人和其小提琴的经历，体现了主人对小提琴的深厚感情。该课参考译文节选如下：

小提琴的灵魂

终于到了，老同志，终于到了你我必须告别的时候了。我真希望我能出卖我自己而不是你。但我毫无价值，而你——你知道吗，我的美丽的琴？街那头的夏洛克，除了你，他拥有我所有的一切，他给我500美元，只要我把你给他——500美元给一个没有衣服穿、没有屋顶盖、连面包屑都没有的人！为什么我会犹豫？你不过是几块木头和几根无用的线绳，不值得人们如此渴望。我只要和你一起跑下楼梯——再走几步就把你从柜台上递过去——事情就办妥了；我有500美元！我可以离开这个老鼠横行的鬼地方。我可以吃到一年没吃过的东西了。我又能和我以前认识的人混在一起了。我可以成为他们中的一员。500美元！啊，这就是财富，奇妙的财富！都是为了你这个没有肚子的东西。你不可能知道饥饿，你，一个没有灵魂的身体。把你留下来——我敢肯定吗？

那人用手指拨弄琴弦，低下头倾听。柔和的振动，就像甜蜜的、半被遗忘的思绪。

"你的e弦有点松，"男人说，"好吧，没关系。"

他急不可待地站起来，突然下了决心，打开琴盒，正要把琴往里塞。当他停下来的时候，还能听到微弱的震颤声。这几乎像是痛苦的低语。那人又把小提琴抱在怀里，把脸贴在上面。

什么，老同志，你也受伤了吗？啊，我冤枉你了。你有心。你能感觉到。我几乎相信你能记得。

让我想想，有多久了？20年，30年，35年。想想吧，老同志。35年！在人类平均寿命那么长的时间里，我们都在一起。我早就认识你了。你在一家有趣的老店里，老板持有你的时间比我的还长。他会把你介绍给前来的人们，让他们读你的铭文："克雷莫纳，1731年"。但他不会把你卖了，他不可能饿过肚子。那时我爱你，你这个没有生命的木头。我喜欢抱着你，听你唱歌。我渴望你，这是我以前从未渴望过的。一天，老人派人来叫我。

"把你的旧小提琴拿给我，"他说，"你就可以得到这把在克雷莫纳制的琴了。"

"让我留着！"我叫道。

"是的，"老人说，"留着。因为我知道你会这样做。我老了。很快就会有人占有这里，克雷莫纳可能会被卖掉……"

该书第50课以"战马"为主题，描述了主人和战马的经历，体现出主人对其战马的深厚感情，该课主要内容节选如下：

THE ARAB AND HIS STEED

1.

My beautiful! My beautiful! That standest meekly by,

With thy proudly arch'd and glossy neck, and dark and fiery eye;

Fret not to roam the desert now, with all thy winged speed,

I may not mount on thee again-thou'rt sold, my Arab steed.

2.

Fret not with that impatient hoof, snuff not the breezy wind,

The further that thou fliest now, so far am I behind;

The stranger hath thy bridle rein-thy master hath his gold-

Fleet-limb'd and beautiful! Farewell! Thou'rt sold, my steed, thou'rt sold!

3.

Farewell! Those free untired limbs full many a mile must roam,

To reach the chill and wintry sky which clouds the stranger's home;

Some other hand, less fond, must now thy corn and bed prepare;

The silky mane I braided once must be another's care.

4.

The morning sun shall dawn again，but never more with thee

Shall I gallop through the desert paths，where we were wont to be；

Evening shall darken on the earth and o'er the sandy plain

Some other steed，with slower step，shall bear me home again.

5.

Yes，thou must go！The wild，free breeze，the brilliant sun and sky，

Thy master's home-from all of these my exiled one must fly.

Thy proud dark eye will grow less proud，thy step become less feet，

And vainly shalt thou arch thy neck，thy master's hand to meet.

6.

Only in sleep，shall I behold that dark eye glancing bright；

Only in sleep，shall hear again that step so firm and light；

And when I raise my dreaming arm to check or cheer thy speed，

Then must I starting，wake to feel-thou't sold，my Arab steed.

（八）《高中综合英语课本》（第一册）

《高中综合英语课本》（第一册）是由王学文、王学理编著，王云五为发行人，商务印书馆印刷并发行的英文教材。该书封面上方是繁体中文的"高中综合英语课本　第一册"以及与之相对应的英文信息"COMPREHENSIVE ENGLISH READERS FOR SENIOR MIDDLE SCHOOLS BOOK ONE"。扉页和封面内容相似，是书名、作者和出版社的英文信息。书的版权页是详细的出版信息。该书于1935年发行初版，1937年发行审定本第1版。

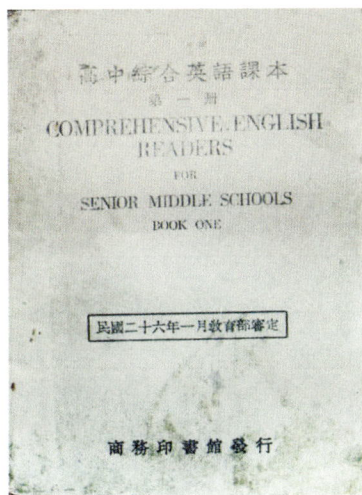

图4-59　《高中综合英语课本》（第一册）封面，王学文、王学理编著，商务印书馆，1935年初版，1937年审定本第1版

该套书"编辑大意"的主要内容为：

（一）本书按照民国二十二年教育部颁布高级中学英语课程标准编辑。全书分为三册，每年一册，足供高级中学三学年之用。

（二）本书每册选文约四十篇，每篇长短不一，每星期授一篇或二三篇，视长短难易而定。

（三）本书选文，外表注重文字之优美，故所取几全为名家作品；且各家力求具备，各体应有尽有。

（四）本书选文内容注重应用之广博，故所取多为各学科资料；且举例力求浅显，演述尤重兴趣。

（五）所选各文之作者身世与其著作均于附注中说明，以助认识。

（六）各文中有特殊意义之单词成语均酌加附注；其通常生字因普通字典可资查考，为使学生自研究起见，概不注释。

（七）各文中构造特殊或应用特广之词句酌量摘出，供学者特别研究及仿造。

（八）各文之下不列习题或问题，以免学生预有准备；但为便利教员起见另编习题问题专册一种，供教员之用。

该书目录的主要内容如下（见表4-45）：

表4-45　《高中综合英语课本》（第一册）目录

课次	题目	页码
第1课	我的学校	1
第2课	我的猫的故事	10
第3课	生命的本质	17
第4课	蜘蛛的智慧	23
第5课	石巢蜂	30
第6课	写给蝴蝶	35
第7课	爱丽丝梦游仙境	36
第8课	鲁滨逊从沉船上获得物资	42
第9课	海上的劳工	57
第10课	山的用途	63
第11课	我的心呀，在高原	69
第12课	暴风雨的故事	70
第13课	雨的一课	87
第14课	夏季的雨	94

（续表）

课次	题目	页码
第15课	固体、液体和气体	97
第16课	科学的时代	100
第17课	为什么苹果会落下	107
第18课	艾萨克·牛顿	112
第19课	崛起于世界	120
第20课	论读书	124
第21课	好书	126
第22课	最后一课	132
第23课	斯巴达三百勇士	137
第24课	威廉·退尔	143
第25课	圣女贞德	152
第26课	拿破仑	163
第27课	哥伦布发现新大陆又返回西班牙	178
第28课	华盛顿的性格	187
第29课	葛底斯堡演说	191
第30课	为教育而奋斗	193
第31课	爱迪生的童年	203
第32课	引擎时代	209
第33课	英国制造业	221
第34课	制品	233
第35课	俭则不匮	240
第36课	交换	251
第37课	摩西去集市	259
第38课	对一个人来说，多少地才足够？	264

该书第1课《我的学校》参考译文节选如下：

在乡下和祖母待了一年后，我又回到了镇上，我父亲的家中。我七岁的时候就已经上学了。我该怎么称呼我上学的那个房间呢？找不到一个合适的词，因为房间有各种用途：学校、厨房、午餐室，有时是鸡舍和猪场！

在我所说的这个房间里，有一个人们通过固定楼梯爬上的阁楼。梯子下面是一张大床，床上能有什么？我从来都不知道。我有时看见主人拿来一大捆干草，有时是一篮子土豆。

让我们回到一楼的那间教室。朝南是一扇窗户，狭小而又低矮，这是房子里唯一的窗户！这个通光口是住宅的一个亮点。房子后面是主人的小桌子。对面的墙挖了一个口子，形成了一个凹槽，凹槽里有一个铜桶，里面装满了水。口渴的学生可以在这里喝水。上面几个架子上放着几个盘子和高脚杯，只有过节时才会拿下来。

这间屋子的尽头是一个大壁炉，两边各有两个壁龛，半木半石，齐胸高。每一边都是一张铺着厚皮垫子的床，两扇推拉门作为百叶窗。这间宿舍在大烟囱的壁炉架下，两张床给了有特权的家庭。这两个寄宿生在舒适的角落里安睡，百叶窗紧闭，北风呼啸着从黑烟囱里吹下来，带来飘落的雪花。壁炉旁边放着三条腿的凳子；盐箱靠墙挂着，以保证干燥。这个需要两只手才能举起的沉重的铁锹是风箱，就像我过去在祖父家用的风箱一样！它们是用一根结实的松树树枝做成的，用烧红的铁把它的整个枝干都磨平了。

（九）《进步高级英文选》（第二册）

《进步高级英文选》（第二册）于1947年发行第3版。这套教科书以阅读材料为主，根据教育部颁布的《高中英语教学大纲修订本》编写，供中国学生使用。该套书分为三册，每册书用于高中一年的课程。这套教科书的选材包括著名的故事、现代小说、励志散文、道德课、抗战英雄故事、科学常识、演讲、诗歌、应用英语（如书信、公函、法律文书）等。这些内容不仅有助于唤起学生的学习兴趣，帮助他们欣赏英国文学，一定程度上还能开拓学生的视野。

图4-60 《进步高级英文选》（第二册）封面，黄稗澜著，世界书局，1947年第3版

该书的"引言"对整套教科书的编写目的进行了介绍，而"序言"则对整套教材的编写体例进行了详细的说明。该书"引言"和"序言"的参考译文如下：

引言

我很高兴能在向广大读者介绍这套英文读本时，说几句感谢的话。我从我的教授职责和日常任务中抽出一些空闲时间，匆匆地浏览了我的朋友黄先生挑选和编辑的各种课程，他为中国高中的男孩和女孩挑选和编辑课程的辛勤工作，给我留下了非常深刻的印象。

毫无疑问，在完成这一套有价值的书时，黄老师为中国的中等教育事业作出了值得称赞的贡献。每课结尾的注释都是用中英文精心制作的。这些例句鼓励引导孩子们在日常阅读中使用这些单词和短语，从而帮助他们在进入大学接受高等教育之前打好实用英语的基础。这些问题为他们提供了思考和冥想的精神食粮，从而帮助他们彻底而系统地消化他们每天所学到的东西。中国抗战英雄的故事帮助学生培养爱国主义精神，同时激发他们为争取民族声望和荣誉感而奋斗。商业信函和法律文书对他们也很有帮助，特别是对那些希望从事商业管理和法律研究的人。虽然从选文的角度来看，它们不是很全面，但至少为那些有商业和法律倾向的男孩和女孩提供了一点建议。节选过去和当代的名家名作是引导学生进一步走上文学欣赏之路的门户。

坦率地说，这套书不仅应该供学校里的男孩和女孩使用，而且应该供各个年龄段的男人和女人在业余时间阅读，以提高英语修养。因此，在结束我的介绍性发言时，我愿引用安托尼·特罗洛普的话，如下：

"朋友们，读书之爱是上帝为他的创造物所准备的最大、最纯粹、最完美的快乐的通行证。当所有其他的快乐都消失时，爱依然存在。当你没有其他娱乐活动时，它会支持你。它会伴随你至死。它会使你一生愉快。"

序言

目前的工作无疑开创了将应用英语纳入学校英语教科书的先例。这些材料将被证实对高中毕业后立即进入商业世界和需要熟悉实用英语的学生很有帮助。因为包含实用英语，本系列不仅在文学上，而且在实用价值上优于普通教科书。

整个系列的词汇都是均匀分布的。新单词和短语的总数既不太少，也不太多，这个系列的一个特别之处在于每篇选文的末尾附有的丰富的双语注释——不仅摘自词典，而且对口译具有实际的作用。

每篇文章末尾的例句将极大地帮助学生学习英语短语、习语和句型。

最后但同样重要的是，在每篇选文末尾都附有一些问题。学生应该学会认识到它们的重要性，因为它们主要是为了测试他对课程的理解程度。那些内容或能引导学生去了解更多选文所没能教给他的东西。

（十）《开明英文文法》（上册）

于1930年发行初版的《开明英文文法》由林语堂著、开明书店印行。该书一经出版便大受欢迎，全国各中学纷纷采用，迅速取代了《模范英文读本》，成为全国最畅销的中学英文教科书。

图4-61　《开明英文文法》（上册）封面，林语堂著，开明书店，1930年初版

不同于一般语法教材按词类和句子成分进行研究编写，林语堂采用的是意念分类法，这种语法根据语言所要表达的各种意念来分类，他将语法形式与结构分为16章（意念范畴），其中每章包含一种或多种相互间有关联的意念，如数和量、重量和价值、修饰法、比较和等级、动作时间、事实和想象、关系等。学生按照这16章的研究计划，可以把在语法书里常见的材料全都搜罗起来，形成对语法的系统认识。

该书分为上下两册，共16章，章节划分如下：

表 4-46　《开明英文文法》（上册）目录

章节	章节名
第1章	表现法的科学
第2章	词类及其作用的转变
第3章	句的语气
第4章	人与事物及其性
第5章	数和量
第6章	重量、价值、体积、距离、形状和位置
第7章	代表法
第8章	指定法

（十一）《实验高级英文法》

《实验高级英文法》是由邓达澄编纂、商务印书馆印刷并发行的英语教科书。该书于1933年发行初版。封面印有繁体中文书名"实验高级英文法"并对照英文"EXPERIMENTAL ENGLISH GRAMMAR"，及"FOR ADVANCED STUDENTS"（供较高阶段英语学习者学习）。

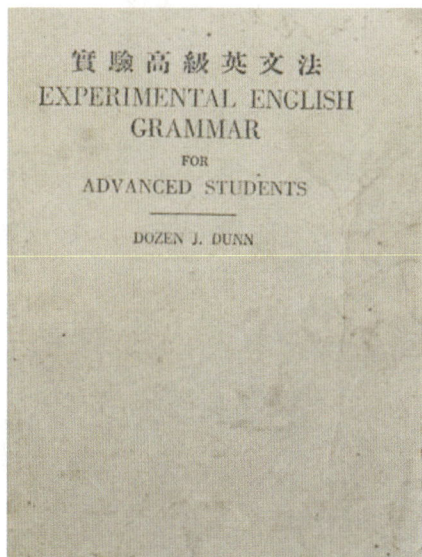

4-62

图4-62　《实验高级英文法》封面，邓达澄编纂，商务印书馆，1933年初版

该书"序言"的译文节选如下：

在高中生的教学中，笔者一直觉得需要一本英语语法教材，它的编写要使教师和学生都能提高工作效率。很多学过四五年英语的学生写不好一封短信或一篇作文，这种情况经常发生。这也许是因为他们把单词的分类和句子的分析作为语法的主要工作，所以认为只要记住一套定义和规则就足够了。他们忽视了实践与理论相结合的价值。因此，他们抱怨说英语很难掌握。他们不知道，最使他们困惑的不是语言的整体，而是它特有的某些东西。中国学生常提及的特殊困难有

难以掌握冠词、介词、时态、助词、虚拟语气以及冠词和介词的惯用用法。这样的困难应该尽早排除。

有鉴于此，作者提出了一套英语语法的编写方案，旨在弥补上述不足。在编写这本书的过程中，他经常注意到中国学生的视点和常见问题。特别是，动词、介词、连词和冠词。学生们经常被警告不要犯最容易犯的错误，此外，为了便于学习，有时会加上中文的对等词。

这本书由四部分组成。第一部分讨论了句子结构。本部分共有五章，以供复习，因为我们假定使用本书的人已经学习了一些基本语法知识。关于动词的讨论涵盖了第二部分，这个优先于其他部分，因为中国学生总是认为使用动词是最困难和最令人费解的。第三部分讨论其他。本部分详细讨论了名词、代词、形容词和副词的词类和词形变化，并着重讨论了介词和冠词。介词根据词义的相似性，用大量的短语和练习把它们组合在一起。第四部分是对句子的排列、转换和合成的处理，使学生能够以不同的方式表达自己的思想，为进一步学习语言做好准备。

由于这本书是作者十年英语教学经验的结晶，我们有理由相信它能证明一些价值。如果它的实用性足以保证再版，作者将衷心欢迎任何可能有助于其改进的批评或建议。

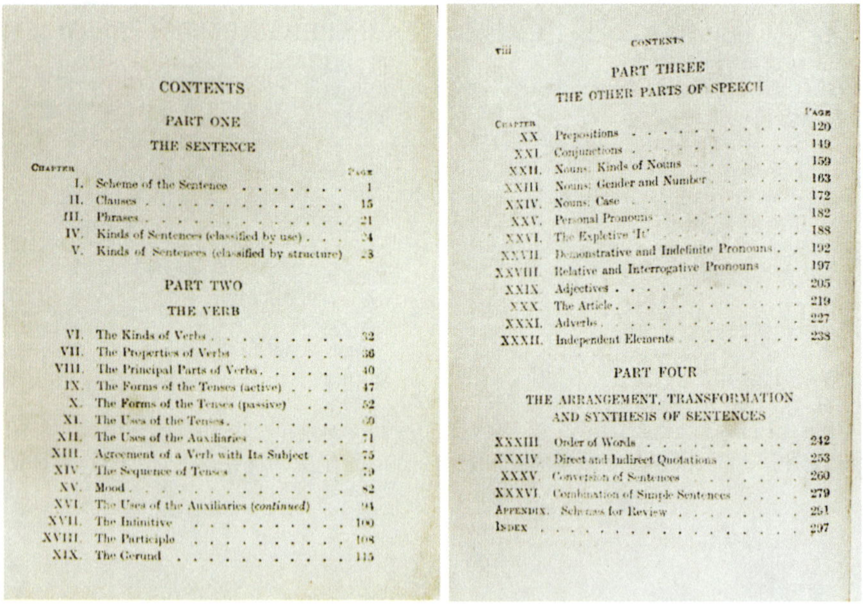
CONTENTS

PART ONE

THE SENTENCE

PART TWO

THE VERB

viii CONTENTS

PART THREE

THE OTHER PARTS OF SPEECH

PART FOUR

THE ARRANGEMENT, TRANSFORMATION AND SYNTHESIS OF SENTENCES

4—63

图4—63 《实验高级英文法》目录

该书目录的主要内容如下（见表4-48）：

表 4-48 《实验高级英文法》目录

学习重点	课次	题目	页码
第1部分 句法	第1课	句法	1
	第2课	从句	15
	第3课	短语	21
	第4课	句子种类（按使用类型分）	24

（续表）

学习重点	课次	题目	页码
	第5课	句子种类（按结构划分）	28
第2部分 动词	第6课	动词的种类	32
	第7课	动词的性质	36
	第8课	动词的构成	40
	第9课	时态（主动）	47
	第10课	时态（被动）	52
	第11课	时态的用法	60
	第12课	助动词的用法	71
	第13课	主谓一致	75
	第14课	时态的顺序	79
	第15课	语气	82
	第16课	助动词的用法（续）	94
	第17课	不定式	100
	第18课	分词	108
	第19课	动名词	115
第3部分 词性	第20课	介词	120
	第21课	连词	149
	第22课	名词：种类	159
	第23课	名词：性和数	163
	第24课	名词：格	172
	第25课	人称代词	182
	第26课	虚词"It"	188
	第27课	指示代词和不定代词	192
	第28课	关系代词和疑问代词	197
	第29课	形容词	205
	第30课	冠词	219
	第31课	副词	227
	第32课	独立成分	238
第3部分 句子分析	第33课	单词顺序	242
	第34课	直接和间接引语	253

（续表）

学习重点	课次	题目	页码
	第35课	句子转换	260
	第36课	简单句的融合	279
	附录	回顾	291
—	索引	—	297

（十二）开明书店的《现代英语》系列

《现代英语》系列是由柳无忌、张镜潭、李田意编纂，开明书店发行的英文教科书。该套教材是供高中学生英语教学和同等程度的青年自学使用的，整套共六册，由浅入深。

《现代英语》有以下特点：

第一，课文内容丰富多样。该书内容丰富，选材角度多样。既有文艺作品和关于科学知识的，也有关于英国国家社会生活、现代文化之批判以及世界名人事迹等的。这在一定程度上提高了学生的兴趣，开阔了学生的视野。

第二，注释较为详尽。该书的注释中英文并用，课文中出现的部分词汇会附上例句。中英文并用的注释对学生（特别是基础较差的学生）理解课文，是有一定的帮助的。

第三，难度恰当。该书体裁多样，每一册的文字分量在逐渐增加。注释逐册从略。由此可以看出，该书的编者在编制时考虑到了学生学习的持续性和渐进性。

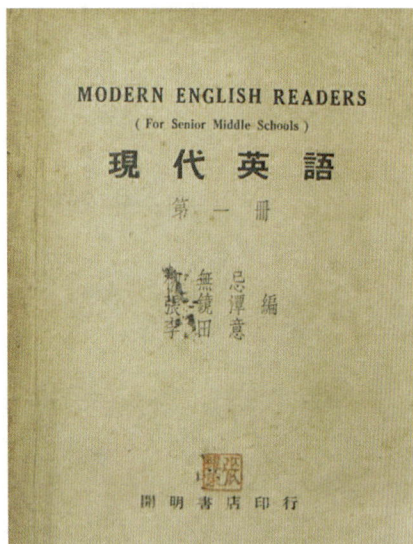

图4-64 《现代英语》（第一册）封面，柳无忌、张镜潭、李田意编纂，开明书店，1945年初版

该套书"编辑大意"的主要内容为：

一、本书共分六册，每册配列课文二十篇，可供高级中学六学期英语教学及同程度者自习之用。

二、本书根据编者教学经验编制，特别注意适合于实际教学情形。

三、本书文体第一、二两册以故事为主。第三、四两册，其他各体文字分量渐次增加。第五、六两册故事与各体文字参半。内容除文学作品外，有关于科学常识者，有关于英语国家社会生活者，有关于现代文化之批判者，有关于世界名人事迹者。选材力求适合学习者的程度与兴趣，同时注意学习者知识之灌输与思想之启发。

四、本书注释，中英文并用，英文注释尽量设法不超出学生之字汇。遇有难于用简单英文注释者，则只用中文。课文中之成语普通常用者并附例句，以资揣摩与练习。第一、二两册注释较为详尽，除单字及成语外，动词变化，亦复列入，因高中一年级学生根底较浅，不能自动学习。其余四册注释渐次从略，仅注意字句之生僻者，及普通常见之字而含有歧义者。

五、本书第一、二两册课文，系参照南开中学现行之高中一年级课本，酌予增减与编排而成，事前曾得该校同意，特此声明。

《现代英语》（第一册）目录的主要内容如下（见表4-49）：

表4-49 　《现代英语》（第一册）目录

课次	题目	页码
第1课	拿破仑和鼓手男孩	1
第2课	人类第一位飞行员	2
第3课	今天	5
第4课	约翰·梅纳德	6
第5课	本·富兰克林的码头	8
第6课	鸡蛋那么大的谷物	12
第7课	纳尔逊勋爵	15
第8课	卖火柴的小女孩	19
第9课	真正的勇敢	22
第10课	科塞特	23
第11课	士兵的缓刑	34
第12课	最后一课	38
第13课	行善的诀窍	43
第14课	持家的丈夫	44
第15课	旅行者的奇观	47
第16课	睡美人	50
第17课	箭与歌	55
第18课	马利布兰和年轻音乐家	56
第19课	罗伯特·路易斯·史蒂文森	60
第20课	费德里戈的猎鹰	62

第一册第1课通过拿破仑和鼓手男孩的对话，介绍了勇敢的鼓手男孩。该课文参考译文为：

拿破仑和鼓手男孩

从前有一位伟大的将军，名叫拿破仑·波拿巴，那天他在军营里检阅他的军队，这时他发现了一个小男孩。"你在这儿干什么？"他问男孩。

"我属于军队，陛下！"男孩回答说。

"你在军队干什么？"将军问他。

"我是个鼓手，陛下！"男孩骄傲地回答。

拿破仑命令说："把鼓拿过来。"

"现在，"拿破仑说，"给将军发号令。"这是军队行军前一小时发出的信号。这给了士兵们收帐篷、装货车、为行军做好一切准备的时间。

鼓手发出了将军的号令。"很好，"拿破仑喊道，"现在奏响进行曲吧。"这就是信号！让步兵在纵队中占据一席之地。

小鼓手立刻奏响了进行曲。

"现在开始吧！"拿破仑非常高兴地命令道。

那男孩眼睛炯炯有神，及时地奏响号曲。

"现在冲锋吧！"拿破仑兴奋地叫。

鼓手的眼睛一眨，鼓就发出了一种冲锋声。当这个小士兵用狂野、凶猛的音符敲打冲锋号令时，大地似乎在颤抖，

"好极了！好极了！"拿破仑叫道，"现在撤退吧！"

鼓手手中的棍子掉了下来。他挺直身子，骄傲地说："陛下，我从来没有学过，因为我们的军队从未撤退过！"

将军笑了。"你可以走了。"他说。

拿破仑·波拿巴直到生命的尽头，都在讲这个不打退堂鼓的小鼓手。

第一册第2课主要介绍了莱特兄弟发明人类第一架飞机的故事。该课文参考译文为：

人类第一位飞行员

不到四十年前，一件小事发生在美国的一个小镇上。至少这在当时看来是微不足道的，但我们现在知道，这件事已经影响了你的生活，它将对你的孩子和你孩子的生活产生巨大的影响。

在那重要的一天，奥维尔·莱特走进俄亥俄州代顿市的一个图书馆，拿起一本书。这本书讲述了一个名叫李连塔尔的德国人的故事，他能用滑翔机或巨大的风筝飞行，可以肯定的是，他没有使用引擎，但他确实会飞。那天晚上，奥维尔·莱特熬夜阅读，直到过了午夜很久，他被这一重大成就的故事深深吸引住了，弟弟奥维尔激起了哥哥威尔伯的热情。莱特兄弟开始了一项事业，这项事业以发明飞机而告终，并使他们的名字不朽。

他们都没有受过多少教育。他们没有读完高中，但他们有比大学文凭更重要的东西。他们足智多谋，雄心勃勃。几年前，当他们还是孩子的时候，他们就到乡下去捡死牛马的骨头，卖给一家化肥厂。然后，他们把铁屑收集起来卖给了一个旧货贩子。后来，他们制造了一个印刷机，并试图出版一份日报，但失败了。最后他们开了一家小店，卖自行车和修理自行车。

但不管他们以什么为生，他们总是梦想着飞行。星期天下午，他们会仰卧数小时，躺在阳光明媚的山坡上，看着猎鹰在头顶盘旋，老鹰在上升的气流中翱翔。

他们在自行车商店里建造了一个风洞，开始试验空气对翅膀的作用力；他们不停地摆弄风筝。最后，他们制作了一个巨大的风筝，也可以说是滑翔机，并把它带到北卡罗来纳州基蒂霍克的一座山上。因为那里总是有一股强而咸的风从海上吹过来，那里的地面总是松软的，布满了如波浪般翻滚的沙子。

多年来，他们用滑翔机做实验，然后在他们的一架滑翔机上安装一台自制的发动机，并把它改造成飞行机器。他们使这一天，1903年12月17日，成为人类历史上实现第一次飞行的难忘日子。

他们抛硬币，看谁先上去。奥维尔赢了。那是一个苦涩的、没有阳光的日子，刺骨的风把海岸上的浮冰吹起来；愤怒的海浪拍打着半英里外的海滩。五个人在飞机上修修补补，拍打着胳膊，蹦跳着取暖，虽然天气很冷，奥维尔上飞机的时候甚至没有穿大衣，因为会增加重量。

就在10时35分，奥维尔·莱特爬上轰鸣的机器，拉开了释放装置，奇怪的机器升起来，呼哧呼哧地升到空中，火焰从敞开的排气管里冒出来，机器不确定地上下颠簸了12秒，然后在只有100英尺远的地面上降落。

这是一个了不起的事件。这是文明史上的转折点之一。历代的伟大梦想终于实现了。第一次，一个人挣脱了地球的枷锁，飞向群星。

《现代英语》（第三册）于1945年发行初版。

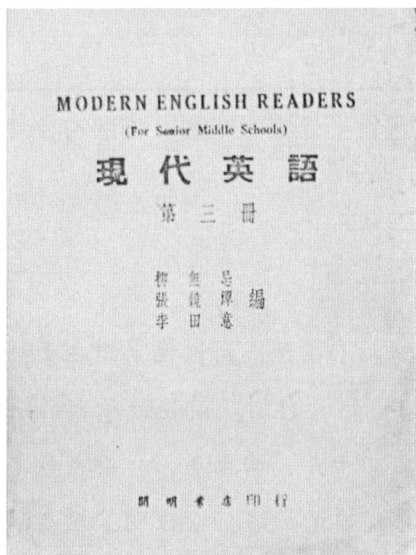

4—65

图4-65　《现代英语》（第三册）封面，柳无忌、张镜潭、李田意编纂，开明书店，1945年渝初版

第三册目录的主要内容如下（见表4-50）：

表 4-50 《现代英语》（第三册）目录

课次	题目	页码
第1课	爱国主义的本质	1
第2课	帕多瓦的小小爱国者	2
第3课	艾萨克·牛顿	5
第4课	露西	13
第5课	圣父	15
第6课	家养动物和野生动物	19
第7课	耶稣的诞生	22
第8课	我的航班	25
第9课	漫长的流亡	27
第10课	盾牌的两面	39
第11课	得不偿失	42
第12课	我的猫咪	44
第13课	战争的悲剧	52
第14课	美国的成就	57
第15课	华盛顿的演说词	61
第16课	为旅途做准备	68
第17课	一个争论	69
第18课	教育的困境	72
第19课	掷弹兵们	82
第20课	他来了吗？	84

第三册第1课以"爱国主义的本质"为题目，对爱国主义的本质进行了详细的阐述。该课的参考译文节选如下：

爱国主义的本质

威廉·詹宁斯·布赖恩

爱国主义的本质在于愿意为自己的国家做出牺牲，就像真正的伟大不在于得到祝福，而在于被赐予。阅读纪念碑上的文字，这些碑文是用双手敬献给过去的英雄们的。它们不谈论继承来的财富，买来的荣誉，或者闲暇时所度过的时光，而是谈论所作的贡献。二十年，四十年，一条生命，或者生命最宝贵的血液，他为了同伴的幸福而牺牲了——这就是一个简单的故事，它证明了现在和过去，给予是比接受更有福气的。

《现代英语》（第四册）适用于高级中学教学及自修，定价为国币一元七角。

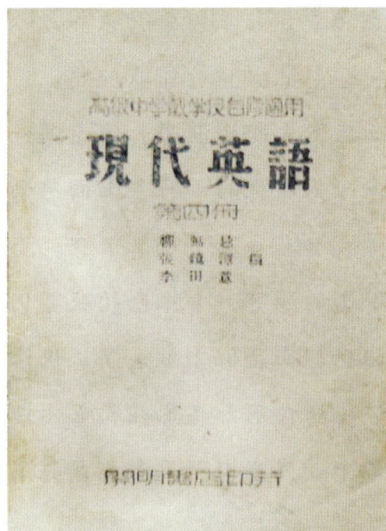

4-66

图4-66　《现代英语》（第四册）封面，柳无忌、张镜潭、李田意编纂，开明书店，1945年初版

第四册目录的主要内容如下（见表4-51）：

表4-51　《现代英语》（第四册）目录

课次	题目	页码
第1课	日出	1
第2课	太贵了	2
第3课	战争的代价	9
第4课	一个朋友	13
第5课	浪子	15
第6课	工作和娱乐	28
第7课	科学的仙境	34
第8课	卖马的牧师	46
第9课	奥利弗·戈德史密斯	52
第10课	在法兰德斯战场	56
第11课	美国的答案	57
第12课	妻子私下训斥	58
第13课	手	62
第14课	爱德华·詹纳	65
第15课	一撮土	70
第16课	桃花源记	74
第17课	无形的伤口	76
第18课	阿尔弗雷德大帝	90
第19课	维苏威火山爆发	93
第20课	小内尔之死	96

第二节　南京国民政府时期的英语教科书

第四册第1课主要介绍了日出时的景象，包括风景、画家、农夫等。该课文参考译文如下：

日出

柯罗

　　来，看看这位风景画家拥有多么迷人的一天！他起得很早，凌晨三点，太阳还没亮。他走到一棵树下坐下，他看着，他等待。一开始，他什么都没看到。大自然就像一张白色的画布，上面勾勒了模糊的大片东西。一切都是朦胧的，一切都在黎明的微风中颤抖。

　　天空变亮了……太阳还没有驱散隐藏在田野、山谷、地平线上的小山的薄雾……银色的夜雾仍然爬上凉爽的绿草之上。很快就有了第一缕阳光，我们又有了第二缕阳光。小花似乎醒来了，快乐地……它们中的每个都有一滴颤抖的露珠。树叶在清晨的寒气中颤动……树叶下，鸟儿在歌唱，但人们看不见；它们的歌声仿佛是花朵的祈祷。长着蝴蝶翅膀的丘比特似乎一直在田野里飞翔，高高的草在它们下面弯曲成波浪……

　　画家什么也看不见，一切都在那里。风景就在薄雾的后面，薄雾升起……升起……升起，被太阳驱散。雾气仍然在上升，露出银色的河面、草地、树木、农舍和远方。画家终究看到了起初只能想象的风景。

　　太阳已经升起来了……农夫坐在田野尽头，两头牛拉着他的车！叮！叮！……牵着羊群的老羊的铃声！一切都在发光，一切都在燃烧，一切都沐浴在充足的光线中，一束苍白而亲切的光。背景，简单而和谐，消失在无边无际的天空中，在浓密的蓝色空气之外……花儿抬起头来……鸟儿飞来飞去。一个骑着白马的乡下人骑进一条看不见的凹路上。小圆柳树似乎在河岸上昂首阔步。

　　太可爱了！画家一边画着一边赞叹。从那头美丽的栗色奶牛身上到湿漉漉的草地。他一定要画那个……啊！就是这样！

　　第四册第2课主要介绍了摩纳哥这个国家通过开设赌场而增加国家税收的故事。该课文的参考译文节选如下：

太贵了

列夫·托尔斯泰

　　在法国和意大利的边界附近，地中海沿岸，有一个小小的王国叫作摩纳哥。许多小国可以夸耀自己的居民比这个王国还多，因为这个国家总共只有七千人。国家里的地若都分了，每位居民也分不到一亩。但在这个小王国里，有一个真正的君王，他有宫殿、朝臣、主教、将军和军队，这不是一支庞大的军队，总共只有六十人，但仍然是一支军队，这个王国和其他地方一样有税：烟草税、烈酒税和人头税。虽然那里的人和其他国家的人一样喝酒抽烟，但那里的人却很少，因此国王很难养活他的朝臣和官员，如果他没有找到一个新的特别的收入来源，他就很难维持自己的生活。这笔特别收入来自一家赌场，人们在那里玩轮盘赌博。人们玩游戏，无论输赢，赌场主总能从营业额中得到一定比例的回报，并从利润中拿出一大笔钱给国王。他付这么多钱的原因是，这是欧洲仅存的赌博机构。一些小的德国君主曾经拥有同样的赌场，但几年前他们被禁止这样做。他们被阻止是因为这些赌场造成了太多的伤害。人们会尝试运气，他会冒险然后失去所有的钱，他甚至会把不属于他的钱也输掉。

《现代英语》（第五册）适用于高级中学教学及自修，定价为国币一元八角。

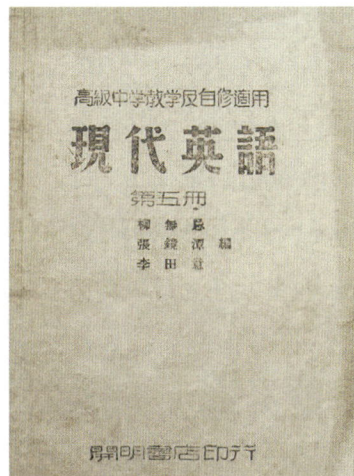

4-67

图4-67　《现代英语》（第五册）封面，柳无忌、张镜潭、李田意编纂，开明书店，1945年初版

第五册目录的主要内容如下（见表4-52）：

表4-52　《现代英语》（第五册）目录

课次	题目	页码
第1课	劳动的尊严	1
第2课	校长被打了	3
第3课	在空中航行的船	9
第4课	我的三个同伴	14
第5课	蓝色的花	19
第6课	盲人花童之歌	23
第7课	孩子们有福了	25
第8课	莎士比亚的故事	29
第9课	监狱信件	36
第10课	哥伦布发现新大陆	42
第11课	赖死鬼	53
第12课	挪威海岸	60
第13课	塞缪尔·约翰逊博士	64
第14课	本能与理性	70
第15课	马赛游行	72

（续表）

课次	题目	页码
第16课	马赛曲	78
第17课	蚂蚁之战	80
第18课	河之歌	82
第19课	项链	84
第20课	我的朋友高尔基	97

第五册第1课以"劳动"为主题，介绍了劳动的尊严和神圣。该课文参考译文如下：

劳动的尊严

纽曼·海伊

劳动是有尊严的。无论是靠双手的劳动还是靠头脑的劳动；是为了满足个体需要的劳动，还是为了促进一些世界闻名的事业而劳动。所有的劳动都是为了满足人们的需求，增强人们的幸福感，总而言之，所有正当的劳动都是光荣的！

劳动是有尊严的！想想它的成就吧。

工人清理了森林，排干了沼泽，使荒野像玫瑰一样开放。工人推动犁，撒下种子，收获粮食，碾磨谷物，将其转化为面包等生命所需的东西。工人们将蚕吐出的丝、田野里的棉花和羊身上的毛收集起来，并将它们制成柔软、温暖、美丽的衣服。劳工铸就了砖，劈开了石板，挖掘了石头，塑造了柱子，不仅建造了简陋的农舍，还建造了富丽堂皇的宫殿、锥形的尖顶和庄严的圆顶。工人深入到坚实的土地，挖出了长期隐藏的煤炭储备，为成千上万的火炉提供燃料，帮助数百万的住所对抗冬天的寒冷。

工人们在深埋丰富矿脉的岩石中寻找金、银、铜和锡。工人把铁铸成各种形状，供人使用和装饰。工人砍伐橡树，制造木材，建造船只，把它引到深海，把各个地方的产品运到我们的海岸。

工人们嘲笑困难，跨过雄伟的河流，在沼泽上架起高架桥，在深谷上架起桥梁，用它黑暗的隧道穿透坚固的山峦，炸毁岩石，填满山洞，用铁道把地球上所有的民族连接在一起。

工人是伟大的魔术师，他走进一个无人居住的荒地，他认真地看着荒凉中如此安静的景象。然后挥动他的魔法棒，那些沉闷的山谷微笑着收获金色的庄稼，光秃秃的山坡上长满了树叶，火炉在燃烧，铁砧在响，忙碌的车轮在旋转，城镇出现了。商业广场，科学殿堂，宗教殿堂，都高高耸立。海港升起了一排桅杆，上面挂着各式各样的旗帜。科学利用天地万物为其服务；艺术在觉醒，用美装扮它的力量。文明在微笑，自由欢喜、人类喜乐、虔诚欢腾、勤奋和快乐的声音从四面八方都能听到。

"为美好而努力，哪怕这太慢了。"

"为希望而努力，尽管这很卑微。"

"劳动吧！一切劳动都是尊贵神圣的！"

第五册第2课主要介绍了校长被打的故事。该课文参考译文节选如下：

校长被打了

查尔斯·狄更斯

一月的一个早晨，寒冷而微弱的黎明正在悄悄地从公共卧室的窗户里透进来，这时尼古拉斯抬起胳膊，在俯伏的人群中寻找男孩斯迈克。当他正忙着搜寻的时候，从楼梯底传来了斯奎尔斯的声音。

"那么，你们打算在那儿睡一整天吗？"

"我们马上就下来，先生。"

"直接下去！你们最好直接下去，否则我很快会去找你们中的一些人。那个斯迈克在哪儿？"

"他不在这儿，先生。"

"别对我撒谎。他一定在。"

"他不在。"

"别告诉我。"

斯奎尔斯先生跳进宿舍，在空中挥舞着他的手杖，准备打一拳，但那根手杖落了下去，却毫无伤害。那里没有人。

"这是什么意思？你把他藏在哪儿了？"

"从昨晚起我就没见过他。"

"来吧，你这样救不了他。他在哪儿？"

《现代英语》（第六册）于1945年发行初版，定价国币一元八角。适用于高中学校。

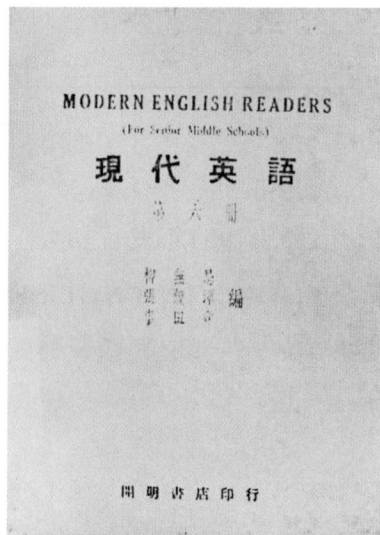

图4-68　《现代英语》（第六册）封面，柳无忌、张镜潭、李田意编纂，开明书店，1945年初版

第六册目录的主要内容如下（见表4-53）：

表4-53　《现代英语》（第六册）目录

课次	题目	页码
第1课	六字名言	1
第2课	围攻柏林	3
第3课	书的陪伴	10
第4课	战争年代	13
第5课	写给堕落之人	19
第6课	五分钟的价值	21
第7课	安徒生童话	24
第8课	班纳特夫妇	32
第9课	读书人的责任	39
第10课	狡猾的老鼠	41
第11课	向美国国会议员致辞	43
第12课	打赌	47
第13课	水手大叔	58
第14课	衬衫之歌	72
第15课	荣耀之日	76
第16课	不屈不挠的居里夫人	83
第17课	女士，还是老虎？	93
第18课	人类起源新说	103
第19课	沈复《浮沉六章》序	106
第20课	同情学校	112

（十三）《英文文法精义》

　　《英文文法精义》是由葛传椝编著，开明书店发行的英文教科书。该书于1931年发行初版。封面上方为中文繁体的"英文文法精义"和与之相对应的英文书名"STUDIES IN ENGLISH GRAMMAR"，中间写有编著者的姓名。书的版权页上方是繁体中文"英文文法精义"以及详细的出版信息。每册定价大洋五角五分且外埠酌加寄费。

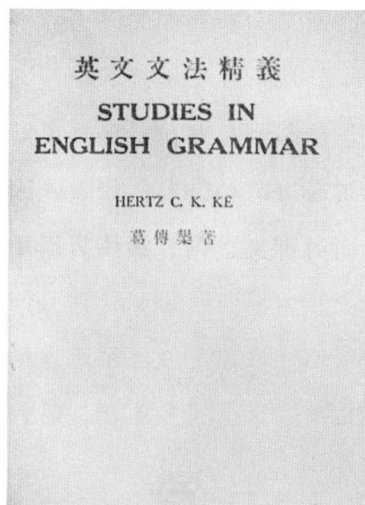

图4—69　《英文文法精义》封面，葛传椝著，开明书店，1931年初版

该书"序言"的翻译节选如下：

这本书处理了一些困难的或者说是相当微妙的语法和用法，而这些语法和用法在其他任何学校教材中还没有进行过处理。这本书的主要目的就是讨论那些表面上是对的但实际上却是错的的结构——即使是细心的人有时也会犯这些错误。

然而，这些结构并不是想象出来的，也并不仅仅是只有好奇的读者才会对它们感兴趣，实际上，这些是所有有机会使用英语的人会遇到的实际困难和问题。我非常希望学习英语的人能够从这本书中有所收获。作为一本教科书，它面向的群体是那些已经系统学习过语法、对英语学科有较好掌握的学生（可能是高三或者是大一学生）。

该书第一章讲的是冠词，主要内容为：

几乎所有的语法书上都会说到一个规则：以"h"开头的非重读音节前，应该用"an"而不是"a"，所以我们不会用"a history"，而用"an historian"。这个规则已经不再有必要了。以前，"an historian"比"a historian"更常用，但是现在，第二种形式比第一种更常用。相似地，我们可以说"a hotel"等等。

下面的示例阐释了a（或者an）用在形容词后比用在形容词前更符合习惯：

such a boy

many a boy

so clever a boy

too clever a boy

as clever a boy as his brother

how clever a boy he is

what a clever boy he is

"a so clever boy" "so clever a boy" 都是正确的，但是前者比较不常用。

（十四）《中学英文选》

　　《中学英文选》是由赵乐溪、戴良甫、郝圣符、吴文仲编纂，文化学社印刷并发行。1928年发行初版。该书封面上印有英文"ENGLISH SELECTIONS FOR MIDDLE SCHOOLS"，扉页内印有编者信息。本教材选取了36篇文章，旨在培养学生对英语的兴趣，于研究课文之余，锻炼其运用语言文字的能力。

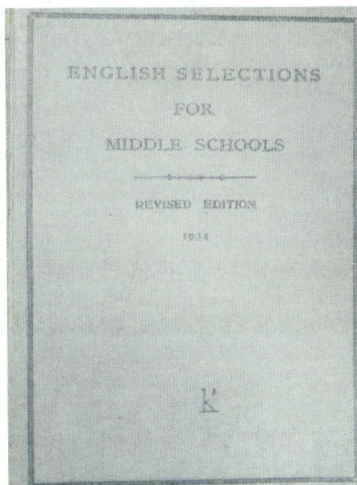

图4-70　《中学英文选》封面，赵乐溪、戴良甫、郝圣符、吴文仲编纂，文化学社，1928年初版

　　该书"编辑大意"的主要内容为：

　　本书之宗旨，在养成学生学习英文之兴趣，并运用普通文字之能力。

　　本书之教材，皆富于兴趣，切于实用，并含有相当之教训。使学生于研究课文之余，判断事物能力，同时并进。

　　本书教材之分配，系循序而进，由浅入深，力避躐等之弊。

　　本书每课后，配有练习及注释，专为促进学生预习、复习，及自助之用，编者不厌繁琐，就学生缺乏之技能，应有之知识，特别加入，与以陶冶之机会。每至课后较为重要之生字全数选入。

　　本书曾在北平师范大学附属中学初中三年级用为教本十年之久。其因实验之结果，而增减教材者，亦有数次。

　　本书兼可作三三制高中一年级，四二制初中四年级教本之用。

　　担任编辑本书之人，皆具有教授中学英文十年以上之经验。

　　本书付印伊始，错误在所难免，大雅宏达，幸加指教。赐函请寄至北平和平门外文化学社。

　　该书"序言"的翻译节选如下：

　　中国中学英语教师通常觉得很难选择合适的读本。的确，在美国和英国出版了许多系列的英语读本，但它们都是为英国和美国学生准备的。因此，这些为年纪更小的学生设计的读本往往较为简单，不适合那些在开始学习英语的时候思想便已比较成熟的中国学生；而那些为年纪更大的学生设计的读本，其材料和选文要求的英语水平又比一般中国学生所掌握的英语水平要高。我们不否认许多英文读物是由中国出版商专门为中国学生出版的。毫无疑问，他们提供了良好的服务，但我们作为英语教师的经验却能判断出他们在学科或安排上暴露的缺陷。他们的不适合表现在另一个方面。自采用新中学制度以来，为旧类型学制编写的教科书与新制度不符。对最新英语读物的需求还没有得到充分的满足。

对于这本书，我们不能自夸有任何发明或独创性，但经验告诉我们，它们将证明对学生和教师都是有用的。我们衷心欢迎对这本书的改进提出批评和建议。我们向出版商和作者表达谢意，因为我们从他们那里挑选了作品。

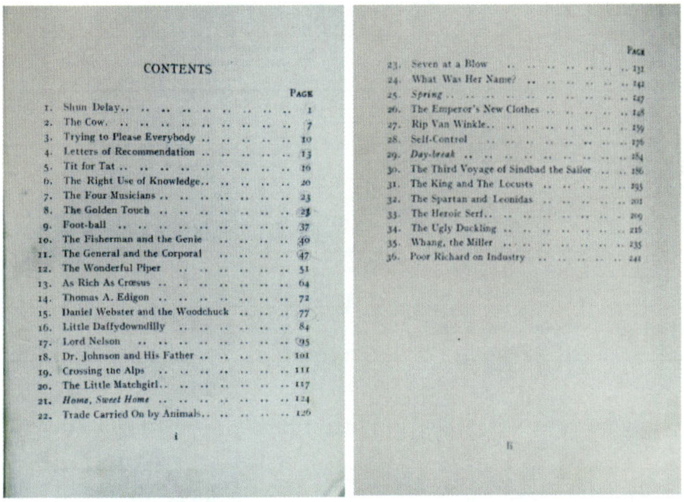
CONTENTS

		PAGE
1.	Shun Delay..	1
2.	The Cow.	7
3.	Trying to Please Everybody ..	10
4.	Letters of Recommendation ..	13
5.	Tit for Tat ..	16
6.	The Right Use of Knowledge..	20
7.	The Four Musicians ..	23
8.	The Golden Touch ..	28
9.	Foot-ball ..	37
10.	The Fisherman and the Genie	40
11.	The General and the Corporal	47
12.	The Wonderful Piper	51
13.	As Rich As Crœsus ..	64
14.	Thomas A. Edigon ..	72
15.	Daniel Webster and the Woodchuck ..	77
16.	Little Daffydowndilly	84
17.	Lord Nelson	95
18.	Dr. Johnson and His Father ..	101
19.	Crossing the Alps	111
20.	The Little Matchgirl..	117
21.	*Home, Sweet Home* ..	124
22.	Trade Carried On by Animals..	126

i

		PAGE
23.	Seven at a Blow	131
24.	What Was Her Name? ..	142
25.	*Spring* ..	147
26.	The Emperor's New Clothes	148
27.	Rip Van Winkle..	159
28.	Self-Control	176
29.	*Day-break* ..	184
30.	The Third Voyage of Sindbad the Sailor	186
31.	The King and The Locusts ..	195
32.	The Spartan and Leonidas ..	201
33.	The Heroic Serf..	209
34.	The Ugly Duckling ..	215
35.	Whang, the Miller ..	235
36.	Poor Richard on Industry	241

ii

4—71

图4—71　《中学英文选》目录

该书目录的主要内容如下（见表4-54）：

表 4-54　《中学英文选》目录

课次	题目	页码
第1课	避免延误	1
第2课	奶牛	7
第3课	试着讨好每一个人	10
第4课	求职信	13
第5课	以牙还牙	16
第6课	知识的正确运用	20
第7课	四位音乐家	23
第8课	点金术	28
第9课	足球	37
第10课	渔夫和精灵	40
第11课	将军与下士	47
第12课	出色的风笛手	51

（续表）

课次	题目	页码
第13课	像克里萨斯王一样富有	64
第14课	托马斯·爱迪生	72
第15课	丹尼尔·韦伯斯特和土拨鼠	77
第16课	小水仙	84
第17课	纳尔逊勋爵	95
第18课	约翰逊博士和他的父亲	101
第19课	穿越阿尔卑斯山	111
第20课	卖火柴的小女孩	117
第21课	家，甜蜜之家	124
第22课	动物贸易	126
第23课	一连七个	131
第24课	她的曾用名	142
第25课	春天	147
第26课	皇帝的新衣	148
第27课	瑞普·凡·温克尔	159
第28课	自控力	176
第29课	破晓	184
第30课	辛巴达的第三次航海	186
第31课	国王与蝗虫	195
第32课	斯巴达人和列奥尼达斯	201
第33课	英勇的农奴	209
第34课	丑小鸭	216
第35课	磨坊主	235
第36课	穷人理查德谈工业	241

四、教辅及其他教科书

（一）《大众英语读本》（第一册）

　　《大众英语读本》由储纮编著，大众书局于1940年发行修订版。此为该系列的第一册。

4-72

图4-72 《大众英语读本》（第一册）封面，储纮编著，大众书局，1940年
修订版

（二）《模范英文选》

《模范英文选》是由储菊人编译，陈冠英校订，上海春明书店出版并发行的自修读物，该书于
1936年发行第3版。封面上方是"新标准英汉对照　自修读物　模范英文选"的字样，其下为对照
英文"Bi-lingual Model English Selections for Self-Study"。扉页是中文和英文的书名。书的版权页是详
细的出版信息：编译者为储菊人，校订者为陈冠英，出版兼发行者为上海春明书店。该书于1936年发
行第3版，定价国币一角二分。

4-73

图4-73 《模范英文选》封面，储菊人编译，上海春明书店，1936年第3版

该书正文按英汉对照的格式编排，先有一段英文，再配套一段中文翻译。正文第一段文字的对
应译文为：

七百多年之前，牛津大学有一位教授，他的名字是罗吉·培根。人都喊他培根和尚，因为他是
一位和尚，而且那个时候只有和尚同教徒可以从事学术的研究。

（三）《图解英文习字帖》（第一册）

《图解英文习字帖》（第一册）是由秦理斋、杨戌生编辑，严畹滋参订，世界书局印刷并发行的英文字帖，该书于1930年发行第2版。封面上为"图解英文习字帖　第一册"的字样，简洁清晰。该书的版权页上方是"图解英文习字帖"的英文"STANDARD PENMANSHIP MEDIAL BOOK ONE"，下面是详细的出版信息：编辑者为秦理斋、杨戌生，参订者为严畹滋，发行及印刷者为世界书局。每册定价银二角且"外埠酌加运费汇费"，于1930年发行第2版。

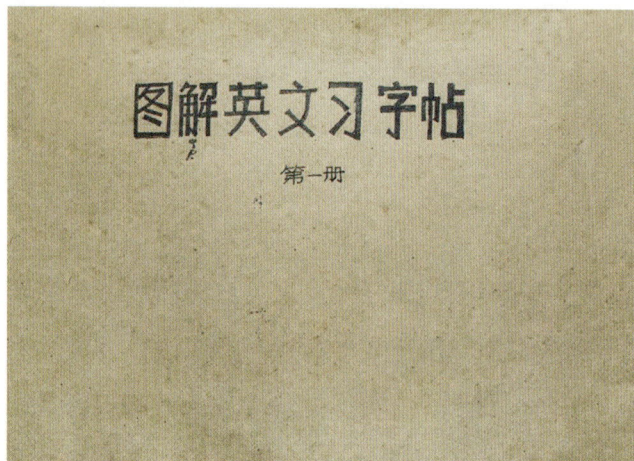

4—74

图4—74　《图解英文习字帖》（第一册）封面，秦理斋、杨戌生编辑，世界书局，1930年第2版

该书"序言"的节选如下：

1. 习字程序。习字要旨有三：曰整齐；曰秀丽；曰敏疾。不整齐不能期秀丽；不敏疾不能致实用，故三者不可缺一。然初学入手，必先求形式之工整；俟间架悉称，腕笔相应，乃进而求落笔之秀丽；迨习之既久，功候纯熟，自能挥洒自如，作书敏疾矣。

2. 运笔练习。中楷主方，西楷主圆，国人初习西字，恒苦转折生硬，腕不应笔，所作弧线，僵直而不中程式。欲祛斯弊，唯有多作运笔练习。本书特于每册底页，列运笔练习若干式。

3. 帖外练习。为学贵能自动，应举一反三；习字亦然。帖中不过摘示三数范式而已，欲致实用，必事帖外之练习。故在每册之末，列帖外练习若干则，学者可购练习簿，于临帖后，自由练习，久久不辍，拘泥化而书法自工矣。

4. 坐法。坐法有二：或正坐，或侧坐；正坐时面向书案，两肘悉着案沿；侧坐时，右躯傍书案，右肱置案上，与案沿并行，左肱临空。

（四）《详明汉释英文法》（上册）

《详明汉释英文法》（上册）是由袁湘生编著，袁氏出版社发行的英文教材，该书于1937年发行初版。封面上有中文书名"详明汉释英文法"以及与之相对应的英文书名"A FULL CHINESE EXPLANATION OF ENGLISH GRAMMAR"。扉页和封面内容相似，是书名、作者和出版社的英文信息。

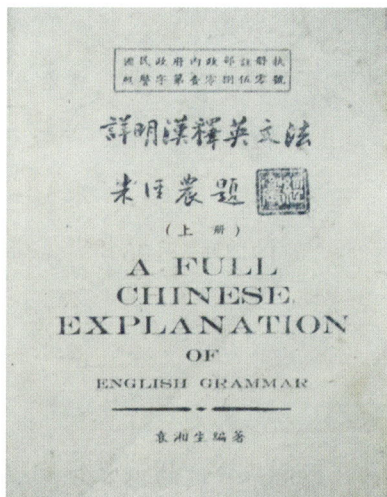

图4—75　《详明汉释英文法》（上册）封面，袁湘生编著，袁氏出版社，1937年初版

（五）《英文尺牍教科书》

《英文尺牍教科书》由张士一编纂，邝富灼校订，商务印书馆印刷发行。1914年发行初版，1923年发行第15版。该书封面印有繁体中文"英文尺牍教科书"及对照英文"A CLASS-BOOK OF ENGLISH LETTER-WRITING"。书的扉页提到该书供中学及师范学校用。该套教材是作者对其前书《英华会话合璧》的补充，旨在培养和锻炼学生撰写文字的能力。书中还有一些供教师参考的意见，例如：给学生提供多种多样的解释。全书内容分为两部分，第1部分包括28篇简易文章，旨在让学生了解文章的构成；第2部分包括48篇经典大作，旨在让学生充分品味文章的韵味。

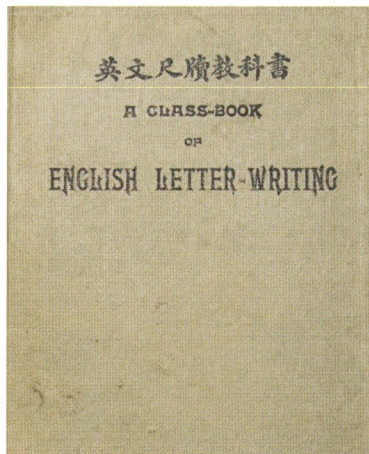

图4—76　《英文尺牍教科书》封面，张士一编纂，商务印书馆，1923年第15版

该书"序言"的主要内容翻译如下：

本书旨在完善在我的《英华会话合璧》一书中所述及的"实用英语"的教学。由于它只是一本入门级的课堂书籍，它只以最常见的方式给出了这门学科中最重要的东西。但是，为了使它真正起到作用，编写时经过了四个正式步骤：（1）权威研究；（2）课文编写；（3）课堂试用；（4）课文修订。

如果在学习这本书之后，学生能够正确地写日常信件，以及以本书之指导为始，学生可以继续自主学习，那么这本书就达到了它的目的。

然而，本书还远远不够完美，为了完善它，或更确切地说，是朝着完善它迈出了一步，我希望我在学校里的同事们能够检验它、批评它，并在下一版进行修订时提出建议来切实改进它。

张士一

1913年5月25日　上海

该书"序言"之后为"给教师的建议"，其主要内容翻译如下：

1. 提供样本时，应遵守已教授的规则和原则。

2. 除书中内容，还可给出大量的可替代的表达方式。

3. 在第4课后的每一节课上，指定一篇或两篇选定的书信供阅读。把先前学习过的内容分配给相似的对象。

4. 在学校里举办任何有趣的活动后，比如足球赛，可省略书中的练习，而以活动为主题给出另一个练习。

5. 千万不要让学生写得不完整或省略信中任何必要的部分，尽管这可能只是形式上的问题。

6. 在批改练习时，除了单词拼写外，还要注意书写、标点符号、语法和语言得体。

7. 让学生们，至少偶尔使用真正的信纸和信封来练习。

8. 在进行新练习之前，提醒他们在上一次练习中所犯的错误。

9. 不要让他们在练习中大量抄袭这本书。

10. 鼓励他们用英语与说英语的亲朋好友保持联系。

好好尝试这些建议，如果认为有必要，可以形成你自己的方法。

（六）《英文论说文选》（下册）

《英文论说文选》由Henry Huizinga编纂，商务印书馆于1935年发行初版，该书为下册，主要内容是介绍现代作家及其传记、随笔及问答。

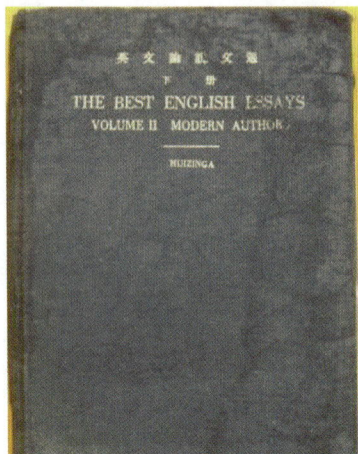

图4-77　《英文论说文选》（下册）封面，Henry Huizinga编纂，商务印书馆，1935年初版

（七）《英文最常用四千字表》

《英文最常用四千字表》是由美国桑戴克氏原著、吴谷正编著、上海鸿文书局出版并发行的英文教科书，实价法币八角。该书封面上印有中文书名"英文最常用四千字表"及对照英文"THE FOUR THOUSAND COMMONEST WORDS IN ENGLISH"，下方为原著者及出版方的信息。

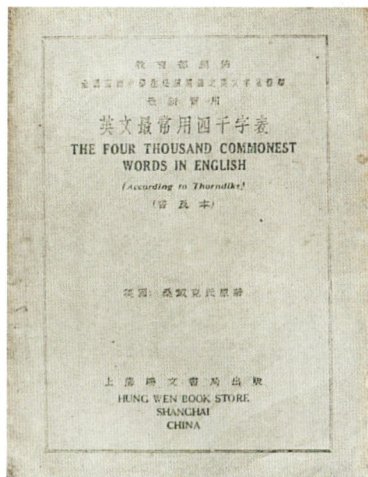

4—78

图4-78　《英文最常用四千字表》封面，[美]桑戴克氏原著，吴谷正编著，上海鸿文书局，1941年再版

该书后附有三表，即常错用字简表、常拼错字简表与不规则动词变化表。作为一本词汇书，该书内附最常用的四千个单词。书中不仅标注了单词的中文释义，而且标注了其词性，如名词、动词等。单词按照用途排序，用途越广，单词顺序越靠前。

该书"例言"的主要内容节选如下：

1. 本书所用之四千字，为美国哥伦比亚大学教授桑戴克氏所著《教师之字书》之一部分。该书为各国学界所推崇，其编著方法，采用各书常用之字，依用途之多寡而排列，用途愈广，则排列愈前，足为各字书中之冠军。

2. 本书所用之四千字，十数年前，为国立东南大学定为入学考试之英文字汇标准，至今仍为各大学所采用。且曾经被南京国民政府教育部定为全国高初中学生必须认识之字量标准。江苏省教育厅又定为高初中学生毕业时抽考字量之标准，故为中学生者不可不备。

3. 本书之四千字，每字有文法及中文注解，如一字有二种及二种以上之解释者，皆一一详细审慎注出。

4. 本书虽只四千字，每一字文法上之变化甚多，然大多数皆在表中列出。

5. 本书曾请专家精密详细校对，并无挂漏错误之处。

（八）《英语模范读本自修书》（第二册）

《英语模范读本自修书》（第二册）是由李农笙编辑，杨雨人校订，天津久大书局印刷，平津百城书局总经售的英文教科书，该书于1933年发行初版。封面上是中文繁体书名"英语模范读本自修书"、编纂者"李农笙"以及校订者"杨雨人"。扉页与封面内容相似，是书名、编纂者和校订者的信息。本册书是辅助《英语模范读本》（第二册）使用的学生自修书，每课分为Vocabulary（词汇）、Conversation（会话）、Grammar（文法）、Word Study（字学）等几个方面。

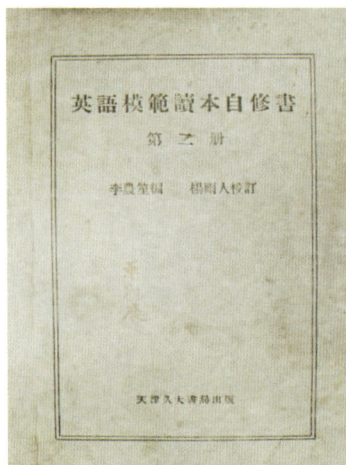

4—79

图4—79 《英语模范读本自修书》（第二册）封面，李农笙编辑，天津久大书局，1933年初版

该书"序言"的主要内容为：

1. 本书取材纯以周越然君所著之《英语模范读本》（第二册）为根据。
2. 本书以便利学生自修为宗旨。
3. 本书于原书文法一部讲解稍为变化。
4. 本书于原书不关重要部分酌量删减。
5. 本书于原书一切习题均附答案。

（九）《中级适用活的英语法》

《中级适用活的英语法》由缪廷辅任编者，李虞杰为发行人，中华书局永宁印刷厂印刷，各埠中华书局为发行处。1948年发行初版。封面上方印有繁体中文"中级适用活的英语法"及英文"FUNCTIONAL ENGLISH GRAMMAR Ⅱ"。整套教材以讲解文法知识为主，配备相应的练习题。

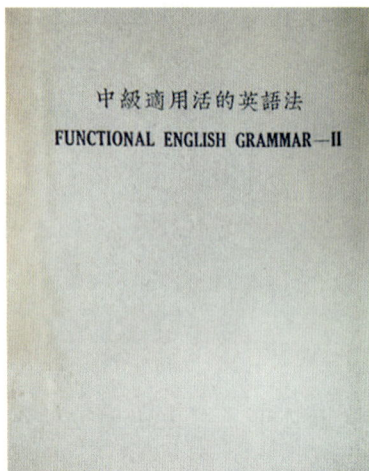

4—80

图4—80 《中级适用活的英语法》封面，缪廷辅编，中华书局，1948年初版

（十）《最新英文习字帖》（第五册）

《最新英文习字帖》是由陈鹤琴编纂，中华书局印刷并发行的英文字帖，该书于1937年印刷并发行。封面上方是中文繁体书名"最新英文习字帖"及英文书名"Manuscript Writing Copy-Book 5"，中间是编纂者信息，下方是出版社的信息。单册定价国币二角。

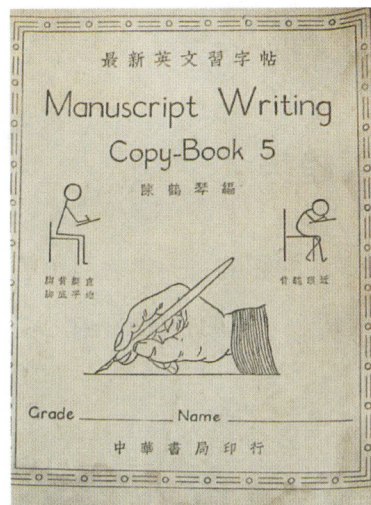

4—81

图4—81 《最新英文习字帖》（第五册）封面，陈鹤琴编纂，中华书局，1937年初版

第三节
南京国民政府时期英语教科书的特点

一、教学法日益符合现代英语教育发展趋势

教科书的编写容易受到社会环境的影响，特别是当时流行的某种教学法的影响，英语教科书的编写同样也不例外，不同时期的英语教科书能够清晰地反映某个时期内英语教学法的特征及运用。

（一）英语教科书中直接法的大量体现

19世纪中叶开始，随着欧洲资本主义进一步发展，各国之间的联系日益紧密，经贸往来频繁，英语的重要性越发凸显。与此相适应的是实用性外语学习市场出现。[1] 为适应新的时代要求，英语教学改革的呼声高涨。而到了19世纪80年代，在欧洲掀起的外语教学改革运动愈演愈烈。外语教学改革运动进入实质性阶段，主要表现在两个方面：一方面是人们对语法翻译法的批评越来越多；另一方面，人们在积极地讨论外语教学改革，不断提出新的建议，外语教学思想非常活跃，涌现出许多外语教学法史上比较著名的人物，如马赛尔（Marcel）、古恩（Gouin）等。[2]

这场教学改革运动使直接法在欧洲盛行开来，并影响到中国。该时期的英语教科书编排以直接法为指导，有的教科书在其编辑大意中直接提到用直接法来进行教学，还有的则以直接法来命名英语教科书。

由李唯建及张慎伯编纂，中华书局出版的《初中英语读本》（第四册）的"编辑大意"中也强调："本书第一年专重口耳之训练，不从语法解剖入手，务使学生多听多说，牢记文句之格调，仿语（短语）之形式，知其当然而不必知其所以然。因之，第一二册侧重图画，绝无干枯之弊，课文练习两项均参用Gouin Method编制。"[3] 由进步英文学社编译所编著，世界书局出版的《进步英语读本》的"编辑进步英语读本宣言"亦指出："全书以直接法为主，注重表演、游戏、竞赛，使学者都由动的练习出发，不致呆滞而感到枯燥。"[4]

[1] 吕良环. 外语课程与教学论[M]. 浙江：浙江教育出版社，2003：4.
[2] 吕良环. 外语课程与教学论[M]. 浙江：浙江教育出版社，2003：4.
[3] 李唯建，张慎伯. 初中英语读本：第4册[M]. 中华书局，1941：编辑大意.
[4] 进步英文学社编译所. 进步英语读本[M]. 进步英文学社，1936：编辑进步英语读本宣言.

中华书局曾出版由加拿大人文幼章（James Gareth Endicott）所编纂的《直接法英语读本》。这套书共有三册，每一个年级用一册。这套教科书以"直接法"命名，其使用也理所当然地围绕"直接法"展开。比如，其第一册中就要求不能使用翻译法，每节课要用一半的时间强化训练学生的听力；教师要借助动作和实物等方式进行教学，尽量让学生多听、多观察，让学生通过模仿来学习。若学生出现错误，教师不用解释，而是直接说出正确的表达，让其反复模仿直至能够脱口而出。

商务印书馆出版的由张士一编写的《初中直接法英语教科书》同样在其"教学方法说明"中提出了三个步骤："第一步，教师说命令句，学生注意听；第二步，学生重复教师的句子；第三步，学生独立地说句子。"[1]以第一册的第1课和第5课为例。第1课的内容：Stand up（起立）；Come here（到这里来）；Take up my book（拿起我的书）；Open my book（打开我的书）；Close my book（合上我的书）；Put down my book（放下我的书）；Go back（回到原来的位置）；Sit down（坐下）。第5课的内容为：Come to the blackboard（走至黑板）；Take this piece of chalk（拿起这支粉笔）；Draw a line（画一根线）；Draw a circle（画一个圈）；Write the figure "1"（写下数字"1"）；Write the figure "2"（写下数字"2"）；Put the chalk on my desk（把粉笔放在我的桌上）；Go back to your seat（回到你的座位上）。这些内容往往是一组有内在联系的表示动作的句子，而大量使用该种句子则是直接法的代表特征。

（二）本土外语教学方法多样化的形成

19世纪末至20世纪20年代，是直接法的全盛时期。我国的外语教学同样受其影响，但随着中国外语教学的不断发展，国内学者在吸取国外外语教学经验的同时，结合中国实际，不断总结与归纳，提出了自己的外语教学方法，并影响了教科书的编写。

1. 张士一的英语教学观点

19世纪末期在欧洲开始的外语教学运动使直接法全面盛行，在这场持续了二十多年的改革运动过程中，人们对直接法逐渐形成了三点核心认识：第一，口语第一，重视语音，听说领先，读写其次；第二，连贯性课文是教学中心；第三，母语尽量少用，采用归纳法学习语法。张士一根据自己对直接法的理解和教学实际，对直接法的这三点认识，提出了自己的观点：

第一，学习口语/说话只表示从说话入手打好基础，实际上文字是代表语言的东西，所以必须重视阅读和写作教学。第二，直接法要求符号/声音与意义直接联系是指教学结果，就教学过程而言，两者总是间接联系的，因为凡是学习都是间接联系的。所以采用直接法不是不可使用本族语，而是根据情况在尽可能用目的语的情况下，采用多种释义方式；如果教抽象词义或难以用目的语说明的词，就可用翻译。第三，由于我们的目的是使学生能运用外国语，应当拿语言做主体，语法做辅助

[1] 马俊明. 对TPR的一些反思[J]. 基础教育外语教学研究，2002（9）：16.

品，使语法帮助学生学习语言。[1]

张士一肯定了直接法的科学性，但是又没有一味地照搬，结合我国实际情况后，分析其利弊，为其所用。他对直接法的内涵做出了进一步的探索，使直接法在实际教学过程中更容易实施。

自20世纪20年代起，张士一逐渐形成了情境教学理论。他认为语言是反映人生一切活动的活动，不是单独孤立的活动；语言的实质是人的有机体对于情境的一种反应，故学习语言的实质是学习一种用语言对情境作出反应的本领。[2]他同时认为中学生学英语之所以失败，是因为在语言的狭窄的范围之内转圈子。我们老是在词汇、语法和其他局部的事情上下工夫，而没有注意到全盘的根本问题。对于什么是情境，张士一举出了一个代表性的例子。

他在看见他人吃饭的时候，听见他人说"吃饭"。在他自己吃饭的时候，也听见他人说"吃饭"，他从看见他人吃饭和自己吃饭的经验里头了解"吃饭"的意义。以后，他在看见他人吃饭和自己吃饭的时候也会说起"吃饭"来了。并且，在不看见他人吃饭和自己不在吃饭的时候，一想到吃饭，也会说起"吃饭"来了。这样，"吃饭"这句话就切实学到了。他之所以能够学得这样切实，是因为他的语言经验（听和说"吃饭"）是和他的生活经验（看见吃饭，吃饭，想吃饭）一同获得的，这就是合于情境原则的语言学习。[3]

对于英语教科书的编写，张士一认为首先要根据教学目的列出情境表，"有了情境表，字表和字组表就不必再做了。照情境配上合于英语学习的句段，字表和字组表就根本用不上了。因为字和字组自然而然地在这些句段里了"。这里的字表和字组表指的是单词表和短语表。如果把情境表里的每一个情境都配上相当的句段，使情境和句段结合起来，形成教材的一个单元；再根据情境的自然演变，把各个小单元从小到大连接起来，同时在单元的编排顺序上，注意把简单、具体、常见的情境单元放在前，而把复杂、抽象、少见的情境单元放在后；在与情境配合的句段上，首先把比较简短的、固定的、常用的句段放在前，而把长的、活动的、少用的句段放在后。最后，这个最大的单元即构成了以情境为核心的教材。

2. 林语堂的英语教学观点

进入20世纪三四十年代，外语被认为是一种交际手段的观点越来越受到大家的关注，如丹麦学者叶斯柏森（Otto Jesperson，1860—1943）把语言看作交际手段，将外语教学目的看作是把人们的交际范围扩大到不能使用母语的场合。[4]国内有些学者也受其影响，重新开始审视外语教学的本质和核心。林语堂根据自己对外语教学的理解和教学的实际情况，提出了独到的见解。

林语堂首先提出有关意念及其表达方式的观点。什么是"意念"？什么是"意念的表达方式"？他曾经在其编写的《开明英文法》中作出了解释："我们说话都包括了两个方面：一、说

---

[1] 张正东. 中国外语教学法理论与流派[M]. 北京：科学出版社，2000：165.

[2] 张正东. 中国外语教学法理论与流派[M]. 北京：科学出版社，2000：166.

[3] 张士一. 一个语言教学的新理论[J]. 英语教学第1卷第1号，1948（6）：3.

[4] 张正东. 中国外语教学法理论与流派[M]. 北京：科学出版社，2000：182.

什么。二、怎样说。我们称前者为意念（notions），后者为意念的表达方式（the expressions of notions）。"[1]他认为语言是意念的载体和表达意念的工具，人们说话时是先有意念，明确了说什么，再选用表达意念的方式，所以意念表达方式体现为语言的具体用法。因此，林语堂认为英语教学要以意念为中心，先了解语言所负载的意念（语言的内涵），再选用表达意念的方式（语言的形式）。[2]但在这两者的关系上，林语堂认为，"说什么"决定"怎样说"。这是因为"说什么"（即意念的不同）导致了"怎样说"（即具体语言使用的差异），如请求、问候、道歉、抱怨等各种不同的语言行为。

此外，林语堂对传统的语法教学也提出了自己独到的见解。传统的语法教学从外形到内涵，着重学习语法外在形式变化，而忽视了意念的表达。

他认为"语法是表情达意之学。它阐述意象和表达这些意象的方式，从而讨论语法变化和句子的构造"[3]。因此，林语堂主张从语法的功能或内容着手，即从我们希望表达的意念到这种意念的表达，而不仅仅是背诵语法规则。他举例说某人看到失火时大喊"fire"，从语法角度看"fire"这个词并不合要求，但从交际角度讲，它却准确、简洁地表达了说话人的真实意图。[4]

同时，他提出了学习语法的方法，首先要学会仔细观察。学生要学会细心观察语言表达形式，比如："Help me do it."这句话中，应该要注意到这句话中动词"help"的后面并没有用"to"。其次是学会系统的研究。要学会把构造相同的句子集合在一起，突出其用法。比如，在观察上面这句话时，还应该把"make""have""let""see""hear"等词构成的句子放在一起比较，这些动词在句中的用法跟"help"这个词一样。"系统的研究可为将来阅读时自由观察的基础，因为读者心中不明文法的整个系统，也就不会作有系统的观察。例如，通过'beauty'和'a beauty'，体会抽象与具体这两个概念的区别。"[5]

（三）教科书中国际音标使用逐渐成型

文字是口语的记录，而语音的演变又使得文字不能完全与语音相符合。《英语单词标音法面面观》中把标音法归纳为：（一）符号标音法、（二）国际音标标音法、（三）阿拉伯数字标音法、（四）读音规则法等四大类。[6]而简单来说，标音方法大致可以分为两类：就词标音法和词外标音法。就词标音法，顾名思义，就是用直接附着于字母上的标音符号（diacritical marks）来标注该词的发音；而词外标音法，则是用语音字母（phonetic alphabet）在词外来标注单词的发音。而从近代

[1] 陈冠英. 林语堂与交际法[J]. 西北师大学报（社会科学版），1991（8）：71.
[2] 张正东. 中国外语教学法理论与流派[M]. 北京：科学出版社，2000：183.
[3] 吴棠. 林语堂英语教学思想述要[J]. 上海大学外国语学报，1994（5）：9.
[4] 李渝华. 林语堂的意念教学法[J]. 外语教学，2000（1）：80.
[5] 吴棠. 林语堂英语教学思想述要[J]. 上海大学外国语学报，1994（5）：9.
[6] 马俊明. 基础英语教育论文集[M]. 北京：人民教育出版社，2004：193-200.

语言学发展历程来看，就词标音法的产生先于词外标音法。因此，较早的英文词典大多选用这种标音方法，如《韦氏大词典》《牛津词典》等。

但随着语言科学的不断发展，人们迫切需要一套公认的标音体系以满足不同国家人们的需要。1886年，欧洲各国的语音学教师在英国伦敦成立了"语音学教师协会"（The Phonetic Teachers' Association），后改名为"国际语音协会"（International Phonetic Association）。1888年，由英国的H. Sweet提出倡议，由法国的Paul Edouard Passy 和英国的Daniel Jones等人制定了国际音标（又称国际语音字母，英文International Phonetic Alphabet，简称IPA），发表在Le Maître Phonétique（《语音学教师》，"国际语音协会"的会刊）上。

国际音标自1888年创制以来，曾为世界各国广泛采用，尤其在很多国家的外语教学和语音学中已成为不可缺少的工具。它最大的优点是符合"一符一音、一音一符"的原则，这就把注音符号的数目减少到最低限度。因此是一套科学的简洁的注音符号体系。[1]

从清末至民国期间，我国英语教科书中采用的音标种类各不一样。美国音、英国音共存，韦氏音标、牛津音标和国际音标并用，而以韦氏音标使用最为广泛和持久。[2]清末民初的英语教科书基本上采用的就是就词标音法，以韦氏音标、牛津音标为主。而到了20世纪30年代，一些外语教学研究学者认识到国际音标的优势，倡导在编写英语教科书时采用国际音标。如张士一于1931年在《国立中央大学教育季刊》第一卷中发表的文章《英语教学上的"音译"问题》。文中，他通过对国际音标、韦氏法（Webster）和克氏法（Craigie）的比较，指出：

国际音标的标音方法一音一标、一标一音，最为简单，最为整齐，学起来和用起来最为容易。韦氏和克氏的方法，只做到这个科学原则的一半，就是一个符号（把附加的小符号一总算入的总符号）只用来代表一个音，但是一个音却可以用几个符号来代替。

并且，他劝说外语教师和教师培训学校能够重视国际音标，在实际教学中使用它。同时他也希望在越来越多的英语教科书中能够采用这套标音体系。

……我们要用国际音标是要求英语教学的效率增高，若是一般英语教员不习见国际音标，那只有希望他们都去研究他，并且希望训练英语师资的学校好好地去传习他，还要希望编辑英语教科书和参考书的人多多去采用他，不可以就拿目前的通用来做个因循将就的护符，否则他们也就不必研究教学方法的改良了。

而该时期的英语教科书开始越来越重视国际音标的使用。如林语堂所编的《开明第二英文读本》（1937年7月修正出版）中，已经明确提出使用国际音标。该书首编有"致教师"部分。其中"第六部分：基本原则"里面的第十四条便指出："凭借国际音标，教授对单词发音的清晰分析。"[3]

[1] 刘骏. 国际音标及其在我国英语教学中的运用：纪念国际音标公布一百周年（1888—1988）[J]. 外国语文，1988（3）：16.

[2] 刘骏. 国际音标及其在我国英语教学中的运用：纪念国际音标公布一百周年（1888—1988）[J]. 外国语文，1988（3）：18.

[3] 林语堂. 开明第二英文读本[M]. 开明书局，1937：致教师.

二、读本与语法的综合

在这里首先要简单回顾一下，从清末至民初，从小学至初中的英语教科书分类情况。清末到民初的英语教科书内容一般分为读本与文法（语法）两大类。一般小学阶段所用英语教科书以英语基本知识为内容，侧重课文，辅以少量的语法内容，如《华英初阶》和《华英进阶》系列、民初各家书坊自编的小学英语教科书等。而在中学阶段，不管是在初中还是高中阶段，英语教科书一般是读本与语法分列，学生分别学之。初中的读本类书籍以自编英语教科书为主，高中则以英美文学作品为主；而语法类书籍则几乎为《纳氏文法》（四册）所垄断。[1]总的看来，清末到民初的英语教科书中文法类的书籍所占比重超过读本类书籍。根据人民教育出版社外语室所写的《建国以前中学英语教学和教材》一文中对1922年以前的英语教科书和1922至1935年的英语教科书的不完全统计可见一斑。

而该时期的英语教科书则试图把读本和语法综合在一起。这就需要克服两种极端：要么以读本为中心、语法为次，即以课文为主，让语法内容成为点缀；要么以语法为主、读本为次，即以语法为中轴，按照其内容来编排课文。这两种极端可以通过下面这个比喻来说明：

> 如果拿食物来比方，以现成的故事做主体的课文容易引起学生的兴趣，但单边包含的语法点多而分散，并且这一课和那一课没有什么不同，好比一种食物，很有味道，但是不容易吸收；专为说明语法而编的课文则刚好相反，好消化，但是没有味道。[2]

因此，如何把二者很好地统一起来则是编者面临的最大问题。以该时期这方面典型的英语教科书《英文读本文法合编》为例。这套由商务印书馆出版的英语教科书严格按照1922年全国教育会议特别委员会制定的"新课程"计划进行编写。针对之前大量英语教科书把读本和文法严格区分开来所带来的弊端，该套书没有刻意强调文法，在前几册书中，每篇课文中都安排了可供学生学习文法的会话和短文，并且在这些会话和短文中加入了大量的练习。在每课后编有复习，在书中安排有总复习，以便学生能够及时对前面所学内容进行回顾，使其加深对知识的理解。编者这样安排的目的，一方面是使学生在学习课文和操练对话过程中自然理解文法知识，另一方面也给学生提供了大量的操练机会。"系统的语法练习将出现在后面几册，而且完全与课文密切相关。语法部分突出要点逐步提高，先从入门开始，然后讲完词类。随着学习的深入，在不同时期出现各种的习语和词汇的用法。"

以该套书的第一册为例，该册书几乎全部采用对话形式编写，"教师不用对学生讲述语法术语，其目的是让学生自然地、逐步地学会各种式样的简单英语，从而免除各种语法的干扰，"每课后编有复习，在第40课和第80课后面，另编有总复习。各种练习均是学生已学内容，只是稍作修

---

[1] 李宝忱. 开明与开明英语[J]. 出版史料，2008（2）：54.

[2] 李宝忱. 开明与开明英语[J]. 出版史料，2008（2）：55.

改。教师可以根据实际情况决定是否需要布置给学生。[1]

三、英语教科书的辅助书籍出现

19世纪末期欧洲外语教学改革运动带来的结果是直接法的盛行。直接法这种教学方法同样也影响着中国的英语教学。但是对于很多国内学者来说，究竟什么是直接法？直接法的特征是什么？这些问题同样也困扰着他们。对于直接法的理解，人们往往也有各种误区。于是国内的一些研究教学法的先驱者提出了自己的理解。如张士一的观点：

我国现在渐渐晓得教授外国语有所谓直接法（the direct method）了。但是直接法究竟是怎样的，明了的人恐怕还不多。就是在欧美也往往有不明白直接法真相的人，不照直接法的实际教授，而却称他的方法为直接法。因之结果往往有不很好的。不免引起一部人对于直接法的怀疑。其实这不是直接法自己的不好，是用他的人没有仔细研究的不好。[2]

（一）教学法的辅助书籍的使用

中华书局于1922年出版了张士一编写的《英语教学法》一书，该书详细介绍了他对于当时流行的直接法的一些独到的理解和认识。他认为直接法中的"直接"包括了三层意思："直接使用所要教学的语言材料，符号和意义之间有直接的联系，教材直接应用于日常生活。"[3]一般人对直接法有三个比较大的误会。

第一，认为完全不用本国语教授就是直接法。

"直接"两字在外国语教授法上最科学的解释，是使学生的脑筋里头得到一种直接的结合（bonds）。就是英语和英语的意义之间有感境（stimulus）和动应（response）的作用。

例如come这一个字，在学生没有学到的时候，他人说出来，并不能晓得它的意义，或是自己想说这个意义的时候，说不出来这个字来。到了学熟了这个字以后，他人说出来也可以懂，自己要说也说得出。这就是因为come这一个字和它的意义之间，有一种感应和动应的结合了。[4]

第二，以为不教语法是直接法的特点。张士一认为直接法并不是不教语法，而是采用不同的方法教。教师必须首先明白教语法的目的并不是让他们成为熟悉英语语法的专家，而是通过借助学习语法帮助其运用英语。因此，语言处于首位，文法只是辅助品。如果一味地追求语法的规则和例子的学习，在实际运用的时候总不免出错。所以直接法应如下教学：

第一，先要教许多语言材料，练习纯熟，然后教文法。第二，初教文法的时候，从已经学过的

[1] 张英. 启迪民智的钥匙：商务印书馆前期中学英语教科书[M]. 上海：中国福利会出版社，2004：116-118.

[2] 张士一. 英语教学法[M]. 中华书局，1922：10-11.

[3] 吴棠. 张士一英语教学思想述要[J]. 课程·教材·教法，1986（6）：5.

[4] 张士一. 英语教学法[M]. 中华书局，1922：11-12.

语言材料里头随时指出要点，和新材料里头的要点对照、扩充。这可以说是用心理的组织法教文法，是第一个圆周。第三，用这样活动的教法，把文法全体上应用的要点大致都教到了，然后再用论理的组织法教文法，到这个地步才可以用正式的有系统的文法书。这是第二个圆周。[1]

按照他的理解，语法材料和语言材料如果能结合在一起，不但不要废除语法，反而可以充分利用语法。

第三，以为直接法是专重说话的。张士一认为直接法也注重看和写，不过说是基础。

在语言文字的性质上，文字是代表语言的东西。……即使我们的目的只求能看文字，而不求能说语言，也必须先有语言上的基础才好。因为要真能阅看文字而懂得文字里头精密的意义，得到文字里头活动的精神，非先得到一种运用语言的经验不行。[2]

张士一提出了他对于理想状态下英语教学的标准。

1. 要大小由之。英语教学方法，在小的方面，虽是一举一动之细，一音一义一形一用之微，都必须谨慎从事；在大的方面，要能和教学目标打成一片，而且要把教材也包括在内。

2. 要内外相通。英语要真的学好，必须把精神贯穿到和英语教学有连带关系的方面去。例如，顾到英汉语言的异同：异的地方，预防错误；同的地方，因势利导。又如，书写的整洁，语言的条理，要教得能够转到汉语里去。凡属语言大范围以内的学科，都应互通声气，对于其他学科也应沟通，例如外国史地。中学英语的教学是从英语方面帮助达到整个的中学教育目的。

3. 要主客分明。中学的英语是实用的英语，应以切于实用的语言材料为主，语法和语音学都是辅助品。

4. 要合于心理。学习心理学和语言心理学的紧要原则，教学方法都必须服从。例如，学习定律、记忆容量、练习曲线、迁移等等；又如，语言是社会行为，语言和思想一体，句子是语言的单位，语型是语言的要素，口语是文字的基础等。

5. 要切于生活。合于习用的自然语言，能在生活中练习应用；应用文，如书信、通知；将来生活上能继续发展，如基本的学习态度、历程和习惯；又如，基本练习和基本技能——听说读写；又如，指导学习方法。

6. 要博采众长。

7. 要富有弹性。教学情形不同，方法应跟着改变，方法要进步、要改良；艺术化的教学，必先严格遵守规矩准绳，然后才能自由变化。[3]

此外，还有周越然所编的《初级外国语科教学法》。该书采用直接法的观点，主张唤醒学生学习语言的天赋能力，由耳及口，在语流中训练语音。但他主张到了大一应重视翻译，这可看作分阶

---

[1] 张士一. 英语教学法[M]. 中华书局，1922：16-17.
[2] 张士一. 英语教学法[M]. 中华书局，1922：18-19.
[3] 张士一：中学英语教学的方法问题[J]，国立中央大学教育丛刊，1933，1（1）.

段教学法观点的雏形。[1]

（二）教科书配套的教师指导用书出现

该时期的英语教科书出现了配套的教师指导用书。如世界书局出版的由詹文浒编著的《初中活用英语读本》，其每册教科书均配有指导用书，用以帮助教师教授该套教材。以《初中活用英语读本》（第二册）的第一课"My Family"（《我的家庭》）为例。

我的家庭

我叫宝琴。我和我的父母、奶奶住在一起。我有一个哥哥和一个妹妹。我奶奶上了年纪，她今年已经七十多岁了。但她身体健康，经常和我父亲外出购物。我的父亲是一位商人，每天很忙。我的哥哥今年十六岁，比我大三岁。他和我就读于同一所学校。我们早上一起去上学。我妹妹年纪太小，还没到上学年龄，她今年五岁。

《初中活用英语读本指导书》（第二册）中对该课的要求是"研习一至二十的数字"，在"教学"中从"动机"和"讲读"两个部分进行指导。比如动机，该书认为"教员对学生们可以这样说以引起他们的动机：'你们已经学过了几个数字，但你们能从一数到二十吗？'"；在第一课的"讲读"部分，该书从总读、音义、文法、练习等四个方面进行了详细说明。

讲读

总读　（1）教员先慢慢地朗读教材中的句子；（2）把句子读得快些；（3）教员自己读一句，令学生全体仿读一句；（4）教员先读一句，令学生照座位的号码一个一个地仿读；（5）令学生们自己读；（6）分组读。

音义　grandmother，祖母（对学生说亦可作"外祖母"解）。over，超过。seventy，七十的；七十。She is over seventy years old，她年逾七十。age，年龄。But she is strong for her age，但以她的年龄而论，她的身体可谓强健。shopping，购物。merchant，商人。all day，整天。together，共同地；一同地。yet，由；尚。numbers，数目。

文法　数字有两种：一种是基数（cardinal numbers），如one、two、three等；一种是序数（ordinal numbers），如first、second、third等。本课的数字都是基数。

练习　本课的目的即在研习数字，故教员应嘱每个学生从一数起到二十直至很熟为止。数目数熟后，即令他们一个一个地回答练习部分的问句；如时间有余，教员可添几个相同的问句。

四、逐渐完备的教科书审定制度

南京国民政府成立后，虽然教育主管部门历经更替，审定标准也各不相同，但其核心是以"三

---

[1] 张正东. 中国外语教学法理论与流派[M]. 北京：科学出版社，2000：101.

民主义教育宗旨"为基准。国民政府通过教育主管部门对教科书编审采取严格的审定制和国定制，强化管理体制。

1927年8月，南京国民政府为贯彻党化教育，规定从速审查和编写教科书，以求与"党义"相合。教育行政委员会还通过了《组织教科书审查会章程》，责令各书店限期将小学用新学制国文、国语、公民、社会、常识、历史、地理各种教科书呈会听候审核。其目的在使学校教科书服从"党义"，符合"三民主义教育宗旨"。1927年10月，中华民国大学院成立，其下设"书报编审组"作为教科书审定的机构。同年12月，大学院颁布《教科图书审查条例》，其主要内容包括：中小学教科用图书，"非经中华民国大学院审定者，不得发行或采用"；教科书"以不背本党的主义、党纲及精神，并适合教育目的、学科程度及教科体裁者，为合格"；应行审查的教科书，按其性质分为"三民主义、国文国语、外国语、社会科学、自然科学、职业各科及音乐、图画、手工、体操（此4项归作一类）"等几类；已经审定的教科书，"应在书面上记明某年某月经大学院审定字样"；审定后的教科书，"如经过两年时间，经大学院认为不合时宜者，得取消其审定效力"。该条例后刊载于《大学院公报》第1年第1期，条例突出国民党的党义、党纲和精神至高无上的地位，教科书的编排均必须围绕此进行，教科书审定制度体现的政治倾向一览无遗。

1928年3月，教育部大学院设立"译名统一委员会"和编审组，颁布《暂行教科图书审查办法》，对教科书在规定期限（一个月）内进行初审和复审。同年11月，大学院更名为教育部，其下设"编审处"负责对教科书的审定。编审处共分为三组，第一组负责编译教育学术方面的图书；第二组负责审查图书；第三组负责征集保藏奖励国内出版物及标本仪器、教育用品、国际出版物的交换等事宜。1929年1月28日，南京国民政府教育部公布了《教科图书审查规程》。该规程中明确规定，各级各类学校所用的教科图书，未经南京国民政府教育部审定，或已失审定效力者不得发行或采用。审定之图书，有效期为两年。同时公布《审查教科书共同标准》，比如在教材精神上围绕"适合党义、适合国情、适合时代性"；在教材实质上要体现"内容充实，事理正确，切合实用"；在组织形式上强调"全书分量适宜，程度深浅有序，各部轻重适度，条理分明，标题醒目确切，有相当之问题研究或举例说明，有相当之注释插图索引等，适合学习心理，能顾及程度之衔接，能顾及各科之联络"；在文字方面追求"适合程度，流畅通达，方言俚语，摒弃不用"；在编排上讲究"字体大小适宜，纸质无碍目力，校对准确，印刷鲜明，装订坚固美观"。这些审定标准包含的详细的要求，除了在教科书中树立"党义"的权威之外，另外也从教科书编排的各个方面进行了具体阐述，如教材内容的选材范围与条件；教科书编排组织与形式是否合理等。

1932年6月，国民政府设立国立编译馆。次年4月，国民政府公布了《国立编译馆组织条例》及《国立编译馆办事细则》，详细规定了国立编译馆工作内容和教科书审定程序，重申学校教科书编纂的国定制和审定制，明确了教科图书的初审、复审、终审的三审制，以及初审、复审发生争议时的特审制。各种图书的审查程序如下：

（1）著作人或发行人呈审图书，按教育部核发到馆后，依次分配审查。（2）审查程序分为初审、复审、终审；初、复审由编译馆担任，终审由审查会议执行。（3）初、复审意见如有冲突，由各该组主任另行特审后，再付终审。（4）审查每一种图书最多以一个月为限。（5）初审图书中如有不妥之处随即签明应修改之点，填具审查单粘贴图书内，并加总评。（6）复审时应将初审意见郑重审核，并签明初审所未发现之意见，填具审查单粘附图书内，并加总评，其对于初审总评同意时签同意字样。（7）特审除审查原图书外，应将初、复审意见冲突之处，加以决定，填具审查单粘附图书内，并加总评。（8）初、复审及特审，应署名。（9）复审或特审后，交由各该组主任，提付审查会议终审。（10）凡经审查之图书，由各该主任指定编译人整理审查单，整理完毕后，将签注本呈复教育部核定。（11）凡图书之内容涉及人文、自然两者，应由两组会审。

国立编译馆的组织条例和办事细则，在政治上可以强化"党化教育"，巩固其绝对权威的地位。但与此同时，这些规章与制度也有助于对编审制度的规范与完善，有利于提高教科书本身的学术水平。

为了更有效地实施"党化教育"政策和"三民主义教育宗旨"，同时使教科书的编审工作专门化和专业化，南京国民政府提出中小学教科书应由政府编辑。为此，南京国民政府教育部一方面不断加强对民间教科书审查力度，同时也开始着手"国定本"教科书的编撰工作。1933年设立了"中小学教科用书编辑委员会"；1935年5月设立"中小学教科书编审委员会"，主要负责编辑审定中小学各科标准教科书；1936年7月设立"教科图书编辑委员会"，该委员会据部颁课程标准、教学大纲，编辑修订中小学教科图书。各种书稿必须经过初审、复审和核订手续，然后提交该会常务委员会通过，最终由教育部核定付印。

从不断完善的教科书审查制度这个过程中不难看到，南京国民政府通过借助教科书审定贯彻国民党的"党化教育"和"三民主义"精神，已实现强化管理体制的意图。但另一方面，由于教科书审查制度的建立，对当时的教科书编写、出版起到规范作用，也确实出版了一些优秀的教科书。该时期的外语教科书发展迅速，无论是从质量上还是数量上来看，都取得了很大的进步：外语教科书数量稳定增加；教科书内容主要以当时盛行的直接法为指导；教科书的种类逐步增多；教科书编排也趋向科学化和规范化。这些进步在某种程度上也得益于同时期日趋完善的教科书审查制度。

第五章

近代其他外语教科书的回顾

概述

第一次鸦片战争后，中国受到西方列强的殖民侵略，丧权辱国的不平等条约使国人开始思考如何"师夷长技以制夷"。清末，曾经被西方殖民的日本经过明治维新不但摆脱了险些沦为半殖民地的命运，还跻身资本主义强国之列；而中国虽然开展了轰轰烈烈的洋务运动，但腐朽的清王朝仍然未能改变贫穷羸弱的国态。至19世纪末期，随着世界格局的剧变及中日两国国力的改变，两国交流趋势发生转变，鸦片战争之前的"日学中"逐渐转变为清末的"中学日"。中国的有识之士开始重新审视日本，官办日语教育越来越受到重视。1897年，京师同文馆和广东同文馆开设东文馆，官办日语教育步入正轨。可惜的是，作为国内最早的官方日语人才培养基地，同文馆东文馆的历史却很短暂。1900年，八国联军入侵中国，京师同文馆受此影响被迫解散；而广东同文馆虽未受此事影响，但也于1902年《钦定学堂章程》公布后，仿照京师同文馆归并办法，于该年年底并入广州驻防中学堂。即使如此，同文馆东文馆毕竟开创了清末国内日语教育的先例，是中国日语教育史上具有重要意义的一章。[1]中国向日本学习热潮的兴起带动了国人学习日语的积极性，也促进了日语教科书出版的快速发展，这是中国日语教育史上极为重要的一段时期。从1884年的《东语简要》出版到1911年，国人编著的日语教科书40余种，这些教科书各有特点，按其内容可分为词汇、读本、语法及综合四大类。这些日语教材包括：《东语简要》《东语入门》《东语文法提纲》《东语正规》《东语课程》《实用东语完璧》《东文动词汇》《汉译东文读本》《东文典问答》《东文新法会通》《东文法程》《和文汉译读本》《和文释例》《和文奇字解》《广和文汉读法》《和文习本》《和文汉读法》《日语用法汇编》《日语教程》《日语古微》《日文讲义》等。[2]

民国时期日语教科书发展呈现出"低—高—低"不断反复的特点。1912年至1919年间中日两国摩擦不断，关系日益恶化。该时期的日语教材仅有3种，18种翻译自日本文学作品的书目中有14种都是清末"说部丛书"中同名书之再版。[3]1927年，南京国民政府成立。国内部分有识之士已经注意到日本对中国的虎视眈眈，尤其在九一八事变之后，在"救亡图存"的一片呼声中，国内再次掀起了"日本研究热"。这也带来了日语教科书发展的回暖。至抗日战争全面爆发之前，国人编写的日语教材有近百种，其种类丰富、样式多样，大致有综合、读本、语法、语音、会话、翻译、写作七类，可以说基本上涉及了日语学习的方方面面。[4]七七事变爆发后，中国陷入了民族危亡的时刻，举国上下抗日呼声日益高涨。经过长达十四年的艰苦斗争，中国最终赢得抗战的胜利。在这段

[1] 许海华.清末官办日语教育之研究[D].杭州：浙江大学，2007：26.

[2] 李小兰，史占泓.清末日语教材的特点及其影响[J].日本学论坛，2004：41-42.

[3] 马可英.民国时期中国人编日语教材之研究：以"日语基础丛书"为例[D].杭州：浙江工商大学，2010：8.

[4] 马可英.民国时期中国人编日语教材之研究：以"日语基础丛书"为例[D].杭州：浙江工商大学，2010：12.

时间内，除了伪满洲政府为了维持"奴化教育"而出版部分日语教科书外，南京国民政府很少出版新的日语教材，这一状况一直延续到中华人民共和国成立之前。因此，在南京国民政府的后十年时间里，日语教科书的发展再次落入低谷。

第一节
清末日语教科书的兴起

19世纪中期，在西方列强的侵略下，为了"自强保种"，中、日两国或被迫或主动地开始学习西方。经历以学习西方技术及思想同时进行的日本的明治维新，与以学习西方技术为主的中国洋务运动后，日本跻身于资本主义强国的行列而中国却逐渐沦为半殖民地半封建社会。两国国力的改变导致两国交流趋势的转变，鸦片战争之前的"日学中"逐渐转变为清末的"中学日"。

一、官办日语教育的重视

中国官办日语教育早在明朝就已出现。而日语教学的兴起则在清末，这既是清王朝晚期外语教育整个兴起的一个方面，也是清末中日交流繁荣的直接结果。随着近代世界格局的剧烈变化，向以"天朝上国"自诩的清王朝由鸦片战争的失败一步步沦为半殖民地半封建社会，衰败之相暴露无遗。[1]日语教育的兴起则与中日交流的迅速发展以及日本明治维新后国力大增紧密相连。1868年，日本维新势力推翻德川幕府，建立起以明治天皇为首的新政权，就此展开一系列资产阶级改革，日本逐步进入近代资本主义强国之列。1871年，中日双方签订了《中日修好条规》和《中日通商章程》，从此两国正式建立了外交关系。以此为契机，从19世纪70年代开始，两国政府开始互派外交官并设公使馆、领事馆。

清政府与日本明治政府于1871年建交后，日本于第二年派遣领事，第三年任命驻华公使。而清政府直至1877年才派遣了以何如璋为首任公使的赴日外交使团。为了使交流更加便利，清政府于1882年在公使馆开设东文学堂。从1882年9月开馆至1894年8月甲午战争爆发使馆撤回，东文学堂先后有中日教师六名，学生二十七人。但东文学堂是驻日公使馆的附属机构，而非独立的语言学校，因此无论是学生数量还是开展日语教学的范围都相对有限，学制方面没有严格规定，教学上也无规范可依；又因为学堂设在日本，对当时中国国内的影响也比较小。[2]

[1] 许海华. 清末官办日语教育之研究[D]. 杭州：浙江大学，2007：11.
[2] 许海华. 清末官办日语教育之研究[D]. 杭州：浙江大学，2007：17.

中国近代日语教育和留学日本的起点，应是1882年开设于驻日公使馆的东文学堂；而国内培养日语人才的起点，则是同文馆中所设之东文馆。甲午战争中国的落败震惊国人，以甲午战争为转折点，国人好奇于日本富强的根源，试图充分利用日本这个媒介引进西方文化成果，这极大地推动了日语学习的热潮。1897年，京师同文馆和广东同文馆开设东文馆，官办日语教育步入正轨。可惜的是，作为国内最早的官方日语人才培养基地，同文馆东文馆的历史却很短暂。1900年，八国联军入侵中国，京师同文馆受此影响被迫解散；而广东同文馆虽未受此事影响，但也于1902年《钦定学堂章程》公布后，仿照京师同文馆归并办法，于该年年底并入广州驻防中学堂。即使如此，同文馆东文馆毕竟开创了清末国内日语教育的先例，是中国日语教育史上具有重要意义的一章。[1]

二、日语教科书的方兴未艾

清末，随着中日正式建立外交关系，两国之间的交流也日益频繁。为了能在短时间内快速掌握日语，采用方言注音方式出版的日语教材顺势推出，《新刻中东通语捷径》便是这一代表。《新刻中东通语捷径》由宁波籍商人王仁乾编写，出版时间大约是1887年。由于作者是商人出身，未经过专门的语言训练，所以他编写的这本教材没有日语发音教程，相反，它是用传统的方言注音方式对日语进行注音，甚至用乡音来读。比如，他把"春、夏、秋、冬"四个日语单词分别注音为"哈路、那子、矮既、府有"。其中与"秋"相对应的"矮既"还必须读吴语发音（而非汉语通用音）才能与日语相近。

从1884年的《东语简要》出版到1911年，国人编著的日语教科书40余种，这些教科书各有特点，按其内容可分为词汇、读本、语法及综合四大类。这些日语教材包括：《东语简要》《东语入门》《东语文法提纲》《东语正规》《东语课程》《实用东语完璧》《东文动词汇》《汉译东文读本》《东文典问答》《东文新法会通》《东文法程》《和文汉译读本》《和文释例》《和文奇字解》《广和文汉读法》《和文习本》《和文汉读法》《日语用法汇编》《日语教程》《日语古微》《日文讲义》等。[2]

（一）商务印书馆的《日语读本》系列

1.《日语读本》（第一册）（商务印书馆）

《日语读本》（第一册）由日本的内堀维文著，商务印书馆于己酉年（1909年）发行初版，1930年发行第19版。《日语读本》（第一册）定价大洋一元四角，外运酌情增加运费汇费。该书扉页右侧印有"日本内堀维文著　第一册"，其左侧印有"商务印书馆印行"，中间印有"日语读本"。该书第一册主要教授平假名、片假名、文字及发音，以帮助学生掌握基本的日语发音知识。

[1] 许海华. 清末官办日语教育之研究[D]. 杭州：浙江大学，2007：26.
[2] 李小兰，史占泓. 清末日语教材的特点以及影响[J]. 日本学论坛，2004：41-42.

该书在相应的章节中附有读本，以帮助学生更好地学习该章节的发音知识。

图5-1　《日语读本》（第一册）封面，[日]内堀维文著，商务印书馆，1909年初版

该书"例言"的主要内容为：

一、是书专为中国学生学日本语而设，故与日本国语读本体例不同。

二、各课摘出新语以醒眉目系本书创意，当教授时，或先讲某语，或在文中随读随讲，均从教员之便。

三、日本文字读法有音训二种，各课所揭新语属音读者，旁注片假名属训读者，旁注平假名以示区别。

四、课文内，先用片假名而后平假名者，由易及难也，及后渐进，则多用平假名，间用片假名，以便熟练。

五、平假名写法，中国学生多苦其难，非自初学时练习，他日必多谬误。

六、平假名有正变二体，其通用者系正体，然亦间用变体，学者不可不知，本书别揭变体而不参（掺）用，以免错杂。

七、每卷尾附新语索引，以便检索，尤便于教授。

该书目录的主要内容如下（见表5-1）：

表 5-1　《日语读本》（第一册）目录

课次	题目
片假名及平假名	一
文字及发音　第一课	五十音（一）
文字及发音　第二课	五十音（二）
文字及发音　第三课	五十音（三）
文字及发音　第四课	五十音（四）
文字及发音　第五课	五十音（五）
文字及发音　第六课	五十音图
文字及发音　第七课	浊音
文字及发音　第八课	次清音及鼻音

（续表）

课次	题目
文字及发音　第九课	长音
读本　第一课	—
读本　第二课	—
读本　第三课	—
读本　第四课	—
读本　第五课	—
文字及发音　第十课	拗音及其长音
读本　第六课	—
读本　第七课	—
读本　第八课	—
读本　第九课	—
文字及发音　第十一课	促音
读本　第十课	—
读本　第十一课	—
读本　第十二课	—
读本　第十三课	—
读本　第十四课	—
读本　第十五课	—
读本　第十六课	—
索引	—

2. 《日语读本》（第二册）（商务印书馆）

《日语读本》（第二册）课文以故事形式呈现，帮助学生认识世界、理解世界，同时故事中蕴含道德情感方面的教育内容，让学生在潜移默化中受到熏陶。值得注意的是，该书不仅包含日常生活故事，而且涉及古今中外的名人典故。

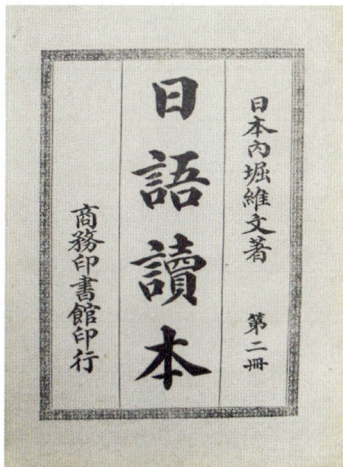

5—2

图5—2　《日语读本》（第二册）封面，[日]内堀维文著，商务印书馆，1909年初版

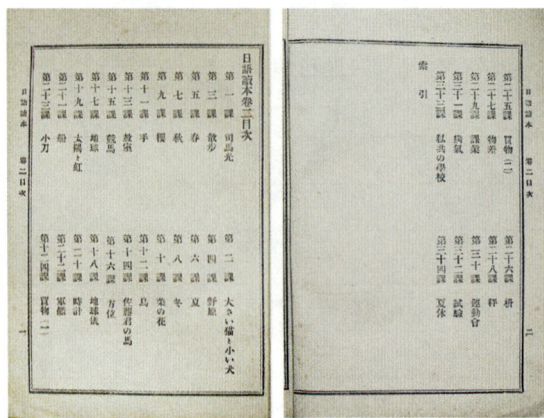

5-3

图5-3　《日语读本》（第二册）目录

该书目录的主要内容如下（见表5-2）：

表5-2　《日语读本》（第二册）目录

课次	题目
第一课	司马光
第二课	大猫和小狗
第三课	散步
第四课	原野
第五课	春
第六课	夏
第七课	秋
第八课	冬
第九课	樱花
第十课	油菜花
第十一课	手
第十二课	鸟
第十三课	教室
第十四课	佐藤先生的马
第十五课	赛马
第十六课	方位
第十七课	地球
第十八课	地球仪
第十九课	太阳和彩虹
第二十课	时钟
第二十一课	船
第二十二课	军舰

（续表）

课次	题目
第二十三课	小刀
第二十四课	购物（一）
第二十五课	购物（二）
第二十六课	升（量器）
第二十七课	尺子
第二十八课	秤
第二十九课	课业
第三十课	运动会
第三十一课	疾病
第三十二课	试验
第三十三课	我们的学校
第三十四课	暑假
索引	一

第一课课文参考译文如下：

司马光

从前有一个叫司马光的人，他小时候和其他孩子一起在水缸旁玩耍。

突然，一个孩子不小心掉入了水缸中。

司马光捡起石头，砸向水缸，水缸被砸坏了，孩子和水一起流了出来。

其他的孩子看到了都大为佩服。

第二课课文参考译文如下：

大猫和小狗

这里有一只大猫和一只小狗在玩耍。

因为它们关系很好，不论什么时候它们都会在一起玩耍。

有一次，这只小狗不小心掉入了水中。

这时，这只大猫把小狗救了起来。

正雄和千代关系很好，他们常在一起玩耍，小王和我也是好朋友。

第三课课文参考译文如下：

散步

因为今天是周日，大家便一起去散步。

去哪里呢？

去西边的原野吧。

因为昨天下了雨，今天空气十分清新。

在原野前有一座很高的山，那是什么山呢？

我们去那棵大树下休息吧。

明天是星期几呢？

因为今天是周日，明天便是周一。

朋友们，在周日和大家一起散步难道不是十分快乐的事吗？

3. 《日语读本》（第三册）（商务印书馆）

5—4

图5-4　《日语读本》（第三册）封面，[日]内堀维文著，商务印书馆，1909年初版

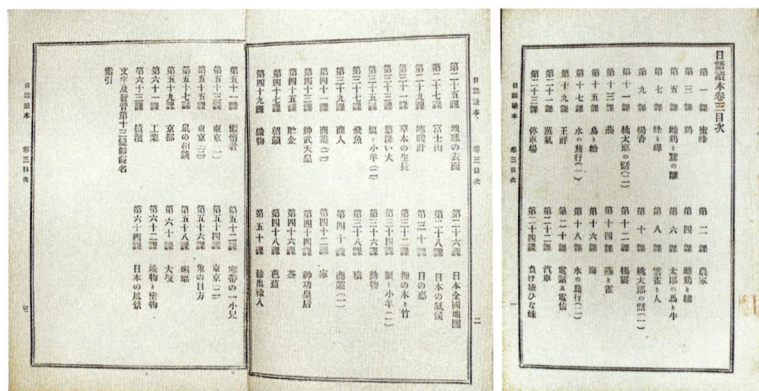

5—5

图5-5　《日语读本》（第三册）目录

该书目录的主要内容如下（见表5-3）：

表 5-3　《日语读本》（第三册）目录

课次	题目
第一课	蜜蜂
第二课	农家
第三课	鸡
第四课	母鸡和小鸡
第五课	母鸡和小鸭

（续表）

课次	题目
第六课	太郎的马和牛
第七课	蜂和蝉
第八课	云雀和人
第九课	杨香
第十课	桃太郎的传说（一）
第十一课	桃太郎的传说（二）
第十二课	杨震
第十三课	燕子
第十四课	燕子和麻雀
第十五课	鸟与蛤
第十六课	海
第十七课	水的旅行（一）
第十八课	水的旅行（二）
第十九课	王祥
第二十课	电话和电信
第二十一课	蒸汽
第二十二课	汽车
第二十三课	停车场
第二十四课	好强的蛙
第二十五课	地球表面
第二十六课	日本全国地图
第二十七课	富士山
第二十八课	日本气候
第二十九课	温度计
第三十课	太阳的恩惠
第三十一课	草木的生长
第三十二课	橡树和竹子
第三十三课	贪得无厌的狗
第三十四课	狼和小羊（一）
第三十五课	狼和小羊（二）
第三十六课	动物

（续表）

课次	题目
第三十七课	飞鱼
第三十八课	猿
第三十九课	商人
第四十课	商业（一）
第四十一课	商业（二）
第四十二课	家
第四十三课	神武天皇
第四十四课	神功皇后
第四十五课	存钱
第四十六课	茶
第四十七课	牵牛花
第四十八课	芭蕉
第四十九课	织物
第五十课	出口和进口
第五十一课	懒惰的人
第五十二课	寒带的一个小孩
第五十三课	东京（一）
第五十四课	东京（二）
第五十五课	东京（三）
第五十六课	大象的重量
第五十七课	老鼠的商量
第五十八课	蝙蝠
第五十九课	京都
第六十课	大阪
第六十一课	工业
第六十二课	瓷器和漆器
第六十三课	横滨
第六十四课	日本风景
文字及发音　第十三课	变体假名
索引	一

第二课课文参考译文如下：

农家

农夫耕种田地，种植谷物和野菜，同时饲养着牛、猪、鸡、鸭等家畜和家禽。这些物品大多会变成我们的食物。

这就是农夫一家。父亲和哥哥在田地里割草，妈妈和妹妹在家里做裁缝。弟弟在给鸡和鸭喂食。这家人都很能干。

你的妹妹在家做什么呢？在家做裁缝。

你的衣服是谁做的呢？

不种植谷物农夫就什么都没有。

农夫种植谷物。

种植谷物是相当困难的事情。

种了就有收获。

4.《日语读本》（第四册）（商务印书馆）

图5—6　《日语读本》（第四册）封面，[日]内堀维文著，商务印书馆，1909年初版

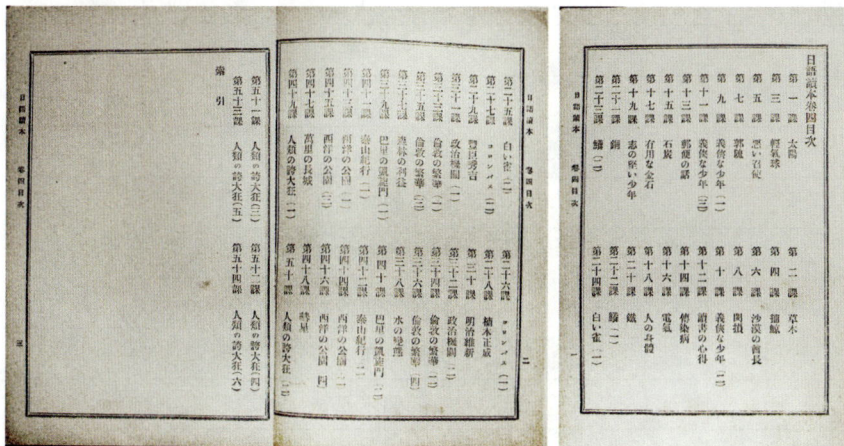

图5—7　《日语读本》（第四册）目录

该书目录的主要内容如下（见表5-4）：

表5-4　《日语读本》（第四册）目录

课次	题目
第一课	太阳
第二课	草木
第三课	氢气球
第四课	捕鲸
第五课	坏仆人
第六课	沙漠酋长
第七课	郭隗
第八课	闵损
第九课	侠义的少年（一）
第十课	侠义的少年（二）
第十一课	侠义的少年（三）
第十二课	读书的心得
第十三课	邮件的故事
第十四课	传染病
第十五课	煤
第十六课	电气
第十七课	有用的金石
第十八课	人的身体
第十九课	意志坚定的少年
第二十课	铁
第二十一课	铜
第二十二课	鲨鱼（一）
第二十三课	鲨鱼（二）
第二十四课	白色的鸟雀（一）
第二十五课	白色的鸟雀（二）
第二十六课	哥伦布（一）
第二十七课	哥伦布（二）
第二十八课	楠木正成
第二十九课	丰臣秀吉
第三十课	明治维新
第三十一课	政治机关（一）

（续表）

课次	题目
第三十二课	政治机关（二）
第三十三课	伦敦的繁华（一）
第三十四课	伦敦的繁华（二）
第三十五课	伦敦的繁华（三）
第三十六课	伦敦的繁华（四）
第三十七课	森林的好处
第三十八课	水的变态
第三十九课	巴黎的凯旋门（一）
第四十课	巴黎的凯旋门（二）
第四十一课	泰山游记（一）
第四十二课	泰山游记（二）
第四十三课	西方的公园（一）
第四十四课	西方的公园（二）
第四十五课	西方的公园（三）
第四十六课	西方的公园（四）
第四十七课	万里长城
第四十八课	彗星
第四十九课	自大的人类（一）
第五十课	自大的人类（二）
第五十一课	自大的人类（三）
第五十二课	自大的人类（四）
第五十三课	自大的人类（五）
第五十四课	自大的人类（六）
索引	—

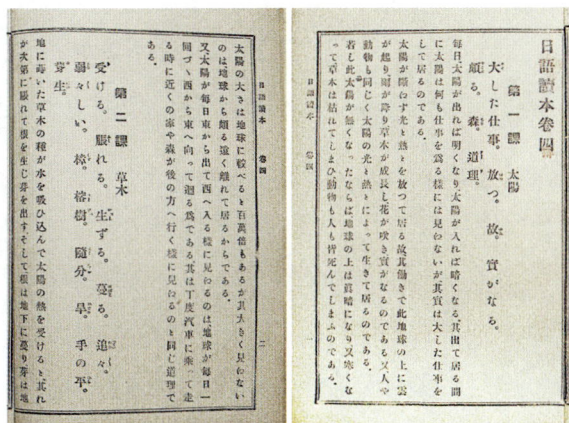

5-8

图5-8　《日语读本》（第四册）第一课

第一课课文参考译文如下：

太阳

每天，太阳升起，世界就变亮，太阳落下，世界就变暗。在它出来的这段时间里，太阳没有任何工作的迹象，但实际上，它做了很了不起的工作。

由于太阳不断地散发出光和热，在这个地球上才会有云起、雨下、草木生长、鲜花盛开、果实挂枝。再者，人和动物也同样是依靠太阳的光和热而生的。

如果没有了太阳，地球上将变得一片漆黑，无比寒冷，草木将枯坏，动物和人也会因此而死亡。

太阳的体积是地球的一百万倍，它之所以看起来并不大，是因为它离地球很远。

另外，太阳每天东升西落，是因为地球每天一次自西向东自转，这和乘火车的时候，看到附近的房屋及森林在向后移动，是一样的道理。

（二）《东语正规》

1900年，首批留日学生中的唐宝锷、戢翼翚编写了《东语正规》，该书突破了中国人基于汉语视角看日语来编写日语教材的局限性，在中国日语教材史上具有突破性意义。

《东语正规》分为三卷。卷一主要讲述日语的语法，包括：文字溯源、文字区别（附引证）、字母原委、字母音图、字母解释、声调、拼音法、音调、变音、文法摘要、虚字、言汇、学期和学诀等。其中，"文法摘要"部分涉及日语的历史、日语语音、词类划分等内容，还集中阐述了中国人学习日语的常见难点，如助词的用法、动词的活用等。卷二为散语，主要是日语词汇集，分成天文类、时令类、数目类、颜色类、舆地类、宫室类、国名类、各国都域商埠类、方向类、人伦类、称呼类、官爵类等。附录中包括日常用语的问答，为日汉双语对照，分成日用语、燕居语、访友语、游历语、庆贺语等十六个类别。卷三为语诀和中日对译的短文，内容包括史事三则、人事六则、杂谈四则以及泰西哲言十三则。[1]

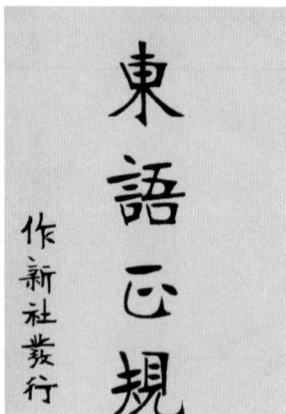

图5-9 《东语正规》封面，唐宝锷、戢翼翚著，作新社，1900年初版

---

[1] 鲜明. 清末中国人编写的日语教材之考察[J]. 理论界，2014（1）：185.

（三）《日语入门》

广东同文馆东文馆成立之初使用的教材是由新保磐次所著的《小学读本寻常科》，但是该教科书在使用的过程中存在一定问题。广东同文馆的日语教师长谷川雄太郎便认为"面向日本小学生的教材读本并不适合没有日本口语基础的东文馆学生；面向中国人的日语教育，必须与日本国语教育从语言到文字、文学的过程相反"[1]。因此，善邻书院于1901年出版了长谷川雄太郎专门为中国人学习日语所著的教材《日语入门》。《日语入门》强调以语音为先导、以读写为手段、以对译为特色的直接教授法，在清末日语教育史上占有重要地位。

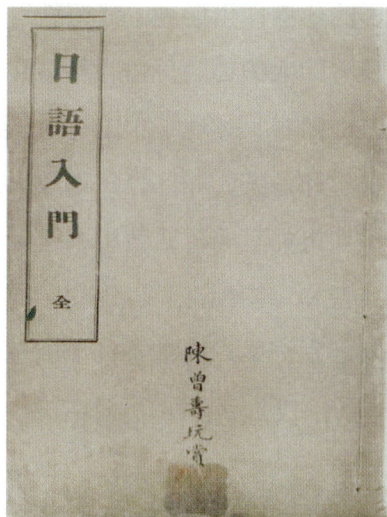

图5-10　《日语入门》封面，[日]长谷川雄太郎著，善邻书院，1901年初版

《日语入门》全书共268页，分为发音、单词篇和造语篇三部分，共收入单词约2800个。造语篇共90课，涉及助词、词尾变化、时态和敬辞等语法内容，篇末还附有单词表、语法条目和句型。所收单词、语句以日常用语为主，除日语词汇外，也收有汉语和外来语词汇，课文所加注释和汉日对译恰到好处，适合中国学习者入门学习。[2]

（四）《东文法程》

《东文法程》由上海商务印书馆于1905年初版，是一部体例齐全的日语教材。它旨在教授规范的日语，所举例句以文语为主，内容包括日语音韵、词类划分、连词成句的方法等。全书分19章：总论、字母、音韵、名词、代名词、动词、副词、形容词、接续词、助动词、感动词、助词、接词、文字连合、文句解释、文句逗顿、合字/符号、和字/新字、译文。[3]

[1] 许海华. 清末官办日语教育之研究[D]. 杭州：浙江大学，2007：29.
[2] 张昕，肖翔. 关于清末日语教科书的考察[J]. 开封教育学院学报，2019（5）：4.
[3] 鲜明. 清末中国人编写的日语教材之考察[J]. 理论界，2014（1）：185.

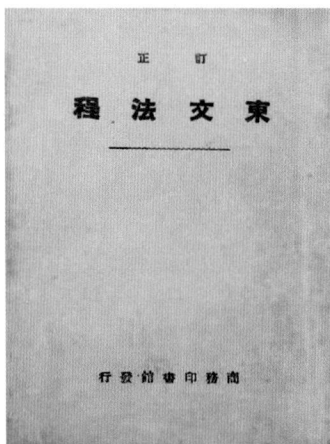

图5-11　　《东文法程》封面，商务印书馆编译所编纂，商务印书馆，1905年初版

　　总的来说，清末中国向日本学习热潮的兴起带动了中国人学习日语的热潮，也促进了日语教科书出版的快速发展，这是中国日语教育史上极为重要的一段时期。从晚清国人编写的日语教科书文本来看，有的教科书详细记录了日语假名的起源，日语语音、语法等方面内容，体现了中国人对日语的进步认识。从教科书内容来看，中国人的日语学习开始逐渐走向科学和系统，如部分日语教科书用反切法给日语注音，并收入了一些不符合日语语言表达习惯的句子。再如有的日语教科书已经开始注意到日语语音的特殊性，使用音韵学术语解释日语的子音是由父音和母韵相拼而得出的，详细地描述对日语的促音、拗音、拨音的发音方法，指出日语的重音可以区别词义，列举了日语的音变现象并给出了原因。[1]

[1] 鲜明. 清末中国人编写的日语教材之考察[J]. 理论界，2014（1）：186.

第二节
民国日语教科书的反复

1912年至1919年覆盖了自中华民国成立至五四运动的历史时期。这期间中日两国摩擦不断，关系日益恶化，日本帝国主义加快侵略中国的步伐。1914年日本侵占我国青岛和胶济铁路，1915年日本政府逼迫袁世凯政府承认灭亡中国的"二十一条"。20世纪初中日文化交流虽然并未被日益恶化的国家关系完全阻断，但是，动荡的国内局势与不安的国际形势终究不能给这一时期的日语教科书研究提供一个良好的外部条件。故此，该时期的日语教材仅有3种，18种翻译自日本文学作品的书目中有14种都是清末"说部丛书"中同名书之再版。[1]

一、日语教科书的衰退

1927年，南京国民政府成立。进入20世纪30年代，国民党政府的统治地位逐渐确立，国内处于相对稳定的局势。国内部分有识之士已经注意到日本对中国的虎视眈眈，尤其在九一八事变之后，在"救亡图存"的一片呼声中，国内再次掀起了"日本研究热"。"九一八事变以来，各方对日本的注意忽然加强了，其他亚洲诸国及远在西洋的国家均派学生留学日本，因而'日本语热'一时成为世界性趋势。"[2] "日本研究热"也带来了日语教科书发展的回暖。至抗日战争全面爆发之前，国人编写的日语教材有近百种，其种类丰富、样式多样，大致有综合、读本、语法、语音、会话、翻译、写作七类，可以说基本上涉及了日语学习的方方面面。[3]

七七事变爆发后，中国陷入了民族危亡的时刻，举国上下抗日呼声日益高涨。经过长达十四年的艰苦斗争，中国最终赢得抗战的胜利。在这段时间内，除了伪满洲政府为了维持"奴化教育"而出版部分日语教科书外，南京国民政府很少出版新的日语教材，这一状况一直延续到中华人民共和国成立之前。因此，在南京国民政府的后十年时间里，日语教科书的发展再次落入低谷。

[1] 马可英. 民国时期中国人编日语教材之研究：以"日语基础丛书"为例[D]. 杭州：浙江工商大学，2010：8.
[2] 实藤惠秀. 中国人留学日本史（中译本）[M]. 北京：三联书店，1983：104.
[3] 马可英. 民国时期中国人编日语教材之研究：以"日语基础丛书"为例[D]. 杭州：浙江工商大学，2010：12.

二、部分出版的日语教科书

（一）《对译初级小学校日本语教科书》（上册）

《对译初级小学校日本语教科书》由东方印书馆编译所对译，东方印书馆于1936年发行初版，1940年发行第155版。《对译初级小学校日本语教科书》（上册）定价为一角二分，邮费二分。该书扉页中间印有"对译初级小学校日本语教科书"。左侧印有"东方印书馆发行"，右侧为作者等相关信息。

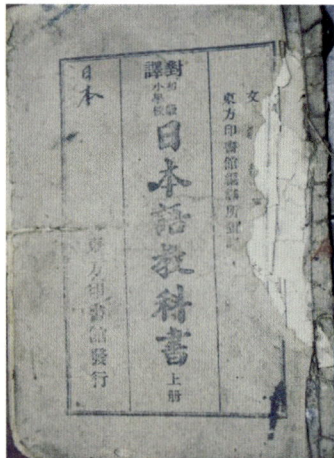

5-12

图5—12　《对译初级小学校日本语教科书》（上册）封面，东方印书馆，1936年初版

（二）华中印书局的《国定教科书　初中日语》系列

《国定教科书　初中日语》系列由教育部编审委员会编纂，华中印书局印刷。该系列教科书扉页印有"国定教科书　初中日语"，课文以故事形式呈现，在具有吸引力的课文中学习有关知识。系列第一册定价国币一元四角（1941年版）。系列第二册定价一元五角，于1940年发行初版，1943年发行第4版。

5-13

图5—13　《国定教科书　初中日语》（第二册）封面，教育部编审委员会编纂，华中印书局，1940年初版

第二册"编写宗旨"的主要内容为：

一、该书是为了适配初级中学第一学年第二学期使用而编纂的。

二、该书是以每周150分钟的授课时长（每学时50分钟，每周3学时）为基准编纂的。

三、该书选用的题材较为基础，便于标准语的习得，同时适应学生年龄，注意唤起学生的学习兴趣。

四、该书的假名遣都是历史假名遣，但字音假名遣全部根据发音记述。

五、为了学习者的便利，在卷末附录处附有总译文。

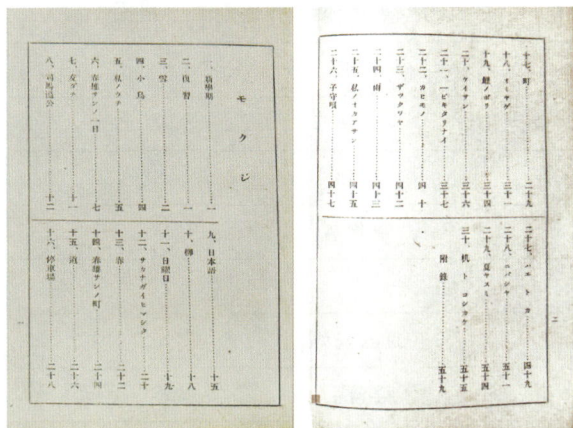

5—14

图5—14 《国定教科书 初中日语》（第二册）目录

第二册目录的主要内容如下（见表5-5）：

表 5-5 《国定教科书 初中日语》（第二册）目录

课次	题目
第一课	新学期
第二课	复习
第三课	雪
第四课	小鸟
第五课	我的家
第六课	春雄的一天
第七课	朋友们
第八课	司马温公
第九课	日语
第十课	柳树
第十一课	周日
第十二课	鱼
第十三课	春天
第十四课	春雄居住的小镇
第十五课	道路
第十六课	停车场

第二节 民国日语教科书的反复

（续表）

课次	题目
第十七课	城镇
第十八课	土特产
第十九课	鲤鱼旗
第二十课	计算
第二十一课	少了一只
第二十二课	购物
第二十三课	杂货店
第二十四课	雨
第二十五课	我的妈妈
第二十六课	摇篮曲
第二十七课	苍蝇与蚊子
第二十八课	运货马车
第二十九课	暑假
第三十课	桌子和椅子
附录	一

第二册第一课课文主要内容为：

新学期

寒假结束了，学校开学了。

从现在起，我又要拼命努力学习了。

第二册第二课课文主要内容为：

复习

从学校回来了。要开始复习了。

复习结束后，和弟弟一起放风筝，一起玩耍。

第三册目录的主要内容如下（见表5-6）：

表 5-6 《国定教科书 初中日语》（第三册）目录

课次	题目
第一课	中学二年生
第二课	秋天
第三课	足球比赛

（续表）

课次	题目
第四课	相反的话
第五课	假名
第六课	月
第七课	鸟的数目
第八课	鼠的智慧
第九课	时钟
第十课	生日
第十一课	三支箭
第十二课	庭园
第十三课	牙科医生
第十四课	探问
第十五课	长生不老的药
第十六课	考试
第十七课	正月
第十八课	野口英世

第三册第一课参考译文如下：

中学二年生

　　学校由今日起开课了。我们已是中学二年生了。新的课程增加了。困难的课程亦不得不读。日本语的书也加深了。我想要比以前更加热心用功！

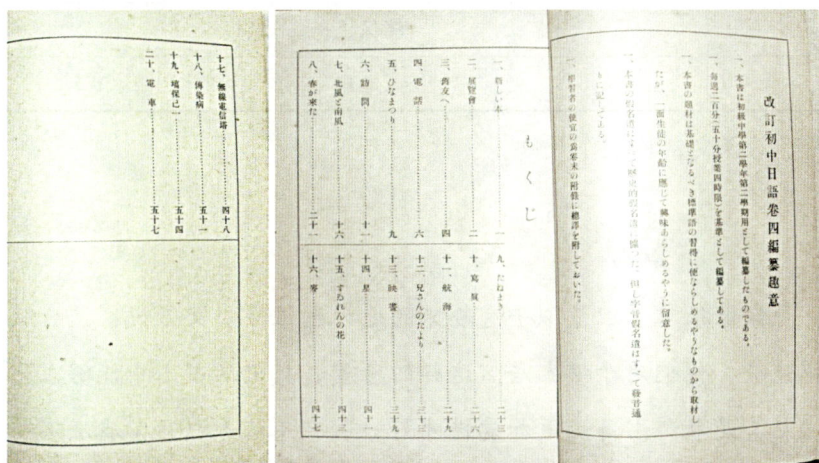

5-15

图5-15　《国定教科书　初中日语》（第四册）编写宗旨、目录

第四册目录的主要内容如下（见表5-7）：

表 5-7　《国定教科书　初中日语》（第四册）目录

课次	题目
第一课	新书
第二课	展览会
第三课	致旧友
第四课	电话
第五课	女儿节
第六课	访问
第七课	北风和南风
第八课	春天来了
第九课	播种
第十课	写真
第十一课	航海
第十二课	来自哥哥的消息
第十三课	电影
第十四课	星星
第十五课	睡莲
第十六课	麦
第十七课	无线电信塔
第十八课	传染病
第十九课	墒保己一
第二十课	电车

以下为第四册卷末所附的课文的参考译文，均未作改动。

第一课参考译文如下：

新书

今天起用这本新书用功。打开一看好像很难。但是似乎有趣味的地方也很多。父亲说："古代的伟人，每逢开卷的时候，必先行礼致敬，他们对于书本居然这样的珍重，我们从书本中能够求得学问。书是值得感谢而宝贵的东西。尤其是教科书是应更加爱惜才好。"我想从今以后，我决不将书本弄脏或遗失，好好的去爱护它。

第二课参考译文如下：

展览会

今天学校里举行了展览会。客人来得非常多。在大门口和会场的进口的地方，都有"欢迎"这两个大字写着。

会场有六处。我们陈列了我们组所画的画和写的字以及模型等。陈君所画的画是最好，不论哪位客人，一到这儿就站了一会，很佩服的样子。

也有人说"这张画画得真不错，中学二年级学生所画的画，真想不到呀。"等等的话。

我们都高兴得不得了。

下午我的父亲和母亲也来了。

第三课参考译文如下：

致旧友

分别以后久未问候，一切都好吗？

自从到了南京之后，我还是每天精神很好地上学校，所以请你不必挂念。

和你一别至今，已经过了两个月了，我老想着要把此处的情形早点告诉你，可是不知不觉的老没给你通信了。今后当时常通信。你也请告诉我上海的情形。前几天学校里开展览会。这个学校里也有和你一样的画得很好的人。南京有闻名的中山陵和玄武湖等。请你来一次逛一逛好不好？乘快车只要五小时就可以到。在最近之间还要通信。

敬祝

贵体康健！

第十六课参考译文如下：

麦

青青的天空中浮着白云。黄色的麦田一望无边地连接着。麦子已经全都熟了。在各处小孩子拿着长的竹竿追打着麻雀。广阔的麦田，真好像一片大海。凉风吹过来，麦田里就起一阵美丽的波动。

第十七课参考译文如下：

无线电信塔

"你看，那边的高塔是什么呀？"

"那是无线电信塔。"

"多么高的塔呀，不知道有多高？"

"据说有一百公尺左右。"

"上面有长长的铁丝张着呢。"

"那就是天线，和无线电的天线一样，别处发来的电波，由那天线收听，还有这里发报的时候也从那天线放出电波。"

"无线电报能达到很远很远的地方吧。"

"不论多远的地方，都能传递得到。若用无线电报，不论多远的地方，也都可以立刻通信，而且每天可以知道世界上所发生的事情。"

第五册目录的主要内容如下（见表5-8）：

表 5-8　《国定教科书　初中日语》（第五册）目录

课次	题目
第一课	开学式
第二课	日本语的敬语
第三课	辩论大赛
第四课	漫长的道路
第五课	月亮和云
第六课	辉夜姬（一）
第七课	辉夜姬（二）
第八课	国民体育大会
第九课	演讲广播
第十课	山羊
第十一课	秋末
第十二课	磁石
第十三课	潜水艇
第十四课	有希望的青年
第十五课	雪舟
第十六课	明年是同样的一年
第十七课	滑冰
第十八课	日本的年度活动

第五册第一课参考译文如下：

开学式

今天举行了开学式。

早上九时排列在学校的讲堂里。

我们已是初级中学的最上级生了。

这样一想，不觉感到一种紧张的情绪。

正面挂着的孙中山先生的肖像，也好像露着鼓励我们的神气。

穿着新制服的一年级生，也都显着快乐的脸庞排列着。

"三年级生诸君，诸君已是最上级生了！诸君就作为全体下级生的哥哥似的做一下模范吧！"校长先生训话的时候对我们说。

我们入学好像觉得是前几天的事情似的。

仪式完了以后，我就和周君及陈君互相讲过。

"同年级生大家能够一同用功，也只在这一年之中，今年我们还是努力用功吧！"

第六册目录的主要内容如下（见表5-9）：

表 5-9 《国定教科书 初中日语》（第六册）目录

课次	题目
第一课	人的身体
第二课	报纸
第三课	钟表店
第四课	借书
第五课	墙保己一
第六课	长生不老的药
第七课	小林君的家
第八课	日语的讲授
第九课	接种牛痘苗
第十课	日本人的服装
第十一课	浦岛太郎
第十二课	蜘蛛的巢穴
第十三课	果树园
第十四课	白话的各种
第十五课	散步
第十六课	上野公园
第十七课	人的嘴
第十八课	日本观光
第十九课	文娱会
第二十课	探病

第二节 民国日语教科书的反复

（续表）

课次	题目
第二十一课	日本的运动竞技
第二十二课	公德
第二十三课	春联
第二十四课	日本的文章
第二十五课	日记
第二十六课	暴风雨
第二十七课	日本武士
第二十八课	上杉谦信
第二十九课	乃木大将
第三十课	樱花

第六册第一课参考译文如下：

人的身体

我们的头中有脑。脑是做心的工作的，是要紧的地方，所以由坚硬的骨头包着，由头发保护着。

脸上有眼睛、耳朵、鼻子和嘴。眼睛看东西，耳朵听声音，鼻子嗅香味，嘴吃东西和说话。鼻子和嘴还有呼吸空气的任务。

身体分为胸和腹，胸中有心脏、肺脏，腹部有胃、肠等。心脏在胸部的中间稍左边，有拳头那样大，是向体内送血液的要紧的地方。这个心脏的活动一停止，人就死啦。

肺脏是左右各一个，呼吸新鲜的空气，使体内的血液洁净。从嘴里吃进的食物，通过食道走进胃，在这儿被消化。剩余的部分，被送到长长的肠子里，在那儿被消化。被消化的东西，都变成血和肉。手脚各有两只，是能握东西和抓东西，其外做各种的工作。

第六册第二课参考译文如下：

报纸

我们每天通过报纸可以知道许多社会上的事情，非常便利。可是在古时候，同一个国家中，起了战争，隔两三个月还不知道，还有发生了大水或是饥馑，隔半年都不知道，这种事情也有的。这些，都是因为没有报纸的缘故。现在一想起，真是觉得那是像瞎话一样。

出报纸的地方，叫作报馆。报馆是用电报和电话等，广泛地收集世界上新发生的事情。其外加上有益的话，有趣的故事，再加进照片和插画。

第六册第四课参考译文如下：

借书

"久没有问候您。"

"少见哪。"

"老师总是健康。"

"谢谢，我看你也很强壮啊。"

"托福平安。"

"还照旧用功么？"

"一点一点继续着研究，可是越研究越有不明白的地方。"

"什么事都是那样，只要有耐心打破了那道难关，以后就容易了。"

第六册第六课参考译文节选如下：

长生不老的药

秦朝的始皇帝，命令叫作徐福的人，去找寻长生不老的药。于是徐福就坐着船向东海那边的蓬莱那儿去了。

怎么走也尽是水，日头从海里出来，在海里下去，月亮也从波浪里出来，波浪里下去。徐福渐渐心慌了，但是徐福是确信着东方日出的地方一定是蓬莱，只是不停地让船往东走。到了只远远地看见对面像云霞一样的岛影子时，这是已经出发以后的几十天了。

"那一定是蓬莱的山哪。"这样勇壮地就把船划到岛旁去。

第六册第二十三课参考译文节选如下：

春联

有一年的年底，皇帝出了这样一个布告："从这一次的正月起，每家的门上，都得贴春联。"

京城里的人们，虽然都很忙碌，但也都急急从事准备了。于是不一会儿，街上各家都用红纸写了庆贺的字句贴出来了。

（三）世界书局的《日语读本》系列

1.《日语读本》（第一册）（世界书局）

《日语读本》（第一册）由许仲逸编著，世界书局发行。《日语读本》（第一册）定价十二元四角，外运酌情增加运费。全套读本共三册，第一册扉页上方印有"文法会话，混合编制"，下方印有"世界书局印行"，中间印有书名、作者等相关信息。

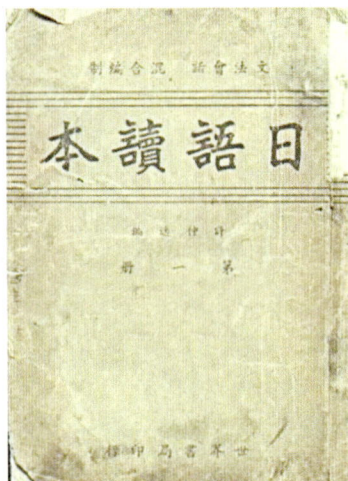

5—16

图5—16 《日语读本》（第一册）封面，许仲逸编著，世界书局，1938年初版

该套读本"例言"的主要内容为：

本读本目的乃在供有志拟自修日语者之用，全书编制内容，即完全遵循此目的。惟素授日语之各级学校，采用为教本，亦甚属相宜。

本读本共分三册，内容由浅入深，各按程度排列；惟自第二册起，每隔数课，间或插以一二较浅之课文，俾使读者可收"温故知新"之效。

各课原文后所列之译文，目的唯在向读者讲解全课课文之意义，但求能曲折传达原文，初未计及译文之流丽与否，望读者勿误以模范译目之。

课末之注解，专注重于文法方面。凡同一文法上之规律，业经一度诠注者，以后即不复重注；且所注者，亦仅就其与该课课文有关系之点为限，并不同时包举并搜。如此，虽或病琐碎不全，然依读本之体例言，此实为无可奈何之一法，或亦为反切实际之一法。

第一册卷首读音中之罗马字注音，系根据去岁日本文部省罗马字调查会之议决及经日政府正式公布之内阁训令第三号中之规定，故与从来稍有出入，并此志明。

民国二十七年三月十八日，编者志

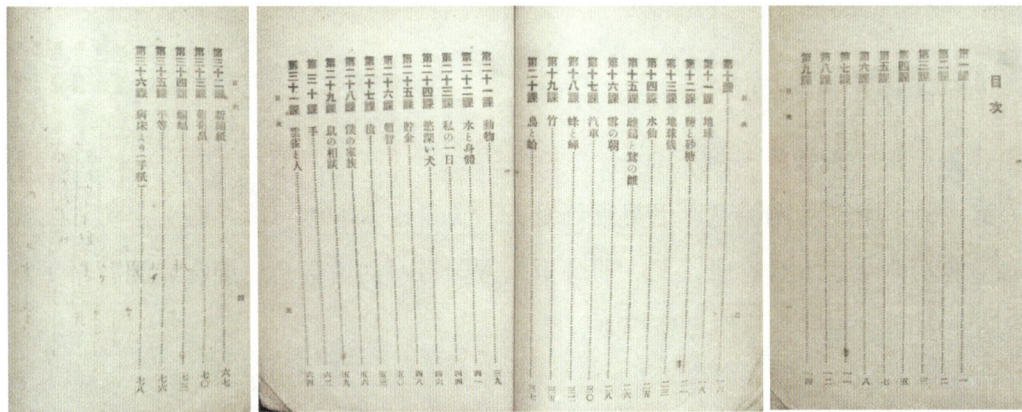

5—17

图5—17 《日语读本》（第一册）目录

《日语读本》（第一册）目录的主要内容如下（见表5-10）：

表 5-10　《日语读本》（第一册）目录

课次	题目
第一课	一
第二课	一
第三课	一
第四课	一
第五课	一
第六课	一
第七课	一
第八课	一
第九课	一
第十课	一
第十一课	地球
第十二课	盐和砂糖
第十三课	地球仪
第十四课	水仙
第十五课	母鸡和小鸭
第十六课	下雪的早晨
第十七课	汽车
第十八课	蜂和蝉
第十九课	竹
第二十课	鸟和蛤
第二十一课	动物
第二十二课	水和身体
第二十三课	我的一天
第二十四课	贪婪的狗
第二十五课	攒钱
第二十六课	机灵
第二十七课	猿猴
第二十八课	我的家族
第二十九课	鼠的对话

（续表）

课次	题目
第三十课	手
第三十一课	云雀和人
第三十二课	报纸
第三十三课	葡萄田
第三十四课	蝙蝠
第三十五课	平等
第三十六课	卧病在床（书信）

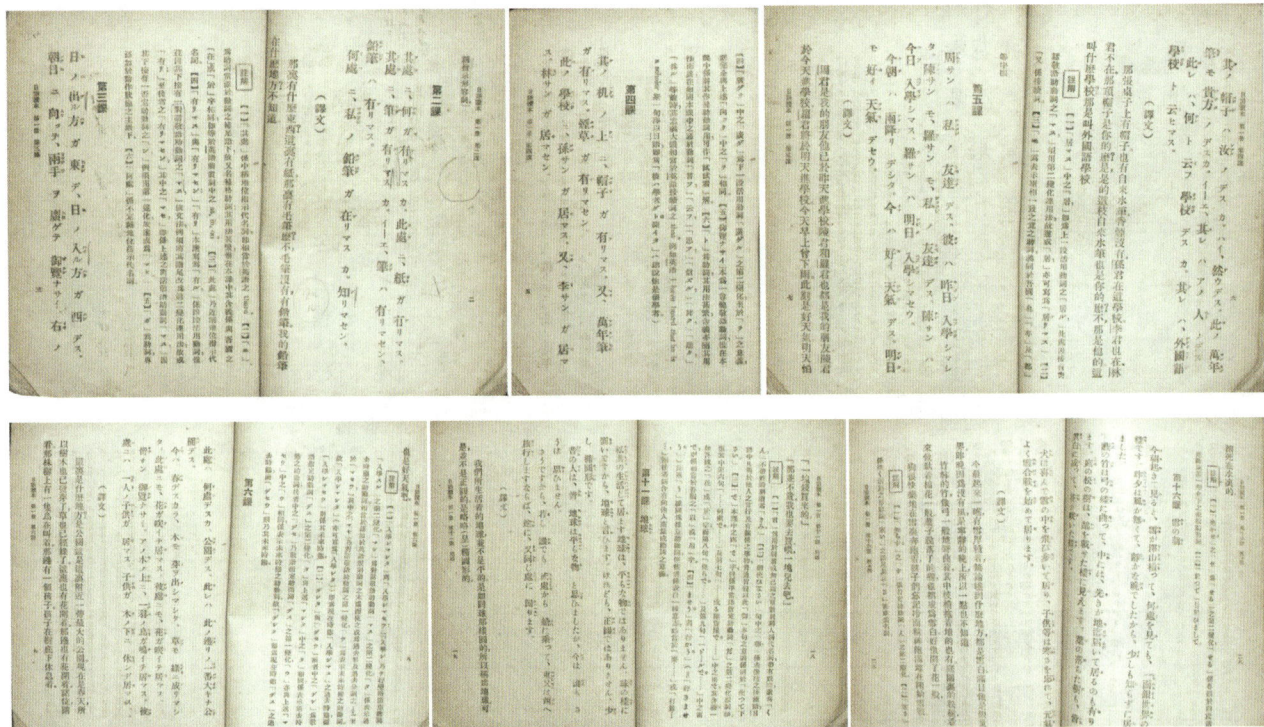

5—18

图 5—18　《日语读本》（第一册）课文及译文

为方便学生学习，该套读本在每课课文后皆附上译文及注解。以下为原文所附的参考译文，均未作改动。

该书第二课参考译文如下：

那里有什么东西？这里有纸。

那里有毛笔吗？不，毛笔没有，有铅笔。

我的铅笔在什么地方？不知道。

该书第三课参考译文如下：

太阳出来的一边是东，太阳没入的一边是西。试把两只手向旭日伸开。右手的一边是南，左手的一边是北。东西南北，叫作四方。

第四课课文参考译文如下：

那张桌子上有帽子。也有自来水笔。香烟没有。孙君在这学校。李君也在。林君不在。那顶帽子是你的吗？是，是的。这支自来水笔也是你的吗？不，那是他的。这叫什么学校？那是叫外国语学校。

第五课课文参考译文如下：

周君是我的朋友，他已于昨天进学校。陈君和罗君也都是我的朋友。陈君于今天进学校。罗君将于明天进学校。今天早上曾下雨。此刻是好天气。明天怕也是好天气吧。

第六课课文参考译文如下：

这里是什么地方？是公园，这是这里附近一带最大的公园。现在是春天，所以树木也已发芽了，草也已经绿了。这里也有花开着。那里也有花开着。诸位，请看那株树上有一只鸟在叫着。那边有一个孩子。孩子在树底下休息着。

第十一课课文参考译文如下：

地球

我们所生活着的地球，并不是平的。是如同球那样圆的，所以称为地球。可是，并不是正圆的。是略略（呈）椭圆形的。

以前的人，都认为地球是平的东西。现在，没有人会这么认为了。

所以，如果谁从某个地方乘船，去东或去西旅行的话，就会又回到同一个地方。

第十六课课文参考译文如下：

下雪的早晨

今晨起来一瞧，有雪厚积着，无论瞧到什么地方，都是雪白，满目像是银世界。昨晚因为没有风，是宁静的晚上，所以一点也不知道。

竹林的竹，像弓一般地弯曲着，其中枝梢拖着地的也有。庭院里的松树，看来像驮着棉花一般。叶子脱落了的树，也都成为雪白，好像开了花一般。

狗很快乐地在雪里奔跑着。孩子们忘记冷而精神饱满地在开始雪战。

2. 《日语读本》（第二册）（世界书局）

《日语读本》（第二册）由许仲逸编著，世界书局发行。《日语读本》（第二册）定价六角，外运酌情增加运费。

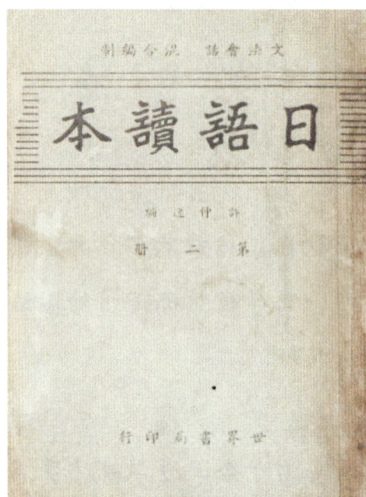

5-19

图5-19　《日语读本》（第二册）封面，许仲逸编著，世界书局，1941年第3版

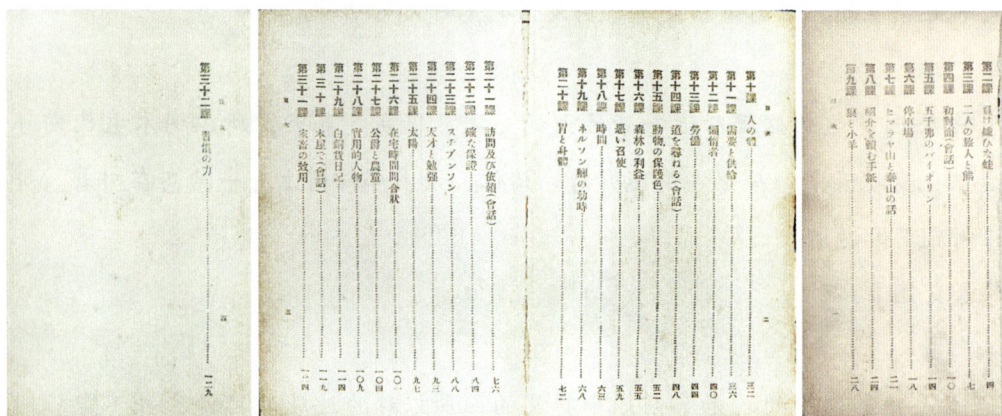

5-20

图5-20　《日语读本》（第二册）目录

该书目录的主要内容如下（见表5-11）：

表5-11　《日语读本》（第二册）目录

课次	题目
第一课	旧桌子
第二课	好胜的蛙
第三课	两个旅人和熊
第四课	初对面（会话）
第五课	五千美元的小提琴
第六课	停车场
第七课	喜马拉雅山和泰山的故事
第八课	转交介绍的信
第九课	狼和小羊
第十课	人的身体
第十一课	需要和供给
第十二课	懒惰者

（续表）

课次	题目
第十三课	劳动
第十四课	问路（会话）
第十五课	动物的保护色
第十六课	森林的好处
第十七课	坏仆人
第十八课	时间
第十九课	纳尔逊爵士的童年
第二十课	胃和身体
第二十一课	访问及委托（会话）
第二十二课	可靠的担保
第二十三课	史蒂文森
第二十四课	天才和努力
第二十五课	太阳
第二十六课	在家时间调查表
第二十七课	公爵和农民的孩子
第二十八课	实用的人物
第二十九课	白铜币日记
第三十课	在书店（会话）
第三十一课	家禽的用处
第三十二课	习惯的力量

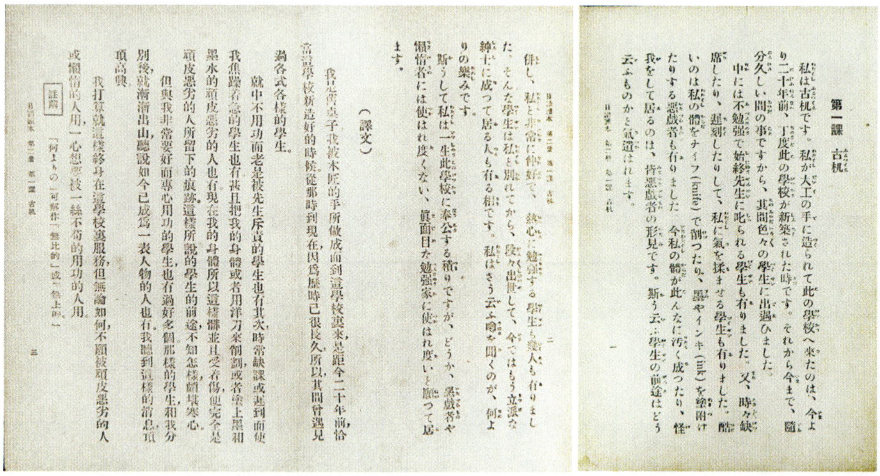
第一課　古机

私は古机です。私が大工の手に造られて此の學校へ來たのは、今より二十年前、丁度此の學校が新築された時です。それから今まで、隨分久しい間の事ですから、其間色々の學生に出遇ひました。

中には不勉強で始終先生に叱られる學生も有りました。又、時々缺席したり、遅刻したりして、私に氣を揉ませる學生も有りました。酷いのは私の體をナイフ(knife)で削つたり、墨やインキ(ink)を塗附けたりする悪戯者も有りました。今私の體が此んなに汚く成つたり、怪我をして居るのは、皆悪戯者の形見です。斯う云ふ學生の前途はどう云ふものかと氣遣はれます。

日語讀本　第二冊　第一課　古机　一

日語讀本　第二冊　第一課　古机　二

併し、私と非常に仲好で、熱心に勉強する學生も澤山有りました。そんな學生は私と別れてから、段々出世して、今ではもう立派な紳士に成つて居る人も有る相です。私はさう云ふ噂を聞くのが、何よりの樂みです。

斯うして私は一生此學校に奉公する積りですが、どうか、悪戯者や懶惰者には使はれ度くない、眞面目な勉強家に使はれ度いと願つて居ます。

（譯文）

我是舊桌子我被木匠的手所做成而到這學校裏來，是距今二十年前，恰當這學校新造好的時候。從那時到現在，因爲歷時已很長久，所以其間曾遇見過各式各樣的學生。

就中不用功而老是被先生斥責的學生也有其次，時常缺課或遲到而使我焦躁着急的學生也有甚且把我的身體或者用洋刀來削劃，或者塗上墨和墨水的頑皮惡劣的人也有現在我的身體所以這樣髒並且受着傷，便完全是頑皮惡劣的人所留下的痕跡。這樣所說的學生的前途，不知怎樣，頗堪寒心。

但與我非常要好而專心用功的學生也有過好多個那樣的學生，和我分別後，就漸漸出山，聽說如今已成爲一表人物的人也有。我聽到這樣的消息，頂頂高興。

我打算就這樣終身在這學校裏服務，但無論如何，不願被頑皮惡劣的人或懶惰的人用，一心想要被一絲不苟的用功的人用。

註解　「何よりの」可解作「無比的」或「無上的」。

日語讀本　第二冊　第一課　古机　三

5—21

图5—21　《日语读本》（第二册）课文

该书第一课参考译文如下：

旧桌子

我是旧桌子，我被木匠的手所做成而到这学校里来，是距今二十年前，恰当这学校新造好的时候。从那时到现在，因为历时已很长久，所以，其间曾遇见过各式各样的学生。

其中不用功而老是被先生斥责的学生也有。其次，时常缺课或迟到而使我焦躁着急的学生也有。甚至把我的身体或者用洋刀来削划，或者涂上墨和墨水的顽皮恶劣的人也有。现在我的身体所以这样脏并且受着伤，便完全是顽皮恶劣的人所留下的痕迹。这样所说的学生的前途，不知怎样，颇堪寒心。

但与我非常要好而专心用功的学生，也有过好多个。那样的学生，和我分别后，就渐渐出山，听说如今已成为一表人物的人也有。我听到这样的消息，顶顶高兴。

我打算就这样终身在这学校里服务，但无论如何，不愿被顽皮恶劣的人或懒惰的人用，一心想要被一丝不苟的用功的人用。

3. 《日语读本》（第三册）（世界书局）

《日语读本》（第三册）由许仲逸编著，世界书局印刷发行。《日语读本》（第三册）定价六角，外运酌情增加运费。

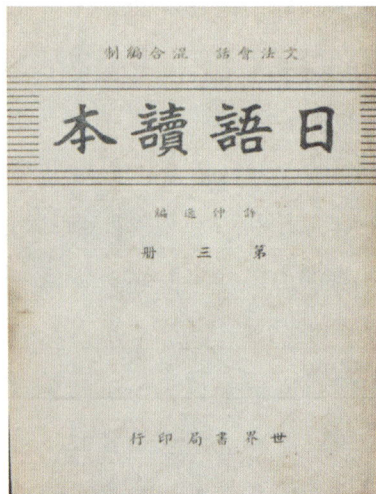

图5-22　《日语读本》（第三册）封面，许仲逸编著，世界书局，1938年初版

该书目录的主要内容如下（见表5-12）：

表 5-12　《日语读本》（第三册）目录

课次	题目
第一课	功名心
第二课	亲切和正直
第三课	高尚的人
第四课	鲨鱼
第五课	望远镜和显微镜
第六课	礼法

（续表）

课次	题目
第七课	购买船票，码头和轮船中，在海关（会话）
第八课	电气化的世界
第九课	借钱和存钱
第十课	被盗的马
第十一课	健康和思想
第十二课	青云之志
第十三课	生存竞争
第十四课	街上的音乐
第十五课	植物和气象
第十六课	真正的知己
第十七课	物价
第十八课	不劳而无获
第十九课	雨的趣味
第二十课	刑罚的作用
第二十一课	怀念爱罗先珂氏
第二十二课	能言善道的人

该书第一课参考译文如下：

功名心

功名心并不是虚荣心。虚荣心是心地卑鄙的人所具有的东西。心地卑鄙的人，两手戴着五六只戒指，想借那灿然的光而炫耀于侪辈，或则穿着时髦的衣服，想借以夸耀于旁人，但如果没有注视这戒指的人，没有瞥视这衣服的人，他的心里便感到凄凉扫兴。这样，虚荣心是凭赖外界而安慰自己的东西。

功名心却不然，乃是从伟大的人格涌现出来的一种波动，恰和大的钟发出大的声音相同。功名心是本身对于自己非得到满足不止的东西。哪怕旁人攻击也好，嗤笑也好，或则称赞也好，自己泰然自若而必欲做自己所想要做的事，这是功名心。

功名心未必是一定成功的，有时虽也成功，但有时也失败。可是，成功也好，失败也好，总之，有功名心的人是幸福的。为什么呢？因为，功名心本身之中，有幸福存在的缘故，有功名心的人，犹如与英雄相对，他的心始终不倦怠，自己一定要做这英雄所曾做的事，自己一定要做比这英雄所曾做的事业更伟大的事业，因为有着这样所说的心情，所以，春不离去，少年之心不丧失，老不来，时常能有着英气勃勃的心。

功名心使人怀抱无限的希望。怀抱无限希望的人，具有无限的青春。我想，所谓希望，所谓功名心之类，自旷达的哲人看来，容或说是梦也未可知。就算作是梦，我们也应该希望做极美丽极久长的梦。

虽然民国时期编写的日语教科书仍受清末日语教科书编写的影响，如日语会话教科书与清末日语词汇类教科书非常相似，语音、翻译、写作等新出现的教科书也是在清末教材基础上产生的。但总的说来，国人对日语有了更为客观、全面的认识，不仅编写教材的种类比清末丰富许多，主流日语观也发生了根本性的变化。比如，国人改称"东文""东语"为"日文""日语"；日语教科书编者普遍否定"和文汉读法"这种所谓的日语速成法，提倡听说读写并重的科学的学习方法等。教科书中蕴含的日语观、日语学习法对我们今天的日语学习和研究也产生了深远的影响。[1]

（四）《速成式效果的标准日本语读本》（卷一）（满洲版）

《速成式效果的标准日本语读本》由大出正笃著，满洲图书文具株式会社于1937年发行初版，1942年发行第69版。《速成式效果的标准日本语读本》（卷一）定价国币六角，邮费国币八分。该书扉页中间印有"速成式效果的标准日本语读本　卷一"以及其版本类型。

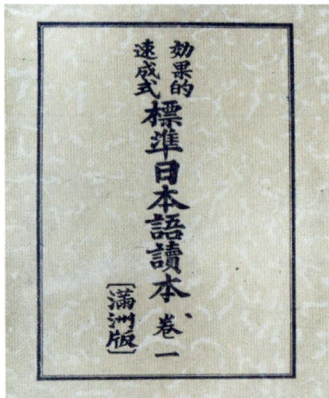

图5-23　《速成式效果的标准日本语读本》（卷一）（满洲版）封面，[日]大出正笃著，满洲图书文具株式会社，1937年初版

（五）教育总署编审会的《小学日本语读本》系列

《小学日本语读本》系列由教育总署编审会编著。《小学日本语读本》（卷二）定价一角一分，于1939年发行初版，1941年修正发行。《小学日本语读本》（卷四）于1940年发行初版，1940年修正发行。

---

[1] 马可英.民国时期中国人编日语教材之研究：以"日语基础丛书"为例[D].杭州：浙江工商大学，2010：12.

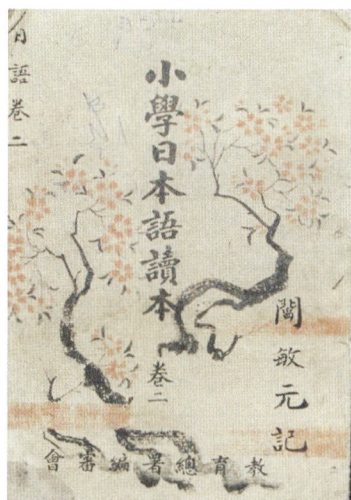

5-24

图5-24 《小学日本语读本》（卷二）封面，教育总署编审会编著，教育总署编审会，1939年初版

　　文章多用片假名书写是该系列读本的一大特点，文章旁会配备翻译注释，这样既有助于学生学习语音语言，同时也方便学生理解短文含义。本系列读本词汇与句型属于基础日语水平，排序按照由易到难，由简单到复杂，适用于循序渐进学习。

　　卷二"编纂大意"的主要内容为：

　　一、本书是《小学日本语读本》（卷一）的续本，是作为初级小学第四年级所使用的日本语教科书而编纂的。虽然是以每周60分钟的授课时间为准则而编写，但不管使用方法如何，授课时数都没有差别。

　　二、本书主要以学习语音语言为目的，因此不应当只简单地满足于读解此书，而应反复练习以求灵活运用，更应当适宜地扩充补足，努力培养发达的听力，养成表现力。

　　三、本书主要包含基础日语的词汇及句型，本书按照由易到难，由简单到复杂排列，有时会插入较长的课文，或者作为练习使用的文章，注意防止简单化学习。

　　四、本书作为教材插入了数篇韵文，这有助于陶冶情操。朗读的时候，自己能够学会日语的发音、语调和重音等。难解的语句文意，强调其含义，但不用强迫孩子彻底理解。

　　五、本书的假名遣，除了助词以外，都使用表音的假名遣，这是为了方便学习语音语言。

　　六、前几项已经说明了本书的编纂宗旨以及上述注意事项的处理方法，这就是《小学日本语读本》（卷二）。

5-25

图5-25 《小学日本语读本》（卷二）目录

卷二目录的主要内容如下（见表5-13）：

表 5-13　《小学日本语读本》（卷二）目录

课次	题目
第一课	四年级生
第二课	秋天的开始
第三课	水果
第四课	远足
第五课	月亮
第六课	跳绳
第七课	你的名字
第八课	一星期
第九课	人偶
第十课	兔子
第十一课	动物
第十二课	投球
第十三课	要思考的问题
第十四课	冬天
第十五课	雪
第十六课	本月
第十七课	日历
第十八课	新年
第十九课	寒假
第二十课	钟
第二十一课	我的一天
第二十二课	剪影画
第二十三课	四方位
第二十四课	小狗与泡泡
第二十五课	春天来了
第二十六课	运动会
第二十七课	鸭子
第二十八课	植树节
第二十九课	鸽

（续表）

课次	题目
第三十课	剪刀
第三十一课	忘带的东西
第三十二课	喇叭花
第三十三课	青蛙与猫咪
第三十四课	停车场
第三十五课	猪

卷二第一课课文主要内容为：

四年级生

暑假结束了。学校已开学了。我们已成为四年级生了。

卷二第二课课文主要内容为：

秋天的开始

秋天来了。已经不热了。从此以后努力地学习吧。

卷二第三课课文主要内容为：

水果

“秋天有什么水果呢？”

“秋天有梨、苹果、葡萄、枣等各式各样的水果。”

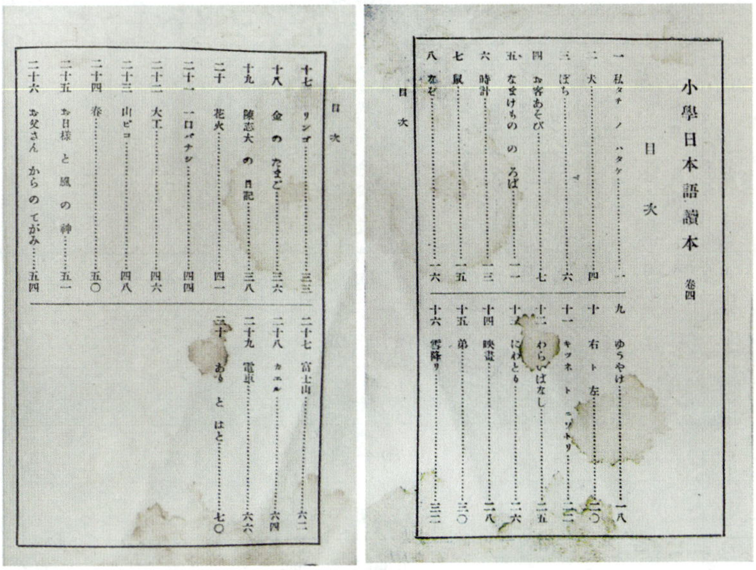
小學日本語讀本 卷四

目次

一 私タチ ノ ハタケ……一
二 犬……四
三 ぽち……六
四 お客あそび……七
五 なまけもの の ろば……一一
六 時計……一三
七 鼠……一五
八 なぞ……一六
九 ゆうやけ……一八
十 右 ト 左……二〇
十一 キツネ ト ニワトリ……二三
十二 わらいばなし……二五
十三 にわとり……二六
十四 映畫……二八
十五 弟……三〇
十六 雪降リ……三二

目次

十七 リンゴ……三三
十八 金 の たまご……三六
十九 陳志大 の 日記……三八
二十 花火……四一
二十一 一ロバナシ……四四
二十二 大工……四六
二十三 山ビコ……四八
二十四 春……五〇
二十五 お日様 と 風 の 神……五一
二十六 お父さん から の てがみ……五四
二十七 富士山……六二
二十八 カエル……六四
二十九 電車……六六
三十 あり と はと……七〇

5-26

图5-26 《小学日本语读本》（卷四）目录

卷四目录的主要内容如下（见表5-14）：

表 5-14 《小学日本语读本》（卷四）目录

课次	题目
第一课	我们的田地
第二课	狗
第三课	小点
第四课	客人来访
第五课	懒惰的驴
第六课	时钟
第七课	鼠
第八课	谜语
第九课	晚霞
第十课	右和左
第十一课	狐狸和鸡
第十二课	笑谈
第十三课	鸡
第十四课	电影
第十五课	弟弟
第十六课	下雪
第十七课	苹果
第十八课	金蛋
第十九课	陈志大的日记
第二十课	烟花
第二十一课	简短的故事
第二十二课	木匠
第二十三课	山谷回音
第二十四课	春天
第二十五课	太阳和风神
第二十六课	爸爸寄来的信
第二十七课	富士山

（续表）

课次	题目
第二十八课	青蛙
第二十九课	电车
第三十课	蚁和鸽子

卷四第一课课文主要内容为：

我们的田地

我和弟弟二人在后院开垦了一片田地。我们的田被分为三块，最那边的用于种茄子。田里开着紫色的小花，它们将逐渐长成一个个硕大的茄子。

第三节
其他外语教科书的发展

中国虽然不属于"法语世界"国家，但在鸦片战争之后，法语在中国的传播逐渐加快。中国法语教学始于1850年创立的徐汇公学，以及1863年京师同文馆开设的法文科，迄今已有170多年的历史。在这过程中，法语教科书也呈现出从无到有、从引进到自编的特点。

一、清末同文馆编写的法语教科书

晚清外语教学和教科书的编纂并非源自同文馆，但京师同文馆、上海广方言馆和广东同文馆等早期的官办外语学堂，在近代外语教学体系的建立和外语教科书的编纂方面，都具有开创性的意义，产生了深远的影响。[1]

鸦片战争后，中国被迫打开闭关锁国的大门，开启西学历程，希望"师夷长技以制夷"。而语言文字不通是与西方列强国家交涉时屡遭失败的一个重要原因，以1858年中英《天津条约》续约中的要求为例，其对条约文字进行了明确的规定：第一，"嗣后英国文书俱用英字书写"；第二，"暂时仍以汉文配送"；第三，"自今以后，遇有文词辩论之处，总以英文作为正文"。为了外交的畅通与便利，清政府不得不考虑培养自己的翻译人才。尽管统治阶级内部的保守势力明确反对，但在洋务派的一再呼吁之下，清政府几经权衡，还是于1862年成立了京师同文馆。一年之后，法文馆成立，由荷兰人司默灵（Antoine Everard Smorrenberg）担任法文教习。

据记载，同文馆第一次总考试于1865年10月11日至19日举行，历时9天，三馆学生均参加。以法文为例，初试是把外国照会译成汉文。复试是将某条约中的一个片段译成法文。最后口试，要求考生将材料口译成法文。总考试中除翻译外，还增试了作文和其他内容。

同文馆在法语教学上除了使用原版教材外，还由教员少量编撰了一些法语教科书，如《法国话料》《法国话规》《汉法字汇》《法字入门》等。

《法国话料》《法国话规》由荷兰的司默灵所撰并于1864年出版，《汉法字汇》则由法国人毕

---

[1] 邹振环. 晚清同文馆外语教学与外语教科书的编纂[J]. 学术研究，2004（12）：115.

利干（Anatole A. Billiquin）编写。《汉法字汇》编撰完成后，于1891年分别由北京天主教北堂及巴黎勒庐印刷所排印，该书可能又名《中法文翻译名义》，正式出版时的中文名称改为《法汉合璧字典》。[1]1884年，耶稣会传教士亨利·布夏（Henri Boucher）编写了《法语进阶》，该书在上海徐汇公学与上海震旦大学均有使用。

除京师同文馆开设法语课程外，地方的外语学堂也纷纷效仿，如广东同文馆于1864年开设了法语课程。这些学堂大多是按照同文馆的模式组织起来，以培养译员为首要任务。北京、上海和广州三地的同文馆培养了许多优秀的法语翻译人才，也在法语教学用书的编写方面取得了出色的成绩，《法字入门》就是其中的代表之作。

（一）《法字入门》

《法字入门》的编译者是龚渭琳，他于1879年起在上海广方言馆随法文教习顾子仙学习了四年，后又跟法国人学习了两年，接着又在法人璞琚先生处学习两年。随着通商口岸学习法语者日益增多，他受曹骧《英字入门》的启发，边学边译，编译了《法字入门》，由上海美华书馆于1887年出版。该书专门用于向初学者介绍法语，以大约60页的小手册形式呈现，分单字门、拼法门、天文门、地理门、人身门、饮食门、杂物门、走兽门、飞鸟门（虫附）、草木门、花果门、味料门、言语门、数目门、算法门、五金宝石门、男女服饰门、点句勾股门、初学文法门。[2]

图5-27　《法字入门》封面，龚渭琳编译，上海美华书馆，1887年初版

二、民国书坊出版的法语教科书

辛亥革命爆发后，中华民国成立，法语教育的发展也逐步走入正轨。随着赴法勤工俭学的盛行，国内也掀起了学习法语的热潮。辛亥革命以后，全国各地在总结留日俭学的经验，认为有识之士可以通过勤工俭学开拓视野，学习西方国家优秀的人文和技术，以达到国家图强之目的。蔡元培、李石曾、吴稚晖等在北京开办了"留法预备学校"；吴玉章等人在成都开办出国留学预备学

[1] 邹振环. 晚清同文馆外语教学与外语教科书的编纂[J]. 学术研究，2004（12）：118.
[2] 邹振环. 晚清同文馆外语教学与外语教科书的编纂[J]. 学术研究，2004（12）：121.

校，组织"四川俭学会"；上海则开办了"留法俭学会招待所"。当时，赴法勤工俭学的热潮席卷中国，以湖南和四川热度最高。据不完全统计，五四运动之后的三年内，全国赴法勤工俭学的人数节节攀升，1919年为400人左右，1920年为1200人，1921年达到1570多人。[1]

法语学习的热潮也极大地推动了该时期国内法语教科书的编写。

（一）《法文菁华》

《法文菁华》是由上海徐家汇土山湾印书馆出版发行的，于1938年发行第7版。"菁华"同"精华"。

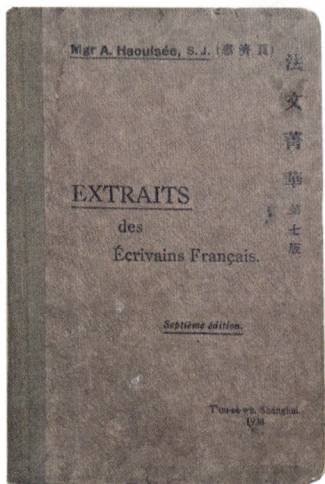

5—28

图5-28　《法文菁华》封面，[法]惠济良著，上海徐家汇土山湾印书馆，1938年第7版

（二）《大学初级法文》

《大学初级法文》由法国人邵可侣（Jacques Reclus）担任著作者，王云五担任发行人，商务印书馆印刷发行。该书于1936年发行初版，1938年再版。该书定价国币一元四角。该书封面印有中文书名"大学丛书　大学初级法文"并对照法文"COURS de FRANÇAIS ÉLÉMENTAIRE"。

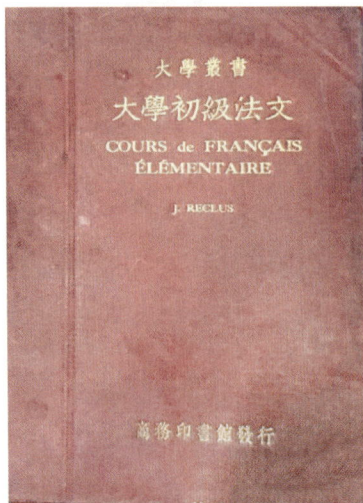

5—29

图5-29　《大学初级法文》封面，[法]邵可侣著，商务印书馆，1936年初版

[1] 李传松，许宝发. 中国近现代外语教育史[J]. 上海：上海外语教育出版社，2006：45.

（三）《大学法文文法》

《大学法文文法》由徐仲年担任著者，李虞杰担任发行人，中华书局永宁印刷厂印刷，中华书局发行。该书于1948年发行初版，共一册，定价为国币十四元。该书主要内容为法语语法和单词讲解，单词分类简单清晰，且除中文解析外还配有法语例句，以便学生了解学习。

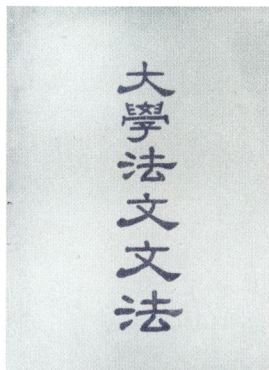

5-30

图5-30 《大学法文文法》封面，徐仲年著，中华书局，1948年初版

以上几套法语教科书与过去基于传统的语法翻译法所编写的教科书相比更具新颖性，如通过使用适量的插图来帮助读者更好地理解课文内容；收集有趣味的故事来使读者减少学习法语的枯燥感等。因此，这些教科书一经推出，便受到师生们的欢迎。

（四）《法文初范》

《法文初范》由上海徐家汇土山湾印书馆于1898年发行初版。该书封面印有中文"法文初范"及对照法语"GRAMMAIRE FRANÇAISE ÉLÉMENTAIRE"，并注明了供中国学生使用。全书以语法知识为主，讲解清晰，简单易懂。

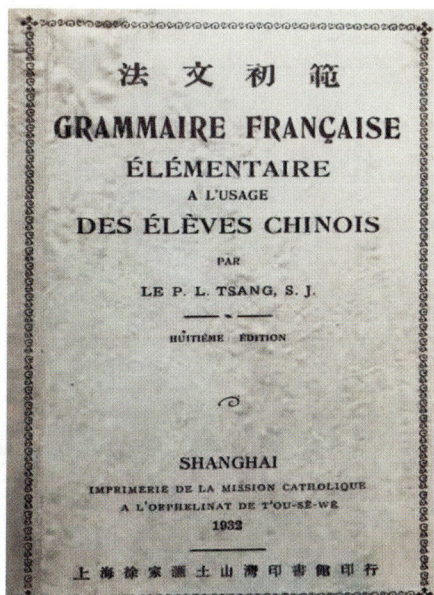

5-31

图5-31 《法文初范》封面，上海徐家汇土山湾印书馆，1898年初版

（五）《法文动词论》

　　《法文动词论》由徐仲年担任著作者，王云五担任发行人，商务印书馆印刷并发行，于1940年发行初版。全书共一册，定价为国币四元，其主要内容为法语动词，以法语时态为纲领，讲解不同时态下的动词变位及用法，以中文为主，配以法文例句解析。

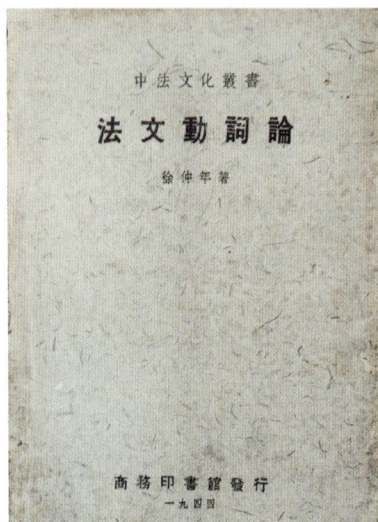

图5-32　《法文动词论》封面，徐仲年著，商务印书馆，1940年初版

　　该书目录的主要内容为：（见表5-15）

表 5-15　《法文动词论》目录

章节主题	页码
自序	1
第一章：绪论	1
第二章：直陈状的意义和用法	69
第三章：拟议状的意义和用法	127
第四章：祈谕状的意义和用法	139
第五章：接续状的意义和用法	144
第六章：泛陈状的意义和用法	171
第七章：分词状的意义和用法	202

（六）《法文短篇精选》（全一册）

　　《法文短篇精选》（全一册）由褚泽永编选，上海震旦大学出版社于1947年出版。该书封面印有繁体中文"法文短篇精选"并对照法文"PETITS MORCEAUX CHOISIS"。全书主要内容为法语短篇文章，每页附有注释，以便学生理解学习。

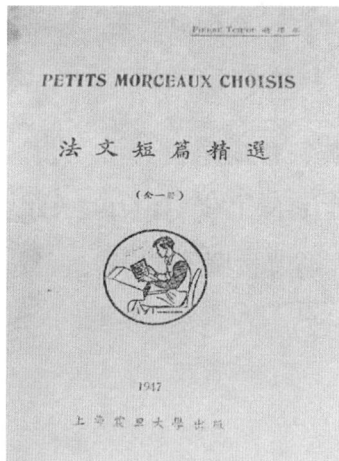

图5—33　《法文短篇精选》（全一册）封面，褚泽永编选，上海震旦大学，1947年出版

（七）　《法文讲义》（下册）

《法文讲义》（下册）由李慰慈编著，昆明上智学校承印，于1942年发行初版。该书封面印有中文书名"法文讲义"并对照法文"COURS DE FRANÇAIS"。全书分上下两册，此为下册。

图5—34　《法文讲义》（下册）封面，李慰慈编著，1942年初版

《法文讲义》（下册）"序"的原文如下：

我国内地书坊，向于法文书籍，出版无多，抗战以还，更属寥寥。李慰慈女士在中山大学以及中法大学执教有年，近将其往来讲授之教材，裒集整理，成法文讲义一书，交由昆明中法大学文学院付梓，藉以弥补内地书肆之缺，诚快事也！

是书所载为文选、会话、文法及各种练习，平分为二十六课。其意盖使初习法文者谈话、听讲、阅读、写作，得逐渐入于娴熟之境。莘莘学子，手此一编，融会而贯通之，其于法文之谙习，必事半功倍焉。爰志数言，用作绍介！

李书华

民国三十一年九月二日

序于昆明国立北平研究院

第三节　其他外语教科书的发展

（八）《法文名词辨类》

《法文名词辨类》由贺之才编纂，商务印书馆于1921年发行初版，每册定价大洋二角。该书封面印有繁体中文"法文名词辨类"并对照法文"CLASSIFICATION DU GENRE DES SUBSTANTIFS DE LA LANGUE FRANÇAISE"。全书主要内容为名词，将其按照不同种类进行分类，以求学生能够更好地掌握。

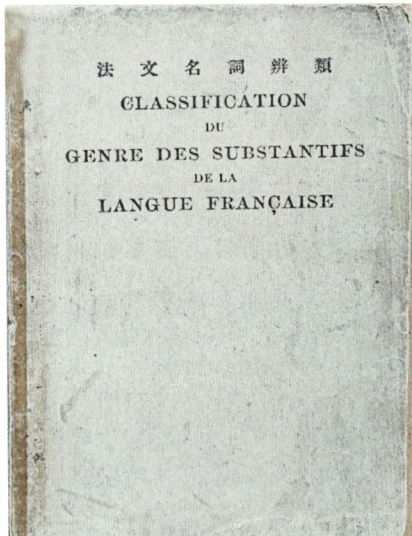

5-35

图5-35 《法文名词辨类》封面，贺之才编纂，商务印书馆，1921年初版

（九）《法语初步》

《法语初步》由凌望超编纂，商务印书馆于1918年发行初版。该书封面印有法文"ÉLÉMENTS DE LANGUE FRANCAISE"，扉页内有中文对照"法语初步"。该书主要内容为法语语法，从字母至动词用法，层次分明，难易适中。

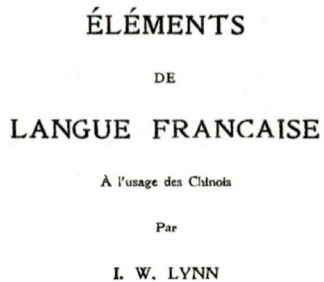

5-36

图5-36 《法语初步》封面，凌望超编纂，商务印书馆，1918年初版

该书的目录的主要内容为：（见表5-16）

表 5-16　《法语初步》目录

课次	主题	页码
第一编	字母　缀法	1
第二编	翻译	25
第三编	普通单字	98
第四编	熟语及会话	119
第五编	物语及诗歌	130
第六编	动词之活用法	143

（十）上海徐家汇土山湾印书馆的《法语读本》系列

《法语读本》系列由上海徐家汇土山湾印书馆出版发行，该套书一共六册。封面印有法文"Leçons de Langue Française"并对照中文"法语读本"。其主要内容为法语入门的音标及简单的句子。全书由浅入深，难度适中。该套教科书的第一册是语音，先学音素，但不只是靠模仿，也有一些发音部位的描述，在学语音的同时也学一些单词和句子，主要通过法汉对比的方式；第二册每课按语法的顺序先讲语法，接着有课文和会话，并配有插图，课文仍采取法汉对比的形式；第三册到第六册的内容基本与第二册相仿，但无语法内容，同时增加了练习形式，如看图说话、填空、汉译法、写短文等。[1]

图5-37　《法语读本》（第一册）封面，上海徐家汇土山湾印书馆

（十一）《法语文法新解》

《法语文法新解》由萧石君编写，中华书局印刷所印刷，上海中华书局发行的。于1935年发行

---

[1] 张放. 法语教学在中国[J]. 外语教学与研究，1992（1）：25.

初版，全书共一册，定价为一元二角。该书内容以法语语法为主，辅以适量插图和中文解析来帮助读者更好地理解语法知识，难易适中。

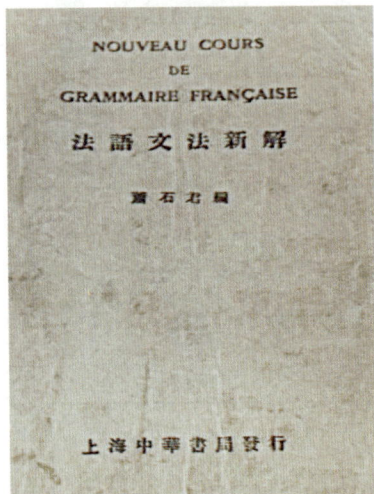

5—38

图5—38　《法语文法新解》封面，萧石君编，上海中华书局，1935年初版

（十二）　《图解初学法文读本》

《图解初学法文读本》是由王绍辉编译，商务印书馆出版发行的，于1919年发行初版，1933年印刷发行"国难后第一版"。全书定价为大洋六角，外埠酌加运费汇费。该书封面印有"华法教育会图书法文部"及中文繁体"图解初学法文读本"并对照法文。书本内容为法语文章，且每篇文章均配有插图，难易适当，利于学生们学习。

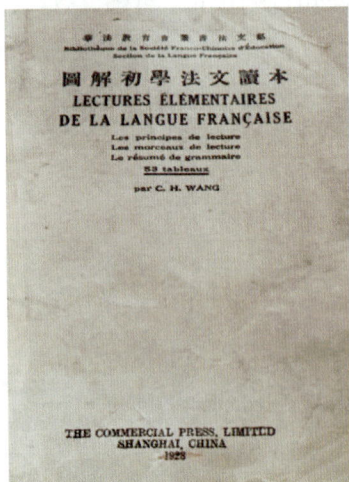

5—39

图5—39　《图解初学法文读本》封面，王绍辉编译，商务印书馆，1919年初版

（十三）　《新编法文文法》

《新编法文文法》由瞿宣治编纂，商务印书馆于1921年发行初版。该书每册定价大洋八角。书本封面印有中文"新编法文文法"并对照法语"GRAMMAIRE FRANÇAISE A L'USAGE DES ÉLÉVES CHINOIS"。该书内容包括音素、单词、句法以及文章，难度适中。

图5-40 《新编法文文法》封面，瞿宣治编纂，商务印书馆，1921年初版

（十四）北平中法大学的《中法大学　新式　中学法文教本》系列

《中法大学　新式　中学法文教本》系列是由陈聘之编纂，北平中法大学出版发行的，全套书共三册。第一册于1934年发行初版，1936年再版，纸面定价为一元，布面定价为一元二角。该系列教科书以阅读文本为主，体裁多样，内容由浅入深，循序渐进。

图5-41 《中法大学　新式　中学法文教本》（第一册）封面，陈聘之编纂，北平中法大学，1934年初版

第一册"编辑大意"的主要内容为：

本编注重日常习用之言谈，使学者读毕后，能操简单之会话，及了解法文之基本结构。全书约一千二百字，共七十二课：

第一部分三十课，每课以Qu'est-ce que，Combien de（即"什么"和"多少"）等为标题，反复练习。第二部分二十课，系极简单之小品文。第三部分二十二课，除极简单之小品文外，并使学者略有文法的概念。

第三册于1935年发行初版，纸面定价一元三角，布面定价一元五角。

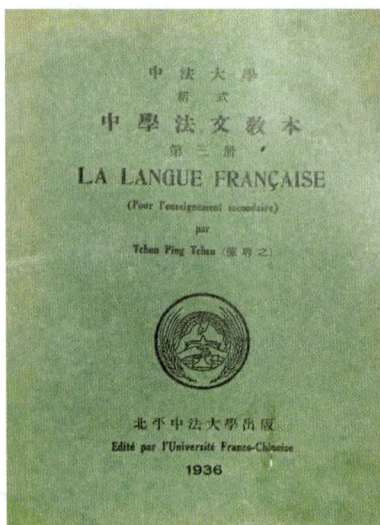

5—42

图5—42　《中法大学　新式　中学法文教本》（第三册）封面，陈聘之编纂，北平中法大学，1935年初版

第三册"编辑大意"的主要内容为：

1. 仍系文法读本混合编制，循序渐进，由浅入深。

2. 读本选材不限文学方面，凡关于社会自然科学而饶有兴趣之教材，亦兼采并收。

3. 文法读本极相适应，文法讲至某部，即选与其相关读物，期收两者互相印证之效。

4. 第二册生字与成语并重。第三册偏重成语，于每一成语之首见时，提出反复例证，使学者得到运用自如之益。

（十五）《中学法文文范》

　　《中学法文文范》是由圣伊尼亚斯大学的教授团队编纂，上海徐家汇土山湾印书馆出版发行的，于1937年发行第2版。该教材的目标人群是中国小学生，是一本注重法语语法的教材。该教材分为六个部分，讲解了各个语法部分。该书层次分明，难度适中。

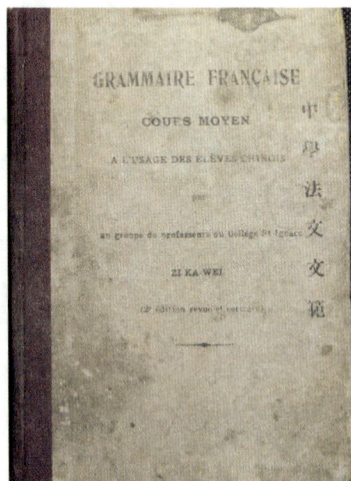

5—43

图5—43　《中学法文文范》封面，圣伊尼亚斯大学教授团队编纂，1937年第2版

该书"序言"的参考译文节选如下：

序言

这本《中学法文文范》是为已经在其他地方接触过法语基本要素的年轻中国知识分子设计的。在这些需求的指导下，作者追求简洁，以及增加简单而清晰的例子的数量。此外，我们根据重要段落和语法的主要规则设计了练习。

在第二版中，我们毫不犹豫地增加这些练习，深信它们对语法规则的实际学习是有用的。教师应根据学生的教育水平选择和使用练习。

（十六）《最新法文读本及会话》

《最新法文读本及会话》是由郑明公（郑延谷）著，吴叔同出版，上海澳门路中华书局印刷，上海福州路中华书局发行。该书的封面上印有法文"NOUVEAU MANUEL DE LANGUE FRANÇAISE PAR SIMON TSENG"并对照中文"最新法文读本及会话"。此书主要内容为法国的一些文学材料选段，由浅入深，字字珠玑，向读者们介绍了法国的文学会话知识。

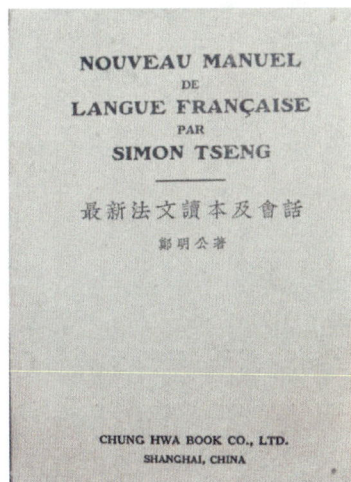

图5-44　《最新法文读本及会话》封面，郑明公著，中华书局，1937年初版

该书"序言"的主要内容为：

序言一

余友郑延谷先生，富于文学天才。十余年前同赴西欧，郑子专攻文学，余习法律。

客岁夏季，郑子东归，相会于沪上。同感国内法文读本之缺少，而学法文者，日益增多。乃与郑子相约。余著法文文法，郑子则著法文读本与会话，仓卒成之。

观郑子书中，意义绝佳，奇词妙笔，处处能引读者之兴味，诚习法文者之宝鉴也。

民国十八年一月六日　何存厚序

序言二

我从去年在上海过"粉条黑板作教师"的生活，一直到现在，差不多，天天有人问我：上海有好法文读本没有？请指定一两本。我把上海的书店，通通问过了，结果是"缘木而求鱼"，一无所得。所以我费了几天时间，编了一本，以应读者的需要。

　　这本书的内容，是由浅而渐深。全本中没有一个不实用的字，没有一句不实用的话。又有中文对照，容易了解。并且里面的意思，饶有趣味。因为初学外国文，是很感困苦的。假使我们不找些笑话来做读书的材料，一定精神疲乏，大叫：难！难！法文真难！用这本书做读本，我相信读者的精神一定快乐。多用点心，多温习，由故知新，举一反三，把这本书读完了，至少总可以说点普通话，写点普通字，或者还可以做点初浅文章，也未可知。

民国十八年一月五日　郑延谷自序

附 录

研究对象表

书名	作者	出版社	出版年份
英话注解	冯泽夫	简青斋书局	1860
华英初阶	谢洪赉	商务印书馆	1898
华英进阶	谢洪赉	商务印书馆	1898
正则英文教科书	[日]斋藤秀三郎	湖北省同乡会中学教科书社	1903
汉译英文教科全书	—	上海文明书局	1904
帝国英文读本	伍光建	商务印书馆	1906
新式英文习字帖　半斜体式	[美]Jose Martino Marques	商务印书馆	1907
新体英语教科书	[英]蔡博敏	商务印书馆	1908
初学英文轨范	邝富灼、徐铣	商务印书馆	1909
初级英语读本	商务印书馆编译所	商务印书馆	1909
增广英文法教科书	[美]G.L.Kittredge，S.L.Arnold原著，徐铣译订，王蕴章、甘永龙校勘	商务印书馆	1909
英文益智读本	[美]祁天锡，邝富灼校订	商务印书馆	1909
新世纪英文读本	邝富灼、袁礼敦、李广成	商务印书馆	1910
英语作文教科书	邝富灼	商务印书馆	1910
英语捷径	钟焯臣	天津法界发兴号	1910
英文格致读本	[美]祁天锡，邝富灼校订	商务印书馆	1911
英文文法易解	温宗尧	商务印书馆	1911
英文汉诂	严复	商务印书馆	1904
英文初范	徐永清	商务印书馆	1902
英语捷径　后编	[日]斋藤秀三郎	商务印书馆	1908

（续表）

书名	作者	出版社	出版年份
中华高等小学英文教科书	冯曦、吴元枚	中华书局	1912
中华中学英文教科书	李登辉、杨锦森	中华书局	1912
共和国教科书英文读本（高等小学）	甘永龙、邝富灼，蔡文森	商务印书馆	1913
共和国教科书中学英文读本	甘永龙、邝富灼，蔡文森	商务印书馆	1913
新制中华英文教科书(高等小学)	李登辉、杨锦森	中华书局	1914
新制英文读本	李登辉、杨锦森	中华书局	1914
新教育教科书英语读本（高等小学用）	沈彬	中华书局	1920
新教育教科书英语读本	中华书局西文编辑部	中华书局	1921
英文启蒙读本	周越然	商务印书馆	1914
高级英语会话教科书	沈竹贤，邝富灼、吴继杲校订	商务印书馆	1915
英语模范读本	周越然	商务印书馆	1918
初级英语读音教科书	周越然	商务印书馆	1918
中华高等小学英文文法教科书	沈步洲	中华书局	1912
共和国民英文读本	苏本铫	商务印书馆	1913
改订新制中华英文教科书	李登辉、杨锦森	中华书局	1913
中国英文读本	伍光建	商务印书馆	1914
新法英语教科书	吴兴、周越然	商务印书馆	1921
高级英语读本	芮听鱼、平海澜、程伯威	世界书局	1925
共和国教科书中学英文法	邝富灼	商务印书馆	1913
实习英语教科书——语言练习	[美]盖葆耐，吴继杲校订	商务印书馆	1915
英文造句教科书	张季源，张世鎏校订	商务印书馆	1917
实用英文法教科书	赵本善	商务印书馆	1918
英语模范读本	吴兴、周越然	商务印书馆	1918
英文读本文法合编	胡宪生、[美]哈亨利	商务印书馆	1923
新中学教科书初级英文法	王宠惠	中华书局	1923
新中学教科书高级英语读本	朱有渔	中华书局	1923
新制初中英文法教科书	邵松如、戴骅文	北平文化学社	1924
英文法	胡宪生	商务印书馆	1926
英文基础读本	[美]A. P. Danton	商务印书馆	1926
中国的新时代	ISAAC. T. HEADLAND	中央委员会	1912
英文尺牍教科书	张士一，邝富灼	商务印书馆	1914

（续表）

书名	作者	出版社	出版年份
英文新读本	[美]安迭生，邝富灼校订	商务印书馆	1914
帝国英文读本	伍光建	商务印书馆	1905
中国英文读本	伍光建	商务印书馆	1913
英文益智读本	[美]祁天锡，邝富灼校订	商务印书馆	1909
英文格致读本	[美]祁天锡，邝富灼校订	商务印书馆	1911
小学活用英语读本（第三册）	詹文浒	世界书局	1939
小学活用英语读本（第八册）	詹文浒	世界书局	1940
新学制英语教科书（第一册）	周越然	商务印书馆	1923
新中华英语课本（第二册）	王祖廉、陆费执	中华书局	1941
标准英语读本（第二册）	金维城	上海书局	1945
初级英语读本（第二册）	盛谷人	世界书局	1931
初级中学英语（第一册）	陆殿扬	正中书局	1935
初级中学英语（第三册）	陆殿扬	正中书局	1936
初级中学英语（第四册）	陆殿扬	正中书局	1937
初级中学英语（第六册）	陆殿扬	正中书局	1937
初中活用英语读本（第六册）	詹文浒	世界书局	1946
初中英文法	邵松如、戴骅文	文化学社	1941
初中英文选（第一册）	葛传椝、桂绍盱	上海竞文书局	1943
国定教科书　初中英语（第一册）	南京国民政府教育部编审委员会	华中印书局	1941
活用英语（第五册）	詹文浒	世界书局	1943
开明第一英文读本	林语堂	开明书店	1937
开明第二英文读本	林语堂	开明书店	1928
开明第二英文读本（修正版）	林语堂	开明书店	1937
开明第三英文读本	林语堂	开明书店	1937
实用中学英语语法	钱秉良	上海竞文书局	1939
文化英文读本（第三册）	李登辉	商务印书馆	1929
现代英语读本（第一册）	周由廑	广益书局	1946
新课程标准适用　初中英语读本（第一册）	李唯建	中华书局	1933
修正课程标准适用　初中英语读本（第二册）	李唯建、张慎伯	中华书局	1939

（续表）

书名	作者	出版社	出版年份
修正课程标准适用　初中英语读本（第四册）	李唯建、张慎伯	中华书局	1941
循序英文读本（第二册）	[美]Lawrence Faucett、邝富灼	商务印书馆	1935
循序英文读本（第四册）	[美]Lawrence Faucett、邝富灼	商务印书馆	1936
英文最常用二千字表	省立苏女师初中升学指导委员会	上海竞文书局	1935
英语模范读本（第一册）	周越然	商务印书馆	1930
英语模范读本（第二册）	周越然	商务印书馆	1930
直接法英语读本（第二册）	文幼章	中华书局	1932
直接法英语读本（第三册）	文幼章	中华书局	1937
共和国教科书　中学英文读本（第二学年）	甘永龙、邝富灼、蔡文森	商务印书馆	1913
综合英语课本（第一册）	王云五、李泽珍	商务印书馆	1938
综合英语课本（第二册）	王云五、李泽珍	商务印书馆	1938
综合英语课本（第三册）	王云五、李泽珍	商务印书馆	1933
综合英语课本（第四册）	王云五、李泽珍	商务印书馆	1938
综合英语课本（第五册）	王云五、李泽珍	商务印书馆	1934
最新英文读本（第二册）	陈鹤琴	中华书局	1936
标准高级英文选（第一册）	李儒勉	商务印书馆	1931
高级中学学生用　高中英语标准读本	林汉达	世界书局	—
高中基本英文（第三册）	廖六如	湘芬书局	1949
高中英文选（第一册）	苏州中学教员英文研究会	中华书局	1929
高中英文选（第二册）	苏州中学教员英文研究会	中华书局	1930
高中英文选（第三册）	苏州中学教员英文研究会	中华书局	1930
高级中学英语（第四册）	林天兰	正中书局	1944
高级中学英语（第五册）	林天兰	正中书局	1944
高级中学英语（第六册）	林天兰	正中书局	1945
高中英语读本（第一册）（中华书局）	李儒勉	中华书局	1947
高中英语读本（第五册）（中华书局）	李儒勉	中华书局	1939
高中英语读本（第一册）（世界书局）	林汉达	世界书局	1935
高中英语读本（第二册）（世界书局）	林汉达	世界书局	1935
高中英语读本（第三册）（世界书局）	林汉达	世界书局	1935
高中综合英语课本（第一册）	王学文、王学理	商务印书馆	1935

（续表）

书名	作者	出版社	出版年份
进步高级英文选（第二册）	黄稦澜	世界书局	1947
开明英文文法（上册）	林语堂	开明书店	1930
实验高级英文法	邓达澄	商务印书馆	1933
现代英语（第一册）	柳无忌、张镜潭、李田意	开明书店	1945
现代英语（第三册）	柳无忌、张镜潭、李田意	开明书店	1945
现代英语（第四册）	柳无忌、张镜潭、李田意	开明书店	1945
现代英语（第五册）	柳无忌、张镜潭、李田意	开明书店	1945
现代英语（第六册）	柳无忌、张镜潭、李田意	开明书店	1945
英文文法精义	葛传椝	开明书店	1931
中学英文选	赵乐溪、戴良甫、郝胜符、吴文仲	文化学社	1928
大众英语读本（第一册）	储纮	大众书局	1940
模范英文选	储菊人	上海春明书店	1936
图解英文习字帖（第一册）	秦理斋、杨戌生	世界书局	1930
详明汉释英文法（上册）	袁湘生	袁氏出版社	1937
英文尺牍教科书	张士一	商务印书馆	1923
英文论说文选（下册）	Henry Huizinga	商务印书馆	1935
英文最常用四千字表	[美]桑戴克氏、吴谷正	上海鸿文书局	1941
英语模范读本自修书（第二册）	李农笙	天津久大书局	1933
中级适用活的英语法	缪廷辅	中华书局	1948
最新英文习字帖（第五册）	陈鹤琴	中华书局	1937
日语读本（第一册）（商务印书馆）	[日]内堀维文	商务印书馆	1909
日语读本（第二册）（商务印书馆）	[日]内堀维文	商务印书馆	1909
日语读本（第三册）（商务印书馆）	[日]内堀维文	商务印书馆	1909
日语读本（第四册）（商务印书馆）	[日]内堀维文	商务印书馆	1909
东语正规	唐宝锷、戢翼翚	作新社	1900
日语入门	[日]长谷川雄太郎	善邻书院	1901
东文法程	商务印书馆编译所	商务印书馆	1905
对译初级小学校日本语教科书（上册）	—	东方印书馆	1936
国定教科书　初中日语（第二册）	教育部编审委员会	华中印书局	1940
国定教科书　初中日语（第三册）	教育部编审委员会	华中印书局	1941
国定教科书　初中日语（第四册）	教育部编审委员会	华中印书局	1943

424

（续表）

书名	作者	出版社	出版年份
国定教科书　初中日语（第五册）	教育部编审委员会	华中印书局	1941
国定教科书　初中日语（第六册）	教育部编审委员会	华中印书局	1941
日语读本（第一册）（世界书局）	许仲逸	世界书局	1938
日语读本（第二册）（世界书局）	许仲逸	世界书局	1941
日语读本（第三册）（世界书局）	许仲逸	世界书局	1938
速成式效果的标准日语本读本（卷一）（满洲版）	[日]大出正笃	满洲图书文具株式会社	1937
小学日本语读本（卷二）	教育总署编审会	教育总署编审会	1939
小学日本语读本（卷四）	教育总署编审会	教育总署编审会	1940
法字入门	龚渭琳	上海美华书馆	1887
法文菁华	[法]惠济良	上海徐家汇土山湾印书馆	1938
大学初级法文	[法]邵可侣	商务印书馆	1936
大学法文文法	徐仲年	中华书局	1948
法文初范	—	上海徐家汇土山湾印书馆	1898
法文动词论	徐仲年	商务印书馆	1940
法文短篇精选（全一册）	褚泽永	上海震旦大学	1947
法文讲义（下册）	李慰慈	—	1942
法文名词辨类	贺之才	商务印书馆	1921
法语初步	凌望超	商务印书馆	1918
法语读本（第一册）	—	上海徐家汇土山湾印书馆	—
法语文法新解	萧石君	上海中华书局	1935
图解初学法文读本	王绍辉	商务印书馆	1919
新编法文文法	瞿宣治	商务印书馆	1921
中法大学　新式　中学法文教本（第一册）	陈聘之	北平中法大学	1934
中法大学　新式　中学法文教本（第三册）	陈聘之	北平中法大学	1935
中学法文文范	圣伊尼亚斯大学教授团队	上海徐家汇土山湾印书馆	1937
最新法文读本及会话	郑明公（郑延谷）	中华书局	1937

百年中国教科书图文史：1840—1949（外语卷）

后 记

迄今为止，文本仍然是历史资料重要且不可替代的存在方式，历史文本常常被人们无可置疑地认为是属于过去的事实，仿佛一个被固定的物件，可是人们又对历史文本的意义追问不舍。一百多年前，陆费逵在中华书局成立之时发表的《中华书局宣告书》中明确表示："国立根本，在于教育，教育根本，实在教科书，教育不革命，国基终无由巩固，教科书不革命，教育目的终不能达到也。"严复也提出"最浅之教科书法，必得最深其学者为之"。教科书的重要性不言而喻，它不仅是教育目的的展现，更是立国之基石。"如今，翻天覆地的变革虽已过去，遗存的教科书却述说着不可抹灭的意义。" 近代外语教科书作为一种特殊的文本，既被认为是一种教学工具，也被视为学生学习外国语言知识的媒介，更被看成是历史的折射镜，反映了社会、文化的变迁。

一

追本才能溯源，总结历史是为了更清楚地认识未来。近代中国外语教科书伴随着西式教育的传入而出现，它产生于特定历史条件，反映了当时的社会背景，具有极强的时代性。外语教科书不仅仅是语言的载体，实际也引领社会的发展。"他山之石，可以攻玉"，回顾我国中小学外语教科书发展变化的历程，我们可以从中总结出一些值得继承发扬或引以为戒的历史经验和教训。因此，本书从以下几个方面进行研究：

第一，全面梳理近代中国外语教科书的演变过程。从历史沿革的角度具体分析外语教科书的发展，采取纵向分析的方法，适当结合横向比较，探讨和分析中国自鸦片战争以来不同历史时期的中小学外语教科书内容、编制策略等，以及影响其发展的社会思潮、重要历史事件、教科书编撰团体、关键历史人物等；全景式地呈现近代中国外语教科书的发展历程，不仅有助于加深国人对近代中国外语教育发展进程的了解，而且有利于我们对特定历史时期的教育思潮、社会文化、经济状况等各方面的认识。

第二，为教科书研究提供新视角和新思路。近代中国外语教科书的选编和组织很大程度上反映了教科书编制者的社会价值取向、教育理论修养和外语知识水平。无论是对具体外语教科书的分析，还是对系统成套外语教科书的梳理，本书都力求揭示外语教科书所特有的，但又不易为人们所重视或察觉的内涵，为我们全面认识中国近代外语教科书提供新的视角和思路。

第三，为新时期我国外语教科书的编写提供借鉴和启示。研究和了解前人在编写外语教科书方面的思路和尝试，可以拓宽当今中小学外语教师的学术视野，为他们改进外语教学方法提供参照和启示。本书借助教育学、语言学、社会学等相关理论，为新时代编制和研究中小学外语教科书提供历史借鉴，并提出相关编制理念及策略。这对于教科书研究而言具有非常重要的现实意义。

本书希望通过对大量珍贵的中小学外语教科书历史文本进行梳理，挖掘其史料价值，并结合相关资料分析，力图详细考察近代中国中小学外语教科书内容的演变过程，总结外语教科书发展的历史经验；同时，还希望通过本书能够促使越来越多的人重视中小学外语教科书研究。

二

本书从构思到最后出版，历经多年时间，这期间得到了很多老师、同门、好友、学生的关心和帮助。书稿即将付梓之际，首先要感谢我的老师——石鸥教授！先生睿智又充满教育情怀，感谢先生一直以来对我的谆谆教诲；先生创建的首都师范大学教科书博物馆声名远扬，其中涵盖了大量近代中国中小学外语教科书，这为书稿写作提供了珍贵的一手文本。衷心感谢先生对我的启迪与指引，使我真正认识到研究教科书的非凡意义！

感谢广东教育出版社的黄子桐老师和张梓曜老师，书稿从结构到文字，每一个部分都凝结了他们的心血和汗水！感谢我的各位博士同门，他们对本书的写作提出了许多中肯、深入的建议，让我受益良多！感谢湖南师范大学外国语学院2020级课程与教学论方向和学科英语教学方向的刘婧、彭素、许倩、李艳玲、杨雅琴和廖亚倩等六位研究生同学，书稿的写作得到了他们热心和无私的帮助！

最后，深深感谢我的家人。他们无私的关爱与付出、理解与宽容伴随着我一路走来，支持着我永远不断前行！

2024年7月于湖南长沙

（吴驰，湖南师范大学外国语学院教授、硕士生导师，湖南省教育督导评估专家）